最新财会系列丛书
ZUIXIN CAIKUAI XILIE CONGSHU

LÜYOU CANYIN FUWUYE KUAIJI

旅游餐饮服务业会计

丁元霖 主编

立信会计出版社
LIXIN ACCOUNTING PUBLISHING HOUSE

图书在版编目(CIP)数据

旅游餐饮服务业会计/丁元霖主编.—上海：立信会计出版社,2020.9(2024.1重印)
(最新财会系列丛书)
ISBN 978-7-5429-6582-0

Ⅰ.①旅… Ⅱ.①丁… Ⅲ.①旅游业—会计 ②第三产业—会计 Ⅳ.①F590.66 ②F719.1

中国版本图书馆 CIP 数据核字(2020)第 165932 号

策划编辑　蔡莉萍
责任编辑　王秀宇
封面设计　南房间

旅游餐饮服务业会计
Lüyou Canyin Fuwuye Kuaiji

出版发行	立信会计出版社		
地　　址	上海市中山西路 2230 号	邮政编码	200235
电　　话	(021)64411389	传　　真	(021)64411325
网　　址	www.lixinph.com	电子邮箱	lixinaph2019@126.com
网上书店	http://lixin.jd.com		http://lxkjcbs.tmall.com
经　　销	各地新华书店		
印　　刷	常熟市人民印刷有限公司		
开　　本	787 毫米×960 毫米	1/16	
印　　张	23		
字　　数	495 千字		
版　　次	2020 年 9 月第 1 版		
印　　次	2024 年 1 月第 3 次		
书　　号	ISBN 978-7-5429-6582-0/F		
定　　价	48.00 元		

如有印订差错,请与本社联系调换

最新财会系列丛书编写说明

为了满足高等财经类专业教学的需要,我们在立信会计出版社的支持下,出版了最新财会系列丛书。该套丛书包括:《商品流通企业会计》《旅游饮食服务业会计》《外贸会计》《银行会计》《物流企业会计》和《商品流通企业会计模拟实习》共六本,并同步出版了习题与解答配套用书。

该套丛书的特点是:理论联系实际,深入浅出,通俗易懂;遵循循序渐进的原则,合理安排各门学科的教学内容,详略得当。该套丛书各本教材的主要内容均由丁元霖执笔编写,连贯性好,系统性强;能根据会计改革的需要,不断地得以修订、充实和更新,因此深受读者欢迎。

目前,《商品流通企业会计》一书已出了第十一版,印数已达60.96万册;《旅游饮食服务业会计》一书已出第六版,印数达17.12万册;《外贸会计》一书也已出了第四版,印数达10.51万册;《银行会计》一书已出了第五版,印数达13.27万册;《物流企业会计》一书已出了第四版,印数达3.62万册。另外,还出版了《商品流通企业会计模拟实习》,该书印数也已达3万余册。总之,这套书的市场效应和社会效应都相当好。其中,《外贸会计》一书荣获第七届全国高校出版社优秀畅销书一等奖。

丁元霖
2020年夏

前　言

目前我国正在大力发展第三产业,而旅游餐饮服务业是第三产业的重要组成部分。随着人民生活水平的不断提高,旅游餐饮服务业正在发挥越来越重要的作用。会计作为这一行业管理工作的重要组成部分,也越来越显示它的重要性。为此,我们根据财政部颁布的 2019 年版的《企业会计准则》和《企业会计准则应用指南》编写了《旅游餐饮服务业会计》。

本书可作为高等财经院校和财经类高等职业技术学校的教材,并可供企业领导人员、财会人员自学参考。

本书全面系统地阐述了会计的意义、职能、对象;会计目标和会计核算目标;旅游餐饮服务业会计的特点、会计机构和会计人员;会计的基本假设和会计信息质量要求;旅游餐饮服务业的会计要素和会计科目;货币资金和结算业务;存货、固定资产、无形资产和长期待摊费用的核算;旅游、餐饮、客房、广告、美容、沐浴、照相、洗染、娱乐、修理、商场等经营业务的核算;对外投资、负债、所有者权益、期间费用、税金、政府补助、利润和利润分配的核算;财务报告、前期差错及其更正和债务重组的核算。

本书的特点是内容新颖、重点突出、详略得当,能理论联系实际,深入浅出,通俗易懂。

本书共分十章,正文部分由丁元霖、刘芳源、刘骥编写,思考题和习题由丁辰、应红梅、石厚云、马洪照、孙伟桓编写。全书由丁元霖定稿。

本书的前身为《旅游饮食服务业会计》,共出了六版,发行量为 17.07 万册,取得了较好的社会效应。

由于编者水平有限,疏漏之处在所难免,恳请广大读者通过电子信箱 dingyuanlin@hotmail.com 与我联系。

编　者
2020 年夏

目 录

第一章 总论 ············ 1
- 第一节 会计的概述 ············ 1
- 第二节 旅游餐饮服务业会计的特点、会计机构和会计人员 ············ 4
- 第三节 会计基本假设和会计信息质量要求 ············ 7
- 第四节 旅游餐饮服务业的会计要素和会计科目 ············ 11
- 思考题 ············ 15

第二章 货币资金和结算业务 ············ 17
- 第一节 货币资金 ············ 17
- 第二节 转账结算 ············ 23
- 第三节 银行存款的核对 ············ 39
- 思考题 ············ 41
- 实务题 ············ 43

第三章 存货 ············ 47
- 第一节 存货概述 ············ 47
- 第二节 原材料 ············ 48
- 第三节 低值易耗品 ············ 57
- 思考题 ············ 60
- 实务题 ············ 61

第四章 固定资产、无形资产和长期待摊费用 ············ 65
- 第一节 固定资产 ············ 65
- 第二节 无形资产 ············ 79

第三节　长期待摊费用 …………………………………………………… 86
　思考题 ……………………………………………………………………… 87
　实务题 ……………………………………………………………………… 89

第五章　旅游经营业务 …………………………………………………… 95
　第一节　旅游经营业务概述 ……………………………………………… 95
　第二节　旅游经营业务收入 ……………………………………………… 95
　第三节　旅游经营业务成本 ……………………………………………… 104
　思考题 ……………………………………………………………………… 107
　实务题 ……………………………………………………………………… 108

第六章　餐饮经营业务 …………………………………………………… 111
　第一节　餐饮经营业务概述 ……………………………………………… 111
　第二节　餐饮制品原材料 ………………………………………………… 112
　第三节　餐饮制品成本 …………………………………………………… 115
　第四节　餐饮制品销售 …………………………………………………… 119
　思考题 ……………………………………………………………………… 123
　实务题 ……………………………………………………………………… 124

第七章　服务经营业务 …………………………………………………… 128
　第一节　服务经营业务概述 ……………………………………………… 128
　第二节　旅店经营业务 …………………………………………………… 128
　第三节　美容经营业务 …………………………………………………… 135
　第四节　沐浴经营业务 …………………………………………………… 137
　第五节　广告经营业务 …………………………………………………… 138
　第六节　照相经营业务 …………………………………………………… 141
　第七节　洗染经营业务 …………………………………………………… 144
　第八节　娱乐经营业务 …………………………………………………… 146
　第九节　修理经营业务 …………………………………………………… 147
　思考题 ……………………………………………………………………… 149

实务题 ·· 150

第八章　商场经营业务 ·· 157
　第一节　商场经营业务概述 ·· 157
　第二节　数量进价金额核算法 ·· 158
　第三节　售价金额核算法 ·· 166
　思考题 ·· 176
　实务题 ·· 178

第九章　对外投资 ·· 184
　第一节　对外投资概述 ·· 184
　第二节　交易性金融资产 ·· 185
　第三节　持有至到期投资 ·· 188
　第四节　可供出售金融资产的核算 ·· 194
　第五节　长期股权投资 ·· 196
　思考题 ·· 203
　实务题 ·· 205

第十章　负债 ·· 210
　第一节　负债概述 ·· 210
　第二节　流动负债 ·· 211
　第三节　非流动负债 ·· 217
　思考题 ·· 233
　实务题 ·· 235

第十一章　所有者权益 ·· 241
　第一节　所有者权益概述 ·· 241
　第二节　实收资本和股本 ·· 242
　第二节　资本公积和其他综合收益 ·· 248
　第四节　留存收益 ·· 251

思考题 ……………………………………………………………………………… 252
　　实务题 ……………………………………………………………………………… 254

第十二章　期间费用、税金和政府补助 ……………………………………………… 257
　第一节　期间费用概述 …………………………………………………………… 257
　第二节　期间费用 ………………………………………………………………… 260
　第三节　政府补助 ………………………………………………………………… 262
　第四节　税金的核算 ……………………………………………………………… 265
　　思考题 ……………………………………………………………………………… 272
　　实务题 ……………………………………………………………………………… 273

第十三章　利润和利润分配 ………………………………………………………… 278
　第一节　利润 ……………………………………………………………………… 278
　第二节　利润分配 ………………………………………………………………… 288
　　思考题 ……………………………………………………………………………… 290
　　实务题 ……………………………………………………………………………… 292

第十四章　财务报告 ………………………………………………………………… 295
　第一节　财务报告概述 …………………………………………………………… 295
　第二节　资产负债表 ……………………………………………………………… 296
　第三节　利润表 …………………………………………………………………… 303
　第四节　现金流量表 ……………………………………………………………… 306
　第五节　所有者权益变动表 ……………………………………………………… 320
　第六节　附注 ……………………………………………………………………… 324
　第七节　前期差错及其更正 ……………………………………………………… 324
　　思考题 ……………………………………………………………………………… 327
　　实务题 ……………………………………………………………………………… 329

第十五章　债务重组 ………………………………………………………………… 334
　第一节　债务重组概述 …………………………………………………………… 334

第二节　债务人债务重组	335
第三节　债权人债务重组	341
思考题	345
实务题	346

附录一　是非题、单项选择题、多项选择题答案	350
附录二　现值系数表	352
附录三　年金现值系数表	353

第一章 总　　论

第一节　会计的概述

一、会计的意义

会计是指以货币作为主要计量单位,对企业的经济活动信息进行收集、加工,向有关各方提供以会计信息为主的经济信息,并为取得最佳经济效益,对经济活动进行控制、分析、预测和决策的一种经济管理活动。

会计产生于人们的生产实践,并伴随着社会生产的发展和经济管理的需要而不断发展、完善的。经济愈发展,会计愈重要。

会计有着非常悠久的历史。根据文字记载,我国早在西周时代就已出现"会计"一词,当时设有的司会官职,即是专掌会计的官员。当时会计的含义是:既有日常零星的核算,又有年终的总合核算,通过日积月累到年终的核算,以达到正确反映经济收支的目的。宋朝采用了"四柱清册"的结账方法,运用了"旧管＋新收＝开除＋实在"[①]的平衡公式。这样既检查了日常记录的准确性,又分类汇总了日常的会计记录,使会计核算起到了系统、全面和综合的反映作用,这在记账方法上是一大飞跃。到了明末清初,采用了龙门账,将单式收付记账法改进为复式收付记账法,从而产生了我国最早的复式记账法。

随着商品经济的发展,在12世纪至15世纪,西方的复式借贷记账法产生了。1494年意大利数学家卢卡·帕乔利在《算术、几何、比及比例概要》著作中的"簿记论",全面系统地从理论上阐述了复式借贷记账法,使这一先进科学的记账方法很快在欧洲乃至全球流传。20世纪50年代,随着商品经济的高度发展,会计逐渐派生了为企业外部关系人提供会计信息的"财务会计"和为企业内部管理层进行决策提供信息的"管理会计"。

复式借贷记账法在清末才传入我国。中华人民共和国成立后,我国的会计得到了很大的发展。1985年1月,我国颁发了《中华人民共和国会计法》,将会计工作纳入法治阶段。1992年11月,根据改革开放的深入和社会主义市场经济发展的需要,我国颁发了《企业会计准则》和各行业的会计制度,为我国会计尽快地与国际会计接轨创造

---

① 旧管、新收、开除、实在即为目前的会计术语期初余额、本期收入、本期付出、期末余额。

了有利的条件。1997年5月以来,我国先后颁发了《企业会计准则——关联方关系交易的披露》《企业会计准则——现金流量表》《企业会计准则——或有事项》和《企业会计准则——固定资产》等10多个具体会计准则,这使我国的会计核算进一步接近国际会计。1999年11月,我国颁发了修订后的《中华人民共和国会计法》;2000年12月,我国颁发了《企业会计制度》;2001年11月,我国颁发了《金融企业会计制度》,这进一步完善会计法律制度,规范会计行为,保证会计职能作用的发挥。2006年2月15日,我国又颁发了新的《企业会计准则——基本准则》以及《企业会计准则第1号——存货》等38个具体准则,同年10月,在此基础上发布了《企业会计准则——应用指南》,以适应市场经济条件下对会计信息多元化的需要。

二、会计职能

会计职能是指会计在经济管理工作中所具有的功能。会计核算和会计监督是会计的两大基本职能。

(一)会计核算职能

会计核算职能又称会计反映职能,是指运用货币形式,通过对经济活动进行确认、计量、记录、汇总和报告,将经济活动的内容转换成会计信息的功能。会计核算是会计最基本的职能,也是全部会计管理工作的基础。

(二)会计监督职能

会计监督职能又称会计控制职能,是指控制、规范企业经济活动的运行,使其达到预定目标的功能。会计监督是全部会计管理工作的核心,它与会计核算有着密切的联系。会计监督有监督经济活动的合法性与合理性两个方面。

1. 监督经济活动的合法性　　会计要监督经济活动是否符合国家的财经政策和财经纪律;监督会计核算是否符合会计法和财政部颁发的《企业会计准则》的规定;监督会计核算反映的会计信息是否真实、完整。

2. 监督经济活动的合理性　　会计要监督经济活动是否按照事先确定的财务目标和编制的各项预算运行,及时反馈脱离预算的偏差,并及时采取措施,予以调整。

(三)会计核算与会计监督的相互关系

会计核算和会计监督这两大基本职能是相辅相成的。会计核算是会计监督的基础,只有正确地进行会计核算,会计监督才有真实可靠的依据;而会计监督则是会计核算的继续,只有严格地进行会计监督,会计核算才能在企业的经济管理中充分地发挥作用。

三、会计对象

会计对象是会计的客体,也就是会计所反映和监督的内容。旅游餐饮服务企业为了开展经济活动,必须拥有与其规模相当的资金。资金是指企业所有的各种财产物资的货币表现,包括货币本身。而会计的对象是指社会再生产过程中的资金及其运动。

旅游餐饮服务企业可以通过投资者投资及向债权人借款取得货币形态的资金,这种资金称为货币资金。货币资金的一部分用于购置房屋、机器设备、交通运输工具等固定资产,形成固定资金;一部分用于购买原材料和库存商品,形成存货资金;然后根据客户的需要将原材料加工成饮食品,为客户提供服务,或将商品销售给客户,收回了货币。在经营过程中,房屋、机器设备要发生损耗,并要支付职工工资和相关的费用,这些都将从收回的货币中得到补偿。这样存货资金和部分固定资金又转变为货币资金,实现了资金的循环。企业资金的不断循环形成了资金周转。通常,销售商品、提供劳务收入的货币资金要大于其经营活动所发生的成本和费用,两者之间的差额即为企业的利润。企业的利润一部分以所得税的形式上交国家,一部分分配给投资者作为其对企业投资的回报,这两部分资金便退出企业。其余利润作为企业的盈余公积和未分配利润,用于企业的自我积累。企业资金的取得、资金的循环周转和资金的退出构成了旅游餐饮服务企业的资金运动。

四、会计目标和会计核算目标

(一)会计目标

会计目标是指在一定的客观环境和经济条件下,会计运行所期望达到的结果。它决定着整个会计活动过程的发展方向和方式,是会计运行的出发点和归结点。同时,它也决定了会计应提供什么信息,以及所提供信息的具体数量和质量。

由于会计是经济管理的重要组成部分,因此会计目标要从属于经济管理的目标。在市场经济条件下,经济管理的目标是提高经济效益。事实上,会计的产生和发展就是基于对经济效益的追求;会计方法及技术的更新和发展也总是以提高经济效益的客观需要为动力的。因此,会计目标就是为了提高经济效益,这与经济管理的目标是一致的。

(二)会计核算目标

由于会计核算是会计的基础工作,因此,为了达到提高经济效益的会计目标,首先就要确定会计核算的目标。我国《企业会计准则——基本准则》中的第四条明确指出:企业应当编制财务报表,财务报表的目标是向财务报表使用者提供与企业财务状况、经营成果和现金流量等有关的会计信息,反映企业管理层受托责任履行情况,有助于财务报表使用者作出经济决策。财务报表的使用者包括投资者、债权人、政府及其有关部门和社会公众。而会计核算的目标就是对外提供的会计信息应符合规定的质量要求。

首先,会计核算提供的信息要满足投资者和债权人了解企业财务状况、经营成果和现金流量的需要。投资者是企业的所有者,需要了解企业的财务状况、盈利能力和现金流量及发展趋势的会计信息,以便其预测投资报酬、投资风险,作出继续投资或转让投资的决策;债权人包括银行和供货商,债权人需要了解企业的财务状况、盈利能力、现金流量和资产变现程度,以便银行作出减少贷款或增加贷款的决策,供货商作出同意赊销或拒绝赊销的决策。

其次,会计核算提供的信息要符合政府及其有关部门的需要。由于会计工作是经济管理工作的重要基础,政府作为社会管理者,需要各企业遵守政府的政策和法规,提供真实可靠的会计信息,以便利用各种经济杠杆和法律、行政手段进行国民经济宏观控制、调节和引导。政府的税务部门需要了解企业的纳税情况,以便加强对企业税收的征管。

再次,会计核算提供的信息要满足企业加强内部经营管理的需要。企业管理者需要了解企业财务状况、经营成果、现金流量和成本水平的信息,以利于总结成绩、挖掘潜力,改善经营管理。

第二节 旅游餐饮服务业会计的特点、会计机构和会计人员

一、旅游餐饮服务业会计的特点

旅游业、餐饮业和服务业是第三产业的重要组成部分,它们均是以服务设施为条件,以向消费者提供劳动服务为特征的服务性行业。

首先,旅游餐饮服务业一般均有与系统配套的经营业务展开的特点。例如,旅游业,除了经营旅游业务外,还可展开客房、餐饮、售货、娱乐及其他经营业务;餐饮业除了经营餐饮业务外,还可展开娱乐、售货及其他经营业务;服务业也能展开客房、餐饮、娱乐、美容、售货、洗染、照相等多种经营业务。为了分别考核各项经营业务的经营成果,就要求分别核算和监督各项经营业务的收入、成本和费用。

其次,旅游餐饮服务业除以服务为中心外,还从事生产加工商品和销售商品,这样,旅游餐饮服务业就具有生产、销售和服务三种职能,因此,在会计核算时就需要根据经营业务的特点,采用不同的核算方法。例如,餐饮业务,根据消费者的需要,加工烹制菜肴和食品,这具有工业企业的性质;然后将菜肴和食品直接供应给消费者,这又具有商品流通企业的性质;同时又为消费者提供消费设施、场所和服务,这又具有服务企业的性质。但是,这种生产、销售和服务在很短的时间内完成,并且菜肴和食品的花色品种多、数量零星,因此不可能像工业企业那样区分产品计算其总成本和单位成本,而是计算菜肴和食品的总成本。售货业务采用商品流通企业的核算方法;纯服务性质的经营业务,如客房、娱乐、美容等业务只发生服务费用,不发生服务成本,因此采用服务企业的核算方法。

再次,有的旅游餐饮服务业既经营自制商品,又经营外购商品。为了分别考核自制商品与外购商品的经营成果,加强对自制商品的管理与核算,需要对自制商品和外购商

品分别进行核算。

最后,涉外的旅行社、宾馆和饭店等企业在会计核算时,应按照外汇管理条例和外汇兑换管理办法,办理外汇存入、转出和结算的业务。有外汇业务的企业,应采用复币记账,核算原币和人民币,计算汇兑损益。

二、旅游餐饮服务企业的会计机构

(一) 会计机构的设置

会计机构是指直接从事和组织领导会计工作的职能部门。建立和健全会计机构,是加强会计工作、保证会计工作顺利进行的重要条件。

我国《会计法》第七条规定:国务院财政部门主管全国的会计工作。县级以上地方各级人民政府的财政部门管理本行政区域内的会计工作。因此,中央政府和地方政府均设立了会计管理机构。我国《会计法》第三十六条规定:各单位应当根据会计业务的需要设置会计机构或者在有关机构中配备会计人员并指定会计主管人员;不具备设置条件的,可以委托经批准设立从事代理记账业务的中介机构代理记账。

1. 设置专职的会计机构　　我国的大中型旅游餐饮服务企业要设置专职的会计机构。我国由于会计工作和财务工作之间关系密切,因此各个企业通常设置财务会计科(或处、组)。在会计机构内部再根据具体的条件,进行合理的分工。会计机构要接受上级管理机构、国家财政、税务和审计部门的指导与监督,并按规定向其报送财务报告。

2. 在有关机构中配备会计人员并指定会计主管人员　　小型的旅游餐饮服务企业,规模小,经济活动也比较简单,可以在企业或单位内部与财务会计工作比较接近的有关机构或综合部门,如计划、统计、办公室等部门,配备专职会计人员,并指定对财务会计工作负责的会计主管人员。

3. 委托代理记账　　特小型的旅游餐饮服务企业,不具有配备会计人员条件的,可以委托经批准设立的,从事咨询、服务的会计中介机构代理记账。

(二) 会计机构的工作组织形式

旅游餐饮服务企业会计机构的工作组织形式通常有独立核算和非独立核算两种。

1. 独立核算　　它是指具有完整的会计凭证、会计账簿和会计报告体系,全面地记录所发生的经济业务,并定期编制财务报告的企业所进行的会计核算。

实行独立核算的企业称为独立核算企业,它拥有一定数额的资金,有独立经营的自主权,独立开设银行账户,办理各项收支结算业务;可设置独立的会计机构进行全面的会计核算;单独编制预算和计算盈亏。

实行独立核算企业的会计工作组织形式又分为集中核算和非集中核算两种。

(1) 集中核算　　它是指将整个企业的会计工作全部集中在会计部门进行。采用集中核算的组织形式,企业内部各部门对其本身发生的经济业务,只办理编制原始凭证手续,并定期将各种原始凭证送交会计部门,由会计部门审核无误后,据以进行会计核算。

集中核算的组织形式便于会计人员进行合理的分工,减少了核算层次,加速了核算工作,有利于提高工作效率,节约核算费用。但该种形式不便于各部门随时利用核算资料分析和考核其各项工作的完成情况。

(2)非集中核算　　它又称分散核算,是指企业内部各部门对其本身发生的经济业务进行较全面的核算。采用非集中核算的组织形式,企业内部各部门要填制和审核会计凭证,设置和登记会计账簿,独立计算盈亏,并定期编制内部会计报告,报送会计部门。非集中核算的组织形式便于各部门经常利用核算资料分析和考核其各项工作的完成情况。但采用这种形式,会计人员难以进行合理分工,核算的工作量大,核算成本也高。

在实际工作中,各单位可以根据其经营的特点和管理的需要,采用集中核算或非集中核算;也可以对有些部门采用集中核算,对有些部门采用非集中核算。无论采用哪种组织形式,单位与银行的往来以及债权、债务的结算,都必须通过会计部门办理。

2. 非独立核算　　它是指没有完整的会计凭证和会计账簿体系,只记录部分经济业务的单位所进行的会计核算。

实行非独立核算的单位称为非独立核算单位,又称报账单位,它本身没有资本,其财产物资均由上级单位拨付,也没有独立的银行账户,其一切收入均存入上级单位账户,一切支出也由上级单位审核支付。非独立核算单位通常不设置会计机构,仅配备会计人员,只进行原始凭证的填制、审核、整理和汇总,以及实物明细账的登记工作,不单独编制预算和计算盈亏。

三、旅游餐饮服务企业的会计人员

(一)会计人员的职责

1. 进行会计核算　　会计人员要严格遵守职业道德,提高业务素质,要以实际发生的经济业务为依据,按照我国《企业会计准则》的规定,做好记账、算账和报账工作,及时、真实地反映企业的财务状况、经营成果和现金流量。

2. 实行会计监督　　会计人员要以国家法令、企业会计准则、财务制度为依据,对发生的各项经济业务及其会计处理的合法性、合理性进行监督。对不真实、不合法的原始凭证,会计人员有权不予接受,并向单位负责人报告。对记载不准确、不完整的原始凭证,会计人员应予以退回,并要求更正、补充。发现会计账簿记录与实物、款项及有关资料不相符的,按照企业制度规定有权处理的,应当及时处理;无权处理的,应当立即向单位负责人报告,请求查明原因,作出处理。对违反我国《会计法》和《企业会计准则》规定的行为,有权检举。

3. 拟定本企业办理会计事务的具体办法和制度　　各企业的会计机构要根据国家颁发的《会计法》、会计准则和财务制度,结合本企业的特点和需要,建立和健全本企业的会计人员岗位责任制、内部牵制和稽核制度、财产清查制度、成本计算方法和费用开支报销手续办法等。

4. 编制各项财务预算,考核和分析其执行情况　　各企业的会计机构要编制筹资、投资、成本、费用、收入和利润等各项财务预算,并根据会计核算资料考核和分析各项预算的执行情况,查明筹资与投资的效果,成本、费用、收入和利润升降的原因,揭露经营管理中存在的问题,并提出改进的措施。

（二）会计人员的权限

1. 有权要求本企业各部门、人员遵守会计法规　　对违反《会计法》、违反《企业会计准则》和违反财务制度等会计法规的情况,如账实不符、弄虚作假、营私舞弊和贪污盗窃等,会计人员有权拒绝付款或拒绝执行,并有权向本企业领导人报告或检举。

2. 有权参与本企业的重要经济决策　　会计人员有权参与本企业编制预算、制定定额和签订经济合同,有权参加经营管理会议,并有权向企业领导人提出财务开支和经济效益方面的问题和意见。

3. 有权监督本企业的经济活动　　会计人员有权检查和监督本企业各部门的财务收支,资金使用和财产保管、收发、计量和检验等情况。

（三）对会计人员和会计机构负责人的要求

由于会计工作在经济管理中发挥着重要的作用,为了保证会计目标的实现,充分发挥会计工作在国家经济建设中的积极作用,对会计人员和会计机构负责人提出了一定的要求。

1. 对会计人员的要求　　首先,从事会计工作的人员,必须经财政部门审核,取得会计从业资格证书。其次,会计人员都应具有良好的政治素质和职业道德,严格遵守我国《会计法》《企业会计准则》和财务制度,能维护国家利益;具有坚持原则、抵制一切违法乱纪的行为。再次,会计人员应严守商业秘密,除法律规定和单位领导人同意外,不得私自向外界提供或者泄露单位的会计信息。

2. 对会计机构负责人的要求　　会计机构负责人除要达到会计人员的要求外,还应当具备会计师以上专业技术职务资格或者从事会计工作 3 年以上的经历。

第三节　会计基本假设和会计信息质量要求

一、会计基本假设

会计基本假设是指对会计核算所处的时间、空间环境和计量单位等所作的合理设定。会计基本假设是企业会计确认、计量和报告的前提,它包括会计主体、持续经营、会计分期和货币计量。

(一) 会计主体

会计主体是指企业会计确认、计量和报告的空间范围。在会计主体假设下,企业应当对其本身发生的交易或事项进行会计确认、计量和报告,反映企业本身所从事的各项生产经营活动。明确界定会计主体是开展会计确认、计量和报告工作的重要前提。

首先,明确会计主体才能划定会计所要处理的各项交易或事项的范围。在会计工作中,只有那些影响企业本身经济利益的各项交易或事项才能加以确认、计量和报告。会计核算中涉及的资产、负债的确认,收入的实现,费用的发生等,都是针对特定会计主体的。

其次,明确会计主体才能将会计主体的交易或事项与会计主体所有者的交易或事项以及其他会计主体的交易或事项区分开来。例如,企业所有者的经济交易或事项是属于企业所有者主体所发生的,不应纳入企业会计核算的范围,但是企业所有者投入企业的资本或企业向所有者分配的利润,则属于企业主体所发生的交易或事项,应当纳入企业会计核算的范围。

(二) 持续经营

持续经营,是指在可以预见的将来,企业将会按当前的规模和状态继续经营下去,不会停业,也不会大规模削减业务。在持续经营假设下,企业进行会计确认、计量和报告应当以持续经营为前提。明确这一基本假设,就意味着会计主体将按照既定的用途使用资产,按照既定的合约条件清偿债务,会计人员就可以在此基础上选择会计政策和估计方法。

然而,在市场经济环境下,任何企业都存在破产、清算的风险,因此企业不能持续经营的可能性总是存在的。如果可以判断企业不能持续经营,就应当改变会计核算的原则和方法,并在企业财务报告中作相应的披露。

(三) 会计分期

会计分期是指将一个企业持续经营的生产经营活动期间划分为若干连续的、长短相同的期间。根据持续经营假设,一个企业将按当前的规模和状态持续经营下去。要想最终确定企业的生产经营成果,只能等到企业在若干年后歇业时核算一次盈亏。但是,无论是企业的生产经营决策还是投资者、债权人等的决策都需要及时的信息,不能等到歇业时。因此,通过会计分期,将持续经营的生产经营活动期间划分成连续、相同的期间,据以结算盈亏,按期编报财务报告,从而及时向财务报告使用者提供有关企业财务状况、经营成果和现金流量的信息。

在会计分期假设下,企业应当划分会计期间、分期结算账目和编制财务报告。会计期间分为年度和中期。年度和中期均按公历起讫日期确定。会计中期是指短于一个完整和会计年度的报告期间。它又可分为半年度、季度和月度。

（四）货币计量

货币计量是指会计主体在进行会计核算时以货币作为计量单位，反映会计主体的财务状况、经营成果和现金流量。在会计的确认、计量和报告过程中选择货币作为基础进行计量，是由货币本身的属性决定的。货币是商品一般等价物，是衡量一般商品价值的共同尺度。因此，只有货币计量单位才能为会计核算提供一个普遍适用的手段，以全面地反映企业的财务状况和经营成果。

在我国，由于人民币是国家法定的货币，因此规定以人民币为记账本位币。外商投资企业等业务收支以外币为主的，也可以选定以某种外币为记账本位币，但在编制和提供财务报告时应当将其折算为人民币。

二、会计信息质量要求

会计信息质量要求是指在会计假设制约下，会计主体在会计核算中对会计对象进行确认、计量的科学规范。会计信息质量要求是人们从会计实践中总结出来的经验，这些经验在得到会计界公认后，就成为各个会计主体进行会计核算的共同依据，以保证会计信息的质量和可比性，更好地为投资者、债权人作出正确的决策服务，并能为政府进行宏观调控服务。会计信息质量要求包括可靠性、相关性、可理解性、可比性、实质重于形式、重要性、谨慎性和及时性等。

（一）可靠性

可靠性是指企业应当以实际发生的交易或事项为依据进行会计确认、计量和报告，如实反映符合确认和计量要求的各项会计要素及其他相关信息，保证会计信息真实可靠、内容完整。

会计作为一个信息系统，其提供的会计信息是投资者、债权人、企业内部管理层和国家宏观经济管理部门进行决策的重要依据。如果会计信息不能真实客观地反映企业经济活动的实际情况，将无法满足有关各方进行决策的需要，甚至导致决策失误。

因此可靠性要求会计核算必须以实际发生交易或事项时所取得的合法的书面凭证为依据，不得弄虚作假，不得伪造、篡改凭证，以保证所提供的会计信息与会计反映对象的客观事实相一致。

（二）相关性

相关性是指企业提供的会计信息应当与财务报告使用者的经济决策需要相关，有助于财务报告使用者对企业过去、现在或者未来的情况作出评价或者预测。

会计信息的价值在于其与决策相关，有助于决策。如果提供的会计信息没有满足会计信息使用者的需要，对其经济决策没有什么作用，就不具有相关性。因此相关性要求企业应当在确认计量和报告会计信息的过程中，充分考虑使用者的决策模式和对信息的需要。

（三）可理解性

可理解性是指企业提供的会计信息应当清晰明了、便于财务报告使用者理解和使用。

企业编制财务报告、提供会计信息的目的在于使用,而要使使用者有效地使用会计信息,应当能让其了解会计信息的内涵,弄懂会计信息的内容,这就要求财务报告所提供的会计信息应当清晰明了,易于理解。只有这样,才能提高会计信息的有用性,实现财务报告的目标,满足向使用者提供对决策有用信息的要求。

(四)可比性

可比性是指企业提供的会计信息应当具有可比性。它具体包括下列两个要求:一是同一企业不同时期发生的相同或者相似的交易或事项,应当采用一致的会计政策,不得随意变更。确实需要变更的,应当在附注中说明;二是不同企业发生的相同或者相似的交易或事项,应当采用规定的会计政策,确保会计信息口径一致、相互可比。

可比性要求各企业都采用一致的、规定的会计政策进行核算,使企业不同时期和各企业之间的会计信息建立在相互可比的基础上,使其提供的会计信息便于比较、分析和汇总。这样既能使投资者和债权人对企业的财务状况、经营成果和现金流量以及发展趋势作出准确的判断,又能满足国民经济宏观调控的需要。

(五)实质重于形式

实质重于形式是指企业应当按照交易或事项的经济实质进行会计确认、计量和报告,不应仅以交易或事项的法律形式为依据。

在实际工作中,交易或事项的外在法律形式并不总能完全真实地反映其实质内容。所以,会计信息要想反映其拟反映的交易或事项,就必须根据交易或事项的实质和经济现实来进行判断,而不能仅仅根据它们的法律形式来进行判断。例如,融资租入的固定资产,在租赁期未满之前,从法律形式上来看,企业并不拥有其所有权,但是由于融资租赁合同中规定的租赁期长,该资产的租赁期限通常超过了该资产使用寿命的75%,而且租赁期满时,承租人能以很低的价格购置该项资产。因此,从经济实质上来看,承租人能够控制融资租入固定资产所创造的未来经济利益,所以应将其视为企业自有的固定资产。

(六)重要性

重要性是指企业提供的会计信息应当反映与企业财务状况、经营成果和现金流量等有关的所有重要交易或事项。

重要性与会计信息的成本效益直接相关。因此,对于那些对企业资产、负债和损益等有较大影响的,并进而影响财务报告据以作出合理判断的重要的交易或事项,必须按照规定的会计方法和程序进行处理,并在财务报告中予以充分、准确的披露;而对于次要的交易或事项,在不影响会计信息真实性和不至于误导财务报告使用者作出正确判断的前提下,则可适当简化处理。这样,有利于抓住那些对企业经济发展和制定经营决策有重大影响作用的关键性内容,达到事半功倍的效果,有助于企业简化核算工作和提高工作效率。

(七)谨慎性

谨慎性是指企业对交易或事项进行会计确认、计量和报告时应当保持应有的谨慎,不应高估资产或者收益、低估负债或者费用。

在市场经济环境下,企业的生产经营活动面临着许多风险和不确定性,如应收账款的可收回性,固定资产的使用寿命,无形资产的使用寿命等。谨慎性要求企业对存在的风险和不确定性作出合理的预计,既不高估资产或者收益,也不低估负债或者费用。

(八)及时性

及时性是指企业对于已经发生的交易或事项,应当及时进行会计确认、计量和报告,不得提前或者延后。

在市场经济环境下,市场瞬息万变,企业之间的竞争日趋激烈,这就要求企业及时收集、整理和提供会计信息,以有利于企业加强经营管理和经营决策,满足国家宏观经济管理的要求。企业在不影响会计信息真实性和不至于误导财务报告使用者作出正确判断的前提下,则可适当简化处理。

第四节 旅游餐饮服务业的会计要素和会计科目

一、旅游餐饮服务业的会计要素

会计要素又称财务会计要素,是指根据交易或者事项的经济特征所确定的财务会计对象的基本分类,它是用于反映企业财务状况,确定经营成果的基本单位。通过对会计要素的分类,以便按不同类别要素的性质和特点分别制定确认、计量、记录和报告的标准和方法。我国将会计要素划分为资产、负债、所有者权益、收入、费用和利润。

(一)资产

资产是指企业过去的交易或者事项形成的、由企业拥有或者控制的、预期会给企业带来经济利益的资源。它包括各种财产、债权和其他权利。资产可以是货币的,也可以是非货币的;可以是有形的,也可以是无形的,它是企业从事生产经营活动必不可少的物质基础。

资产按其流动性不同,可分为流动资产和非流动资产。流动资产是指预计在一个正常营业周期中变现、出售或耗用的,或者主要为交易目的而持有的,或者预计在资产负债表日起1年内(含1年)变现,或者自资产负债表日起1年内交换其他资产或清偿负债的能力不受限制的现金或现金等价物等资产。流动资产主要有库存现金、银行存款、应收账款和原材料等。非流动资产是指流动资产以外的资产。非流动资产主要有固定资产和无形资产等。

（二）负债

负债是指企业过去的交易或者事项形成的，预期会导致经济利益流出企业的现时义务。它是企业筹措资金的重要渠道。负债必须按期偿还，它反映了企业与债权人之间的一种债务、债权关系，债权人对企业的资产有求偿权。

负债按其流动性不同，可分为流动负债和非流动负债。流动负债是指预计在一个正常营业周期中清偿的，或者主要为交易目的而持有的，或者自资产负债表日起1年内到期应予以清偿的，或者企业无权自主地将清偿推迟至资产负债表日后1年以上的负债。流动负债主要有短期借款、应付账款、应付职工薪酬等。非流动负债是指流动负债以外的债务。非流动负债主要有长期借款和应付债券等。

（三）所有者权益

所有者权益是指企业资产扣除负债后，由所有者享有的剩余权益。所有者权益是所有者对企业资产的剩余索取权，它是企业资产扣除债权人权益后应由所有者享有的部分，既可反映所有者投入资本的保值增值情况，又体现了保护债权人权益的理念。所有者权益主要有实收资本、资本公积、盈余公积和未分配利润等。

（四）收入

收入是指企业在日常活动中形成的、与所有者投入资本无关的、会导致所有者权益增加的经济利益的总流入。企业应当合理确认收入的实现，并将实现的收入按时入账。收入主要有主营业务收入和其他业务收入。

（五）费用

费用是指企业在日常活动中所发生的、会导致所有者权益减少的、与向所有者分配利润无关的经济利益的总流出。企业为了确定会计期间的净收益，还必须合理确认本期的费用，使费用与收入相配比。费用主要有主营业务成本、其他业务成本、营业税金及附加、销售费用、管理费用和财务费用。

（六）利润

利润是指企业在一定会计期间的经营成果。反映利润的指标有营业利润、利润总额和净利润。它是评价企业管理层经营业绩的一项重要的指标，也是投资者等财务报告使用者进行决策时的重要参考指标。

二、旅游餐饮服务业的会计科目

（一）设置会计科目的意义

会计科目是指为记录各种经济业务而对会计要素按其经济内容所进行分类的项目。

企业在经济活动中，各项资产、负债和所有者权益必然会发生增减变动，并会发生收入和费用，产生利润，这些均是会计核算和监督的具体内容。然而，资产包括不少内容，它们各自分布在不同的形态上，发挥着各自的作用；负债和所有者权益也包括不少内容,它们又来自不同的渠道;各种收入的来源和各种费用的用途又各不相同,因此,为了全面、系统、分类地核算和监督各项经济活动,以及由此而引起资金的增减变动情况,就必须结合经营管理的需要,通过设置会计科目对会计要素的具体内容进行科学的分类。

会计科目是账户名称,设置会计科目是正确运用复式记账,填制记账凭证,登记账簿和编制财务报告等会计核算方法的基础。

(二)会计科目的分类

1. 会计科目按照其反映的经济内容分 旅游、餐饮服务业的会计科目可以划分为资产类、负债类、所有者权益类、成本类和损益类五个大类,这五个大类的会计科目如图表1-1所示。

图表1-1

会 计 科 目 表

顺序号	编号	名　称	顺序号	编号	名　称
		一、资产类	19	1412	低值易耗品
1	1001	库存现金	20	1471	存货跌价准备
2	1002	银行存款	21	1481	待摊费用①
3	1003	备用金	22	1501	持有至到期投资
4	1015	其他货币资金	23	1502	持有至到期投资减值准备
5	1101	交易性金融资产	24	1503	可供出售金融资产
6	1121	应收票据	25	1511	长期股权投资
7	1122	应收账款	26	1512	长期股权投资减值准备
8	1123	预付账款	27	1521	投资性房地产
9	1131	应收股利	28	1522	投资性房地产累计折旧
10	1132	应收利息	29	1523	投资性房地产减值准备
11	1221	其他应收款	30	1531	长期应收款
12	1231	坏账准备	31	1601	固定资产
13	1321	受托代销商品	32	1602	累计折旧
14	1402	在途物资	33	1603	固定资产减值准备
15	1403	原材料	34	1604	在建工程
16	1405	库存商品	35	1605	工程物资
17	1408	商品进销差价	36	1606	固定资产清理
18	1409	委托加工物资	37	1701	无形资产

（续表）

顺序号	编号	名　　称	顺序号	编号	名　　称
38	1702	累计摊销	65	4003	其他综合收益
39	1703	无形资产减值准备	66	4101	盈余公积
40	1711	商誉	67	4103	本年利润
41	1801	长期待摊费用	68	4104	利润分配
42	1811	递延所得税资产	69	4201	库存股
43	1901	待处理财产损溢			四、成本类
		二、负债类	70	5201	劳务成本
44	2001	短期借款	71	5301	研发支出
45	2101	交易性金融负债			五、损益类
46	2201	应付票据			（一）收入类
47	2202	应付账款	72	6001	主营业务收入
48	2205	预收账款	73	6002	其他业务收入
49	2211	应付职工薪酬	74	6101	其他收益
50	2221	应交税费	75	6111	投资收益
51	2231	应付利息	76	6112	公允价值变动损益
52	2232	应付股利	77	6113	资产处置损益
53	2241	其他应付款	78	6301	营业外收入
54	2314	受托代销商品款			（二）费用类
55	2401	递延收益	79	6401	主营业务成本
56	2501	长期借款	80	6402	其他业务成本
57	2502	应付债券	81	6403	税金及附加
58	2701	长期应付款	82	6601	销售费用
59	2702	未确认融资费用	83	6602	管理费用
60	2711	专项应付款	84	6603	研发费用
61	2801	预计负债	85	6604	财务费用
62	2901	递延所得税负债	86	6701	资产减值损失
		三、所有者权益	87	6711	营业外支出
63	4001	实收资本（股本）	88	6801	所得税费用
64	4002	资本公积	89	6901	以前年度损益调整

① 财政部为了防止股份有限公司利用"待摊费用"账户调节利润，在《企业会计准则——应用指南》中删去了该科目，但我国绝大多数是有限责任公司，因此仍保留该科目。

损益类科目按其性质不同,又可以分为收入类科目和费用类科目。

2. 会计科目按照其提供核算指标的详细程度分 可以划分为总分类科目和明细分类科目。总分类科目是指对会计要素的具体内容进行总括分类的项目,它又称一级科目。明细分类科目是指根据核算与管理的需要对某些会计科目所作的进一步分类的项目,按照其分类的详细程度不同,又可以分为子目和细目;子目又称二级科目,细目又称三级科目。例如,经营餐饮业务的企业可设置"原材料"会计科目,它能反映企业原材料的总括情况,根据管理与核算的需要,又可将原材料划分为"粮食类""干菜类""调味品类"等有关子目,以反映各类原材料的具体情况,还可以将粮食类再划分为"大米""面粉"等细目,以反映各种原材料的详细情况。

会计科目是由财政部制定的《企业会计准则——应用指南》中规定的,企业在不影响会计核算要求和财务报告汇总以及对外提供统一的财务报告的前提下,可以根据实际情况自行增设、减少或合并某些会计科目,子、细目除少数财政部有规定外,一般由企业根据核算与管理的需要自行确定。

思 考 题

一、简答题

1. 会计有哪些基本职能?谈谈这些基本职能的定义及它们之间的相互关系。
2. 谈谈旅游、餐饮服务企业的资金运动。
3. 旅游餐饮服务业会计有哪些特点。
4. 什么是会计要素?它可划分为哪几类?并分述各类会计要素的定义。
5. 什么是会计科目?试述旅游餐饮服务业会计科目的分类。

二、名词解释题

会计　会计目标　会计核算目标　独立核算　非独立核算　会计主体
会计分期

三、是非题

1. 会计对象是指企业在社会主义再生产过程中的资金运动。　　　　　　（　　）
2. 旅游业、餐饮业和服务业是以向消费者提供劳动服务为特征的服务性行业。
　　　　　　　　　　　　　　　　　　　　　　　　　　　　　　　　（　　）
3. 集中核算的组织形式便于会计人员进行合理的分工,减少了核算层次,加速了核算工作,便于各部门随时利用核算资料节约核算成本。　　　　　　　　（　　）
4. 我国的会计基本假设包括会计主体、自主经营、会计分期和货币计量等四项。
　　　　　　　　　　　　　　　　　　　　　　　　　　　　　　　　（　　）
5. 负债是企业筹措资金的重要渠道,但它必须按期偿还,因此它反映了企业与债权

人之间的一种债权、债务关系。   (   )

四、单项选择题

1. 小型旅游餐饮服务企业可以_____。
   A. 设置专职会计机构
   B. 设置兼职会计机构
   C. 在有关机构中配备会计人员并指定会计主管人员
   D. 委托代理记账

2. _____拥有一定数额的资金、有独立的经营自主权,独立开设银行账户,办理各项收支结算业务;设置独立的会计机构进行全面的会计核算;编制预算和计算盈亏。
   A. 独立核算单位   B. 集中核算单位
   C. 非集中核算单位   D. 非独立核算单位

3. 可理解性会计信息质量要求是指企业提供的_____,应当清晰明了。
   A. 财务报告   B. 会计信息   C. 会计记录   D. 会计资料

4. 资产是指企业过去的交易或者事项形成的、由企业拥有或者控制的、预期会给企业带来经济利益的资源。它包括_____。
   A. 各种财产
   B. 各种财产和债权
   C. 各种财产、债权和其他权利
   D. 各种财产和其他权利

五、多项选择题

1. 旅游餐饮服务业具有_____等多种职能。
   A. 生产   B. 销售   C. 服务   D. 游乐

2. 会计信息质量要求包括相关性、可理解性、可比性、谨慎性、_____和及时性。
   A. 实质重于形式 B. 重要性   C. 持续性   D. 可靠性

3. 会计要素由资产、负债、所有者权益、_____等内容构成。
   A. 收入   B. 支出   C. 费用   D. 利润

4. 会计科目按照其反映的经济内容可以划分为 资产类、负债类、所有者权益类、_____。
   A. 成本类   B. 收入类   C. 费用类   D. 损益类

第二章 货币资金和结算业务

第一节 货 币 资 金

货币资金是以货币形态存在的资产,包括现金、银行存款和其他货币资金。现金是指停留在企业的人民币或可兑换外币;银行存款是指企业存放在银行里的人民币或可兑换外币;其他货币资金则是指企业的除现金和银行存款以外的货币资金。

货币资金有两个最显著的特点,即普遍的可接受性和最强的流动性。货币资金可以不受限制地用来购买物品、支付劳务费用或偿还债务。因随时可以转换形式,因而也最易发生被挪用、侵占的情况。为了防止意外事件和损失的发生,保护货币资金的安全,企业必须严格执行银行关于货币资金管理的有关规定,建立和健全货币资金的内部控制制度。

一、现金的核算

(一)现金的管理

对于现金的管理,国务院颁有《现金管理暂行条例》,中国人民银行颁有《现金管理暂行条例实施细则》,各企业单位应严格遵照执行,同时应根据本企业的具体情况,制定出相应的内部控制制度,加强对现金的管理。

1. 现金收入　　企业的现金收入应于当日送存开户银行,当日送存确有困难的,应于次日送存开户银行。

2. 现金支出　　企业支付现金,必须在下列支付范围内:

(1) 职工工资、津贴。

(2) 个人劳务报酬。

(3) 根据国家规定发给个人的科学技术、文化艺术、体育等各种奖金。

(4) 各种劳保、福利费用以及国家规定对个人的其他支出。如各种抚恤金、学生奖学金、丧葬补助费。

(5) 向个人收购农副产品和其他物资的价款。

(6) 出差人员必须随身携带的差旅费。

(7) 结算起点(现为人民币 1 000 元)以下的零星支出。

(8) 中国人民银行确定需要支付现金的其他支出。

企业支付现金,可以从本单位的库存现金中支付,也可向开户银行提取,但不得坐支。坐支是指从本单位业务收入的现金中直接支付。因特殊情况需要坐支现金的,应事先报经开户银行批准。

3. 库存现金　　库存现金是指留存在企业出纳员处的现金。一般情况下,企业的基本账户开户银行会根据实际需要,核定给开户单位3~5天的日常零星开支所需的库存现金限额。边远地区和交通不便地区单位的库存现金限额可酌情放宽至不超过15天的日常零星开支数额。库存现金限额一经确定必须遵照执行,库存现金不足时,可向银行提取,库存现金超过限额时,应及时解存银行。由于情况变化,需增加或减少库存现金限额的,应向银行提出申请经银行审查同意后才能调整库存现金限额。

4. 现金出纳业务手续　　企业的现金出纳业务应配备专职的出纳人员负责办理,贯彻"钱账分管"的原则,出纳人员不得兼管收入、费用、债权、债务账目的登记工作以及不得进行稽核和对会计档案的保管等。

现金收付前应仔细审核收付凭证的内容是否符合国家的有关方针、政策、法令,是否符合财经制度的规定,是否有主管人员审核签章及经办人员和证明人员的签章,如不符合手续的,应拒绝收付。现金收付后,应在收付凭证上加盖"现金收讫"或"现金付讫"戳记,并及时据以登记现金日记账。每日业务终了,应当检查现金的实际库存与现金日记账的余额是否相符,做到当日账当日清,不得以白条抵库或挪用现金,如发现长短款,应及时查明原因,并进行必要的账务处理。

(二)库存现金的核算

库存现金是通过"库存现金"账户核算的。"库存现金"是资产类账户,用以核算现金的收入、付出和结存。收入现金时,记入该账户借方;支付现金时,记入该账户贷方;期末余额在借方,表示该账户库存现金的结存数额。有外币现金的企业应按人民币和外币种类的不同分别设置"现金日记账"进行明细核算。"现金日记账"格式如图表2-1所示。

图表2-1

现金日记账

单位:元

2019年		凭证号数	摘　　要	对方科目	收　入	付　出	结　存
月	日						
1	1		上年结转				300.00
	2	3	提现	银行存款	2 000.00		2 300.00
	2	4	购买办公用品	管理费用		156.00	2 144.00
	2	6	客房服务收入	主营业务收入	4 656.00		6 800.00
	2	12	服务收入款解存银行	银行存款		4 656.00	2 144.00

(三)备用金的核算

备用金是财会部门拨付给有关部门或个人的用于日常零星开支、零星采购和找零等方面的现金。备用金的收付属现金收付的范围,在使用和管理上与现金相同。

拨付备用金必须明确使用范围,建立领用、保管和报销制度,并由专人经管。企业对备用金实行定额管理。备用金的定额应由有关职能部门或工作人员根据工作上的需要提出申请,经财会部门审核同意,报经开户银行审批后才能确定。一经确定,不得任意变更。使用备用金的部门和工作人员应根据用款情况,定期或不定期地凭付出现金时取得的原始凭证向财会部门报账,财会部门收到报账的付款凭证时,应审核其是否符合财务制度规定的现金支用范围,审核无误后,根据付款凭证的金额拨付现金,以补足其备用金定额。

【例】 经银行核准,味佳饮食店采购员的定额备用金为1 000元。

(1) 3月1日,以现金1 000元拨付采购员周明采购定额备用金,作分录如下:

借:备用金——周明　　　　　　　　　　　　　　　　1 000
　　贷:库存现金　　　　　　　　　　　　　　　　　　　1 000

(2) 采购员周明持发票前来报销,计购入百味宝调料10箱,每箱35元,金额350元;香菇5千克,每千克80元,金额400元,当即补足其备用金,调料及香菇已由仓库验收入库,作分录如下:

借:原材料　　　　　　　　　　　　　　　　　　　　750
　　贷:库存现金　　　　　　　　　　　　　　　　　　　750

"备用金"是资产类账户,用以核算企业内部周转使用的备用金。企业拨付内部职能部门或个人备用金时,记入借方;收回备用金时,记入贷方;期末余额在借方,表示企业备用金的结存额。

二、银行存款的核算

根据中国人民银行账户管理办法的规定,每个独立核算的单位均应在当地银行开立账户,进行存款、取款和各种收支转账业务的结算。

(一) 银行存款的管理

企业的银行存款账户分为基本存款账户、一般存款账户、临时存款账户和专用存款账户四种。

企业只能选择一家银行的一个营业机构开立一个基本存款账户,主要用于办理日常的转账结算和现金收付。企业的工资、奖金等现金的支取,只能通过该账户办理。企业可在其他银行的一个营业机构开立一个一般存款账户,该账户可办理转账结算和存入现金,但不能支取现金。临时存款账户是存款人因临时经营活动需要开立的账户,如企业异地产品展销、临时性采购资金等。专用存款账户是企业因特定用途需要开立的账户,如基本建设项目专项资金、农副产品资金等。企业的销货款不得转入专用账户。

企业开立基本存款账户,必须凭中国人民银行当地分支机构核发的开户许可证办理,企业不得为还贷、还债和套取现金而多头开立基本存款账户;不得出租、出借账户;不得违反规定在异地存款和贷款而开立账户。

(二)银行存款的核算

企业存放在银行或其他金融机构的货币资金是在"银行存款"账户核算的。"银行存款"是资产类账户,用以核算企业存入银行或其他金融机构的各种款项。存入款项时,记入该账户借方;提取和支付款项时,记入该账户贷方;期末余额在借方,表示银行存款的结存数额。有外币存款的企业,应按人民币和外币种类的不同分别设置"银行存款日记账"进行明细核算。银行存款三栏式日记账格式如图表2-2所示。

图表2-2

银行存款日记账

单位:元

2019年		凭证号数	摘 要	对方科目	银行结算凭证		借 方	贷 方	借或贷	余 额
月	日				种类	号数				
1	1		上年结转						借	49 500.00
	2	2	客房收入款解行	库存现金	解款单		4 656.00		借	54 156.00
	2	3	提现	库存现金	现支	99474		2 000.00	借	52 156.00
	3	7	购面粉款	原材料	转支	99475		1 800.00	借	50 356.00
	3	9	客房收入	主营业务收入	转支	198496	5 790.00		借	56 146.00
	3	11	汇付前欠货款	应付账款	电汇			7 500.00	借	48 646.00

三、外币存款的核算

随着经济体制改革的不断深入和对外开放的逐步扩大,出现了外商独资、中外合资的旅游、饮食服务企业,在旅游、饮食服务企业的会计核算中发生外币收支、外汇债权债务结算和汇兑损益等外币业务。同时,我国是一个外汇管制的国家,在不同时期对外汇管理采用不同的方法,这就要求财会人员不仅要掌握人民币业务的核算方法,还要掌握外币业务的核算方法。企业在进行外汇收支结算的过程中,应严格按照《企业会计准则》关于外币记账办法和国家颁布的外汇管理暂行条例及其实施细则和办法办理。

(一)外汇与外汇汇率

1. 外汇   外汇是指以外币表示的用于国际结算的一种支付手段。具体包括:① 可自由兑换的外国货币。② 外币有价证券。③ 外币支付凭证。④ 其他外汇资金。

外币是指除了本国货币以外的所有其他国家的货币。对人民币而言,美元、欧元、印度卢比、越南盾等都是外币。外币并不一定是外汇,只有能用于国际结算的外币才是外汇,如美元、欧元是外汇,印度卢比、越南盾则不属于外汇。

2. 外汇汇率   外汇汇率是一个国家的货币折算成另一个国家货币的比率,也就是用一国货币所表示的另一国货币的价格,也称兑换率、外汇牌价等。其中,外汇牌价一般指官方制定和公布的外汇汇率,也称法定汇率或官方汇率。

确定两种不同货币之间的比率,先要确定用哪个国家的货币作为标准。我国与世界上大多数国家一样,采用直接标价法,即以一定单位(如1、100、10 000、100 000个外币单位)的外国货币作为标准,折算成一定数额的人民币来标价的。在直接标价法下,外国货币的数额固定不变,汇率的涨跌都以相对的人民币数额变化来表示。一定单位外币折合的人民币增多,说明外币汇率上涨,人民币汇率下跌,即外币币值上升或人民币币值下降;反之,则相反。

我国实行的是以市场供求为基础的、单一的、有管理的浮动汇率制度。这一汇率制度的特点是以外汇市场供求关系作为决定汇率的主要依据,由中国人民银行以前一天外汇市场交易价格为基础,参照国际金融市场主要货币的变动情况公布人民币汇率,作为我国对外计价、结算的标准。目前商业银行挂牌的人民币汇率有四档,即外汇买入汇率、外汇卖出汇率、中间汇率和现钞买入汇率。银行卖出外币现钞汇率与外汇卖出汇率相同。中间汇率是外汇买入汇率与外汇卖出汇率之间的平均汇率。

(二) 外汇兑换业务

为方便和确保国外友人在我国进行访问、旅游、洽谈贸易时的消费需要,部分宾馆旅游业受中国银行的委托,按中国人民银行当天公布的人民币汇率,开展外币、外汇兑换人民币的业务,从而为国家吸收更多的外汇资金。

宾馆旅游业代理兑换的外汇主要有可自由兑换的外币现钞、信用卡、旅行支票等,其中可以直接兑换的外币现钞仅限于中国人民银行公布的人民币汇率表上所列的23种外币,除此以外的外币、外汇凭证可委托中国银行代为托收。兑入外币现钞时,首先应鉴别其真伪性和时效性,不能鉴别的,不予收兑。收兑外币时,应填制一式数联的外币兑换证明,并按当日外汇牌价计算后支付人民币。兑换人凭本人的兑换证明,在6个月内可将持有的人民币向中国银行兑回外币或办理外汇存款。

信用卡是银行或专门机构向消费者提供的一种消费信贷。消费者可凭卡到信用卡发行机构特约的商店、宾馆、银行去购物和提取小额现金。目前,我国宾馆旅游业受理的信用卡主要有:万事达卡(Master Charge Card)、维萨卡(Visa Card)、运通卡(American Express Card)、大来卡(Diners Club Card)、日本卡(JCB Card)等。受理信用卡时,经办人员应认真审核该卡是否属于本代理点受理范围,是否在有效期内,是否被列入"取消名单",同时验对持卡人的身份,复签无误后,在规定的限额内结算购物款、服务费用或提取现金,并按规定收取一定的手续费用。

旅行支票是银行或旅行社发行的、专供旅行者购买和备付旅行费用的一种定额支票。其特点是面额固定、携带安全、兑换方便、挂失补偿。外币旅行支票是由外国银行发行的定额支票,由于外币旅行支票来自不同的国别和不同的发行银行,兑付时技术要求较高,因此应由指定银行办理。

宾馆旅游企业开设外汇代兑点,一般由委托银行拨付代兑备用金及有关的空白凭证、印章和工具等。代兑点每日营业终了,应根据有关兑换凭证填列"代兑外币结汇明细表"并连同兑入的外汇送交委托银行,由委托银行当即补足代兑备用金。代兑外汇的手续费由委托银行定期结付给代兑点。

【例】 中国银行在三林宾馆设有外汇代兑点,1月份该代兑点共收兑外汇折合人民币 100 500 元,代兑手续费率为 2%。今收到中国银行付来代兑手续费 2 010 元,作分录如下:

借:银行存款   2 010.00
  贷:营业外收入   2 010.00

(三)外币存款的核算

有外币存款的企业应在银行存款账户下分设人民币及有关外币的银行存款日记账,以进行明细核算。企业发生的外币银行存款业务,应将有关外币金额折合成人民币记账,同时登记外币金额和汇率。外币金额折合成人民币记账时,应按业务发生时的市场中间汇率折合,月末企业应将外币账户余额按照期末市场中间汇率折合为人民币,作为外币账户的期末人民币余额。调整后的各外币账户人民币余额与原账面余额的差额,作为汇兑损益列入"财务费用"账户,以反映汇率变动对外币账户的影响。

【例】 三林宾馆1月份发生下列外汇业务:

1. 10日,购进音响设备一套,计 22 000 美元,以美元存款支付,当日汇率[①]为 7 元,音响设备已拨交娱乐厅使用,作分录如下:

借:固定资产   154 000.00
  贷:银行存款——美元户(22 000×7)   154 000.00

2. 14日,办理有关手续,以转账支票向开户银行中国银行购入 6 000 美元,当日汇率 7.02 元,备发工资,作分录如下:

借:银行存款——美元户(6 000×7.02)   42 120.00
  贷:银行存款   42 120.00

3. 15日,发放外籍管理人员工资 6 000 美元,以美元转账支付,当日中间汇率为 7 元,作分录如下:

借:应付职工薪酬——工资   42 000.00
  贷:银行存款——美元户(6 000×7)   42 000.00

---

① 是指美元折合人民币的中间汇率,下文中凡汇率均为折合人民币的中间汇率。

4. 21日,以外币存款3 500美元,支付前欠货款,当日美元汇率为7.01元,作分录如下:

借:应付账款(3 500×7.01)　　　　　　　　　　　　　　　　　　　24 535.00
　　贷:银行存款——美元户(3 500×7.01)　　　　　　　　　　　　　24 535.00

5. 31日,按当日美元汇率7.01元,调整"银行存款——美元户"账户余额,作分录如下:

借:银行存款——美元户　　　　　　　　　　　　　　　　　　　　860.00
　　贷:财务费用——汇兑损益　　　　　　　　　　　　　　　　　　860.00

"银行存款日记账——美元户"如图表2-3所示。

图表2-3

银行存款日记账(美元户)　　　　　　　　　　　金额单位:元

2019年		凭证号数	摘要	借方			贷方			余额		
月	日			原币	汇率	人民币	原币	汇率	人民币	原币	汇率	人民币
1	1	(略)	余额							40 000	6.98	279 200
	10		购入音响设备				22 000	7.00	154 000	18 000		125 200
	14		兑入	6 000	7.02	42 120				24 000		167 320
	15		支付外籍人员工资				6 000	7.00	42 000	18 000		125 320
	21		归还前欠货款				3 500	7.01	24 535	14 500		100 785
	30		调整汇率转账			860				14 500	7.01	101 645

外币现金及外币应收、应付账款均应比照银行存款(外币户)的方法记账。

四、其他货币资金的核算

其他货币资金是因存放地点不同,而区别于库存现金和银行存款的一种企业货币资金。它主要包括:外埠存款、银行本票存款、银行汇票存款、信用卡存款和在途货币资金,这类资金在"其他货币资金"账户核算,核算方法将在本章第二节中阐述。

第二节　转　账　结　算

转账结算是指单位、个人在社会经济活动中使用票据、信用卡和汇兑、托收承付、委托收款等结算方式进行货币给付及其资金清算的行为。

一、转账结算的原则和条件

(一)转账结算的原则

单位、个人和银行办理转账结算必须遵守下列原则:①恪守信用,履约付款。②谁的钱进谁的账,由谁支配。③ 银行不垫款。

单位和个人办理转账结算,必须遵守结算纪律,承担结算责任。不准签发没有资金保证的票据和远期支票及套取银行信用;不准签发、取得和转让没有真实交易和债权、债务的票据,套取银行和他人资金;不准无理拒绝付款,任意占用他人资金;不准违反规定开立和使用银行账户。

(二) 转账结算的条件

为了保证转账结算的正常进行,单位在办理转账结算时还必须具备下列条件:① 按《银行账户管理办法》的规定开立和使用账户。② 使用银行统一印制或统一规定的票据和结算凭证。③ 按规定正确填写票据和结算凭证。④ 票据和结算凭证的金额、出票或签发日期、收款人名称不得更改,更改的票据无效;更改的结算凭证,银行不予受理。对票据和结算凭证上的其他记载事项,原记载人可以更改,更改时应当由原记载人在更改处签章证明。⑤ 票据和结算凭证金额以中文大写和阿拉伯数码同时记载,二者必须一致,否则票据无效,结算凭证银行不予受理。⑥ 票据和结算凭证上的签章和其他记载事项应当真实,不得伪造、变造。

二、转账结算的种类

目前,国内的转账结算方式主要有三类八种:支票、银行本票、银行汇票、商业汇票、信用卡、汇兑、托收承付和委托收款。

(一) 支票

支票是出票人签发的、委托办理支票存款业务的银行或者其他金融机构在见票时无条件支付确定的金额给收款人或者持票人的票据。普通支票可以支取现金,也可以转账。使用普通支票进行转账时,应在支票左上角加划两条45°平行线注明,又称划线支票。专用于提取现金的现金支票只能用于支取现金;专用于转账的转账支票只能用于转账。支票的特点一是使用方便,清算及时;二是收付双方都有法律保障。在2007年6月之前支票只适用于单位和个人在同一票据交换区域的各种款项的结算。自2007年6月25日起,支票实现了全国通用。

1. 支票结算的主要规定

(1) 签发支票必须记载的事项　① 表明"支票"的字样。② 无条件支付的委托。③ 确定的金额。④ 付款人名称。⑤ 出票日期。⑥ 出票人签章。

欠缺记载上列事项之一的支票无效。支票的付款人为支票上记载的出票人开户银行。

(2) 签发支票用墨　签发支票应使用碳素墨水或墨汁填写,未按规定填写,被涂改冒领的,由出票人负责。

(3) 支票的补记　支票的金额、收款人名称可以由出票人授权补记。未补记前不得背书转让和提示付款。

（4）支票的背书转让　　支票可以流通转让，但用于支取现金的支票不得流通转让。出票人在支票正面记载"不得转让"字样的支票，不得流通转让。

（5）支票的提示付款　　支票的提示付款期限为自出票日起 10 天，超过提示付款期限提示付款的，持票人开户银行不予受理，付款人不予付款。

（6）出票人不得签发空头、远期支票　　出票人不得签发空头支票。空头支票是指出票人签发、收款人或持票人收受，并按规定向银行提示付款时出票人银行存款余额不足支付的支票。

出票人不得签发远期支票。远期支票是指出票人在签发时不填列当天日期，而延填未来日期，并交与收款人或持票人的支票。

签发空头或与印鉴不符的支票，银行按票面金额对出票人处以 5% 但不低于 1 000 元的罚款，同时按票面金额处以 2% 的赔偿金，赔偿持票人。

银行对提示付款的远期支票，视同即期，即予支付。

（7）受理支票时应审查的内容　　收款人或被背书人接受支票时，应审查下列事项：① 收款人或被背书人是否确为本单位。② 支票是否在提示付款期限内。③ 必须记载的事项是否齐全。④ 出票人的签章是否符合规定，大小写金额是否一致。⑤ 出票日期是否使用中文大写。⑥ 出票金额、出票日期、收款人名称是否更改，更改的其他记载事项是否有原记载人签章。⑦ 支票正面是否记载"不得转让"的字样。⑧ 背书是否连续等。

（8）持票人被拒付支票款的处理　　持票人委托开户银行收款、被拒绝付款的支票，不得再委托开户银行向付款人提示付款。持票人可依法行使追索权。追索权是指持票人在票据到期不获付款或期前不获承兑或有其他法定原因并在实施行使或保全票据上权利的行为后，可以向其前手请求偿还票据金额、利息及其他法定款项的一种票据权利。

（9）失票的处理　　必须记载的事项记载齐全的支票丧失，可以由失票人通知出票人开户银行挂失止付。在挂失前已经支付的，银行不予受理。

2. 支票结算的核算　　付款单位签发支票后，应根据支票存根反映存款减少。企业以现金支票向银行提取现金后，应以现金支票存根为原始凭证借记"库存现金"账户，贷记"银行存款"账户。企业以转账支票支付货款或劳务费用后，应以转账支票存根及有关凭证为依据，借记"原材料"等有关账户，贷记"银行存款"账户。

收款单位收到付款单位的支票后，应填制"进账单"并连同支票送交开户银行转账，并根据"进账单"回单及有关凭证借记"银行存款"账户；贷记"主营业务收入"等账户。

（二）银行本票

银行本票是银行签发的，承诺自己在见票时无条件支付确定的金额给收款人或持票人的票据。银行本票可以用于转账，填明"现金"字样的，也可以用于支取现金。银行本票分为不定额本票和定额本票两种。银行本票的特点：一是出票人在资格上有限制，应为中国人民银行当地分支行批准办理银行本票业务的银行机构；二是见票即付，当场抵用，具有信用程度高、支付能力强的优点。银行本票适用于单位和个人在同一票据交换区域的各种款项的结算。

1. 银行本票结算的主要规定

(1) 签发银行本票必须记载的事项　①表明"银行本票"的字样。②无条件支付的承诺。③确定的金额。④收款人名称。⑤出票日期。⑥出票人签章。

缺漏记载上列事项之一的银行本票无效。银行本票的付款人为银行本票的出票人，即出票银行。出票人签章为该银行本票专用章加其法人代表或其授权的经办人的签名或盖章。

(2) 银行本票的背书转让　银行本票可以流通转让，但填明"现金"字样的银行本票不得背书转让。正面记载有"不得转让"字样的银行本票不得流通转让。

(3) 银行本票的提示付款　银行本票的提示付款期限一般为自出票日起1个月，最长不得超过2个月。超过规定提示付款期限的银行本票，代理付款人不予受理。银行本票的代理付款人是代理出票银行审核支付银行本票款项的银行。

(4) "现金"银行本票的使用范围　申请人或收款人为单位的不得申请使用现金银行本票。

(5) 受理银行本票时应审查的内容　收款人或被背书人接受银行本票时，应审查下列事项：①收款人或被背书人是否确为本单位。②银行本票是否在提示付款期限内。③必须记载的事项是否齐全。④出票银行签章是否符合规定，不定额银行本票是否有压数机压印的出票金额，并与大写出票金额一致。⑤出票日期是否使用中文大写。⑥银行本票正面是否记载"不得转让"的字样。⑦背书是否连续、背书人签章是否符合规定、背书使用粘单是否按规定签章等。

(6) 银行本票超过提示付款期限的处理　持票人超过提示付款期限不获付款的，在票据权利时效内(银行本票的票据权利时效为出票日起2年)向出票银行作出说明，并提供本人身份证件或单位证明，可持银行本票向出票银行请求付款。

申请人因银行本票超过提示付款期限或其他原因要求退款时，可将银行本票提交出票银行办理。

(7) 失票的处理　填明"现金"字样和代理付款人的银行本票丧失，失票人可通知付款人和代理付款人办理挂失止付手续，其他的银行本票丧失，不得挂失止付。失票人可凭人民法院出具的其享有票据权利的证明向出票银行请求付款或退款。

2. 银行本票结算的核算　付款单位需使用银行本票办理结算时，应向出票银行提交"银行本票申请书"，同时存足款项，银行据以签发银行本票。企业取得银行本票后，根据申请书存根联借记"其他货币资金——银行本票"账户，贷记"银行存款"账户；企业以银行本票购物或付款后，根据有关凭证，借记"原材料"等账户，贷记"其他货币资金——银行本票"账户。

收款单位受理银行本票时,应注意审核有关内容,若审核无误,填制"进账单"一并送交开户银行办理转账,并根据进账回单及有关凭证,借记"银行存款"账户,贷记"主营业务收入"等账户。收款单位受理银行本票时只办理全额结算,如结算款项大于或小于票面金额,其差额可通过转账支票或现金结清。

（三）银行汇票

银行汇票是出票银行签发的、由其在见票时按照实际结算金额无条件支付给收款人或者持票人的票据。银行汇票可以用于转账;填明"现金"字样的,也可以用于支取现金。银行汇票的付款人为银行汇票的出票银行,银行汇票的代理付款人是代理本系统出票银行或跨系统签约银行审核支付汇票款项的银行。银行汇票的特点:一是出票和付款限于参加"全国联行往来"的银行机构;二是见票即付,当场抵用;三是结算余额可自动退回汇款人。银行汇票适用于单位和个人各种款项的结算。

1. 银行汇票结算的主要规定

(1) 银行汇票必须记载的事项　① 表明"银行汇票"的字样。② 无条件支付的承诺。③ 出票金额。④ 付款人名称。⑤ 收款人名称。⑥ 出票日期。⑦ 出票人签章。欠缺记载上列事项之一的银行汇票无效。

(2) 银行汇票的提示付款　持票人向银行提示付款时,必须同时提交银行汇票和解讫通知,缺少任何一联,银行不予受理。银行汇票的提示付款期限为自出票日起1个月。持票人超过付款期限提示付款的,代理付款人不予受理。

(3) "现金"银行汇票的使用范围　以申请人或收款人为单位的,不得申请使用填有"现金"字样的银行汇票。

(4) 受理银行汇票时应审查的内容　收款人或被背书人接受银行本票时,除应审查与接受银行本票时相同的事项外,还应注意银行汇票和解讫通知是否齐全、相符。

(5) "实际结算金额"的填写　收款人接受银行汇票时,应在出票金额以内,根据实际需要的款项办理结算,并将实际结算金额和多余金额准确地填入银行汇票和解讫通知的有关栏内。未填明实际结算金额和多余金额或实际结算金额超过出票金额的,银行不予受理。银行汇票的实际结算金额不得更改,更改实际结算金额的银行汇票无效。

(6) 银行汇票的背书转让　银行汇票的背书转让以不超过出票金额的实际结算金额为准,未填写实际结算金额或实际结算金额超过出票金额的银行汇票不得背书转让。

(7) 银行汇票超过提示付款期限的处理　持票人超过期限向代理付款银行提示付款不获付款的,须在票据权利的时效内向出票银行作出说明,并提供证明,持银行汇票和解讫通知向出票银行请求付款。

申请人因银行汇票超过付款提示期限或由于其他原因要求退款时,应将银行汇票和解讫通知同时提交出票银行办理。

申请人缺少解讫通知要求退款的,出票银行应于银行汇票提示付款期满1个月后办理。

(8) 失票的处理　　银行汇票丧失,失票人可凭人民法院出具的其享有票据权利的证明,向出票银行请求付款或退款。

2. 银行汇票结算的核算　　汇款单位需使用银行汇票时,应向银行提交"银行汇票申请书",同时存足款项,银行签发给银行汇票和解讫通知后,根据委托书存根联,借记"其他货币资金——银行汇票"账户,贷记"银行存款"账户。汇款单位自带银行汇票至异地采购原材料等,支付价款后,根据有关凭证,借记"原材料"等账户,贷记"其他货币资金——银行汇票"账户。

收款单位受理银行汇票时,应注意审核有关内容,审核无误后,将结算金额和多余金额填入银行汇票和解讫通知,加盖在银行的预留印鉴后连同"进账单"一并解存银行转账,并根据"进账单"回单和有关凭证借记"银行存款"账户,贷记"主营业务收入"等有关账户。

【例】 松林饭店去宁夏采购发菜,发生下列业务:

(1) 4月12日,填制"银行汇票申请书"委托银行开具面额为38 000元的银行汇票,同日取得银行汇票及解讫通知,作分录如下:

　　借:其他货币资金——银行汇票　　　　　　　　　　　38 000.00
　　　　贷:银行存款　　　　　　　　　　　　　　　　　　38 000.00

(2) 4月27日,向宁夏土产品公司购进发菜20千克,单价1 800.00元,计金额36 000元,运杂费1 220元,一并以银行汇票支付。余款已退回,存入银行,货物尚未到达,作分录如下:

　　借:银行存款　　　　　　　　　　　　　　　　　　　　780.00
　　借:在途物资——发菜　　　　　　　　　　　　　　　37 220.00
　　　　贷:其他货币资金——银行汇票　　　　　　　　　38 000.00

(3) 5月9日,上项货物运到,验收入库,作分录如下:

　　借:原材料——干菜类　　　　　　　　　　　　　　　37 220.00
　　　　贷:在途物资——发菜　　　　　　　　　　　　　37 220.00

"其他货币资金"是资产类账户,用以核算企业的银行本票存款、银行汇票存款、信用卡存款、外埠存款和在途货币资金等各种货币资金。企业取得银行本票、银行汇票、信用卡存款、外埠存款或发生在途资金时,记入该账户借方;企业支用或转入银行存款时,记入该账户贷方;期末余额在借方,表示企业其他货币资金的结存数额。为了详细反映各种其他货币资金的收支情况,企业还应在总分类账户下设置相应的明细分类账。

（四）商业汇票

商业汇票是出票人签发的、委托付款人在指定日期内无条件支付确定的金额给收款人或持票人的票据。商业汇票按其承兑人不同，分为商业承兑汇票和银行承兑汇票。商业承兑汇票由银行以外的付款人承兑，是由出票人（或付款人或收款人）签发经过付款人承兑的票据。银行承兑汇票是由出票人签发并由其开户银行承兑的票据。商业汇票的付款人为承兑人。商业汇票具有以下特点：一是引进商业信用；二是结算灵活，多用于延期支付。商业汇票适用于在银行开立存款账户的法人以及其他组织之间的、具有真实的交易关系或债权债务关系的结算。商业汇票同城、异地均能使用。

1. 商业汇票结算的主要规定

（1）签发商业汇票必须记载的事项　① 表明"商业承兑汇票"或"银行承兑汇票"的字样。② 无条件支付的委托。③ 确定的金额。④ 付款人名称。⑤ 收款人名称。⑥ 出票日期。⑦ 出票人签章。

缺漏记载上列事项之一的商业汇票无效。

（2）付款日期、地点的记载　汇票上记载付款日期、付款地、出票地等事项的，应当清楚、明确。付款日期的记载形式如下：① 见票即付。② 定日付款。③ 出票后定期付款。④ 见票后定期付款。

汇票上未记载付款日期的为见票即付。商业汇票的付款期限最长不得超过 6 个月。

（3）商业汇票的提示承兑　商业汇票可以在出票时向付款人提示承兑后使用，也可以在出票后先使用再向付款人提示承兑。提示承兑是指持票人向付款人出示汇票，并要求付款人承诺付款的行为。

定日付款或出票后定期付款的商业汇票，持票人应在票据到期前向付款人提示承兑；见票后定期付款的汇票，持票人应自出票日起 1 个月内向付款人提示承兑；见票即付的汇票无须提示承兑。汇票未按规定期限提示承兑的，持票人丧失对其前手的追索权。

付款人应当在自收到提示承兑汇票之日起 3 日内无条件承兑或者拒绝承兑。付款人拒绝承兑的，必须出具拒绝承兑证明，承兑附有条件的，视为拒绝承兑。付款人承兑汇票后，应当承担到期付款的责任。

（4）商业汇票的背书转让　商业汇票可以流通转让，正面记载有"不得转让"字样的商业汇票，不得流通转让。

（5）受理商业汇票时应审核的内容　收款人或被背书人接受商业汇票时，应注意审查下列事项：① 必须记载的事项是否记载齐全。② 出票人、承兑人签章是否符合规定。③ 大小写金额是否一致。④ 出票日期是否使用中文大写。⑤ 出票金额，收款人名称是否更改，更改的其他记载事项是否有原记载人签章。⑥ 汇票正面是记载"不得转让"的字样。⑦ 背书是否连续等。

(6) 商业汇票的提示付款　　持票人对见票即付的汇票,自出票日起 1 个月内向付款人提示付款;对定日付款、出票后定期付款或见票后定期付款的汇票,自到期日起 10 日内向承兑人提示付款。

持票人超过提示付款期限提示付款的,持票人的开户银行不予受理,丧失对其前手的追索权。但在作出说明后,仍可向承兑人请求付款。

(7) 商业汇票款的支付　　商业承兑汇票付款人、银行承兑汇票出票人,应于汇票到期前将票款足额交存开户银行,银行应在汇票到期日凭票付款。

商业承兑汇票到期时,如出现付款人存款账户不足支付或签章不符的情况,其开户银行应填制付款人未付款通知书连同商业承兑汇票提交持票人开户银行转交持票人。

银行承兑汇票出票人于汇票到期未能足额交存票款时,承兑银行除凭票向持票人无条件付款外,并对出票人尚未支付的汇票金额按每天 5‰计收利息。

(8) 失票的处理　　已承兑的商业汇票丧失,可由失票人通知承兑人、承兑人开户银行或承兑银行挂失止付,在此之前已向持票人付款的,不再接受挂失止付。

2. 商业汇票结算的核算　　企业购进原材料、商品等物资,以商业汇票办理延期结算时,借记"原材料""库存商品"等账户,贷记"应付票据"账户。

商业汇票有带息和不带息两种。如企业签发的是带息商业汇票,应于期末按照票面利率计提利息,将其列入"财务费用"账户。

【例】 3 月 31 日,浦江宾馆将 1 个月前签发并承兑给上海工艺品厂的 3 个月期限的带息商业汇票 20 000 元,按 6‰的月利率计提本月份应负担的利息,作分录如下:

　　借:财务费用——利息支出　　　　　　　　　　　　　　　　　120.00
　　　　贷:应付票据——利息——上海工艺品厂　　　　　　　　　　120.00

俟商业汇票到期日兑付票款时,如果是不带息商业汇票,应借记"应付票据"账户,贷记"银行存款"账户。如果是带息商业汇票,则应根据票据面值和计提的利息,借记"应付票据"账户;根据本期应负担的利息,借记"财务费用"账户;根据支付的本息,贷记"银行存款"账户。

【例】 5 月 31 日,浦江宾馆以银行存款兑付 3 个月前签发给上海工艺品厂带息商业承兑汇票已到期,金额为 20 000 元,月利率 6‰,查前 2 个月已计提利息 240 元,作分录如下:

　　借:应付票据——面值——上海工艺品厂　　　　　　　　　　20 000.00
　　借:应付票据——利息——上海工艺品厂　　　　　　　　　　　　240.00
　　借:财务费用——利息支出　　　　　　　　　　　　　　　　　　120.00
　　　　贷:银行存款　　　　　　　　　　　　　　　　　　　　　20 360.00

"应付票据"是负债类账户,用以核算企业购买材料、商品和接受劳务供应等所签发并承兑的商业汇票的面值和带息汇票计提的利息。企业以商业汇票抵付款项和带息汇票期末计提利息时,记入该账户贷方;收到银行转来到期商业汇票的付款通知予以兑付时,记入该账户借方;余额在贷方,表示尚未兑付商业汇票的本息。

应付票据到期,如企业无力支付票款,应按应付票据的账面价值,借记"应付票据"账户,贷记"应付账款"账户;倘若是带息的应付票据,转入"应付账款"账户以后,期末不再计提利息。

企业销售商品、提供劳务,收到商业汇票时,借记"应收票据"账户,贷记"主营业务收入"账户。

如果企业收到的是带息商业汇票,到期末时,应按商业汇票的面值和确定的利率计提利息,届时借记"应收票据"账户,贷记"财务费用"账户。

【例】 8月31日,浦江宾馆将1个月前收到的静安公司的期限为3个月的带息商业汇票一张,面值为12 000元,按6‰的月利率计提利息,作分录如下:

借:应收票据——利息——静安公司　　　　　　　　　　　　　72.00
　　贷:财务费用——利息支出　　　　　　　　　　　　　　　　72.00

俟商业汇票到期日,应填制委托收款凭证,连同商业汇票一并送交开户银行办理收款,俟收到银行转来委托收款的收账通知联时入账。如果是不带息商业汇票,应借记"银行存款"账户,贷记"应收票据"账户。如果是带息商业汇票,则应根据收到汇票的本息,借记"银行存款"账户;根据票据面值和已计提的利息,贷记"应收票据"账户,将本期应收的利息冲减"财务费用"账户。

【例】 10月31日,浦江宾馆3个月前收到的静安公司的带息商业汇票一张,面值12 000元,月利率6‰,已经到期,收到本息,存入银行,作分录如下:

借:银行存款　　　　　　　　　　　　　　　　　　　　　　12 216.00
　　贷:应收票据——面值——静安公司　　　　　　　　　　　12 000.00
　　贷:应收票据——利息——静安公司　　　　　　　　　　　　　144.00
　　贷:财务费用——利息支出　　　　　　　　　　　　　　　　　72.00

"应收票据"是资产类账户,用以核算企业因销售商品、提供劳务而收到的用以抵付款项的商业汇票的面值和带息汇票计提的利息。企业收到商业汇票和期末计提带息汇票利息时,记入该账户借方;商业汇票到期兑现或期前背书转让以及向银行贴现时,记入该账户贷方;期末余额在借方,表示尚未兑现的商业汇票的本息。

3. 商业汇票的贴现及其核算　　商业汇票的持有人需要资金时,可持未到期的商业汇票连同贴现凭证向开户银行申请贴现。贴现是指商业汇票持有人在汇票到期前为获得票款,向银行贴付一定的利息而将商业汇票的债权转让给银行的一种票据转让行为。贴现申请人必须具备下列条件：① 是在银行开立存款账户的法人及其他组织。② 与出票人或直接前手之间具有真实的交易关系。③ 提供与其直接前手之间的增值税发票和商品发运单据复印件。

银行按照国家的信贷政策，经过审查，同意企业贴现，即以票据到期值扣除从贴现日起到汇票到期日止的利息后的票款，付给贴现申请人。俟汇票到期，贴现银行向汇票承兑人或付款人或承兑银行按票据到期值收取票款。

企业将商业汇票贴现后，实得的贴现金额按下列公式计算：

$$贴现利息 = 汇票到期值 \times 月贴现率 \times \frac{实际贴现天数}{30}$$

$$贴现金额 = 汇票到期值 - 贴现利息$$

贴现天数从贴现日起计算到汇票到期前一日止，有一天，算一天。

无息商业汇票到期值即票面值，而带息商业汇票到期值是指票面值加上到期的利息。到期利息的计算公式如下：

$$带息商品汇票到期利息 = 票面值 \times 月利率 \times \frac{汇票期限}{30 \, 天}$$

【例】 卢湾宾馆发生下列有关的经济业务：

(1) 4月5日，收到南方旅行社支付客房租金的商业汇票一张，金额18 000元，月利率为6‰，期限50天，到期日为5月25日，作分录如下：

借：应收票据——南方旅行社　　　　　　　　　　　　　18 000.00
　　贷：主营业务收入　　　　　　　　　　　　　　　　　　18 000.00

(2) 4月20日，将上笔业务收到的商业汇票向开户银行申请贴现，贴现的月利率为6.3‰，其实收贴现金额计算如下：

$$汇票到期值 = 18\,000 + 18\,000 \times 6‰ \times \frac{50}{30} = 18\,180(元)$$

$$汇票贴现利息 = 18\,180 \times 6.3‰ \times \frac{35}{30} = 133.62(元)$$

$$实收贴现值 = 18\,180 - 133.62 = 18\,046.38(元)$$

根据计算结果，作分录如下：

借：银行存款　　　　　　　　　　　　　　　　　　　　18 046.38
　　贷：应收票据——南方旅行社　　　　　　　　　　　　18 000.00
　　贷：财务费用——利息支出　　　　　　　　　　　　　　　46.38

企业已贴现的商业承兑汇票,在到期日承兑人的银行存款账户不足支付时,其开户银行应立即将汇票退给贴现银行。贴现银行则将从贴现申请人账户内收取汇票到期值,届时借记"应收账款"账户,贷记"银行存款"账户。

（五）信用卡

信用卡是指商业银行向个人和单位发行的,凭以向特约单位购物、消费和向银行存取现金,具有消费信用的特制载体卡片。信用卡按使用对象分为单位卡和个人卡;按信誉等级分为金卡和普通卡。信用卡的特点:一是可以先消费后付款;二是安全方便。

单位或个人申领信用卡应按规定填制申请表,连同有关资料一并交发卡银行。符合条件并按银行要求交存一定金额的备用金后,银行为申领人开立信用卡存款账户,并发给信用卡。发卡银行可根据申请人的资信程度,要求其提供担保。担保方式可采用保证、抵押或质押。

信用卡具有安全方便、可以先消费后付款的特点。它适用于单位和个人的商品交易和劳务供应的结算。

1. 信用卡结算的主要规定

（1）单位卡账户的资金和使用额度　　单位卡账户的资金一律从其基本存款账户转账存入,不得交存现金,也不得支取现金,不得将其他存款账户和销货收入的款项存入其账户。单位卡不得用于10万元以上的商品交易和劳务供应款项的结算。

（2）信用卡备用金存款的利息　　按照中国人民银行规定的活期存款利率及计息办法计算。

（3）信用卡的使用与销户　　信用卡仅限于合法持卡人本人使用,持卡人不得出租或转借信用卡。持卡人可持信用卡在特约单位购物、消费。届时需将信用卡和身份证一并交特约单位。智能卡（又称IC卡）、照片卡可免验身份证件。当持卡人不需要继续使用信用卡时,应持信用卡主动到发卡银行办理销户。

（4）特约单位受理信用卡应审查的事项　　应审查是否确为本单位可受理的信用卡;信用卡是否在有效期内;是否列入"止付名单";签名条上是否有"样卡"或"专用卡"等非正常签名的字样;信用卡是否有打孔、剪角、毁坏或涂改的痕迹;持卡人身份证件或卡片上的照片与持卡人是否相符;卡片正面的拼音姓名与卡片背面的签名和身份证件上的姓名是否一致等。

（5）特约单位受理信用卡后的处理　　信用卡审查无误后,在签购单上压卡,填写实际结算金额、用途、持卡人身份证件号码、特约单位名称和编号,然后交持卡人在签购单上签名确认,并将信用卡、身份证件和签购单回单交还给持卡人。

在每日营业终了,将当日受理的信用卡签购单汇总,计算手续费和净计金额,并填写汇计单和进账单,连同签购单一并送交收单银行办理进账。

(6) 持卡人退货的处理　　持卡人要求退货时,特约单位应使用退货单办理压卡,并将退货单金额从当日签购单累计金额中抵减,退货单随签购单一并送交收单银行。

(7) 信用卡透支及计息　　不同商业银行发行的不同种类的信用卡的透支额度不同,一般金卡透支额度较高,普通卡透支额度较低;贷记卡透支额度较高,准贷记卡透支额度较低;贷记卡存款一般不计息,但透支时有一定的免息期,超过免息期的透支额计息,准贷记卡存款按中国人民银行规定的活期存款利率及计息办法计息,透支无免息期。

持卡人使用信用卡不得恶意透支。恶意透支是指持卡人超过规定限额或规定期限,并且经发卡银行催收无效的透支行为。

(8) 信用卡的挂失止付　　信用卡丧失,持卡人应立即持本人身份证件或者其他有效证明,并按规定提供有关情况,向发卡银行或代办银行申请挂失止付。

2. 信用卡结算的核算　　企业在银行开户存入信用卡备用金时,借记"其他货币资金——信用卡存款"账户,贷记"银行存款"账户。在开户时支付的手续费,应列入"财务费用"账户。企业持信用卡支付货款、劳务或费用时,根据购进材料、接受劳务或支付费用的凭证和签购单回单,借记"原材料"或"主营业务成本"和"管理费用"等有关账户,贷记"其他货币资金——信用卡存款"账户。

【例】　顺风旅行社在工商银行开立信用卡存款账户。

(1) 6月1日,存入信用卡备用金 100 000 元,发生开户手续费 40 元,一并签发转账支票付讫,根据转账支票存根联,作分录如下:

　　借：其他货币资金——信用卡存款　　　　　　　　　　　　100 000.00
　　借：财务费用　　　　　　　　　　　　　　　　　　　　　　　　40.00
　　　　贷：银行存款　　　　　　　　　　　　　　　　　　　　100 040.00

(2) 6月5日,以信用卡存款支付,组团旅游的飞机票款 16 600 元,根据飞机票及签购单回单,作分录如下:

　　借：主营业务成本　　　　　　　　　　　　　　　　　　　16 600.00
　　　　贷：其他货币资金——信用卡存款　　　　　　　　　　16 600.00

特约单位销售商品、供应劳务,受理客户信用卡结算时,应取得客户签字的签购单,当日营业终了,根据签购单存根联汇总后,编制计汇单,计算总计金额,根据发卡银行规定的手续费率,计算手续费,总计金额扣除手续费后为净计金额,并按净计金额填制进账单,然后一并送交开单银行办理进账,取回进账单回单入账。届时根据进账单金额,借记"银行存款"账户;根据计汇单上列明的手续费借记"财务费用"账户;根据发票与计汇单上的总计金额,贷记"主营业务收入"账户。

【例】　国际饭店受理信用卡结算,客房收入 6 000 元,信用卡结算手续费率为 9‰。

根据发票、签购单存根联及计汇单回单和进账单回单,作分录如下:

  借:银行存款   5 946.00
  借:财务费用——手续费   54.00
   贷:主营业务收入   6 000.00

(六)汇兑

汇兑是汇款人委托银行将其款项支付给收款人的一种结算方式。汇兑结算的特点:一是适用范围广;二是手续简便。汇兑适用于单位和个人的各种款项的结算。

1. 汇兑结算方式的主要规定

(1)签发汇兑凭证必须记载的事项 ① 表明"信汇"或"电汇"的字样。② 无条件支付的委托。③ 确定的金额。④ 收款人名称。⑤ 汇款人名称。⑥ 汇入地点、汇入行名称。⑦ 汇出地点、汇出行名称。⑧ 委托日期。⑨ 汇款人签章。

缺漏记载上列事项之一的,银行不予受理。

(2)汇兑方式的选用 汇兑分信汇、电汇两种,由汇款人选择使用。

汇款凭证记载收款人为个人的,收款人需要到汇入行领取汇款,汇款人应在汇款凭证上注明"留行待取"字样。留行待取的汇款,需要指定单位的收款人领取汇款的,应注明收款人的单位名称,信汇凭收款人签章支取的,应在信汇凭证上预留其签章。

汇款人确定不得转汇的,应在汇兑凭证上注明"不得转汇"字样。

(3)汇入行对汇入款的处理 汇入行对开立存款账户的收款人,应将汇给其的款项直接转入收款人账户,并向其发出收账通知。

汇入款需支取现金的,信、电汇凭证上必须有按规定填明的"现金"字样才能办理;未填明"现金"字样需支取现金的,由汇入行按国家现金管理规定审查支付。

(4)汇出汇款的撤销 汇款人对汇出银行尚未汇出的款项,可以申请撤销。申请撤销时,应出具正式函件或本人身份证及原信、电汇回单。

(5)汇出汇款的退汇 汇款人对汇出行已经汇出的款项可以申请退汇。对在汇入行开立存款账户的收款人,由汇款人与收款人自行联系退汇。对未在汇入银行开立存款账户的收款人,汇款人应出具正式函件或本人身份证件及原信、电汇回单,由汇出行通知汇入行,经汇入行核实汇款确未支付,并将汇款汇回汇出行,方可办理退汇手续。

(6)汇入汇款的退汇 汇入行对收款人拒绝接受的汇款,应立即办理退汇手续。汇入行对收款人发出取款通知,经过2个月无法交付的汇款,主动办理退汇手续。

2. 汇兑结算方式的核算 汇款单位为结清有关欠款汇出汇款时,凭汇款凭证回单联借记"应付账款"等有关账户,贷记"银行存款"账户。收款单位收到银行转来的收账通知时,借记"银行存款"账户,贷记"应收账款"等有关账户。如汇款单位汇出款项是为了进行零星采购,可在信(电)汇凭证上注明"留行待取"字样,需提取现金的注明"现金"字样。在汇入行开立临时采购账户,以"其他货币资金——外埠存款"账户核算。

【例】 清峰宾馆商场部准备到吉林采购一些土特产,采用电汇方式在当地汇入行开立临时采购账户。

(1) 汇出汇款 10 000 元,根据电汇回单,作分录如下:

借:其他货币资金——外埠存款　　　　　　　　　　　10 000.00
　　贷:银行存款　　　　　　　　　　　　　　　　　　10 000.00

(2) 采购员交来购货发票,计人参片 100 盒,每盒 88 元,已验收入库,作分录如下:

借:库存商品　　　　　　　　　　　　　　　　　　　8 800.00
　　贷:其他货币资金——外埠存款　　　　　　　　　　8 800.00

(3) 收到开户银行通知,余款 1 200 元已转回,作分录如下:

借:银行存款　　　　　　　　　　　　　　　　　　　1 200.00
　　贷:其他货币资金——外埠存款　　　　　　　　　　1 200.00

(七)托收承付

托收承付是根据购销合同由收款人发货后委托银行向异地付款人收取款项,由付款人向银行承认付款的一种结算方式。托收承付结算方式的特点:一是对结算双方有严格的要求;二是由银行来维护收付双方的正当权益。托收承付适用于异地企业间商品交易以及由于商品交易引起的劳务供应的款项结算。

1. 托收承付结算的主要规定

(1) 使用托收承付结算方式必须符合的条件　使用托收承付结算方式的收付单位及其经济事项必须符合下列条件:① 必须是商品交易以及因商品交易而产生的劳务供应的款项。代销、寄销、赊销商品的款项,不得办理托收承付结算。② 必须签有符合我国《合同法》的购销合同,并在合同上订明使用托收承付的结算方式。③ 收付双方必须重合同、守信用。收款人对同一付款人发货托收累计 3 次收不回货款的,收款人开户行应暂停收款人向该付款人办理托收;付款人累计 3 次提出无理拒付的,付款人开户行应暂停其向外办理托收。④ 收款人办理托收,需提供商品确已发运的证明(另有规定者除外)。

(2) 托收承付结算方式的结算起点　托收承付结算起点为每笔 1 万元。结算款项的划回方式分邮寄和电报两种,由收款人选用。

(3) 签发托收承付凭证必须记载的事项　① 表明"托收承付"的字样。② 确定的金额。③ 付款人名称及账号。④ 收款人名称及账号。⑤ 付款人开户银行名称。

⑥收款人开户银行名称。⑦托收附寄单证张数或册数。⑧合同名称、号码。⑨委托日期。⑩收款人签章。

缺漏记载上列事项之一的,银行不予受理。

（4）托收　　收款人按购销合同发货后,将托收凭证连同发运证件或其他符合规定的单证送交银行,委托银行办理托收。

（5）承付　　付款人开户银行收到托收凭证及其附件后,应及时通知付款人。付款人应在承付期内审查核对,安排资金。承付货款的方式分为验单付款和验货付款两种,由收付双方商量选用,并在合同中明确规定：① 验单付款。验单付款的承付期为 3 天,从付款人开户行发出通知的次日算起（遇例假日顺延）。付款人在承付期内未向银行提出拒绝付款,银行视作承付,并在承付期满的次日上午,主动划付款项给收款人。② 验货付款。验货付款承付期为 10 天,从运输部门向付款人发出提货通知的次日算起。合同中另有规定,并在托收凭证上注明验货付款期限的,银行服从其规定。③ 不论验单还是验货付款,付款人都可以在承付期内提前向银行承付,通知银行提前付款。因商品价格、数量或金额变动,付款人应多付款的,需在承付期内向银行提出书面通知,银行据以随同当次托收款项划给收款人。付款人不得在承付货款中抵扣其他款项。

（6）逾期付款　　付款人在承付期满日银行营业终了时,如无足够资金支付全部款项,其不足部分为逾期未付款项,按逾期付款处理。① 付款人开户行对付款人逾期支付的款项,根据逾期付款的金额和逾期天数,按每天 5‰ 计算逾期付款赔偿金。② 赔偿金定期扣付,每月计算一次,于次月 3 日内单独划给收款人。③ 付款人开户行对付款人逾期未能付款的情况,应及时通知收款人开户行转知收款人。④ 付款人开户行要随时掌握付款人账户逾期未付的资金情况,俟账户有款时,即将逾期未付款项和应付赔偿金及时扣划给收款人。⑤ 付款人开户行对逾期未付的托收凭证,负责进行扣款的期限为 3 个月(从承付期满日算起)。期满时,付款人仍无足够资金支付该笔尚未付清的欠款的,付款人开户行应于次日通知付款人将有关交易单证在 2 日内退回银行,银行将有关结算凭证、交易凭证退回收款人开户行转交收款人,并将应付的赔偿金划给收款人。

对付款人逾期不退回单证的,开户银行应当自发出通知后第三天起,按未付款金额,每天处以 5‰ 但不低于 50 元的罚款,并暂停付款人向外办理结算业务,直至退回单证为止。

（7）拒绝付款　　对下列情况,付款人可在承付期内,向银行提出全部或部分拒绝付款：① 没有签订购销合同或购销合同未订明托收承付结算的款项。② 未经双方事先达成协议,收款人提前交货或因逾期交货付款人不再需要该货物的款项。③ 未按合同规定的到货地址发货的款项。④ 代销、寄销、赊销商品的款项。⑤ 验单付款,发现所列货物的品种、规格、数量、价格与合同规定不符,或货物已到,经查验,货物与合同规定或发货清单不符的款项。⑥ 验货付款,经查验货物与合同规定或发货清单不符的款项。⑦ 货款已支付或计算有误的款项。

付款人对以上情况提出拒付时,需填写"拒绝付款理由书",注明拒付理由并提供足够的证明。经银行审查并签注意见后,由付款人开户行将拒付理由书及有关单证寄收款人开户行转收款人。

(8)重办托收　　收款人对被无理拒绝付款的托收款项,在收到退回的结算凭证及所附单证后,可填写"重办托收理由书",连同退回的单证一并送交银行。经开户银行审查,确属无理拒绝付款的情况,可以重办托收。

2. 托收承付结算的核算　　对于托收承付结算的方式,旅游、饮食服务业主要是在采购原材料或商品时采用。当收到开户银行转来异地托收凭证及附件后,应根据合同核对单证或验货后,在规定的承付期内向银行承付货款,支付货款时,借记"原材料"等账户,贷记"银行存款"账户。

(八)委托收款

委托收款是收款人向银行提供收款依据、委托银行向付款人收取款项的一种结算方式。委托收款结算方式的特点:一是适用性强;二是不受结算起点限制。委托收款适用于在银行或其他金融机构开立账户的单位和个人,凭已承兑商业汇票、债券等债务证明办理款项的结算,同城异地均可使用。

1. 委托收款结算的主要规定

(1)签发委托收款凭证必须记载的事项　　① 表明"委托收款"的字样。② 确定的金额。③ 付款人名称。④ 收款人名称。⑤ 委托收款凭据名称及附寄单证张数。⑥ 委托日期。⑦ 收款人签章。

缺漏记载上列事项之一的,银行不予受理。

(2)委托　　收款人办理委托收款应向银行提交委托收款凭证和有关债务证明。委托收款结算款项的划回方式分为邮寄和电报两种,由收款人选用。

(3)付款　　付款人开户行收到收款人开户行寄来的委托收款凭证及债务凭证后,经审查无误,应及时通知付款人。付款人接到付款通知及有关附件后,应在规定的3天付款期内付款,付款期从付款人开户行发出付款通知的次日算起,遇例假日顺延。付款人未在付款期内通知银行付款的,银行视为沉默承付,于付款期满的次日将款项划给收款人。

(4)无款支付　　付款人在付款期满日营业终了前,存款账户不足支付的,被视为无款支付,应通过被委托银行向收款人发出未付款项通知书。债务凭证留存付款人开户行的,应将其债务凭证连同未付款通知书送开户行邮寄被委托银行转交收款人。

(5) 拒绝付款　　付款人审查有关债务证明后,对收款人委托收取的款项需拒绝付款的,可以在承付期内向银行出具拒绝证明,拒绝证明连同所收单证送交开户行寄被委托银行转交收款人。

2. 委托收款结算的核算　　收款人在收到托收款项时,借记"银行存款"账户,贷记"应收票据"账户;付款人收到委托收款付款通知,支付款项时,借记"应付票据"等有关账户,贷记"银行存款"账户。

第三节　银行存款的核对

　　旅游、餐饮服务业的银行存款收付业务频繁,采用的结算方式多种多样。为了保证银行存款核算的正确性,企业必须经常对银行存款账进行核对,企业和银行对账是通过以银行送来的对账单与企业的银行存款日记账逐笔核对进行的。核对时,既要注意核对金额,还要注意核对结算凭证的种类和号数。月份终了,企业账面余额与银行对账单余额如不一致,必须查明原因,进行处理,并按月编制"银行存款余额调节表",以达到账实相符的目的。企业账与银行账不一致的原因主要有:① 企业记账或结账错误。② 银行记账或结账错误。③ 存在未达账项。未达账项是指企业与银行之间由于结算凭证传递存在着时间上的先后,形成的一方已经入账,而另一方尚未入账的款项。未达账项归纳起来有四种情况:

1. 银行已经收款入账,而企业尚未收款入账的款项　　例如,企业委托银行收款,银行收妥款项后先入账,而企业尚未收到银行的收款通知,尚未记账。

2. 银行已经付款入账,而企业尚未付款入账的款项　　例如,银行借款结息,银行结息后即从企业存款账户上将应付利息扣除,而企业尚未收到银行的利息清单,尚未记账。

3. 企业已经收款入账,而银行尚未收款入账的款项　　例如,企业将收到购货单位开出的转账支票送存银行,并已入账,而银行尚未办妥转账收款手续。

4. 企业已经付款入账,而银行尚未付款入账的款项　　例如,企业开出转账支票已支付并已入账,但收款单位尚未解存银行或银行尚未办妥付款手续。

　　如果企业与银行的账务记录都是正确的,那么通过调节表的调节,双方的账面余额应当相等。其计算公式如下:

银行存款日记账余额 + 银行已收账,而企业尚未收账数 − 银行已付账,而企业尚未付账数 = 银行对账单余额 + 企业已收账,而银行尚未收账数 − 企业已付账,而银行尚未付账数

【例】　风光旅行社2019年3月25~31日银行存款日记账和银行存款对账单如图表2-4、图表2-5所示。

图表2-4

银行存款日记账

单位:元

2019年		凭证号数	摘 要	结算凭证		借 方	贷 方	借/贷	余 额
月	日			种类	号数				
3	25	(略)	承上页					借	83 000.00
	26		汇出邮购款	汇兑			45 000.00	借	38 000.00
	27		购买办公用品	转支	#22171		1 050.00	借	36 950.00
	28		营业款解行			8 500.00		借	45 450.00
	29		支付火车票款	转支	#22172		5 606.00	借	39 844.00
	30		营业款解行	转支	#56726	3 660.00		借	43 504.00
	30		支付货款	汇票			10 100.00	借	33 404.00
	31		提现	现支	#22173		500.00	借	32 904.00

图表2-5

银行对账单

2011年3月31日

单位:元

2019年		摘 要	结算凭证种类及号数	借 方	贷 方	借/贷	余 额
月	日						
3	25	承上页				贷	83 000.00
	26	邮购款	汇兑	45 000.00		贷	38 000.00
	28	营业款			8 500.00	贷	46 500.00
	29	购办公用品	转支#22171	1 050.00		贷	45 450.00
	30	支付电费	委托收款	530.00		贷	44 920.00
	30	支付货款	汇票	10 100.00		贷	34 820.00
	31	银行存款利息			136.00	贷	34 956.00
	31	提现	现支#22173	500.00		贷	34 456.00

企业与银行对账步骤如下:① 将银行日记账与银行对账单逐笔核对勾销。② 发现差错立即更正,既要调整发生额又要调整余额,如是银行的错误应立即向银行提出查询。③ 编制银行存款余额调节表,其格式如图表2-6所示。

图表 2-6

银行存款余额调节表

2019 年 3 月 31 日   单位:元

项　　　目	金　　额	项　　　目	金　　额
银行存款日记账余额	32 904.00	银行对账单余额	34 456.00
加:银行已收账,而企业尚未收账数 　银行存款计息单	136.00	加:企业已收账,而银行尚未收账 数转支#56726　营业款	3 660.00
减:银行已付账,而企业尚未付账数 　委托收款　电费	530.00	减:企业已付账,而银行未付账数 转支#22172　付火车票款	5 606.00
调节后余额	32 510.00	调节后余额	32 510.00

通过编制银行存款余额调节表调节,银行存款日记账与银行对账单余额取得平衡,说明调节前的不平衡是由未达账造成的,账簿记录是正确的。

财会部门通过核对账目以后,应对未达账项加强管理,对于超过正常期限的未达账项,应当查明原因,及时解决,以防造成损失。

思　考　题

一、简答题

1. 企业的银行存款有哪些账户?分述这些账户的用途。
2. 什么是转账结算?它必须遵守哪些原则?
3. 什么是支票?它有哪些种类?其用途如何?
4. 银行汇票与银行本票结算方式有哪些异同点?
5. 商业承兑汇票与银行承兑汇票有哪些异同点?
6. 什么是汇兑?它有哪些特点?汇兑结算有哪些主要规定?
7. 什么是未达账项?如何调节未达账项?

二、名词解释题

货币资金　库存现金　外汇　外汇汇率　银行汇票　商业承兑汇票　贴现　信用卡　委托收款

三、是非题

1. 备用金是指财会部门拨付给有关部门或个人的日常零星费用开支、零星采购和找零等方面的现金。　　　　　　　　　　　　　　　　　　　　　　(　　)
2. 宾馆旅游业代理兑换的外汇主要有可自由兑换的外币现钞和信用卡两种。(　　)

3. 支票是指出票人签发的、委托办理支票存款业务的银行,在见票时无条件支付确定的金额给收款人或者持票人的票据。（   ）

4. 受理的银行本票如果结算款项大于或小于票面金额,其差额可通过转账支票或现金结清。（   ）

5. 商业汇票是指出票人签发的、委托付款人在指定日期内无条件支付确定的金额给收款人的票据。（   ）

6. 银行存款日记账与银行对账单不符的原因就是存在着未达账项。（   ）

四、单项选择题

1. 具有使用方便、清算及时,收付双方都有法律保障的结算方式是_____。
   A. 支票　　　　B. 信用卡　　　　C. 银行汇票　　　　D. 商业汇票

2. 具有先消费后付款、安全方便的结算方式_____。
   A. 支票　　　　B. 信用卡　　　　C. 银行汇票　　　　D. 商业汇票

3. 金额和收款人名称可由出票人授权他人补记的结算方式是_____。
   A. 支票　　　　B. 银行本票　　　C. 银行汇票　　　　D. 商业汇票

4. 实际结算金额小于票据金额时,可以按实际结算金额进行结算,多余金额由银行负责退回的结算方式是_____。
   A. 支票　　　　B. 银行本票　　　C. 银行汇票　　　　D. 商业汇票

5. 具有适用范围广,手续简便的结算方式有_____。
   A. 信用卡　　　B. 委托收款　　　C. 托收承付　　　　D. 汇兑

五、多项选择题

1. 企业应贯彻"钱账分管"的原则,出纳人员不得兼管收入、费用账目的登记、_____等工作。
   A. 债权、债务账目的登记　　　　B. 现金、银行存款日记账的登记
   C. 稽核　　　　　　　　　　　　D. 会计档案的保管

2. 外汇具体包括_____。
   A. 可自由兑换的外国货币　　　　B. 外币有价证券
   C. 外币支付凭证　　　　　　　　D. 其他外汇资金

3. 提示付款期限1个月的票据有_____。
   A. 支票　　　　B. 银行本票　　　C. 银行汇票　　　　D. 商业汇票

4. 商业汇票付款日期的记载形式有_____。
   A. 见票付款　　　　　　　　　　B. 定日付款
   C. 出票后定期付款　　　　　　　D. 见票后定期付款

5. 同城可使用的结算方式有_____。
   A. 支票　　　　B. 银行本票　　　C. 银行汇票　　　　D. 商业汇票

E. 信用卡　　　　F. 汇兑　　　　　G. 托收承付　　　　H. 委托收款

实　务　题

习题一

一、目的　练习货币资金的核算。

二、资料

1. 思真宾馆5月31日"银行存款——美元户"账户余额为：外币25 000美元，汇率为6.98元，折合人民币174 500元。

2. 该宾馆6月份发生以下经济业务：

(1) 2日，签发现金支票，提取现金1 800元。

(2) 2日，拨付给采购员定额备用金1 000元，以现金付讫。

(3) 5日，客房收入16 000元，解存银行。

(4) 10日，进口健身器材一套，计12 500美元，以美元存款支付，当日汇率为7元，健身器材已拨交健身房使用。

(5) 13日，以现金支票向开户银行兑入6 500美元，备付工资。当日美元卖出汇率为7.02元。

(6) 14日，以现金支票支付外方高级管理人员工资计6 500美元。当日汇率为7元。

(7) 16日，餐饮收入22 000元，解存银行。

(8) 24日，以美元存款归还前欠灯具进出口公司进口装潢灯具款6 000美元。当日汇率为7元。

(9) 28日，本宾馆设有外汇代兑点，今收到中国银行转来代兑手续费1 580元。

(10) 30日，今日美元汇率为7.01元，调整"银行存款——美元户"账户期末人民币余额。

三、要求

1. 根据"资料1"开设"银行存款日记账——美元户"账户。

2. 根据"资料2"编制会计分录并登记"银行存款日记账——美元户"。

习题二

一、目的　练习同城转账结算的核算。

二、资料　天明饭店系信用卡特约单位，3月发生下列经济业务：

1. 2日，购进香菇50千克，单价80元，金额4 000元，当即签发转账支票予以支付；香菇已验收入库。

2. 3日，填制金额为2 000元的银行本票申请书一份，银行受理后，收到2 000元银行本票一张。

3. 4日，向水产公司购进大闸蟹2 000元，以3日签出的银行本票支付，大闸蟹由厨房验收。

4. 6日，向上海烟酒公司购进烟酒一批，货款24 000元，已验收入库。当即签发并承兑了2个月期的带息商业汇票付讫。

5. 9日，销售给擎天宾馆烟酒一批，货款16 000元，收到2个月到期的带息商业汇票一张，月利率为6‰。

6. 12日，各种服务收入18 000元，其中现金12 500元已解存银行，银行本票一张金额5 500元，留存备作背书转让用。

7. 13日，将昨日收到的5 500元银行本票背书后支付给青峰副食品商店，结清前欠货款。

8. 16日，2个月前签发并承兑的2个月期的带息商业汇票一张已到期，该汇票金额为18 000元，月利率6‰，当即从存款户支付本息，查该汇票上月末已计提过利息。

9. 18日，存入信用卡备用金20 000元，发生开户手续费40元，一并签发转账支票付讫。

10. 20日，向光华副食品公司购入鱼、肉、禽、蛋等副食品一批，全部货款7 560元，以信用卡存款支付，副食品已由厨房直接验收使用。

11. 24日，将本月9日收到的带息商业汇票一张，金额16 000元，向开户银行申请贴现，月贴现率为6.3‰；银行审查后同意贴现，并将贴现金额转入银行存款户。

12. 30日，各种服务收入22 000元，其中现金12 000元，转账支票4 000元，其余为信用卡结算。现金、转账支票、信用卡签购单和汇计单均已解存银行，信用卡的结算手续费率为9‰。

三、要求　编制会计分录。

习题三

一、目的　练习同城、异地转账结算的核算。

二、资料　天明饭店11月份发生下列经济业务：

1. 4日，向银行提交银行汇票申请书一份，银行受理后，收到票面为5 000元的银行汇票一份。

2. 9日，收到银行转来电汇收款通知一份，计2 000元，系河北贸易公司汇来的预订客房款。

3. 10日，向福建土特产公司购进香菇60千克，每千克80元，计金额4 800元，运杂费80元，一并以本月4日开出的面额为5 000元的银行汇票支付，余款尚未退回。香菇已验收入库。

4. 11日，银行转来多余款收账通知，金额120元，系本月10日使用银行汇票支付后的余款，当即转账。

5. 12日，向四川调味品厂函购火锅调料一批，委托银行电汇货款3 500元。

6. 16日，广州贸易公司用信用卡结算客房租金5 000元，信用卡结算手续费率为9‰，根据签购单、计汇单和进账单入账。

7. 18日，河北贸易公司客人离店，应向其收取客房收入1 900元。查该单位在本月9日已汇入2 000元预订客房款，今扣除客房收入后，当即将余款100元以现金退还。

8. 24日，四川调味品厂发来火锅调料一批，货款3 200元及运费100元，调料已验收入库，余额200元也已汇回，存入银行。

9. 26日，购进台球桌一张，计20 000元，按约定开出3个月期的商业汇票付讫，台球桌已拨交康乐中心使用。

10. 28日，客房收入21 500元，其中现金17 000元，银行本票2 000元，已填具解款单及进账单解行，将收到的面额为2 500元的银行汇票留下备用。

11. 30日，将昨日收到的面额为2 500元的银行汇票背书后转让给大华超市，归还前欠原材料款。

三、**要求** 编制会计分录。

习题四

一、**目的** 练习编制银行存款余额调节表。

二、**资料** 新世纪旅行社2019年3月26～31日银行存款日记账和银行对账单内容如图表2-7、图表2-8所示。

图表2-7

银行存款日记账

单位：元

2019年		凭证号数	摘要	结算凭证		借方	贷方	借/贷	余额
月	日			种类	号数				
3	26		承上页					借	24 460.00
	26	36	支付旅行团车费	转支	#39688		14 000.00	借	10 460.00
	26	38	提现	现支	#39687		1 600.00	借	8 860.00
	27	41	营业款解行			5 900.00		借	14 760.00
	28	46	支付电费	委托收款			402.00	借	14 358.00
	28	48	购电风扇2只	转支	#39689		566.00	借	13 792.00
	29	51	营业款解行	转支	#12400	10 600.00		借	24 392.00
	29	52	支付旅游团餐费	转支	#39690		2 600.00	借	21 792.00
	30	55	支付嵊泗宾馆房费	银行汇票			7 300.00	借	14 492.00
	31	60	预收旅行团费解行	转支	#42312	8 900.00		借	23 392.00

图表 2-8

银 行 对 账 单

户名：新世纪旅行社　　账号：4936501　　　　　　　　单位：元

2019年		摘　要	结算凭证号数	借　方	贷　方	借/贷	余　额
月	日						
3	26	承上页				贷	24 460.00
	26	提现	现支#39687	1 600.00		贷	22 860.00
	27	营业款			5 900.00	贷	28 760.00
	27	旅行团车费	转支#39688	14 000.00		贷	14 760.00
	27	支付电费	委托收款	402.00		贷	14 358.00
	29	营业款	转支#12400		10 600.00	贷	24 958.00
	29	购风扇	转支#39689	566.00		贷	24 392.00
	30	电话费	委托收款	1 036.00		贷	23 356.00
	30	支付餐费	转支#39690	2 600.00		贷	20 756.00
	31	团体旅游费	电汇		6 200.00	贷	26 956.00

三、要求　根据上列资料编制银行存款余额调节表。

第三章 存 货

第一节 存货概述

一、存货的意义

存货是指企业在日常活动中持有以备出售的产成品或商品,或者是处在生产过程中的在产品、在生产过程或提供劳务过程中耗用的材料和物料等。由此可见,存货最基本的特征是,企业持有存货的最终目的是为了出售,而不是自用或消耗。在企业生产经营活动过程中,存货处在不断地被销售、耗用和重置之中,因此它属于流动资产的范畴,并且是企业流动资产的一个重要的组成部分。

存货由于容易被偷盗和散失,因此必须要加强对存货的管理与核算,以正确确定存货的数量和价格,确保存货的安全。

二、存货的确认条件

存货的确认应当满足以下两个基本条件:

1. 该存货包含的经济利益很可能流入企业　　资产最重要的特征是预期会给企业带来经济利益,如果某一项目预期不能给企业带来经济利益,就不能确认为企业的资产。

2. 该存货的成本能够可靠地计量　　成本能够可靠地计量是资产确认的基本条件,所谓能够可靠地计量是指必须以取得确凿、可靠的证据为依据,并具有可验证性。

三、存货的分类

为了加强对存货的管理和核算,旅游餐饮服务业的存货按其来源和用途不同,可分为以下五类。

1. 原材料　　它是指企业购入的各种材料,包括原料及主要的材料、燃料和物料用品等。

2. 在产品　　它是指企业还没有完成全部生产过程,还不能对外销售的产品,如饮食企业尚未加工完成的食品。

3. 产成品　　它是指企业已全部完成生产过程,可以对外销售的产品,如餐饮业已加工完毕等待销售的食品。

4. 低值易耗品　　它是指企业购入的使用期限较短的,或者单位价值较低的,能多次使用而不改变其原有实物形态的各种用具和物品,如行李车、热水瓶、灯具、办公桌、文具用品等。

5. 库存商品　　它是指企业为了销售而购进的商品,如企业购入准备销售给客户的烟、酒、日用品等。

第二节　原　材　料

一、原材料的分类和计价

（一）原材料的分类

原材料的品种规格繁多,旅游餐饮服务业按原材料在生产或经营过程中的作用不同,可分为以下三类。

1. 原料及主要材料　　它是指经过生产加工后构成产品实体的各种原料和材料,如餐饮业使用的大米、肉、水产品、豆制品等。

2. 燃料　　它是指生产加工过程中用来燃烧发热以产生热能的各种材料,如煤、焦炭、汽油、柴油、天然气、煤气等。

3. 物料用品　　它是指企业用于经营业务、日常维修、劳动保护方面的材料、零配件及日常用品、办公用品、包装物品等。

（二）原材料的计价

旅游、餐饮、服务企业的原材料,应以其在采购过程中实际发生的成本为依据,其实际成本应由买价和采购费用两部分组成。

1. 买价　　它是指购进原材料时发票上列明货物的金额。

2. 采购费用　　它由运杂费、运输途中的合理损耗和税金组成。

（1）运杂费　　它是指为采购原材料而发生的运输费、装卸费、包装费和仓储费。

（2）运输途中的合理损耗　　它是指购入原材料在运输途中发生的定额范围内的损耗。

（3）税金　　它是指进口原材料支付的进口关税和进口消费税。

二、原料及主要材料的核算

（一）原料及主要材料购进的核算

我国税法规定,企业销售货物或者劳务和服务的要缴纳增值税。增值税是价外税,不包括在货物货款或者劳务收入和服务收入之中。增值税的纳税人与负税人是分离的。纳税人是销售货物或者劳务和服务的单位和个人,负税人却是消费者。因此,企业在购买货物或者劳务和服务时,除了要支付货款或者劳务费和服务费外,还要为消费者垫支增值税。这部分垫支的增值税,在企业转售货物或者劳务和服务后,按期缴纳增值税时,予以抵扣。

旅游、餐饮、服务企业在购买原材料或者劳务和服务时,必须取得增值税专用发票（后文简称专用发票）的发票联和抵扣联两联单据。发票联作为入账的依据,抵扣联则作为日后抵扣增值税的依据。专用发票的格式如图表3-1所示。

图表3-1

上海市增值税专用发票
发票联

编号：625801

开票日期：2019年11月1日

购买方	名　　　称：上海华夏饭店 纳税人识别号：543678154379612 地　址，电　话：（略） 开户行及账号：中国工商银行上海分行 11014322560				密码区	（略）		
货物或应税劳务、服务名称	规格型号	单位	数量	单价	金额	税率	税额
枸杞	特级	千克	100	120.00	12 000	9%	1 080.00
合　计					12 000		1 080.00
价税合计（大写）人民币壹万叁仟零捌拾元整　　　（小写）¥13 080.00							
销售方	名　　　称：宁夏土特产公司 纳税人识别号：716578183660461 地　址，电　话：（略） 开户行及账号：中国工商银行银川分行 56813781882				备注			

收款人：刘强　　　　　复核：王克明　　　　　开票人：蔡琳　　　　　销售方：（章）

第二联　发票联　购买方记账凭证

采购原料及主要材料的有餐饮业和服务业。餐饮业和服务业购进原材料，通常有两种方法：一种是以生产部门（厨房、生产加工车间）提出的"原材料请购单"为依据，采购员购进后将原材料直接交生产部门，由其验收签字后，交采购员转交财会部门入账；另一种是由仓库保管员按照定额管理的要求提出的以"原材料请购单"为依据，采购员采购后交仓库验收，填写"入库单"后交财会部门入账。

企业购进原材料收到专用发票时按照其列明的金额（买价），借记"在途物资"账户；按照列明的税额，借记"应交税费"账户；按照列明的价税合计金额，贷记"银行存款"或"应付账款"账户。原材料运到验收入库时，再借记"原材料"账户，贷记"在途物资"账户。

【例】　上海华夏饭店向宁夏土特产公司采购枸杞100千克，每千克120元，计货款12 000元，增值税额1 080元，运杂费100元，增值税额9元，采用托收承付结算。

(1) 银行转来宁夏土特产公司托收凭证，并附来2份专用发票发票联和抵扣联，审核无误后，当即承付，作分录如下：

借：在途物资——枸杞	12 100.00
借：应交税费——应交增值税——进项税额	1 089.00
贷：银行存款	13 189.00

(2) 上项材料运到,由仓库验收入库,根据仓库送来的入库单,审核无误后,作分录如下:

借:原材料——原料及主要材料——干货类　　　　　　　　　　12 100.00
　　贷:在途物资——枸杞　　　　　　　　　　　　　　　　　　　　12 100.00

餐饮业和服务业的原材料主要是在同城采购的,往往是钱货两清。为了简化核算手续,也可以不通过"在途物资"账户,直接在"原材料"账户核算。

餐饮业购入的原材料如直接交生产加工部门耗用的,可以不通过"原材料"账户核算,将其采购成本直接列入"主营业务成本"账户。

【例】 青青饭店2月2日发生以下业务:

(1) 向第六粮店购进粳米取得专用发票,列明粳米500千克,单价5.60元,金额2 800元,增值税额252元,货款尚未支付,粳米已验收入库,另以现金支付粳米运杂费100元,增值税额9元,作分录如下:

借:原材料——原料及主要材料——粮食类　　　　　　　　　　 2 900.00
借:应交税费——应交增值税——进项税额　　　　　　　　　　　 261.00
　　贷:应付账款——第六粮店　　　　　　　　　　　　　　　　　　 3 052.00
　　贷:库存现金　　　　　　　　　　　　　　　　　　　　　　　　　109.00

(2) 向东方水产公司购进河虾,取得专用发票,列明河虾10千克,单价120元,计金额1 200元,增值税额108元,账款以现金支付;河虾已由厨房直接领用。作分录如下:

借:主营业务成本——餐饮业务　　　　　　　　　　　　　　　　1 200.00
借:应交税费——应交增值税——进项税额　　　　　　　　　　　　108.00
　　贷:库存现金　　　　　　　　　　　　　　　　　　　　　　　　1 308.00

"原材料"是资产类账户,用以核算企业库存的各种原材料的实际成本,当购进原材料验收入库和原材料发生盘盈时,记入该账户借方;当耗用原材料和原材料发生盘亏时,记入该账户贷方;期末余额在借方,表示企业库存的原材料的实际成本。"原材料"账户除按材料类别设置二级账户进行核算以外,还应按品种设置明细账进行明细核算。

(二) 原料及主要材料发出的核算

生产部门(厨房、生产车间)根据生产需要领用原料及主要材料时,应填制领料单以领料,如领料单数量较多,可由仓库定期编填"领料单汇总表"交财会部门,财会部门据以借记"主营业务成本"账户,贷记"原材料"账户。

【例】 2月17日,青青饭店厨房领用粳米400千克,单价5.80元,金额2 320元,作分录如下:

借:主营业务成本——餐饮业务　　　　　　　　　　　　　　　　2 320.00
　　贷:原材料——原料及主要材料——粮食类　　　　　　　　　　　2 320.00

（三）原料及主要材料储存的核算

这是指对购进原料及主要材料尚未投入生产加工之前储存阶段进行的核算。原料及主要材料储存是保证生产加工持续进行的重要条件和开展业务经营的物质基础。库存原料及主要材料应分类存放、分档管理、经常检查、妥善保管，对发生的原料及主要材料收发业务应及时记账，一般每月盘点一次。

发生原料及主要材料盘盈、盘亏或毁损时，应由仓库保管员填写"原材料盘点短缺（溢余）报告单"或"原材料报损单"报有关部门，在查明原因前，财会部门据以将原料及主要材料的缺溢或毁损金额记入"待处理财产损溢"账户，以做到账实相符。查明原因后，应区别不同情况，结转有关账户。

【例】 青青饭店对库存原料及主要材料盘点以后，送交财会部门的原材料盘点短缺（溢余）报告单如图表3-2所示。

图表3-2

原材料盘点短缺（溢余）报告单

2019年2月25日 金额单位：元

品　名	计量单位	单价	账存数量	实存数量	短缺		溢余		原因
					数量	金额	数量	金额	
粳米	千克	5.80	500	495	5	29.00			待查
香菇	千克	80.00	10	9.5			0.5	40.00	待查
合　计						29.00		40.00	

（1）2月25日，财会部门审核无误后，据以调整原料及主要材料账面结存数额，作分录如下：

　　借：待处理财产损溢　　　　　　　　　　　　　　　　　　　　29.00
　　　　贷：原材料——原料及主要材料——粮食类　　　　　　　　　29.00

　　借：原材料——原料及主要材料——干菜类　　　　　　　　　　40.00
　　　　贷：待处理财产损溢　　　　　　　　　　　　　　　　　　　40.00

（2）2月28日，今查明盘缺的粳米5千克系发料过程中的差错，经领导批准，予以转账，作分录如下：

　　借：营业外支出——盘亏损失　　　　　　　　　　　　　　　　29.00
　　　　贷：待处理财产损溢　　　　　　　　　　　　　　　　　　　29.00

（3）2月28日，今查明盘盈的香菇0.5千克系自然升溢，经领导批准，予以转账，作分录如下：

借:待处理财产损溢   40.00
  贷:营业外收入——盘盈利得   40.00

"待处理财产损溢"是资产类账户,用以核算企业已发生的各项财产物资的盘亏、盘盈、短缺、溢余、收益和损失。企业发生盘亏、短缺、损失以及转销盘盈、溢余、收益时,记入该账户借方;企业发生盘盈、溢余、收益以及转销盘亏、短缺、损失时,记入该账户贷方,该账户应在期末结账前处理完毕,处理完毕后应无余额。

(四)发出原料及主要材料的计价

企业购进的原料及主要材料都是按取得时的实际成本计价入账的,但每一次新增原料及主要材料的单价常常有所不同,因此在发出原料及主要材料时,可根据经营管理的需要和企业的具体情况,在个别计价法、加权平均法和先进先出法等方法中选用。计价方法一经确定,在同一会计年度内不得随意变更。这些方法也适用于燃料和物料用品。

1. 个别计价法 个别计价法又称分批实际进价法,是以每一批原材料的实际进价作为该批原材料发出成本的一种方法。其成本计算公式如下:

$$原材料发出成本 = 原材料发出数量 \times 该批次原材料购进单价$$

采用个别计价法,在购进原材料时,应分别存放,以一货一卡设置明细账或按品种及进货批次分户登记明细账。发出原材料时,应在发料单上注明进货批次,以便计算该批原材料的实际成本。

采用个别计价法计算原材料耗用成本最为准确,但计算起来工作量很大,适用于单价较高、收发次数较少的原材料。其成本结转可分散在平时进行。

2. 加权平均法 加权平均法是在会计期末、按原材料在计算期内的加权平均单价来计算原材料发出成本和期末结存价值的一种方法,也称全月一次加权平均法。其计算公式如下:

(1) $加权平均单价 = \dfrac{期初原材料结存金额 + 本期原材料收入金额 - 本期原材料盘亏金额}{期初原材料结存数量 + 本期原材料收入数量 - 本期原材料盘亏数量}$

(2) 本期原材料发出成本 = 本期原材料发出数量 × 加权平均单价

在日常工作中,加权平均单价常常除不尽,计算的结果就会产生尾差。为了保证期末库存原材料金额的准确性,通常采用倒挤成本的方法,将尾差轧在耗用成本中,其计算方法如下:

(3) 期末原材料结存金额 = 期末原材料结存数量 × 加权平均单价

(4) 本期原材料耗用成本 = 期初原材料结存金额 + 本期原材料收入金额 − 本期原材料盘亏金额 − 期末原材料结存金额

【例】 青青饭店2月份有关"原材料——原料及主要材料——粮食类(粳米)"的收

发业务资料如图表 3-3 所示。

图表 3-3

本月粳米收发记录

数量单位：千克　　　　　　　　　　　　金额单位：元

2019年		凭证号数	期初			购进			发出数量	盘亏数量
月	日		数量	单价	金额	数量	单价	金额		
2	1		400	5.60	2 240.00					
	1	1							300	
	2	4				600	5.65	3 390.00		
	8	15							300	
	15	27							300	
	18	33				600	5.70	3 420.00		
	24	42							400	
	25	45								5
	26	50				500	5.72	2 860.00		

按加权平均法登记原材料明细分类账如图表 3-4 所示。

图表 3-4

原材料明细分类账

品名：粳米　　　规格：　　　数量单位：千克　　　　　　金额单位：元

2019年		凭证号数	摘要	收入			发出			结存		
月	日			数量	单价	金额	数量	单价	金额	数量	单价	金额
2	1									400	5.60	2 240.00
	1	1	发出				300			100		
	2	4	购进	600	5.65	3 390.00				700		
	8	15	发出				300			400		
	5	27	发出				300			100		
	18	33	购进	600	5.70	3 420.00				700		
	24	42	发出				400			300		
	25	45	盘亏				5	5.60①	28.00	295		
	26	50	购进	500	5.72	2 860.00				795		
	28	58	结转成本						7 373.08			
2	28		本月合计	1 700		9 670.00	1 305		7 401.08	795	5.671 6	4 508.92

① 采用月末一次计算和结转成本方法时，原材料盘亏金额按期初结存单价计算。

用加权平均法计算原材料耗用成本：

$$\text{加权平均单价} = \frac{2\ 240 + 9\ 670 - 28}{400 + 1\ 700 - 5} = \frac{11\ 882}{2\ 095} = 5.671\ 6(元)$$

期末原材料实际成本 = 795 × 5.671 6 = 4 508.92(元)

本期原材料发出成本 = 2 240 + 9 670 − 28 − 4 508.92 = 7 373.08(元)

采用加权平均法计算原材料发出成本较为均衡,也较准确,但计算工作量大,适用于收发次数较少,前后进货成本相差幅度较大的原材料,其成本结转集中在月末进行。

3. 先进先出法　　先进先出法以先收进的原材料先发出为假定前提,对发出的原材料按最先收进的原材料实际成本计价,最先收进的原材料发完后,再按随后购进的原材料实际成本计价,依次类推。

按上例,采用先进先出法登记的原材料明细分类账如图表3-5所示。

图表3-5

原材料明细分类账

品名:粳米　　规格:　　数量单位:千克　　金额单位:元

2019年		凭证号数	摘要	收入			发出			结存		
月	日			数量	单价	金额	数量	单价	金额	数量	单价	金额
2	1									400	5.60	2 240.00
	1	1	发出				300	5.60	1 680.00	100	5.60	560.00
	2	4	购进	600	5.65	3 390.00				700	100×5.60 600×5.65	3 950.00
	8	15	发出				300	100×5.60 200×5.65	1 690.00	400	400×5.65	2 260.00
	15	27	发出				300	300×5.65	1 695.00	100	5.65	565.00
	18	33	购进	600	5.70	3 420.00				700	100×5.65 600×5.70	3 985.00
	24	42	发出				400	100×5.65 300×5.70	2 275.00	300	5.70	1 710.00
	25	45	盘亏				5	5.70	28.50	295	5.70	1 681.50
	28	53	购进	500	5.72	2 860				795	295×5.70 500×5.72	4 541.50
2	28		本月合计	1 700		9 670.00	1 305		7 368.50	795	295×5.70 500×5.72	4 541.50

采用先进先出法计算原材料发出成本,其成本的计算和结转可分散在平时进行,随

时发出,随时计算结转成本,在明细账上逐笔登记数量、金额。其优点是工作分散在平时进行,随时可掌握原材料的发出成本和结存金额,且期末结存接近市价,其缺点是工作量较大。该方法适用于原材料收发数量不大的企业。

采用先进先出法计算和结转成本也可集中在月末进行,先进先出也就是后进作存,可将原材料结存数量按最后进货单价计算出结存金额(如最后一批购进数量小于结存数量,可逐批向前推算,直到与期末结存数量相等为止),再倒挤计算出本期原材料发出成本,如上例,月末一次计算成本如下:

期末原材料结存金额 $= 500 \times 5.72 + 295 \times 5.70 = 4\,541.50$(元)
本期原材料发出成本 $= 2\,240 + 9\,670 - 28.50 - 4\,541.50 = 7\,340$(元)

企业无论采用哪一种方法来计算原料及主要材料发出成本,都要根据计算结果编制结转发出原材料成本的会计分录,即借记"主营业务成本"账户,贷记"原材料——原料及主要材料"账户。

三、燃料的核算

旅游餐饮服务业购入的各种燃料,比照原材料的核算方法进行。耗用的燃料应区别不同的情况进行核算,餐饮业、浴池业经营中耗用燃料应列入"主营业务成本"账户。其他旅游、餐饮服务企业耗用的燃料作为期间费用直接计入当期损益。这部分期间费用应根据耗用的部门不同,作出不同的账务处理。若是饭店的餐饮部门或者不独立核算的车队耗用的燃料应列入"销售费用"账户;其他企业和部门耗用的燃料则应列入"管理费用"账户。

燃料领用的核算,一般采用三种方法。

1. 实际耗用法　　即根据使用计量登记,每月汇总后,填制用量单,交财会部门转账。

2. 定额耗用法　　即根据生产需要,每月按定额结转营业费用,每季或每年度清算一次,根据盘存数进行调整。

3. 倒挤耗用法　　平时耗用燃料只登记备查簿,不作正式记录,月末通过实地盘点,倒挤实际耗用量,填具用量单后,由财会部门转账。

燃料短缺溢余的核算与原料及主要材料相同,不再重复。

四、物料用品的核算

(一)物料用品购进的核算

旅游、餐饮服务企业的物料用品数量较大,其采购的方法有两种:一种是直接采购;另一种是预先定制。

从市场上直接采购物料用品的核算方法与原料及主要材料的核算方法相同,不再重述。

旅游餐饮服务企业对于有特殊要求的物料用品,如旅行社的小纪念品、印有企业名称的办公用品、营业用具等,可采取预先订购的办法。预订物料用品的款项有两种结算办法:一种是预付定金或全部货款,按合同规定定期发货。企业在预付货款时,借记"预付账款"和账户,贷记"银行存款"账户;在收到物料用品并验收入库后,再借记"原材料"和"应交税费"账户,贷记"预付账款"账户,发货后还需补足账款的,还应贷记"银行存款"账户。另一种是预先订货,发货后采用托收承付等方式结算。企业根据合同规定验单或验货相符以后,承付货款,这时借记"原材料"和"应交税费"账户,贷记"银行存款"账户。

【例】 畅游旅行社向南洋五金厂订购作为纪念品的钥匙圈 2 000 只,每只 3 元,共计 6 000 元,合同规定先付 40% 定金,交货时再付其余 60% 货款。

(1) 支付定金时,作分录如下:

借:预付账款——南洋五金厂　　　　　　　　　　　　　　2 400.00
　　贷:银行存款　　　　　　　　　　　　　　　　　　　　　　　2 400.00

(2) 收到钥匙圈,并收到专用发票,计货款 6 000 元,增值税额 780 元,当即签发转账支票支付其余 60% 的货款及全部增值税税额。钥匙圈已验收入库,作分录如下:

借:原材料——物料用品——钥匙圈　　　　　　　　　　6 000.00
借:应交税费——应交增值税——进项税额　　　　　　　　780.00
　　贷:预付账款——南洋五金厂　　　　　　　　　　　　　　2 400.00
　　贷:银行存款　　　　　　　　　　　　　　　　　　　　　　　4 380.00

"预付账款"是资产类账户,用以核算企业根据合同规定预付给供货单位的货款及定金。企业按规定预付货款及定金时,记入该账户借方;收到所购货物时,记入该账户贷方;期末余额在借方,表示企业预付给供货单位尚未收到货物的款项。

(二)物料用品领用的核算

企业有关部门或人员在领用物料用品时,应填制领料单,办理领料手续,保管人员应将领料单定期汇总编制"耗用物料用品汇总表"送交财会部门凭以入账,财会部门根据物料用品的不同用途,借记"销售费用"或"管理费用"账户,贷记"原材料——物料用品"账户。

【例】 乐万家饭店餐厅领用烟缸 10 只,单价 10 元;花瓶 10 只,单价 15 元;桌布 10 条,单价 28 元,共计 530 元。办公室领用信封 10 封,单价 10 元;信笺 5 刀,单价 10 元,共计 150 元。作分录如下:

借:销售费用——物料消耗　　　　　　　　　　　　　　　530.00
借:管理费用——公司经费　　　　　　　　　　　　　　　150.00
　　贷:原材料——物料用品　　　　　　　　　　　　　　　　680.00

企业发出的物料用品也可采用个别计价法、加权平均法和先进先出法等计价方法计算成本。

第三节　低值易耗品

旅游、餐饮服务企业在业务经营活动中,需要具备一定数量的低值易耗品,如柜台、办公桌、行李车、家具、羊毛毯、棉被、床罩、床单、窗帘、器皿、餐具、营业用具、各种工具以及在经营过程中周转使用的包装容器等。低值易耗品的特点是价值低、品种多、数量大、易损耗,有的使用期限较短,购置和报废比较频繁。

一、低值易耗品购进的核算

企业购进低值易耗品,应以低值易耗品的买价,加上可以直接认定的运输费、装卸搬运费作为其成本入账。

【例】　适意浴室发生如下业务:

11月5日,购进竹制躺椅20张,单价100元,计金额2 000元,增值税额260元,账款一并以转账支票付讫,同时以现金支付运费100元,增值税额9元。躺椅已验收入库,作分录如下:

借:低值易耗品——库存低值易耗品　　　　　　　　　　　2 100.00
借:应交税费——应交增值税——进项税额　　　　　　　　 269.00
　　贷:库存现金　　　　　　　　　　　　　　　　　　　　　 109.00
　　贷:银行存款　　　　　　　　　　　　　　　　　　　　 2 260.00

二、低值易耗品领用和摊销的核算

有关部门在领用低值易耗品时,应填制"领用单"办理领用手续,交财会部门据以转账。低值易耗品领用后,在使用过程中不断磨损,其价值也随之逐渐减少,这部分减少的价值作为企业的费用开支。营业部门领用的低值易耗品应列入"销售费用"账户,管理部门领用的则应列入"管理费用"账户。低值易耗品摊销的方法有一次摊销法和五五摊销法,企业可根据低值易耗品的各种特点及管理的要求选用。

(一)一次摊销法

一次摊销法是指低值易耗品在领用时将其全部价值一次摊入费用的方法。采用这种方法,在领用时将低值易耗品的全部价值借记"销售费用——低值易耗品摊销"或"管理费用——低值易耗品摊销"账户,贷记"低值易耗品"账户。

采用一次摊销法,核算手续简便,但企业费用负担不均衡。低值易耗品一经领用,就注销了其账面价值,形成账面无价财产,这不利于实物管理。这种方法适用于价值低,使用期短,一次领用不多的低值易耗品。

（二）五五摊销法

五五摊销法是指领用低值易耗品时摊销其价值的 50%，废弃时再摊销其余 50% 的方法。采用这种方法需在低值易耗品账户下设置"库存低值易耗品""在用低值易耗品"和"低值易耗品摊销"三个明细账户。

【例】 顺风宾馆购进行李推车 3 辆，单价 500 元，金额 1 500 元，增值税额 195 元。

（1）行李推车已验收入库，价款以转账支票付讫，作分录如下：

借：低值易耗品——库存低值易耗品　　　　　　　　　　　　　1 500.00
借：应交税费——应交增值税——进项税额　　　　　　　　　　195.00
　　贷：银行存款　　　　　　　　　　　　　　　　　　　　　1 695.00

（2）营业部门领用行李推车 3 辆，采用五五摊销法，予以转账，作分录如下：

借：低值易耗品——在用低值易耗品　　　　　　　　　　　　　1 500.00
　　贷：低值易耗品——库存低值易耗品　　　　　　　　　　　1 500.00

同时摊销其价值的 50%：

借：销售费用——低值易耗品摊销　　　　　　　　　　　　　　750.00
　　贷：低值易耗品——低值易耗品摊销　　　　　　　　　　　750.00

采用五五摊销法，核算手续较一次摊销法复杂，账面留有在用低值易耗品的 50% 的价值，便于控制使用中的实物。这种方法适用于价值较高，使用期较长的低值易耗品。

企业不论采用哪种方法进行摊销，在购进低值易耗品时，都应全额记入"低值易耗品"账户，领用时再按选定的方法进行摊销，以全面反映企业购置低值易耗品的总额。在用低值易耗品以及使用部门退回仓库的低值易耗品应加强实物管理，并在备查簿上进行登记。

三、低值易耗品修理和废弃的核算

（一）低值易耗品修理

为了充分发挥低值易耗品的使用效能，延长其使用期限，节约费用开支，企业对使用中的低值易耗品应进行经常性的维修和保养。修理低值易耗品耗用的材料和支付的费用，应列入"管理费用——修理费"账户。

【例】 五洲旅行社修理办公桌 2 只，耗用维修材料 150 元，以现金支付修理费 100 元，增值税额 13 元，作分录如下：

借：管理费用——修理费　　　　　　　　　　　　　　　　　　250.00
借：应交税费——应交增值税——进项税额　　　　　　　　　　13.00
　　贷：原材料——物料用品　　　　　　　　　　　　　　　　150.00
　　贷：库存现金　　　　　　　　　　　　　　　　　　　　　113.00

（二）低值易耗品报废

企业的低值易耗品，在使用过程中由于磨损而丧失使用效能时，应按规定手续报请批准废弃。低值易耗品废弃时，应将残料估价入库或出售。由于摊销的方法不同，低值易耗品废弃时的处理也不同。若废弃的低值易耗品已无账面余额，应将其残值冲减有关费用，即借记"原材料""库存现金"或"银行存款"等账户，贷记"销售费用"或"管理费用"账户；若废弃的低值易耗品是采用五五摊销法摊销的，应将摊余价值与残值的差额记入"销售费用"或"管理费用"账户，同时转销有关账户的账面价值。

【例】 五洲旅行社报废管理部门写字台一只，账面原值600元，采用五五摊销法在领用时已摊销了50%，出售报废的写字台金额50元，增值税额6.50元，账款收到现金，作分录如下：

借：库存现金　　　　　　　　　　　　　　　　　　　56.50
借：管理费用——低值易耗品摊销　　　　　　　　　　250.00
借：低值易耗品——低值易耗品摊销　　　　　　　　　300.00
　　贷：低值易耗品——在用低值易耗品　　　　　　　　　　600.00
　　贷：应交税费——应交增值税——销项税额　　　　　　　6.50

四、低值易耗品出售和盘盈盘亏的核算

（一）低值易耗品出售

企业对多余的或不需用的低值易耗品，可以出售以调剂余缺。

企业如按账面价值出售低值易耗品，在取得出售账款时，应按其专用发票上列明价税合计数，借记"银行存款"或"库存现金"账户，按列明的税额贷记"应交税费"账户，并转销低值易耗品的账面价值。

企业如另行计价出售低值易耗品，除了要转销其账面价值外，对高于或低于账面价值的差额，应冲减或补记"销售费用"或"管理费用"账户。

【例】 广陵饭店将营业部门更新下来的4只吊扇销售给其他单位，该吊扇原价为每只160元，采用五五摊销法已摊销了50%，现每只按70元出售，计金额280元，增值税额36.40元，当即收到支票解存银行，作分录如下：

借：银行存款　　　　　　　　　　　　　　　　　　　316.40
借：低值易耗品——低值易耗品摊销　　　　　　　　　320.00
借：销售费用——低值易耗品摊销　　　　　　　　　　 40.00
　　贷：低值易耗品——在用低值易耗品　　　　　　　　　　640.00
　　贷：应交税费——应交增值税——销项税额　　　　　　 36.40

（二）低值易耗品盘盈盘亏

企业如发生低值易耗品的盘盈盘亏，应及时入账，使账实相符，同时查明其原因，报

经有关部门批准后处理。发生低值易耗品盘盈时,应参照其同类物品估计价格后,借记"低值易耗品"账户,贷记"待处理财产损溢"账户;查明原因并经批准后,转入"营业外收入"账户。发生低值易耗品盘亏时,应按其账面价值,借记"待处理财产损溢"账户,贷记"低值易耗品"账户;查明原因并经批准后,作企业损失处理的转入"营业外支出"账户,由责任人赔偿的转入"其他应收款"账户。

"低值易耗品"是资产类账户,用以核算作为企业低值易耗品核算的各种用具、家具的实际成本。购进和盘盈低值易耗品时,记入该账户借方,领用、摊销、出售和盘亏时,记入该账户贷方,期末余额在借方,表示企业拥有低值易耗品的实际成本或摊余价值。低值易耗品应按照类别、品种、规格进行数量金额的明细核算。

思 考 题

一、简答题

1. 试述存货确认的条件和分类。
2. 外购原材料的计价依据是什么?它由哪些内容组成。
3. 分述个别计价法、加权平均法和先进先出法的优缺点和适用性。
4. 低值易耗品摊销有哪两种方法?试述它们的优缺点和适用性。

二、名词解释题

在产品 产成品 库存商品 个别计价法 加权平均法 先进先出法

三、是非题

1. 存货是指企业在日常活动中持有以备出售的产成品或商品、在生产过程或提供劳务过程中耗用的材料和物品等。   (   )
2. 原材料是指企业购入的各种材料,包括原料及主要材料、燃料和物料用品等。
                                                              (   )
3. 企业对购进原材料的计价,应以采购过程中实际发生的成本即买价为依据。
                                                              (   )
4. 低值易耗品是指企业购入的使用期限较短的,并且单位价值较低的,能够多次使用而不改变原有实物形态的各种用具和物品。   (   )
5. 物料用品是指企业用于经营业务、日常维修和劳动保护方面的材料、零配件及日常用品、办公用品和包装物品等。   (   )
6. 原材料的采购费用包括运杂费、装卸费、运输途中的合理损耗及税金。 (   )
7. 低值易耗品的摊销和修理均应根据使用部门的不同,分别列入"销售费用"和"管理费用"账户。   (   )

四、单项选择题

1. _____ 不是原材料。
   A. 原料及主要材料　　B. 燃料　　　　　C. 低值易耗品　　D. 物料用品
2. 计算原材料耗用成本最准确的方法是_____。
   A. 个别计价法　　　B. 加权平均法　　C. 先进先出法　　D. 移动平均法
3. 原材料的期末结存比较接近市场价格的计价方法是_____。
   A. 个别计价法　　　B. 加权平均法　　C. 先进先出法　　D. 移动平均法

五、多项选择题

1. 存货在旅游餐饮服务企业的生产经营活动过程中处在不断地_____之中。
   A. 销售　　　　　　B. 投资　　　　　C. 重置　　　　　D. 耗用
2. 存货包括原材料、_____等。
   A. 库存商品　　　　B. 在产品　　　　C. 低值易耗品　　D. 产成品
3. 燃料领用的核算可以采用_____等方法。
   A. 实际耗用法　　　B. 个别计价法　　C. 定额耗用法　　D. 倒挤耗用法
4. 存货发生盘亏查明原因并经批准后,根据不同的情况分别转入_____等有关账户。
   A. 销售费用　　　　B. 管理费用　　　C. 营业外支出　　D. 其他应收款

实 务 题

习题一

一、**目的**　练习原料及主要材料和燃料的核算。

二、**资料**　上海登高饭店6月份发生下列有关经济业务:

1. 1日,银行转来厦门水产公司托收凭证,并附来2张专用发票。开列干贝100千克,每千克180元,计货款18 000元,增值税额1 620元,运费200元,增值税额18元,审核无误后,予以承付。

2. 3日,仓库转来入库单,向厦门水产公司购进的100千克干贝已验收入库。

3. 5日,向丰登粮店购进面粉取得专用发票,列明面粉1 000千克,单价5元,计金额5 000元,增值税额450元,账款尚未支付,面粉已验收入库,另以现金支付面粉运费50元,增值税额4.50元。

4. 8日,向光华副食品公司购进昌鱼取得专用发票,列明昌鱼20千克,单价80元,计金额1 600元,增值税额144元,账款以转账支票支付,昌鱼已由厨房直接验收领用。

5. 15日,向城东煤炭公司购进煤取得专用发票,列明煤6吨,每吨600元,计金额

3 600元,增值税额468元,运杂费200元,增值税额18元,款项一并以转账支票付讫。

6. 25日,本月份共领用粳米、面粉等粮食类材料7 600元,干贝、香菇、木耳等干菜类材料17 200元,予以转账。

7. 27日,经盘点面粉短缺10千克,每千克5元;黑木耳溢余0.3千克,每千克100元,原因待查。

8. 29日,今查明,盘缺面粉10千克系发料过程中差错,溢余0.3千克黑木耳系自然升溢,经领导批准分别予以转账。

9. 30日,餐饮部门耗用煤4吨,管理部门耗用煤0.5吨,单价630元,予以转账。

三、要求 编制会计分录。

习题二

一、目的 练习原材料成本的计算和结转。

二、资料 小苏州点心店4月份有关精白面粉的期初余额,收发料记录等有关资料如图表3-6所示。

图表3-6

本月精白面粉期初余额及收发料记录

金额单位:元

品 名	计量单位	期 初 余 额			购进批次
		数 量	单 价	金 额	
精白面粉	千克	500	4.36	2 180	0802

本月精白面粉收发记录

2019年		收 入				发 出		
月	日	数 量	单 价	金 额	批次	数 量		批 次
1	2					300		0802
	6	500	4.40	2 200.00	0901			
	8					200 200		0802 0901
	14					200		0901
	17	700	4.45	3 115.00	0902			
	18					100 400		0901 0902
	24	500	4.48	2 240.00	0903			
	25					400		0903

三、要求 分别按个别计价法、加权平均法和先进先出法计算和结转原材料耗用成本。

习题三

一、目的 练习物料用品的核算。

二、资料 建国宾馆3月发生下列经济业务：

1. 1日,向城南工厂订购纪念品钥匙圈3 000只,每只2.50元,共计7 500元。合同规定预付45%定金,交货时再支付55%的货款,当即签发转账支票3 375元付讫。

2. 2日,购进洗衣液10桶,每桶30元,金额300元,增值税额39元,账款以现金付讫,洗衣液已验收入库。

3. 6日,购进饭碗100只,每只5元;盘子100只,每只8元;调羹100只,每只2.00元。共计金额1 500元,增值税额195元。餐具均已验收入库,账款以转账支票付讫。

4. 12日,收到城南工厂送来钥匙圈3 000只,并收到增值税专用发票,计货款7 500元,增值税额975元,当即签发转账支票支付其余55%的货款及全部增值税额。钥匙圈已验收入库。

5. 16日,购入毛巾200条,每条10元;梳子500把,每把1.60元。共计金额2 800元,增值税额364元。货物已验收入库,账款以转账支票付讫。

6. 24日,购入日光灯管24支,每支15元,金额360元,增值税额46.80元,货物由总务部门验收入库,账款以转账支票支付。

7. 31日,总务部门交来"物料用品领用汇总表"如图表3-7所示,予以转账。

图表3-7

物料用品领用汇总表

2019年3月31日　　　　　　　　　　　　　　　金额单位:元

品　名	单　位	数　量	单　价	金　额	领用部门
钥匙圈	只	200	2.50	500.00	营业部门
毛　巾	条	120	10.00	1 200.00	营业部门
洗衣液	桶	5	30.00	150.00	营业部门
梳　子	把	100	1.60	160.00	营业部门
日光灯管	支	5	15.00	75.00	营业部门
饭　碗	只	40	5.00	200.00	营业部门
盘　子	只	30	8.00	240.00	营业部门
调　羹	只	30	2.00	60.00	营业部门
圆珠笔	支	10	1.50	15.00	财会室、办公室
复写纸	盒	1	10.00	10.00	财会室
报告纸	刀	4	8.00	32.00	办公室

三、**要求**　编制会计分录。

习题四

一、**目的**　练习低值易耗品的核算。

二、**资料**　永隆宾馆3月份发生下列经济业务：

1. 1日,购入玻璃酒杯10打,单价180元,金额1 800元,增值税额234元,账款以转账支票付讫,酒杯已验收入库。

2. 5日,餐厅领用本月1日购入的玻璃酒杯5打,单价180元,采用领用时一次摊销法摊销。

3. 12日,购入客房用台灯20只,单价80元,金额1 600元,增值税额208元,账款以转账支票付讫,台灯已验收入库。

4. 16日,客房部领用本月12日购入的台灯20只,采用五五摊销法摊销。

5. 20日,出售原大厅用旧吊扇10只,该批吊扇账面原值为每只180元,已摊销了50%,现每只按50元出售,计金额500元,增值税额65元,账款已收到转账支票,存入银行。

6. 24日,购进文件橱2只,单价1 200元,金额2 400元,增值税额312元,账款以转账支票付讫。

7. 26日,以现金支付客房照明灯具修理费200元,增值税额26元。

8. 28日,财会部门和营业部门各领用本月24日购进的文件橱1只,采用五五摊销法摊销。

三、**要求**　编制会计分录。

第四章　固定资产、无形资产和长期待摊费用

第一节　固　定　资　产

一、固定资产的确认、特点和作用

固定资产是指为生产商品、提供劳务、出租或经营管理而持有的、使用寿命超过一个会计年度、单位价值较高的有形资产。使用寿命是指企业使用固定资产的预计期间，或者该固定资产所能生产产品或提供劳务的数量。

固定资产包括房屋、建筑物、机器、机械、运输工具、器具和工具等。为了便于教学，现将固定资产单位价值定为2 000元以上（包括2 000元）。在实际工作中，企业应根据不同固定资产的性质和消耗方式，结合本企业的经营管理特点，具体确定固定资产的价值判断标准。

企业确认固定资产必须同时满足以下两个条件：一是与该固定资产有关的经济利益很可能流入企业；二是该固定资产的成本能够可靠地计量。

企业在对固定资产进行确认时，应当按照固定资产定义和确认的条件，考虑企业的具体情况加以判断。比如，企业的环保设备和安全设备，它们的使用虽然不能直接为企业带来经济利益，但是有助于企业从相关资产获得经济利益，或者将减少企业未来经济利益的流出，对于这类设备，企业应当将其确认为固定资产。

固定资产具有使用寿命长、单位价值高，并在使用过程中长期保持其原有实物形态的特点。它在业务经营过程中，由于不断使用而逐渐发生损耗，其损耗的价值逐步转入期间费用，并从旅游餐饮服务收入中得到补偿。这样，固定资产损耗的价值，随着时间的推移，一部分、一部分不断地从实物形态转变为货币形态，直至固定资产报废清理才全部完成这一转变过程。因此，占用在固定资产上的资金需要较长的时间才能完成一次周转。这与流动资金的不断循环周转，不断地从实物形态转变为货币形态，又从货币形态转变为实物形态的情况有很大的区别。

固定资产是旅游餐饮服务企业开展各种经营业务所必须具备的物质设备，它在改善服务环境、提高服务质量、减轻劳动强度、降低存货损耗和提高经济效益等方面发挥着重要的作用。

二、固定资产的分类和计量

(一)固定资产的分类

旅游餐饮服务企业的固定资产种类繁多,为了正确地组织核算和加强管理,必须对固定资产进行合理的分类。固定资产按照其经济用途结合使用情况可分为以下七类。

1. 生产经营用固定资产　　它是指直接服务于旅游、餐饮、服务的固定资产,如营业用房、空调设备、交通运输工具、电器及影视设备、文体娱乐设备和管理设备等。

2. 非生产经营用固定资产　　它是指为了职工物质文化生活上需要,间接服务于旅游、餐饮、服务的固定资产,如食堂、医务室、托儿所、职工宿舍、俱乐部等。

3. 租出固定资产　　它是指企业出租给外单位的固定资产。

4. 未使用固定资产　　它是指已购建但尚未投入使用的固定资产和因改建、扩建而暂时停止使用的固定资产。但不包括由于季节性或进行大修理等原因而暂时停止使用的固定资产。

5. 不需用固定资产　　它是指企业在经营中不需要的各种固定资产。

6. 土地　　它是指企业过去已经估价单独入账的土地。

7. 融资租入固定资产　　它是指企业以融资租赁方式租入的固定资产。

(二)固定的计量

企业由于核算和管理的需要,对固定资产的计量有原始价值、净值和净额三种计量标准。

1. 原始价值　　原始价值(简称原值)是指企业取得某项固定资产时的成本。由于固定资产的来源不同,其原始价值的构成也各异,现分别予以阐述。

(1) 外购的固定资产　　按照购买价款、相关税费、使固定资产达到预定可使用状态前所发生的可归属于该项资产的运输费、装卸费、安装费和专业人员服务费等计量。相关税费是指进口固定资产发生的进口关税等。

(2) 自行建造的固定资产　　按照建造该项资产达到预定可使用状态前所发生的必要支出计量。

(3) 投资者投入的固定资产　　按照投资合同或协议约定的价值计量。

(4) 融资租入的固定资产　　按租赁开始日租赁资产的公允价值与最低租赁付款额的现值两者中较低者计量。

(5) 接受捐赠的固定资产　　如捐赠方提供有关凭证的,按照凭证上标明的金额,加上支付的相关税费入账;如捐赠方未提供有关凭证的,按照同类或类似资产的市场价格,加上支付的相关税费计量。

(6) 盘盈的固定资产　　按照同类或类似固定资产的市场价格减去按该项资产新旧程度估计的价值损耗后的余额计量。

(7) 在原有固定资产基础上进行改建、扩建的固定资产　　按照原有固定资产账面原值,减去改建、扩建过程中发生的变价收入,加上由于改建、扩建使该项资产达到预定可使用状态前发生的支出计量。

2. 净值　　净值是指固定资产原始价值减去累计折旧后的价值。

固定资产按原始价值计量,可以反映投资者对企业固定资产的原始投资额及企业的生产经营能力,并作为计提折旧的依据。净值可以反映企业固定资产的现有价值,将其同原始价值对比,可以看出固定资产的新旧程度。

3. 净额　　净额是指固定资产净值减去已计提的减值准备后的价值。它可以反映企业固定资产的实有价值。

三、固定资产取得的核算

旅游餐饮服务企业取得固定资产的主要渠道有外购、自行建造、投资者投入、融资方式租入和接受捐赠等。

(一)外购和自行建造固定资产的核算

企业外购的固定资产,有的不需要安装,如房屋、建筑物、交通运输工具等;有的需要安装,如机器设备、空调设备等,它们的计量范围和核算方法也有所不同。

外购不需要安装的固定资产时,其入账的原始价值包括买价、相关税费和运输费、装卸费和专业人员服务费等。根据税法规定,企业购进的固定资产,其发生的进项税额可以从销项税额中抵扣。因此,计入固定资产原始价值中的相关税费不包括增值税。

【例】　上海东方旅行社向长春客车厂购进大客车一辆,买价 270 000 元,增值税额 35 100 元,运输及装卸费 400 元,增值税额 36 元。全部款项一并从银行汇付给对方,大客车也已运到,并验收使用,作分录如下:

　　借:固定资产——生产经营用固定资产　　　　　　　　　　　　270 400.00
　　借:应交税费——应交增值税——进项税额　　　　　　　　　　 35 136.00
　　　　贷:银行存款　　　　　　　　　　　　　　　　　　　　　　305 536.00

外购需要安装的固定资产时,其入账的价值除了包括买价、相关税费、装卸费和专业人员服务费用外,还要加上安装费。届时应通过"工程物资"和"在建工程"账户核算。

【例】　浦江宾馆向上海空调机厂购进中央空调设备一套,买价 150 000 元,增值税额 19 500 元。

(1)以转账支票支付中央空调设备的账款,中央空调设备已验收入库,作分录如下:

　　借:工程物资　　　　　　　　　　　　　　　　　　　　　　　　150 000.00
　　借:应交税费——应交增值税——进项税额　　　　　　　　　　 19 500.00
　　　　贷:银行存款　　　　　　　　　　　　　　　　　　　　　　169 500.00

(2)天明安装公司领用空调设备进行安装时,作分录如下:

借：在建工程——安装中央空调设备　　　　　　　　　　　　150 000.00
　　贷：工程物资　　　　　　　　　　　　　　　　　　　　　　150 000.00

(3) 支付中央空调设备安装费用1 600元，增值税额208元，作分录如下：

借：在建工程——安装中央空调设备　　　　　　　　　　　　　1 600.00
借：应交税费——应交增值税——进项税额　　　　　　　　　　　208.00
　　贷：银行存款　　　　　　　　　　　　　　　　　　　　　　　1 808.00

(4) 中央空调设备安装完毕，达到预定可使用状态，已验收使用，作分录如下：

借：固定资产——生产经营用固定资产　　　　　　　　　　　151 600.00
　　贷：在建工程——安装中央空调设备　　　　　　　　　　　　151 600.00

"工程物资"是资产类账户，用以核算企业为在建工程准备的各种物资的实际成本。企业购入各种工程物资时，记入该账户借方；企业领用工程物资时，记入该账户贷方；期末余额在借方，表示企业期末库存工程物资的数额。

"在建工程"是资产类账户，用以核算企业基建、更新改造工程等在建工程发生的支出。企业发生各项工程支出时，记入该账户借方；企业工程竣工，达到预定可使用状态，交付使用，结转工程实际成本时，记入该账户贷方；期末余额在借方，表示企业尚未达到预定可使用状态前的在建工程的成本。该账户应按各工程项目进行明细分类核算。

旅游餐饮服务企业自行建造固定资产也要通过"工程物资"和"在建工程"账户进行核算，其核算方法与购置需要安装的固定资产的核算方法基本相同，不再重述。

企业购进不动产或不动产在建工程，按照税法规定，自取得之日起分2年从销项税额中抵扣。届时借记"固定资产""在建工程"等账户；按当期可抵扣的增值税额，借记"应交税费——应交增值税——进项税额"账户；按以后期间可抵扣的增值税额，借记"应交税费——待抵扣进项税额"账户；按实际支付的价税合计金额，贷记"银行存款"账户。尚未抵扣的进项税额待以后期间允许抵扣时，按允许抵扣的金额，借记"应交税费——应交增值税——进项税额"账户，贷记"应交税费——待抵扣进项税额"账户。

(二) 投资者投入固定资产的核算

企业接受投资者投入固定资产时，应按投资合同或协议约定的价值，借记"固定资产"账户，贷记"实收资本"账户。

【例】 静安饭店接受东华公司投入房屋1幢，投资合同约定房屋按360 000元计量，该房屋已达到预定可使用状态，作分录如下：

借：固定资产——生产经营用固定资产　　　　　　　　　　　360 000.00
　　贷：实收资本　　　　　　　　　　　　　　　　　　　　　　360 000.00

(三) 接受捐赠的固定资产的核算

企业接受捐赠的固定资产，按捐赠者提供的发票、报关单等有关凭证入账。如接受时没有明确的价目账单,应按照同类资产当前的市场价格入账。接受固定资产时发生的各项费用应计入固定资产原值。收到捐赠固定资产时,按确定的入账价值,借记"固定资产"账户,贷记"营业外收入"账户。

【例】 浦江宾馆收到星光电视机厂捐赠的液晶电视机一台,市场价格为12 000元,另签发转账支票支付手续费500元,电视机已验收使用,作分录如下:

```
借:固定资产——生产经营用固定资产              12 500.00
    贷:营业外收入                              12 000.00
    贷:银行存款                                   500.00
```

"固定资产"是资产类账户,用以核算企业持有的固定资产的原始价值。企业在取得和盘盈固定资产时,记入该账户借方;企业处置和盘亏固定资产时,记入该账户贷方;期末余额在借方,表示企业现有固定资产的原始价值。

四、固定资产折旧的核算

(一)固定资产折旧概述

固定资产折旧是指在固定资产的使用寿命内,按照确定的方法对应计折旧额进行的系统分摊。使用寿命是指固定资产预期使用的期限。应计折旧额是指应当计提折旧的固定资产原价扣除其预计净残值后的余额。如果已对固定资产计提减值准备的,还应当扣除已计提的固定资产减值准备累计金额。预计净残值是指假定固定资产预计使用寿命已满,并处于使用寿命终了时的预期状态,企业目前从该项资产中获得的扣除预计处置费用后的金额。

企业在确定固定资产的使用寿命时,应考虑的因素有:该资产的预计生产能力或实物产量;该资产的有形损耗,如设备使用中发生磨损、房屋及建筑物受到自然侵蚀等;该资产的无形损耗,如因新技术的出现而使现有的资产技术水平相对陈旧、市场要求变化使产品过时等;有关资产使用的法律或者类似的限制。

(二)固定资产折旧的计提范围

企业的固定资产应按月计提折旧。除了已提足折旧仍继续使用的固定资产和按规定单独估价作为固定资产入账的土地外,所有的固定资产都应计提折旧。

企业在实际计提固定资产折旧时,当月增加的固定资产,当月不提折旧,从下月起计提折旧;当月减少的固定资产,当月仍提折旧,从下个月起停止计提折旧。

(三)固定资产折旧的方法

企业应当根据固定资产所含经济利益预期实现方式选择折旧的方法,可选用的折旧方法有常规折旧法和加速折旧法两类。

1. 常规折旧法　　常规折旧法又称一般折旧法,是指根据固定资产的损耗程度均衡地提取折旧的方法。它又可分为年限平均法和工作量法。

(1) 年限平均法　　年限平均法又称直线法，是指按照固定资产的使用年限，平均计算折旧的方法，其计算公式如下：

$$月折旧率 = \frac{1-预计净残值率}{预计使用寿命 \times 12} \times 100\%$$

$$月折旧额 = 固定资产原值 \times 月折旧率$$

预计净残值率是指预计净残值与固定资产原值的比率。

【例】　上海东方旅行社有大客车一辆，原始价值270 400元，预计可使用8年，预计净残值率为4%，计算该大客车月折旧额如下：

$$月折旧率 = \frac{1-4\%}{8 \times 12} = 1\%$$

$$月折旧额 = 270\ 400 \times 1\% = 2\ 704(元)$$

由于旅游餐饮服务企业拥有一定数量的固定资产，如果对固定资产逐一单独计算折旧，工作量较大。在实际工作中为了简化计算手续，可以采用分类折旧法。所谓分类折旧法，是指将物理特征相似、使用寿命大致相同的固定资产归并为一类，计算出一个平均的折旧率，再用该折旧率计算出该类固定资产的折旧额，其计算公式如下：

$$年分类折旧率 = \frac{全年应提该类固定资产折旧总额}{该类固定资产原始价值总额} \times 100\%$$

或

$$= \frac{1-预计该类固定资产净残值率}{该类固定资产预计使用寿命} \times 100\%$$

$$月分类折旧率 = \frac{年分类折旧率}{12}$$

$$月分类固定资产折旧额 = 该类固定资产原始价值总额 \times 月分类折旧率$$

【例】　东方旅行社有大客车等各种交通运输工具类车辆原始价值总额为600 000元，该类车辆月折旧率为0.99%，其月固定资产折旧额计算如下：

$$交通运输工具类月折旧额 = 600\ 000 \times 0.99\% = 5\ 940(元)$$

(2) 工作量法　　工作量法是指按固定资产在预计使用寿命内可以完成工作量的比例计算折旧额的方法。

企业的固定资产中，有些设备各月的使用程度相差较大，因此固定资产各月的损耗程度也各不相同，如采用年限平均法计算折旧，就会与实际损耗的情况不符，对于这类设备可以采用工作量法。其计算公式如下：

$$每单位工作量折旧额 = \frac{固定资产原值 \times (1-预计净残值率)}{预计使用寿命内总的工作量}$$

$$月固定资产折旧额 = 每单位工作量折旧额 \times 该固定资产当月实际的工作量$$

2. 加速折旧法 加速折旧法又称递减折旧费用法,是指在预计固定资产使用寿命内,前期多提折旧、后期少提折旧的方法。采用这种方法可以在较短的时期内收回固定资产的大部分投资,从而减少固定资产无形损耗所带来的投资风险。加速折旧法主要有双倍余额递减法和年数总和法两种。

(1)双倍余额递减法 它是指在不考虑固定资产净残值的情况下,用固定资产净值乘以直线折旧率的两倍计算固定资产折旧的方法。其计算公式如下:

$$年折旧额 = 固定资产净值 \times 双倍直线折旧率$$

$$双倍直线折旧率 = \frac{1}{预计使用寿命} \times 100\% \times 2$$

【例】 汽车一辆,原始价值 90 000 元,预计净残值 4 500 元,预计使用寿命 5 年,用双倍余额递减法计算该汽车各年的折旧额。

$$双倍直线折旧率 = 1 \div 5 \times 100\% \times 2 = 40\%$$

该汽车各年应提折旧额如图表 4-1 所示。

图表 4-1

双倍余额递减法折旧额计算表 金额单位:元

年 次	年初固定资产净值	双倍直线折旧率	折旧额	累计折旧额	年末固定资产净值
1	90 000	40(%)	36 000	36 000	54 000
2	54 000	40(%)	21 600	57 600	32 400
3	32 400	40(%)	12 960	70 560	19 440
4	19 440	—	7 470	78 030	11 970
5	11 940	—	7 470	85 500	4 500

采用双倍余额递减法计提固定资产折旧,根据规定,应在其固定资产折旧年限到期以前 2 年内,将固定资产账面净值,扣除预计净残值后的净额平均折旧。因此,图表 4-1 中,汽车在第 3 年年末的净值为 19 440 元,扣除预计残值 4 500 元,第 4、第 5 年 2 年平均折旧额为 7 470 元。

(2)年数总和法 又称合计年数法,是指根据固定资产原始价值减去预计净残值后的余额,乘以逐年递减的分数计算折旧的方法。分数的分子是表示固定资产可继续使用的年数,分母是表示各年可继续使用年数的总和。其计算公式如下:

$$年折旧额 = (固定资产原始价值 - 预计净残值) \times 年折旧率$$

$$年折旧率 = \frac{尚可使用年数}{年数总和}$$

尚可使用年数＝预计使用年数－已使用年数

【例】 汽车一辆，原始价值 90 000 元，预计净残值 4 500 元，预计使用寿命为 5 年，用年数总和法计算汽车各年的折旧额。

$$年数总和 = 5 + 4 + 3 + 2 + 1 = 15(年)$$

汽车各年应提折旧额如图表 4-2 所示。

图表 4-2

年数总和法折旧额计算表

金额单位：元

年 次	原始价值减预计残值	尚可使用年数	折旧率	折旧额	累计折旧
1	85 500	5	5/15	28 500	28 500
2	85 500	4	4/15	22 800	51 300
3	85 500	3	3/15	17 100	68 400
4	85 500	2	2/15	11 400	79 800
5	85 500	1	1/15	5 700	85 500

在实际工作中，固定资产折旧是按月提取的，因此还要将前述两种加速折旧法计算的结果除以 12，作为每月提取折旧的依据。

（四）固定资产折旧的核算

企业计提的固定资产折旧应当根据固定资产的用途，分别计入相关的期间费用。业务部门使用的固定资产是为业务经营服务的，应记入"销售费用"账户，行政管理部门的固定资产，是为行政管理工作服务的，应记入"管理费用"账户。

【例】 宏远旅行社计算本月份应提取固定资产折旧 8 600 元，其中：业务部门 6 800 元，行政管理部门 1 800 元，作分录如下：

借：销售费用——折旧费　　　　　　　　　　　　　　6 800.00
借：管理费用——折旧费　　　　　　　　　　　　　　1 800.00
　　贷：累计折旧　　　　　　　　　　　　　　　　　　8 600.00

"累计折旧"是资产类账户，它是固定资产的抵减账户，用以核算企业固定资产的累计折旧额。企业在提取固定资产折旧时，记入该账户贷方；企业在处置和盘亏固定资产时，记入该账户借方；期末余额在贷方，表示企业固定资产累计折旧额。"固定资产"账户余额，减去"累计折旧"账户余额，就是固定资产净值。

五、固定资产处置的核算

固定资产处置的去向主要有出售、报废毁损和投资转出等。

（一）出售固定资产的核算

旅游餐饮服务企业为了充分发挥资金的效能，可以将不需用的固定资产出售给其他企业。经领导批准决定将固定资产出售时，应先注销其账面价值，届时按固定资产的净额，借记"固定资产清理"账户；按已计提的折旧额，借记"累计折旧"账户；按已计提的减值准备，借记"固定资产减值准备"账户；按固定资产原值，贷记"固定资产"账户。当企业出售固定资产时，按其专用发票上列明的价税合计借记"银行存款"账户，按列明的税额贷记"应交税费"账户；按其账面净额贷记"固定资产清理"账户；发生出售固定资产费用时，记入"固定资产清理"账户的借方。通过"固定资产清理"账户来核算固定资产出售的净收益或净损失，并将其转入"资产处置损益"账户。

【例】 浦江饭店有汽车一辆，原始价值为120 000元，已提折旧70 000元，已提减值准备5 000元。

（1）经领导批准决定出售，予以转账，作分录如下：

借：固定资产清理——出售汽车　　　　　　　　　　　　　　　　　45 000.00
借：累计折旧　　　　　　　　　　　　　　　　　　　　　　　　　70 000.00
借：固定资产减值准备　　　　　　　　　　　　　　　　　　　　　 5 000.00
　　贷：固定资产　　　　　　　　　　　　　　　　　　　　　　　120 000.00

（2）出售汽车价款42 000元，增值税额5 460元，当即收到账款，存入银行，作分录如下：

借：银行存款　　　　　　　　　　　　　　　　　　　　　　　　　47 460.00
　　贷：固定资产清理——出售汽车　　　　　　　　　　　　　　　 42 000.00
　　贷：应交税费——应交增值税——销项税额　　　　　　　　　　 5 460.00

（3）将出售固定资产净损失转账，作分录如下：

借：资产处置损益　　　　　　　　　　　　　　　　　　　　　　　 3 000.00
　　贷：固定资产清理——出售汽车　　　　　　　　　　　　　　　 3 000.00

"资产处置损益"是损益类账户，用以核算企业处置固定资产、在建工程、无形资产等资产的处置收益和损失。企业发生资产处置收益或期末将资产处置损失结转"本年利润"账户时，记入贷方；企业发生资产处置损失或期末将资产处置收益结转"本年利润"账户时，记入借方。

（二）投资转出固定资产的核算

企业为扩大投资范围，减少经营风险向其他企业投资时，可以将自有的固定资产进行对外投资。企业在决定将固定资产对外投资时，应先将固定资产净额转入"固定资产清理"账户。在投出固定资产时，再按投资合同或协议约定的价值，借记"长期股权投资"账户；按固定资产净额，贷记"固定资产清理"账户；两者之间的差额列入"资产处置损益"账户。

【例】 卢湾饭店与云峰公司合资经营,拨出房屋一幢作为新企业营业用房,该房屋原始价值为 900 000 元,已提折旧额为 100 000 元,已提减值准备10 000 元。

(1) 转销房屋的账面价值,作分录如下:

借:固定资产清理——房屋对外投资	790 000.00
借:累计折旧	100 000.00
借:固定资产减值准备	10 000.00
贷:固定资产——生产经营用固定资产	900 000.00

(2) 将房屋拨付对方,投资合同约定房屋按 791 000 元计量,作分录如下:

借:长期股权投资	791 000.00
贷:固定资产清理——房屋对外投资	790 000.00
贷:资产处置损益	1 000.00

"固定资产清理"是资产类账户,用以核算企业因出售、报废、毁损、投资转出等原因转入处置的固定资产净额,及其在处置过程中所发生的处置费用和处置收入。企业转入出售、报废、毁损、投资转出固定资产净额,支付处置费用以及将处置净收益转账时,记入借方;企业取得处置收入以及将处置净损失转账时,记入贷方;若余额期末在借方,表示企业尚未处置完毕的固定资产净损失;若期末余额在贷方,则表示企业尚未处置完毕的固定资产净收益。

(三) 固定资产报废、毁损的核算

固定资产由于长期使用而发生损耗丧失了其原有的功能,不能继续使用,或者由于社会技术进步,必须以先进的设备替代落后的设备,就需要将它们报废。有的固定资产由于遭受意外灾害或非常事故,以致毁损。固定资产发生报废、毁损都要报经有关部门批准后,才能进行清理。

报废或毁损的固定资产经领导批准进行清理时,按固定资产净额借记"固定资产清理"账户;按已计提的折旧额借记"累计折旧"账户;按已计提的减值准备借记"固定资产减值准备"账户;按固定资产账面原值贷记"固定资产"账户。然后通过"固定资产清理"账户核算报废、毁损固定资产的净损益,并将其转入"营业外收入"或"营业外支出"账户。

【例】 浦江饭店报废房屋 1 幢,原值为 500 000 元,已提折旧 480 000 元,该房屋未提减值准备。

(1) 经领导批准报废清理时,作分录如下:

借:固定资产清理——清理报废房屋	20 000.00
借:累计折旧	480 000.00
贷:固定资产——生产经营用固定资产	500 000.00

（2）签发转账支票，支付房屋处置费用5 000元，增值税额550元，作分录如下：

借：固定资产清理——清理报废房屋　　　　　　　　　　　　5 000.00
借：应交税费——应交增值税——进项税额　　　　　　　　　　550.00
　　贷：银行存款　　　　　　　　　　　　　　　　　　　　　　5 550.00

（3）残料出售金额26 000元，增值税额4 420元，当即收到账款，存入银行，作分录如下：

借：银行存款　　　　　　　　　　　　　　　　　　　　　　30 420.00
　　贷：固定资产清理——清理报废房屋　　　　　　　　　　　26 000.00
　　贷：应交税费——应交增值税——销项税额　　　　　　　　4 420.00

（4）清理房屋完毕，将清理净收益转账，作分录如下：

借：固定资产清理——清理报废房屋　　　　　　　　　　　　1 000.00
　　贷：营业外收入——固定资产报废清理收益　　　　　　　　1 000.00

六、固定资产后续支出的核算

（一）固定资产后续支出概述

企业的固定资产投入使用后，为了维护或提高固定资产的使用效能，或者为了适应新技术发展的需要，往往需要对现有的固定资产进行维护、改建、扩建或者改良。如果这项支出增强了固定资产获取未来经济利益的能力，提高了固定资产的性能，如延长了固定资产的使用寿命，改善了企业的服务环境，提高了企业的服务质量，从而形成了可能流入企业的经济利益超过了原先的估计等，则应将该项后续支出予以资本化，计入固定资产的账面价值；否则应将这些后续支出予以费用化，计入发生当期的损益。

（二）资本化后续支出的核算

企业通过对客房、营业部、办公楼等建筑物进行改建、扩建，使其更加坚固耐用和美观，延长了其使用寿命、扩大了其使用面积，改善了服务环境；企业通过对营业设施的改建，提高了服务质量，也提高了企业在市场上的竞争力。上述这些都表明后续支出提高了固定资产原定的创利能力。因此应将后续支出予以资本化。在将后续支出予以资本化时，后续支出的计入，不应导致计入后的固定资产账面价值超过其可收回的金额。

企业在对固定资产进行改建、扩建或者改良时，应将固定资产的账面价值转入"在建工程"账户，届时根据固定资产净额，借记"在建工程"账户；根据已提累计折旧额，借记"累计折旧"账户。如已计提了减值准备，还应根据已计提的减值准备，借记"固定资产减值准备"账户；根据固定资产原值，贷记"固定资产"账户。在固定资产改建、扩建或者改良时所发生的耗费，都应列入"在建工程"账户。在改建、扩建或者改良工程竣工，达到预定可使用状态时，如果"在建工程"账户归集的金额小于其可收回金额，应将其全部金额转入"固定资产"账户。如果"在建工程"账户归集的金额大于其可收回金额，则应按其可以收回金额,借记"固定资产"账户;按"在建工程"账户归集的金额与可收回金额的差额,借记"营业外支出"账户;按"在建工程"账户归集的金额,贷记"在建工程"账户。

【例】 华夏宾馆有客房1幢,原值600 000元,已提折旧200 000元,已提减值准备10 000元,委托建筑公司进行扩建。

(1) 结转扩建客房账面价值,作分录如下:

  借:在建工程——扩建客房   390 000.00
  借:累计折旧   200 000.00
  借:固定资产减值准备   10 000.00
   贷:固定资产——生产经营用固定资产   600 000.00

(2) 签发转账支票支付建筑公司扩建客房费用360 000元,增值税额32 400元,当月可抵扣1 350元,作分录如下:

  借:在建工程——扩建客房   360 000.00
  借:应交税费——应交增值税——进项税额   1 350.00
  借:应交税费——待抵扣进项税额   31 050.00
   贷:银行存款   392 400.00

(3) 该客房已扩建完毕,已达到预定可使用状态,验收使用,该客房预计可收回金额为760 000元,予以转账,作分录如下:

  借:固定资产——生产经营用固定资产   750 000.00
   贷:在建工程——扩建客房   750 000.00

(三) 费用化后续支出的核算

固定资产在使用过程中会逐渐损耗,为了充分发挥固定资产的使用效能,就需要对固定资产进行修理。

固定资产修理按其规模不同,可分为大修理和小修理。固定资产大修理是指为恢复固定资产的使用价值,对其进行大部或全部的修理。一般是对固定资产的主要组成部分或大多数部件进行修复和更换,具有修理范围大、支出费用多、修理间隔时间长、发生次数少的特点。固定资产小修理是指为保证固定资产的正常使用所进行的小部分修缮和维护。小修理是为保持固定资产的生产能力,对它个别磨损部分所进行的工作量较小的修理,具有修理范围小、支出费用少、修理间隔时间短、发生次数多的特点。

由于固定资产修理而发生的后续支出并未提高固定资产原定的创利能力,因此应予以费用化,在发生时应根据固定资产服务的对象不同,分别列入"销售费用""管理费用"账户。

【例】 东方旅行社签发转账支票支付业务部门使用的大客车大修理费用17 500元,增值税额2 275元,作分录如下:

借:销售费用——修理费 17 500.00
借:应交税费——应交增值税——进项税额 2 275.00
　　贷:银行存款 19 775.00

七、固定资产清查的核算

固定资产清查是保证固定资产核算的真实性、保护企业财产安全完整,以及发掘企业现有固定资产潜力的一个重要手段。企业在年终决算前,必须对固定资产进行全面的盘点清查。

固定资产清查的方法一般采用"账账核对"和"账物核对"。即先以固定资产总账的金额与固定资产明细账的金额核对相符后,再以固定资产明细账的数量与保管账的数量核对相符。账账相符后,将保管账的数量与固定资产实物逐一清点,做到账实相符。

固定资产清查后,若发现盘亏,应按其净额,借记"待处理财产损溢"账户;按其已提折旧额,借记"累计折旧"账户;按已提减值准备,借记"固定资产减值准备"账户;按其账面原值,贷记"固定资产"账户。关于固定资产盘盈的核算,将在第十六章第三节前期差错更正中阐述。

固定资产发生盘亏,应及时查明原因,报经上级批准后再转入"营业外支出"账户。

【例】 新成宾馆盘亏不需用摩托车1辆,原值12 000元,已提折旧80 000元,已提减值准备800元。

(1)根据摩托车账面价值转账,作分录如下:

借:待处理财产损溢 3 200.00
借:累计折旧 8 000.00
借:固定资产减值准备 800.00
　　贷:固定资产——不需用固定资产 12 000.00

(2)报经领导批准后,予以核销转账,作分录如下:

借:营业外支出 3 200.00
　　贷:待处理财产损溢 3 200.00

八、固定资产的减值及其核算

(一)固定资产减值概述

企业经营环境的变化和科学技术的进步,或者企业经营管理不善等原因,往往会导致固定资产创造未来经济利益的能力大大下降，使得固定资产可收回金额低于其账面价值而发生固定资产减值。

可收回金额应当根据资产的公允价值减去处置费用后的净额与资产预计未来现金流量的现值两者之间较高者确定。处置费用包括与资产处置有关的法律费用、相关税费、搬运费以及为使资产达到可销售状态所发生的直接费用等。

企业应当在期末判断固定资产是否存在可能发生减值的迹象。存在下列迹象的，表明固定资产可能发生了减值。① 固定资产市价大幅度下跌，其下跌幅度明显高于因时间推移或者正常使用而预计的下跌。② 企业所处的经济、技术或者法律等环境，以及资产所处的市场在当期发生或者将在近期发生重大变化，从而对企业产生不利影响。③ 市场利率或者其他市场投资报酬率在当期已经提高，从而影响企业计算固定资产预计未来现金流量现值的折现率，并导致固定资产可收回金额大幅度降低。④ 有证据表明固定资产已经陈旧过时或者其实体已经损坏。⑤ 固定资产已经或者将被闲置、终止使用或者计划提前处置。⑥ 其他有可能表明资产已发生减值的情况。

（二）固定资产减值的核算

企业判断固定资产发生减值后，应计算确定固定资产可收回金额，按可收回金额低于账面价值的差额计提固定资产减值准备，并计入当期损益，届时借记"资产减值损失"账户，贷记"固定资产减值准备"账户。

【例】 浦江宾馆有电脑5台，每台原始价值8 000元，已提折旧2 000元。现由于市价持续下跌，每台可收回金额仅为5 000元。计提其减值准备，作分录如下：

借：资产减值损失——固定资产减值损失　　　　　　　　　　5 000.00
　　贷：固定资产减值准备　　　　　　　　　　　　　　　　　5 000.00

固定资产减值损失确认后，减值资产的折旧应当在未来期间作相应调整，以使该资产在剩余使用寿命内，系统地分摊调整后的资产账面价值。资产减值损失一经确认，在以后会计期间不得转回。

"固定资产减值准备"是资产类账户，它是"固定资产"账户的抵减账户，用以核算企业提取的固定资产减值准备。企业期末发生固定资产减值，予以计提时，记入该账户贷方；企业已计提减值准备的固定资产处置时，记入该账户借方；期末余额在贷方，表示企业已提取的固定资产减值准备。

九、固定资产的明细分类核算

固定资产除了进行总分类核算外，为了掌握各项固定资产的利用和分布情况，对它们进行有效的管理，并为计算折旧提供必要的资料，就必须设置固定资产明细分类账（卡），对各项固定资产进行明细分类核算。固定资产明细分类账（卡）应按每一项目设立账户,并兼记固定资产的折旧,其格式如图表 4-3 所示。

图表 4-3

固定资产明细分类账(卡)

类别＿＿＿＿　　　　预计残值＿＿＿＿　　　　编号＿＿＿＿
名称＿＿＿＿　　　　预计处置费用＿＿＿＿　　页次＿＿＿＿
规格＿＿＿＿　　　　月折旧率＿＿＿＿　　　　所在地＿＿＿＿
预计使用寿命＿＿＿＿　月折旧额＿＿＿＿

年		凭证号数	摘要	原始价值			累计折旧			净值
月	日			借方	贷方	借方余额	借方	贷方	贷方余额	

第二节　无　形　资　产

一、无形资产概述

(一) 无形资产的定义

无形资产是指企业拥有或者控制的没有实物形态的可辨认非货币性资产。

资产满足以下条件之一的,符合无形资产定义中的可辨认性标准:一是能够从企业中分离或者划分出来,并能单独或者与相关合同、资产或负债一起,用于出售、转移、授予许可、租赁或者交换;二是源自合同性权利或其他法定权利,无论这些权利是否可以从企业或其他权利和义务中转移或者分离。

(二) 无形资产确认的条件

1. 与该无形资产有关的经济利益很可能流入企业　作为无形资产确认的项目,必须具备其所产生的经济利益很可能流入企业这一条件。通常无形资产产生的未来经济利益可能包括在销售商品、提供劳务的收入中,或者企业使用该项无形资产而减少或节约了成本。

企业在判断无形资产产生的经济利益是否很可能流入时,应当对无形资产在预计使用寿命内可能存在的各种经济因素作出合理估计,并且应当有明确证据支持。

2. 该无形资产的成本能够可靠地计量　成本能够可靠地计量是确认资产的一项基本条件,这个条件对于无形资产就更为重要。

(三) 无形资产的特征

无形资产不同于流动资产和具有实物形态的固定资产,它有其自身的特征,主要表现在以下六个方面。

1. **无形资产没有实物形态** 无形资产所体现的是一种权利或获得超额利润的能力,它没有实物形态,但却具有价值,或者能够使企业获得高于同行业平均的盈利能力。它虽然可以买卖,但它看不见摸不着,它以某种特有技术知识和权利形式存在,如专利权、商标权。

2. **无形资产能在较长的时期内使企业获得经济效益** 无形资产能供企业长期使用,从而使企业长期受益,因此属于一项长期资产,企业为取得无形资产所发生的支出,属于资本性支出。

3. **持有无形资产的目的是使用** 企业持有无形资产的目的是用于生产商品或提供劳务,出租给他人,或为了行政管理,而不是为了对外销售。无形资产一旦脱离了生产经营活动,就失去了其经济价值。

4. **无形资产所提供的经济利益具有不确定性** 无形资产的经济价值很大程度上受到市场需求、竞争、地理条件的变化和其他经济因素的影响,其预期盈利能力难以准确地予以确定。例如,某种专利权,企业在自创时估计有10年寿命,但在第6年,随着技术市场上有更先进的专利替代,那么该项专利权的经济价值也就此终结,由该项专利权可望带来的经济效益也随之告终。

5. **无形资产的经济价值与其成本之间无直接因果关系** 企业获取无形资产的成本不能代表其经济价值。在实际工作中,往往有些无形资产取得的成本较低,却能给企业带来较高的经济效益;而有些无形资产取得的成本较高,却仅能给企业带来较低的经济效益。

6. **无形资产是有偿取得的** 只有企业发生成本而取得的无形资产才能计价入账,否则,即使具有无形资产的性质,但也不能作为无形资产计价入账。

(四) 无形资产的分类

我国将无形资产分为专利权、非专利技术、商标权、著作权、土地使用权和特许权六项。

1. **专利权** 它是指发明人对其发明的成果提出申请,经国家专利机关审查批准,在一定期限以内依法享有的专有权。发明人申请获得专利,需向国家专利机关公开专利的全部秘密;为保护发明人的权益,国家对专利给予法律保护。

2. **非专利技术** 又称专有技术,它是指先进的、未公开的、未申请专利的,可以带来经济效益的技术、资料、技能、知识等。非专利技术不受法律保护,其所有人依靠自我保密来维持其独占权。非专利技术主要包括以下三个方面的内容。

(1) 工业专有技术 它是指生产上已被采用、仅限于少数人知道、不享有专利权或发明权的生产、装配、修理、工艺或加工方法的技术知识。

(2) 商业(贸易)专有技术 它是指具有保密性质的市场情报,原材料价格情报,以及有关用户、竞争对象的情况的有关知识。

(3) 管理专有技术　　它是指生产组织的经营方式、管理方法、培训职工方法等保密知识。

3. 商标权　　它是指商标使用人向国家商标局申请商标注册，经核准而获得的一定期限内的专用权。商标是指用来辨认特定的商品或劳务的标记。商标权受到法律保护。

4. 著作权　　又称版权，它是指公民、法人按照法律规定对文学、艺术和科学作品享有出版、发行等方面的专有权利。这种专有权利除法律另有规定者外，未经著作人许可或转让，他人不得占有和行使。

5. 土地使用权　　它又称场地使用权，它是指土地使用者对其所使用的土地，按照法律规定在一定期限内，享有开发、利用和经营的权利。

6. 特许权　　它又称专营权，它是指被获准在一定区域和期限内，以一定的形式生产经营某种特定商品或劳务的专有权利。特许权有两种形式：一种是由政府机关授予的，如电力、电话、煤气、烟草等的特许经营权；另一种是由一个企业授予另一个企业生产经营以该企业商号、商标、专利和非专利技术制造商品或提供劳务的权利，如肯德基快餐、麦当劳快餐等连锁商店。

（五）无形资产的初始计量

企业取得的无形资产应当按照成本进行计量，由于无形资产的来源不同，其成本的构成也各异，现分别阐述。

1. 外购的无形资产　　按照购买价款、相关税费以及直接归属于使该项资产达到预定用途所发生的其他支出计量。

2. 自行开发的无形资产　　按照无形资产从开发阶段开始至该项无形资产达到预定用途前所发生的支出总额计量。

3. 投资者投入的无形资产　　按照投资合同或协议约定的价值计量。

二、无形资产取得的核算

旅游餐饮服务企业取得无形资产的主要渠道有企业外购、自行开发和投资者投入等。

（一）外购无形资产的核算

外购无形资产是指以现款或负债购进的无形资产。它主要有专利权、非专利技术、商标权和土地使用权等。企业购入无形资产时应按照购入时专用发票上列明的金额和使无形资产达到预定用途所发生的专业服务费用、测试无形资产是否能够正常发挥作用的费用之和，借记"无形资产"账户；按照列明的增值税额，借记"应交税费"账户；按照支付的全部账款，贷记"银行存款"账户。

【例】　华鸿宾馆向华安地产公司购买A地块土地使用权50年，购买金额900 000元，增值税额81 000元。在洽购时，支付咨询费15 000元，增值税额900元，款项一并签发转账支票付讫，作分录如下：

借：无形资产——土地使用权　　　　　　　　　　　　　915 000.00
借：应交税费——应交增值税——进项税额　　　　　　81 900.00
　　贷：银行存款　　　　　　　　　　　　　　　　　　　996 900.00

（二）自行开发无形资产的核算

企业自行开发无形资产，对于开发项目的支出，应区分研究阶段支出与开发阶段支出，研究是指为获取并理解新的科学或技术知识而进行的独创性的有计划调查。开发是指在进行商业性生产或使用前，将研究成果或其他知识应用于某项计划或设计，以生产出新的或具有实质性改进的材料、装置、商品等。

企业自行开发无形资产，研究阶段的支出，应当于发生时计入当期损益，列入"研发费用"账户；开发阶段的支出才能确认为无形资产。

企业确认自行开发的无形资产，必须同时满足以下五个条件：① 完成该无形资产以使其能够使用或出售在技术上具有可行性。② 具有完成该无形资产并使用或出售的意图。③ 无形资产产生经济利益的方式，包括能够证明运用该无形资产生产的产品存在市场或无形资产自身存在市场，无形资产将在内部使用的，应当证明其有用性。④ 有足够的技术、财务资源和其他资源支持，以完成该无形资产的开发，并有能力使用或出售该无形资产。⑤ 归属于该无形资产开发阶段的支出能够可靠地计量。

【例】浦江宾馆自行研究开发一项管理专有技术，发生下列有关的经济业务：

（1）2月28日，分配管理专有技术开发人员在研究阶段的工资4 500元，并计提职工福利费630元，作分录如下：

借：研发费用　　　　　　　　　　　　　　　　　　　　　5 130.00
　　贷：应付职工薪酬——工资　　　　　　　　　　　　　　4 500.00
　　贷：应付职工薪酬——职工福利　　　　　　　　　　　　630.00

（2）3月10日，管理专有技术项目进入开发阶段，领用原材料5 000元，使用设备计提折旧费500元，作分录如下：

借：研发支出——资本化支出　　　　　　　　　　　　　　5 500.00
　　贷：原材料　　　　　　　　　　　　　　　　　　　　　5 000.00
　　贷：累计折旧　　　　　　　　　　　　　　　　　　　　500.00

（3）3月18日，签发转账支票支付开达软件公司参与开发管理专有技术费用36 100元，增值税额2 166元，作分录如下：

借：研发支出——资本化支出　　　　　　　　　　　　　　36 100.00
借：应交税费——应交增值税——进项税额　　　　　　　　2 166.00
　　贷：银行存款　　　　　　　　　　　　　　　　　　　　38 266.00

(4) 3月31日,分配管理专有技术项目开发人员在开发阶段的工资30 000元,并计提职工福利费4 200元,作分录如下:

借:研发支出——资本化支出　　　　　　　　　　　　　　　　　34 200.00
　　贷:应付职工薪酬——工资　　　　　　　　　　　　　　　　　30 000.00
　　贷:应付职工薪酬——职工福利　　　　　　　　　　　　　　　 4 200.00

(5) 3月31日,管理专有技术开发成功结转其开发成本,作分录如下:

借:无形资产——专利权　　　　　　　　　　　　　　　　　　　75 800.00
　　贷:研发支出——资本化支出　　　　　　　　　　　　　　　　75 800.00

"研发费用"是损益类账户,用以核算企业开发无形资产在研究阶段所发生的各项费用。企业发生无形资产研发费用时,记入该账户借方,企业期末将其余额结转"本年利润"账户时,记入该账户贷方。

"研发支出"是成本类账户,用以核算企业进行开发无形资产过程中所发生的各项支出。企业发生无形资产开发支出时,记入该账户借方;企业结转无形资产开发成本时,记入该账户贷方;期末余额在借方,表示企业正在开发的无形资产的成本。

(三) 投资者投入无形资产的核算

企业为自身发展,引进技术资金,往往会接受外单位或个人无形资产的投资。投资者投入的无形资产的主要形式有:专利权、非专利技术、土地使用权等。企业取得投资者投入的无形资产,应按照投资合同或协议约定的价值入账,届时借记"无形资产"账户,贷记"实收资本"账户。

【例】 神州饭店与某名店合资经营,名店以其商标权作为对神州饭店的投资,按投资合同约定的价值180 000元入账,作分录如下:

借:无形资产——商标权　　　　　　　　　　　　　　　　　　180 000.00
　　贷:实收资本　　　　　　　　　　　　　　　　　　　　　　180 000.00

三、无形资产摊销的核算

无形资产是企业的一项长期资产,在其使用寿命内持续为企业带来经济利益,它的价值却随着使用而不断地减少,直到消失。因此应当于取得无形资产时分析判断其使用寿命。

无形资产的使用寿命为有限的,应当估计该使用寿命的年限或者构成使用寿命的产量等类似计量单位数量;无法预见无形资产为企业带来经济利益期限的,应当视为使用寿命不确定的无形资产。

使用寿命有限的无形资产,其应摊销金额应当在使用寿命内系统合理摊销。企业摊销无形资产,应当自无形资产可供使用时起,至不再作为无形资产确认时止。

企业选择的无形资产摊销方法,应当反映与该项无形资产有关的经济利益的预期实现方式。无法可靠确定预期实现方式的,应当采用直线法摊销。

企业摊销无形资产时,借记"管理费用"账户,贷记"无形资产"账户。

【例】 华鸿宾馆以915 000元取得土地使用权50年,用直线法计提摊销时,作分录如下:

借:管理费用——无形资产摊销　　　　　　　　　　　　　1 525.00
　　贷:累计摊销　　　　　　　　　　　　　　　　　　　　　1 525.00

"无形资产"是资产类账户,用以核算企业持有的无形资产的成本。企业取得各种无形资产时,记入该账户借方;企业出售无形资产和以无形资产对外投资时,记入该账户贷方;期末余额在借方,表示企业无形资产的原始价值。无形资产应按不同的类别设置明细分类账,进行明细分类核算。

"累计摊销"是资产类账户,它是"无形资产"账户的抵减账户,用以核算企业对使用寿命有限的无形资产计提的累计摊销额。企业计提无形资产摊销额时,记入该账户贷方;企业处置无形资产时,记入该账户借方;期末余额在贷方,表示企业无形资产的累计摊销额。"无形资产"账户余额,减去"累计摊销"账户余额就是无形资产的净值。

使用寿命不确定的无形资产不应摊销。企业应当在每个会计期间对使用寿命不确定的无形资产的使用寿命进行复核,如有证据表明无形资产的使用寿命是有限的,应当估计其使用寿命,并按规定进行摊销。

四、无形资产处置的核算

企业无形资产处置的去向主要有出售、出租和对外投资。

(一)无形资产出售的核算

企业拥有的无形资产可以进行出售,能出售的无形资产有专利权、非专利技术、商标权、土地使用权和特许权等。

出售无形资产是指企业转让无形资产所有权,出售企业对售出的无形资产不再拥有占有、使用以及处置的权利。企业将无形资产出售时,按实际收到的专用发票上列明的价税合计,借记"银行存款"账户;按已计提的累计摊销额,借记"累计摊销"账户;按已计提的减值准备,借记"无形资产减值准备"账户;按专用发票上列明的税额,贷记"应交税费"账户;按出售无形资产的账面原值,贷记"无形资产"账户;将这些账户相抵后的差额列入"资产处置损益"账户。

【例】 静安饭店将一项专利权出售给南汇饭店,该项专利权账面原值为150 000元,已摊销了40 000元,出售金额120 000元,增值税额7 200元,当即收到全部账款,存入银行。作分录如下:

借：银行存款	127 200.00
借：累计摊销	40 000.00
贷：应交税费——应交增值税——销项税额	7 200.00
贷：无形资产——专利权	150 000.00
贷：资产处置损益	10 000.00

（二）无形资产出租的核算

出租无形资产是指企业仅将该项无形资产部分使用权让渡给其他企业，其仍保留对所出租的无形资产的所有权，并拥有占有、使用以及处置该项无形资产的权利。在取得出租收入时，作为企业的其他业务收入入账，但仍应保留该项无形资产的账面价值；在出租过程中发生的增值税额列入"应交税费"账户的贷方。

【例】 徐汇宾馆将一项管理专有技术的使用权出租给华明宾馆。

（1）专有技术的出租金额为80 000元，增值税额4 800元，当即收到全部账款，存入银行，作分录如下：

借：银行存款	84 800.00
贷：其他业务收入——出租无形资产	80 000.00
贷：应交税费——应交增值税——销项税额	4 800.00

（2）分配去华明宾馆指导出租非专利技术运用人员的工资4 750元，计提职工福利费665元。作分录如下：

借：其他业务成本——出租无形资产	5 415.00
贷：应付职工薪酬——工资	4 750.00
贷：应付职工薪酬——职工福利	665.00

（三）无形资产对外投资的核算

企业出于自身发展以及减少投资风险、扩大影响的目的，可以将自己的无形资产向外投资以获取投资收益。届时应按投资合同或协议约定的价值，借记"长期股权投资"账户；按该项无形资产已计提的摊销额，借记"累计摊销"账户；按该项无形资产已计提的减值准备，借记"无形资产减值准备"账户；按无形资产的账面原值，贷记"无形资产"账户；借贷方账户相抵后如有差额应列入"资产处置损益"账户。

【例】 飞马宾馆将土地使用权向卢湾公司投资，土地使用权的账面原值为720 000元，该土地使用权已计提摊销额119 000元，但未计提减值准备，按投资合同约定的600 000元计量入账时，作分录如下：

借：长期股权投资——其他股权投资	600 000.00
借：累计摊销	119 000.00
借：资产处置损益	1 000.00
贷：无形资产——土地使用权	720 000.00

五、无形资产减值的核算

企业应当在期末判断各项无形资产是否存在发生减值的迹象,对存在减值迹象的无形资产,应当估计其可收回金额。无形资产的预计可收回金额的确定方法和判断无形资产减值的依据与固定资产相同,不再重述。

企业判断无形资产发生减值后,应计算确定无形资产可收回金额,按可收回金额低于账面价值的差额计提无形资产减值准备,届时借记"资产减值损失"账户,贷记"无形资产减值准备"账户。

【例】 四季新饭店的一项商标权账面原值为 125 000 元,已摊销了 50 000 元,因有新驰名商标出现,使该项商标权的盈利能力大幅度下降,预计其未来现金流量的现值为 60 000 元。计提其减值准备,作分录如下:

借:资产减值损失——无形资产减值损失 15 000.00
　　贷:无形资产减值准备 15 000.00

无形资产减值损失确认后,减值资产应当在未来期间作相应调整,以使该资产在剩余使用寿命内,系统地分摊调整后的资产账面价值。资产减值一经确认,在以后会计期间不得转回。

"无形资产减值准备"是资产类账户,它是"无形资产"账户的抵减账户,用以核算企业提取的无形资产减值准备。企业无形资产发生减值时,记入该账户贷方;企业已计提减值准备的无形资产处置时,记入该账户借方;期末余额在贷方,表示企业已提取的无形资产减值准备。

第三节　长期待摊费用

一、长期待摊费用概述

长期待摊费用是指企业已经发生,但应由本期和以后各期负担的分摊期限在 1 年以上的各项费用。它包括租入固定资产改良支出、固定资产大修理支出和其他长期待摊费用。

1. 租入固定资产改良支出　　它是指企业为增加以经营租赁方式租入固定资产的效用,进行的改装、翻修、改建支出。由于租入固定资产的所有权是出租单位的,因此,对租入固定资产发生的改良支出,不能追加计入固定资产的原始价值,而作为企业的长期待摊费用。

2. 固定资产大修理支出　　固定资产大修理支出通常作为费用化支出列入当期损益。当固定资产大修理支出同时符合下列两个条件时:① 修理支出达到取得固定资产的原始价值的 50% 以上。② 修理后的固定资产的使用寿命延长 2 年以上。应作为长期待摊费用入账。

3. 其他长期待摊费用　　它是指摊销期在1年以上的除租入固定资产改良支出以外的待摊费用,有股票发行费用等。股票发行费用是指按面值发行新股而发生的股票承销费、注册会计师费、评估费、公关及广告费、印刷费及其他直接费用。

二、长期待摊费用的核算

当企业发生租入固定资产改良支出、固定资产大修理支出和其他长期待摊费用时,借记"长期待摊费用"账户,贷记"银行存款""原材料""应付职工薪酬"等账户,如发生增值税额应列入"应交税费"账户的借方。

发生的长期待摊费用应采用直线法分期平均摊销,摊销时,借记"销售费用""管理费用"等账户,贷记"长期待摊费用"账户。

对于不同的长期待摊费用,其摊销期限的计算方法有所不同,租入固定资产的改良支出应在租赁期限与租赁资产尚可以使用寿命两者孰短的期限内平均摊销;股票发行费用应在不超过2年的期限内摊销。

【例】　腾飞旅行社将租入房屋改建为营业厅,该房屋租赁期为8年,尚可使用10年。

(1) 签发转账支票支付华安建筑公司改建费用120 000元,增值税额10 800元,作分录如下:

借:长期待摊费用——租入固定资产改良支出	120 000.00
借:应交税费——应交增值税——进项税额	10 800.00
贷:银行存款	130 800.00

(2) 营业厅投入使用后,按月摊销租入房屋改建支出时,作分录如下:

借:销售费用——租赁费	1 250.00
贷:长期待摊费用	1 250.00

"长期待摊费用"是资产类账户,用以核算企业已经支出,但摊销期限在1年以上的各项费用,企业发生各项长期待摊费用时,记入借方;企业摊销长期待摊费用时,记入贷方;期末余额在借方,表示企业尚待摊销的长期待摊费用。

思　考　题

一、简答题

1. 试述固定资产的特点和作用。
2. 试述固定资产的分类。
3. 试述固定资产计提折旧的范围。

4. 固定资产有哪些后续支出？它们在核算上有何不同。
5. 试述判断固定资产减值的依据。
6. 无形资产有哪些特征？
7. 试述无形资产的初始计量。
8. 试述无形资产的研究与开发的定义。它们在核算上有何不同？

二、名词解释题

原始价值　净值　净额　固定资产折旧　预计净残值　年限平均法　加速折旧法　双倍余额递减法　无形资产　长期待摊费用

三、是非题

1. 固定资产是指为生产商品、提供劳务或经营管理而持有的、使用寿命超过一个会计年度、单位价值较高的有形资产。　　　　　　　　　　　　　　（　　）

2. 外购的固定资产应按照购买价款、相关税费、使固定资产达到预定可使用状态前所发生的可归属于该项资产的运输费、装卸费、安装费和专业人员服务费等计量。
　　　　　　　　　　　　　　　　　　　　　　　　　　　　　　（　　）

3. 固定资产折旧是指在固定资产的使用寿命内，对应计折旧额进行的系统分摊。
　　　　　　　　　　　　　　　　　　　　　　　　　　　　　　（　　）

4. 年数总和法是指根据固定资产原始价值减去预计残值后的余额，乘以逐年递减的分数计算折旧的方法。　　　　　　　　　　　　　　　　　　（　　）

5. 已计提减值准备的固定资产，在以后会计期间其价值回升时，可以在原已计提减值金额的范围内予以转回。　　　　　　　　　　　　　　　　　（　　）

6. 固定资产减值损失确认后，减值资产的折旧应当在未来期间作相应的调整。
　　　　　　　　　　　　　　　　　　　　　　　　　　　　　　（　　）

7. 企业自行开发无形资产发生的研究、开发支出均应列入无形资产的成本。
　　　　　　　　　　　　　　　　　　　　　　　　　　　　　　（　　）

8. 使用寿命有限的无形资产应当在使用寿命内系统合理摊销；使用寿命不确定的无形资产不应摊销。　　　　　　　　　　　　　　　　　　　　　（　　）

9. 长期待摊费用包括固定资产改良支出和其他长期摊销费用。　　　（　　）

四、单项选择题

1. 企业采用加速折旧法是为了_____。
　A. 在较短的时期内收回固定资产的全部投资
　B. 合理地提取固定资产折旧
　C. 在较短的时期内收回固定资产的大部分投资
　D. 在近期内减少企业的利润

2. 固定资产发生盘盈时，应根据_____入账。

A. 原始价值　　　　　　　　　　B. 净额
C. 净值　　　　　　　　　　　　D. 市场价格减去估计的价值损耗
3. 固定资产发生盘亏时,应根据_____转入"待处理财产损溢"账户。
A. 原始价值　　　　　　　　　　B. 净额
C. 净值　　　　　　　　　　　　D. 市场价格
4. _____是指被获准在一定区域和期限内,以一定的形式生产经营某种特定商品或劳务的专有权利。
A. 专利权　　　　　　　　　　　B. 非专利技术
C. 著作权　　　　　　　　　　　D. 特许权

五、多项选择题

1. 计提固定资产折旧的范围有_____。
A. 作为固定资产入账的土地
B. 大修理停用的固定资产
C. 当月增加的固定资产
D. 当月减少的固定资产
2. 加速折旧法有_____。
A. 使用年限法　　　　　　　　　B. 年限总和法
C. 工作时间法和产量法　　　　　D. 双倍余额递减法
3. 企业在确定固定资产的使用寿命时,应考虑的因素有_____。
A. 该资产的原始价值
B. 该资产的预计生产能力或实物产量
C. 该资产的有形损耗
D. 该资产的无形损耗
4. 通过固定资产清理账户核算的有_____。
A. 投资转出固定资产　　　　　　B. 出售固定资产
C. 报废和毁损固定资产　　　　　D. 盘亏固定资产
5. 固定资产的后续支出包括对现有的固定资产进行扩建、_____。
A. 改建　　　　B. 重建　　　　C. 改良　　　　D. 维护

实 务 题

习题一

一、目的　练习固定资产取得的核算。

二、资料 新光宾馆发生下列有关经济业务：

1. 4月5日，向广州钢琴厂购进钢琴一架，买价45 000元，增值税额4 050元；运输及装卸费1 000元，增值税额90元。款项一并从银行汇付对方，钢琴也已运到，验收使用。

2. 4月11日，向青岛空调器厂购进中央空调一台，买价160 000元，增值税额20 800元；运输费600元，增值税额54元。款项已承付，中央空调也已运到，并验收入库。

3. 4月16日，武康安装公司领用中央空调进行安装。

4. 4月20日，接受天华公司投入大客车2辆，每辆按投资合同约定的200 000元计量入账。

5. 4月25日，以转账支票支付武康安装公司中央空调安装费1 800元，增值税额234元。

6. 4月26日，中央空调安装完毕，已达到预定可使用状态，验收使用。

7. 4月30日，收到东方电脑公司捐赠的电脑3台，每台市场价格6 000元，另签发转账支票支付手续费600元，电脑已验收使用。

三、要求 编制会计分录。

习题二

一、目的 练习固定资产折旧的核算。

二、资料

1. 中兴旅行社3月1日有关固定资产明细账户的资料如图表4-4所示。

图表4-4

固定资产明细账有关资料

金额单位：元

固定资产名称	计量单位	数量	原始价值	预计使用寿命（年）	预计净残值率（%）	月折旧额	使用部门
营业大厅	间	1	480 000	30	5		业务
办公室	间	1	156 000	30	5		行政管理
大客车	辆	1	240 000	8	5		业务
复印机	台	1	18 000	5	5		行政管理
电 脑	台	2	12 000	4	4		业务
合 计			906 000				

2. 接着发生下列有关的经济业务:

(1) 3月15日,购入电脑一台,买价4 800元,增值税额624元,账款以转账支票支付。该电脑预计使用4年,预计净残值率为4%,电脑已由行政管理部门验收使用。

(2) 3月31日,计提本月份固定资产折旧额。

(3) 4月30日,计提本月份固定资产折旧额。

三、要求

1. 根据"资料1"和"资料2",用年限平均法计算各项固定资产的折旧额,并编制会计分录。

2. 根据"资料1",用双倍余额递减法和年数总和法计算复印机和电脑的年折旧额。

习题三

一、目的 练习固定资产处置的核算。

二、资料 卢湾饭店1月份发生下列有关的经济业务:

1. 2日,有卡车一辆,原始价值为100 000元,已提折旧60 000元,已提减值准备3 000元,经领导批准准备出售,予以转账。

2. 5日,出售卡车,金额35 000元,增值税额4 550元,当即收到账款,存入银行。

3. 6日,将出售卡车的净损失转账。

4. 10日,有复印机一台,原始价值为15 000元,已提折旧6 000元,经领导批准准备出售,予以转账。

5. 12日,复印机出售,金额9 500元,增值税额1 235元,当即收到账款,存入银行。

6. 14日,将出售复印机的净收益转账。

7. 16日,拨付合资经营的奉贤饭店房屋一间,原始价值为360 000元,已提折旧36 000元,未提减值准备,按投资合同约定的330 000元计量,予以转账。

8. 18日,拨付合资经营的奉贤饭店厨房设备一套,原始价值为80 000元,已提折旧12 000元,已提减值准备3 000元,按投资合同约定的64 000元计量,予以转账。

9. 20日,经批准报废清理仓库一座,原始价值为200 000元,已提折旧188 000元,已提减值准备2 000元,予以转账。

10. 25日,签发转账支票支付仓库处置费用10 000元,增值税额900元。

11. 30日,处置仓库的残料出售金额15 000元,增值税额1 950元,当即收到账款,存入银行。

12. 31日,清理仓库完毕,予以转账。

三、要求 编制会计分录。

习题四

一、目的 练习固定资产折旧、后续支出、清查和减值的核算。

二、资料

1. 泰兴宾馆1月1日各类固定资产如图表4-5所示。

图表4-5

固定资产明细账有关资料

金额单位：元

固定资产类别	原始价值	年折旧率	使用部门
钢筋水泥结构房屋	5 000 000	2.38(％)	业务
钢筋水泥结构房屋	1 000 000	2.38(％)	行政管理
空调设备	150 000	9.50(％)	业务
空调设备	30 000	9.50(％)	行政管理
交通运输工具	300 000	11.88(％)	业务
娱乐设备	100 000	10.56(％)	业务
管理设备	50 000	10.56(％)	行政管理

2. 该公司又发生下列有关的经济业务：

(1) 1月2日，将部分客房委托星光建筑公司进行改、扩建，这部分客房的原始价值为1 000 000元，已提折旧300 000元，予以转账。

(2) 1月15日，签发转账支票支付星光建筑公司改、扩建客房款500 000元，增值税额45 000元，增值税额分2年从销项税额中抵扣。

(3) 1月30日，客房已改扩建完毕，已达到预定可使用状态，验收使用，该客房预计可收回金额为1 210 000元，予以转账。

(4) 1月31日，按分类折旧率计提本月份固定资产折旧额。

(5) 2月5日，签发转账支票支付大客车大修理费用22 000元，增值税额2 860元。

(6) 2月12日，签发转账支票支付管理设备的修理费用1 800元，增值税额234元。

(7) 2月20日，将改、扩建客房本月份可抵扣的进项税额入账。

(8) 2月22日，盘亏小汽车1辆，原始价值为150 000元，已提折旧132 000元，已提减值准备5 000元，予以转账。

(9) 2月26日，盘亏的小汽车报经领导批准，予以核销转账。

(10) 2月28日，按分类折旧率计提本月份固定资产折旧。

(11) 2月28日，有电脑3台，每台原始价值7 200元，已提折旧1 800元，现由于市价持续下跌,每台可收回金额仅为4 800元,计提其减值准备。

三、要求 编制会计分录。

习题五

一、目的 练习无形资产和长期待摊费用的核算。

二、资料 梅龙宾馆发生下列有关的经济业务:

1. 2月20日,向宏昌地产公司购买E地块土地使用权30年,购买金额524 000元,增值税额47 160元,在洽购时,支付咨询费16 000元,增值税额960元,款项一并以转账支票支付。

2. 2月28日,该宾馆自行研究开发一项管理专有技术,分配管理专有技术开发人员在研究阶段的工资4 000元,并计提职工福利费560元。

3. 2月28日,结转研发费用。

4. 3月2日,管理专有技术进入开发阶段,领用原材料4 640元,使用设备计提折旧费480元。

5. 3月10日,签发转账支票支付新欣软件公司参与开发管理专有技术的费用40 000元,增值税额2 400元。

6. 3月31日,分配管理专有技术人员在开发阶段的工资32 000元,并计提职工福利费4 480元。

7. 3月31日,管理专有技术项目开发成功,结转其开发成本。该项管理专有技术预计使用寿命8年。

8. 4月5日,与明珠宾馆合资经营,明珠宾馆以商标权作为其投资额,按投资合同约定的150 000元计量入账,该项商标权预计使用寿命10年。

9. 4月10日,将本企业拥有的另一地块的土地使用权出售给静安公司,出售金额450 000元,增值税额40 500元,当即收到全部账款,存入银行。该项土地使用权的账面原值为600 000元,已摊销了225 000元。

10. 4月15日,将一项专利权向南汇宾馆投资,账面原值为150 000元,已摊销了58 500元,按投资合同约定的90 000元入账。

11. 4月20日,将一项管理专有技术的使用权出租给新兴宾馆,出租金额75 000元,增值税额4 500元,当即收到全部账款,存入银行。

12. 4月30日,分配在新兴宾馆指导非专利技术运用的人员的工资3 500元,计提职工福利费490元。

13. 4月30日,摊销新增加的、应由本月份负担的管理专有技术、土地使用权和商标权费用。

14. 4月30日,有一项专营权,账面原值为150 000元,已摊销了60 000元,因有该项专营权的企业增多,使其盈利能力大幅度下降,预计其未来现金流量的现值为 80 000 元,计提其减值准备。

15. 4月30日,将租入房屋改建为客房,已竣工。签发转账支票支付佳美装潢公司改建费用150 000元,增值税额 13 500 元。

16. 5月31日,房屋租赁期为8年,尚可使用9年,摊销应由本月负担的房屋的改建支出。

三、要求　编制会计分录。

第五章 旅游经营业务

第一节 旅游经营业务概述

旅游是指外出旅行和游览,旅游经营业务是指旅行社组织旅游者外出旅游并同时为之提供饮食、住宿、交通、导游等业务。旅行社是为旅游者提供服务的中介机构,是以营利为目的从事旅游业务的企业。由于经营旅游业务企业的对象、经营范围、经营内容有着与其他行业不同的特点,因此其具有特殊性。

旅行社按其经营业务范围的不同,可分为国际旅行社和国内旅行社。国际旅行社主要经营入境旅游业务、出境旅游业务和国内旅游业务。国内旅行社主要经营国内旅游业务。

旅行社按其为旅游者提供的服务形式的不同,分为组团社和接团社。组团社是指从国内或国外组织旅游团队,为旅游者办理出入境手续、保险,安排游览计划,并选派翻译导游人员随团为旅游者提供服务。接团社是指为旅游者在某一地区提供翻译导游,安排旅游者的参观游览日程,并为之订房、订餐及订机票、车票,为去下一站旅游作好安排。

无论是国际旅行社,还是国内旅行社;无论是组团社还是接团社,在开展旅游业务的过程中,必然与提供旅游产品的旅游服务单位、与招徕旅游者的客源地旅行社、与接待旅游者的目的地旅行社之间发生费用的结算业务。同时,也发生了营业收入和成本支出的核算业务。

第二节 旅游经营业务收入

一、旅游产品销售价格的确定

旅游经营业务收入是旅行社为旅游者提供服务所取得的收入,制定合理的旅游产品价格是维持企业生存和发展、提高企业竞争力的关键。由于旅游景点、旅游天数、提供的膳食标准、住宿、交通工具的不同,其价格也不同。旅行社旅游产品的销售价格是由购入成本和利润两个部分组成的,通常根据购入成本乘以外加毛利率来确定。虽然旅游产品的品种繁多,但其销售价格主要有以下三种。

（一）组团包价

组团包价是指由组团社根据成团人数、等级、路线、时间和提供服务的质量等制定的价格。它通常包括下列七项内容。

1. 综合服务费　　它包括全程陪同费、翻译导游费、领队减免费、手续费和杂费。

（1）全程陪同费　　它是指全程陪同导游的公差费和劳务费。全陪公差费是指导游用于全陪期内的城市间的交通费、住宿费和用餐费。

（2）翻译导游费　　它是指地方翻译、导游的陪同劳务费。

（3）领队减免费　　它是指集体报名[①]参加旅游的人员达到一定人数后，对其中一人或若干人给予综合服务费、住宿费、餐费等部分费用的减免。

（4）手续费　　它是指组团社和接团社的手续费，即它们的毛利。

（5）杂费　　它是指不属于上四项内容的其他服务费用，如行李搬提费、途中饮料等费用。

2. 住宿费　　它是指旅行社根据接待计划为旅游者安排住宿所收取的费用。

3. 餐费　　它是指旅行社为旅游者提供用餐所收取的费用。

4. 车费　　它是指旅行社为旅游者提供服务而发生的市内交通费、停车费。

5. 文娱活动费　　它是指旅行社为旅游者安排文化、娱乐等项目活动而收取的手续费和门票费。

6. 城市间交通费　　它是指旅行社为旅游者在城市之间往返订购的机票、火车票、船票和汽车票的费用。

7. 专项附加费　　它包括游江游湖费、特殊游览点门票费、风味餐费、专业活动费、保险费等费用。

（二）半包价

半包价是指不含午餐、晚餐费用的综合包价。

（三）小包价

小包价又称选择性旅游，它是指仅包括住宿费、早餐费、接送服务费、国内城市间交通费及手续费。

二、旅游经营业务收入的内容及分类

旅行社的经营业务收入按其为旅游者提供服务形式的不同可分为以下七类。

1. 组团外联收入　　它是指旅行社自组外联而收取的旅游者的住宿费、用餐费、交通费、文娱活动费等收入。

2. 综合服务收入　　它是指接团社向旅游者收取的包括市内交通费、导游翻译费、住宿费、用餐费、文娱活动费、杂费等费用在内的、向组团社收取的服务费。

---

① 包括组团社为接团社组织的人员。

3. 零星服务收入　　它是指旅行社承接零星散客旅游或承办委托服务事项所取得的收入,包括委托收入、导游接送收入、车费收入、托运服务费收入等。

4. 劳务收入　　它是指旅行社向其他旅行社提供当地或全程导游翻译人员所取得的收入。

5. 票务收入　　它是指旅行社代办国际联运客票和国内客票的手续费收入。

6. 地游及加项收入　　它是指旅行社接待旅游者某地1日、2日游的小包价和为旅游者提供的额外服务而取得的加项收入。

7. 其他服务收入　　它是指不属于以上各项的服务收入。

三、旅行社的国际结算

国际旅行社经营入境游和出境游业务,将会与国外相关的旅行社发生国际结算业务。国际结算是指国际之间由于贸易和非贸易活动而发生的国际货币收支和国际债权、债务的结算。国际旅行社需用的国际结算方式主要有电汇和托收两种。

(一) 电汇

电汇是指汇出行应汇款人的要求以电信方式委托汇入行向收款人付款的结算方式。电汇结算方式的基本程序为:① 汇款人根据合同将汇款交付汇出行,并填写电汇申请书,委托汇出行汇出款项。② 汇出行接受委托,将电汇申请书回执退回汇款人。③ 汇出行通过电讯工具,委托汇入行解付汇款。④ 汇入行收到电信通知,审核无误后,将汇款通知单交付收款人。⑤ 收款人持盖章后的汇款通知单向汇入行收取汇款。

电汇结算方式完全是建立在商业信用基础上的结算方式。交易双方根据合同,预付服务款或者旅游完毕后付款。预付款项的付款方有得不到旅游服务的风险;而旅游服务完毕后付款,则收款方有收不到账款的风险。

(二) 托收结算方式

托收是指由收款人开立汇票或者连同有关单据,委托托收行通过其在付款人所在地代理行向付款人收取款项的结算方式。托收结算方式的基本程序是:① 收款人按合同的要求为付款人提供旅游服务。② 收款人开出汇票,填写托收申请书,连同有关单据一并送交托收行办理托收。③ 托收行填写托收委托书,连同汇票及有关单据一并邮寄给代收行。④ 代收行收到托收委托书、汇票和有关单据后向付款人提示付款。⑤ 付款人收到汇票,应付清款项,赎取单据。⑥ 代收行收取款项后,将款项汇交托收行。⑦ 托收行通知收款人款项收妥入账。

托收结算方式下收款方必须先为对方提供旅游服务后,才能向银行办理托收。这样收款较有把握。然而托收毕竟是建立在商业信用基础上的,如果付款方由于某种原因不按合同履行付款义务,收款方将蒙受损失。

四、旅游经营业务收入的确认

旅游经营业务收入系劳务收入,在通常情况下,应在劳务完成时,即在旅游团队旅游结束返回时确认旅游经营业务收入的实现。

但是,如果旅游团的旅游开始和结束分属不同的会计年度,根据《企业会计准则》的规定,企业在资产负债表日提供劳务交易的结果能够可靠估计的,应当采用完工百分比法确认提供的劳务收入。

完工百分比法是指按照提供劳务交易的完工进度确认收入与费用的方法。提供劳务交易的结果能够可靠估计,是指同时满足下列四个条件:① 收入的金额能够可靠地计量。② 相关的经济利益很可能流入企业。③ 交易的完工进度能够可靠地确定。④ 交易中已发生和将发生的成本能够可靠地计量。

旅行社确定提供劳务交易的完工进度,主要选用下列两种方法:① 已经提供的劳务占应提供劳务总量的比例。② 已经发生的成本占估计总成本的比例。

旅行社应当按照从接受劳务方已收或应收的合同或协议价款确定提供劳务收入总额,但已收或应收的合同或协议价款不公允的除外。

【例】 神州国际旅行社组织一个 32 人的 A2256 旅游团去法国、瑞士和意大利旅游 12 天,旅游日程为 2018 年 12 月 24 日至 2019 年 1 月 4 日。已按旅游合同向旅游者收取 480 000 元。按提供的劳务占应提供劳务总量的比例,分别确认该旅行社应列入 2018 年和 2019 年的经营业务收入如下:

$$2018 年的经营业务收入 = \frac{480\,000}{12} \times 8 = 320\,000(元)$$

$$2019 年的经营业务收入 = \frac{480\,000}{12} \times 4 = 160\,000(元)$$

五、旅游经营业务收入的核算

(一)组团社经营业务收入的核算

组团社经营业务收入是指组团社根据组团报价为旅游者提供服务所取得的收入。

1. 组织国内旅游者出境游及国内游的核算　　组团社组织国内旅游者出境游及国内游,除了旅游目的地在该社附近地区的 1 日、2 日游,旅行社可以独立完成外,通常需要当地的旅行社即接团社的配合。组团社的业务程序是:先由外联部与国内或境外的接团社签订组团合同,确定接待人数及吃、住、行、游的有关价格和标准,并根据国内或境外接团社的报价,外加相应的毛利后,制定国内游或出境游的销售价格,然后再吸收旅游者的个人报名和企业单位的集体报名,报名时应出示身份证件,组团社当即填制发票,收取全部旅游款,并与旅游者签订旅游合同,然后根据组团的情况,由外联部与旅游目的地的接团社签订接团协议,确定接待的人数、日期、等级、内容、价格和结算方式,在旅游团旅游结束后,凭接团社填制的旅游团费用结算通知单结算账款。

当组团社向旅游者预收旅游款时,借记"库存现金"或"银行存款"账户,贷记"预收账款"账户;当旅游团旅游结束返回时,借记"预收账款"账户,贷记"主营业务收入"账户。

【例】 天河国际旅行社与美国长岛旅行社签订组团合同,由美国长岛旅行社承办A1986团30人10月15日至28日赴美国14日全景游事宜。境外旅行社报价每人2 400美元(不含中美往返机票款),汇率7元,中美往返机票价为8 200元,外加18%毛利,确定该出境游项目的销售价格为每人29 500元。

(1) 10月8日,陆续收到30名出境旅游者付来现金885 000元,作分录如下:

借:库存现金　　　　　　　　　　　　　　　　　　　　　　885 000.00
　贷:预收账款　　　　　　　　　　　　　　　　　　　　　　885 000.00

(2) 10月28日,A1986旅游团游程结束,安全返回,确认已实现的旅游经营业务收入,作分录如下:

借:预收账款　　　　　　　　　　　　　　　　　　　　　　885 000.00
　贷:主营业务收入——组团外联收入　　　　　　　　　　　　885 000.00

如果旅游者与组团社签订了旅游合同,并预付了旅游款后,因故而要求退出旅游团时,旅游者将要按合同规定承担一定数额的手续费,组团社收取的手续费,也列入"主营业务收入"账户。

【例】 顺风旅行社组织的B1571旅游团9月20日去西安旅游,9月16日旅游者王大海先生等5人因故要求退出旅游团,查这5人已经预付了旅游款7 050元,按旅游合同规定扣除10%手续费后,以现金退还其剩余的预交旅游款,作分录如下:

借:预收账款　　　　　　　　　　　　　　　　　　　　　　7 050.00
　贷:主营业务收入——其他收入　　　　　　　　　　　　　　705.00
　贷:库存现金　　　　　　　　　　　　　　　　　　　　　　6 345.00

2. 组织国外旅游者入境游的核算　组团社组织国外旅游者入境旅游的业务程序通常是:先由外联部与客源地旅行社签订组团合同,确定接待人数、时间、等级、内容、价格等,然后给有关接待单位或部门下达接待计划,根据各接待单位或部门填报的"旅游团费用拨款结算通知单"拨付款项,并根据客源地旅行社确认的函电和接待计划及审核的"旅游团费用拨款结算通知单"填制的结算账单,及时向客源地旅行社收款。

【例】 中国太平洋国际旅行社与美国密苏里旅行社签订组团合同,由中国太平洋国际旅行社承办该社组织的 A2176 团 36 人 2019 年 9 月 8 日至 16 日来华旅游事宜。按协议规定,该团应在入境前预付旅费 41 200 美元的 40%。

(1) 9 月 5 日,收到美国密苏里旅行社电汇的 A2176 团的旅游费 16 480 美元,汇率为 7 元,作分录如下:

借:银行存款——美元户(16 480×7)   115 360.00
    贷:预收账款——美国密苏里旅行社   115 360.00

(2) 9 月 17 日,A2176 团的游程结束,已离境回国。外联部门根据各接团社填报的"旅游团费用拨款结算通知单"及有关资料进行审核,审核无误后,确认实现经营业务收入 274 320 元,当即填制结算账单如图表 5-1 所示。

图表 5-1

太平洋国际旅行社结算账单
PACIFIC INTERNATIONAL TRAVEL AGENCY SETTLEMENT ACCOUNT

致:美国密苏里旅行社   填发日期: 编号:
TO: Date:2019.9.17   NO.:218

国别/地区 Country/Area	美国 U.S.A	旅游人数 Number of tourists:36	
旅行团(者)名称 Name of group of tourist A2176		旅游等级 Tour class	
^^		旅游起讫日期 Tour period:2019.9.8—2019.9.16	
费用内容 Items			金额/美元 Amount(in USD)
1. 综合服务费 Full package service charge			USD 11 800
2. 住宿费 Hotel room charge			USD 13 960
3. 餐费 Meal charges			USD 5 960
4. 城市间交通费 Fare of domestic transportation between cities			USD 9 480
应付我公司总额 The Sum Total payable to G.T.S.			USD 41 200

(续表)

费用内容 Items	金额/美元 Amount(in USD)
已收到 Payment received	USD 16 480
尚须付款 Balance to paid	USD 24 720
备注 Remarks	
银行账号及开户银行 Bank Account Number:	Global travel service Bank of China Hangzhou Branch

根据结算账单，开出汇票25 920美元，并填写托收申请书，连同汇票、结算账单一并送交银行，办妥向对方托收账款的手续，当日美元汇率7元，作分录如下：

借：预收账款——美国密苏里旅行社(16 480×7)　　　　　　　　　115 360.00
借：应收账款——美国密苏里旅行社(24 720×7)　　　　　　　　　173 040.00
　　贷：主营业务收入——组团外联收入　　　　　　　　　　　　　288 400.00

（3）9月17日，收到银行转来的美国密苏里旅行社结欠的A2176团的其余60％的旅游费24 720美元，当日汇率6.99元，作分录如下：

借：银行存款——美元户(24 720×6.99)　　　　　　　　　　　　172 792.80
借：财务费用——汇兑损失　　　　　　　　　　　　　　　　　　　247.20
　　贷：应收账款——美国密苏里旅行社(24 720×7)　　　　　　　173 040.00

如果组团社组织的旅游团的旅游开始和结束分属不同的会计年度，就应当采用完工百分比法，按照提供劳务交易的完工进度，确认本年度的经营业务收入，届时借记"预收账款"账户，贷记"主营业务收入"账户。

（二）接团社经营业务收入的核算

接团社的经营业务收入是根据组团社下达的接待计划，为旅游者提供服务，应向组团社收取的款项。

接团社的业务程序是：根据组团社发来的接待计划，制订当地的接待计划，打印出日程表，分发到当地的宾馆、交通部门、旅游景点等接待单位；结合各旅游团的不同特点和要求，配备合适的全陪和地陪；旅游团离开当地后，根据陪同人员填写的"旅游团费用结算报告表"，编制"旅游团费用拨款结算通知单"，报组团社办理款项结算。"旅游团费用拨款结算通知单"如图表5-2所示。

图表 5-2

旅游团费用拨款结算通知单

2019 年 9 月 17 日

计划号	669	国别	美国	旅行社名称	密苏里旅行社	人数(名)	36
旅游团名		A2176		旅游团类型		(略)	
旅游等级		(略)		全陪姓名		(略)	
旅游者到离时间		9 月 15 日 11:30 乘 D80 次车到用晚餐至 9 月 17 日 19:30 用晚餐后乘 CA828 航班离开					

项 目			拨 款 结 算			
			天数(天)	单价(元)	人数(名)	金额(元)
旅游团综合服务费		综合服务费	2	140	36	10 080
		住宿费	2	600/2①	36	21 600
		午餐费	2(次)	540/9②	36	4 320
		晚餐费	3(次)	540/9②	36	6 480
	计划内加拨款	游江费		80	36	2 880
		地方风味费(次数)	1	90	36	3 240
		特殊门票费				
		附加费				
		其他					620
	旅游团综合服务费合计					49 220
旅游者交通费		乘飞机去厦门		480	36	17 280
		行李托运费				
		短途交通费				2 000
全程陪同费用	派出全程陪同劳务费					500
	交通费	乘飞机去厦门				480
	共餐费		5(次)	60		300
	住宿费		2	350		700
	全程陪同费用合计					1 980
	拨款结算总计					70 480

① 双人房 2 人一间。

② 午餐、晚餐 36 人分为 4 桌。

接团社一般以向组团社发出"旅游团费用拨款结算通知单"时确认经营业务收入的实现。届时借记"应收账款"账户,贷记"主营业务收入"账户。

对于业务量较多的旅行社,为了简化核算手续,可以将"旅游团费用拨款结算通知单"定期予以汇总,编制"旅游费用汇总表"进行核算。

【例】 沪光旅行社根据各组团社9月中旬的"旅游团费用拨款结算通知单"编制的"旅游费用汇总表"如图表5-3所示。

图表5-3

旅游费用汇总表

2019年9月11~20日　　　　　　　　　　　　　　　　　　单位:元

项　　目	金　　　额		
	团　体	其　他	合　计
综合服务费	45 520	4 880	50 400
住宿费	82 100	8 100	90 200
午餐、晚餐费	43 380	4 720	48 100
机、车、船票费	38 280	4 320	42 600
行李托运费	480		480
全程交通费	16 620	1 880	18 500
游江费	7 740	900	8 640
地方风味费	11 280	1 220	12 500
全程陪同费用	7 920	860	8 780
合　　计	253 020	27 180	280 200

(1) 9月20日,根据旅游费用汇总表,作分录如下:

借:应收账款——各组团社　　　　　　　　　　　　　280 200.00
　　贷:主营业务收入——综合服务收入①　　　　　　250 280.00
　　贷:主营业务收入——地游及加项收入(8 640+12 500)　21 140.00
　　贷:主营业务收入——劳务收入　　　　　　　　　　8 780.00

(2) 9月25日,收到各组团社拨来的账款,作分录如下:

借:银行存款　　　　　　　　　　　　　　　　　　　280 200.00
　　贷:应收账款——各组团社　　　　　　　　　　　280 200.00

"主营业务收入"是损益类账户,用以核算企业确认的销售商品、提供劳务等主营业务的收入。企业实现主营业务收入时,记入该账户贷方;企业冲减主营业务收入和期末

---

① 包括综合服务费、住宿费、午餐、晚餐费、机、车、船票费、行李托运费和全程交通费。

将余额结转"本年利润"账户时,记入该账户借方。"主营业务收入"账户可根据管理上的需要采用不同的方法设置二级明细账户。

六、旅游经营业务收入的调整

旅行社向客户收取的旅游经营业务收入通常是价税合计金额,也就是含税收入,因此至月末就需要进行调整,将含税收入中的销项税额分离出来,使"主营业务收入"账户反映企业真正的销售额,含税收入的调整公式如下:

$$销售额 = \frac{含税收入}{1+增值税税率}$$

$$销项税额 = 含税收入 - 销售额$$

【例】 泰山旅行社月末"主营业务收入"账户余额为 344 500 元,增值税税率为 6%,调整本月份旅游经营业务收入,计算结果如下:

$$销售额 = \frac{344\ 500}{1+6\%} = 325\ 000(元)$$

$$销项税额 = 344\ 500 - 325\ 000 = 19\ 500(元)$$

根据计算的结果,作分录如下:

借:主营业务收入　　　　　　　　　　　　　　　　　　　19 500.00
　　贷:应交税费——应交增值税——销项税额　　　　　　　19 500.00

第三节　旅游经营业务成本

一、旅游经营业务成本的内容及分类

旅行社为旅游者提供服务的过程中会发生各种直接费用,这些直接费用构成了旅游经营业务成本。按直接费用的内容不同,可分为以下七个大类。

1. 组团外联成本　　它是指各组团社组织的外联团、外国旅游团,按规定开支的住宿费、餐饮费、综合服务费、国内城市间交通费等。

2. 综合服务成本　　它是指接待由组团社组织的包价旅游团(者),按规定开支的住宿费、餐饮费、车费、组团费和接团费等。

3. 零星服务成本　　它是指接待零星散客,委托代办事项等,按规定开支的委托费、手续费、导游接送费、车费、托运服务费及其他支出。

4. 劳务成本　　它是指非组团旅行社为组团社派出的翻译导游人员参加全程陪同,按规定开支的各项费用。

5. 票务成本　　它是指各地旅行社代办国际联运客票和国内客票等,按规定开支的各项手续费、退票费等。

6. 地游及加项成本　　它是指各地旅行社接待的小包价旅游,或因游客要求增加游览项目而按规定开支的综合服务费、超公里费、游江费和风味费等。

7. 其他服务成本　　它是指不属于以上各项成本的支出。

二、旅游经营业务成本的核算

(一)组团社经营业务成本的核算

接团社和组团社的成本和收入有着紧密的联系,组团社的拨付成本就是接团社的营业收入。组团社的经营业务成本由两个部分构成：一部分是拨付支出,即拨付给接团社的综合服务费、住宿费、餐费、车费等支出,属于代收代付;另一部分是为组团而发生的外联费用和全陪人员的部分费用支出,属于组团社的服务性支出。

组团社开展出境游经营业务,通常先按合同规定的比例预付境外旅行社部分旅游费。等旅游结束后,确认旅游经营业务收入的同时,确认旅游经营业务成本。届时,再汇付剩余的旅游费。

【例】　天河国际旅行社与美国长岛旅行社签订组团合同,由美国长岛旅行社承办A1986团30人10月15日至28日赴美国14日全景游事宜,应付其在美国境内的旅游费72 000美元。

(1) 10月11日,向东方航空公司购买A1986旅游团往返中美的机票31张,计244 500元,票款当即签发转账支票支付,作分录如下：

借：主营业务成本　　　　　　　　　　　　　　　　　　　　　244 500.00
　　贷：银行存款　　　　　　　　　　　　　　　　　　　　　　　　244 500.00

(2) 10月12日,向银行购汇28 800美元汇付美国长岛旅行社旅游费的40%,当日汇率为7元,作分录如下：

借：预付账款(28 800×7)　　　　　　　　　　　　　　　　　　201 600.00
　　贷：银行存款　　　　　　　　　　　　　　　　　　　　　　　　201 600.00

(3) 10月28日,A1986旅游团游程结束,安全返回。确认已发生的旅游经营业务成本,并向银行购汇43 200美元,汇付美国长岛旅行社其余60%的旅游费,当日汇率为7元,作分录如下：

借：主营业务成本　　　　　　　　　　　　　　　　　　　　　504 000.00
　　贷：预付账款　　　　　　　　　　　　　　　　　　　　　　　　201 600.00
　　贷：银行存款　　　　　　　　　　　　　　　　　　　　　　　　302 400.00

组团社除出境游外,通常是先收费后接待,接团社则是先接待后向组团社收费,这样,两者之间就形成了一个结算期。这种结算期经常是跨月的,这给旅行社准确、及时地核算带来了困难。为了使实现营业收入能与营业成本相配比,应按计划成本先行结转。

【例】　阳光旅行社(组团社)到了规定的10月31日结算日,仍没收到三峡旅行社

(接团社)报来的"旅游团费用拨款结算通知单"。

(1) 10月31日,按计划成本43 800元入账,其中:综合服务成本36 250元,地游及加项成本4 080元,劳务成本2 920元,其他成本550元,作分录如下:

借:主营业务成本——综合服务成本　　　　　　　　　　　　36 250.00
借:主营业务成本——地游及加项成本　　　　　　　　　　　 4 080.00
借:主营业务成本——劳务成本　　　　　　　　　　　　　　 2 920.00
借:主营业务成本——其他服务成本　　　　　　　　　　　　　 550.00
　　贷:应付账款——三峡旅行社　　　　　　　　　　　　　 43 800.00

(2) 11月2日,接到三峡旅行社(接团社)报来"旅游团费用拨款结算通知单",共计金额43 850元,其中:综合服务费36 200元,地游及加项费4 160元,全程陪同劳务费2 950元和其他费用540元,经审核无误,当即将账款汇付对方,作分录如下:

借:主营业务成本——综合服务成本　　　　　　　　　　　　　　50.00
借:主营业务成本——地游及加项成本　　　　　　　　　　　　　 80.00
借:主营业务成本——劳务成本　　　　　　　　　　　　　　　　 30.00
借:主营业务成本——其他服务成本　　　　　　　　　　　　　　 10.00
借:应付账款——三峡旅行社　　　　　　　　　　　　　　　 43 800.00
　　贷:银行存款　　　　　　　　　　　　　　　　　　　　 43 850.00

如果组团社组织的旅游团和旅游开始和结束分属不同的会计年度,不仅要采用完工百分比法确认本年度的经营业务收入,同时,还应按照计划成本确认其本年度的经营业务成本。届时借记"主营业务成本"账户,贷记"应付账款"账户。

【例】 神州国际旅行社组织一个32人的A2256旅游团去法国、瑞士和意大利旅游12天,旅游日程为2018年12月24日至2019年1月4日,该旅游团的计划成本为408 000元,确认本年度的经营业务成本,作分录如下:

借:主营业务成本——组团外联成本　　　　　　　　　　　 272 000.00
　　贷:应付账款　　　　　　　　　　　　　　　　　　　 272 000.00

(二)接团社经营业务成本的核算

接团社经营业务成本是指为了给旅游团提供服务而由各宾馆、饭店、餐馆、车队等接待单位发生的实际支出,这些支出是付给各种接待单位的。一家接待单位有可能为不同旅游团提供相同的服务。因此接团社在与各接待单位办理结算时,要按成本的核算对象加以归集,记入成本明细账。

【例】 9月25日,西安旅行社在接待京都旅行社B3012旅游团过程中,支付宾馆的住宿费23 200元,餐饮费9 460元,风味小吃费7 200元;支付全程陪同费1 010元。作分录如下：

借：主营业务成本——京都旅行社——综合服务成本　　　　　　32 660.00
借：主营业务成本——京都旅行社——地游及加项成本　　　　　7 200.00
借：主营业务成本——京都旅行社——劳务成本　　　　　　　　1 010.00
　　贷：银行存款　　　　　　　　　　　　　　　　　　　　　　40 870.00

同样，各接待单位是先提供服务，后与接团社办理结算，因此对于结算期较长的款项，接团社也应当按计划成本入账，具体核算方法与组团社相同，不再重述。

"主营业务成本"是损益类账户，用以核算企业确认销售商品、提供劳务等主营业务时应结转的成本。企业确认应结转的主营业务成本时，记入借方；企业期末将其余额结转"本年利润"账户时，记入贷方。"主营业务成本"账户应设置与"主营业务收入"账户相对应的二级明细账户。

思 考 题

一、简答题

1. 试述旅行社按其为旅游者提供的服务形式不同的分类。
2. 旅行社的经营业务收入有哪些内容。
3. 旅行社通常采用哪两种国际结算方式？分述其定义。
4. 接团社的经营业务收入和组团社的经营业务成本之间有何关系？为什么？
5. 旅行社接团社成本和组团社成本的核算有什么不同？

二、名词解释题

组团社　接团社　小包价　组团外联收入　零星服务收入　完工百分比法

三、是非题

1. 国际旅行社主要经营入境旅游业务和出境旅游业务；国内旅行社主要经营国内旅游业务。　　　　　　　　　　　　　　　　　　　　　　　　　　　（　　）
2. 组团包价是指由组团社根据成团人数、等级、路线、时间和提供服务的质量等制定的价格。　　　　　　　　　　　　　　　　　　　　　　　　　　　（　　）
3. 采取电汇结算方式，付款方有得不到旅游服务的风险。　　　　　（　　）
4. 托收是指由收款人开立汇票或者连同有关单据，委托托收行通过其在付款人所在地代理行向付款人收取款项的结算方式。　　　　　　　　　　　　　（　　）
5. 如果旅游团的旅游开始和结束分属不同的会计年度，应当采用完工百分比法确定提供的劳务收入。　　　　　　　　　　　　　　　　　　　　　　　（　　）
6. 组团社通常先收款，后接待；而接团社通常先接待，后收款。　　（　　）
7. 接团社和组团社的成本和收入有着紧密的联系，组团社的成本就是接团社的营

业收入。   （ ）

四、单项选择题

1. _____是指接团社向旅游者收取的包括市内交通费、导游翻译费、住宿费、用餐费、文娱活动费、杂费等费用在内的应向组团社收取的服务费。

    A. 综合服务收入   B. 零星服务收入   C. 劳务收入   D. 其他服务收入

2. _____是指非组团旅行社为组团社派出的翻译导游人员参加全程陪同，按规定开支的各项费用。

    A. 综合服务费   B. 零星服务成本   C. 劳务成本   D. 其他服务成本

五、多项选择题

1. 按照旅行社经营范围的不同，可分为_____。

    A. 组团社   B. 接团社   C. 国际旅行社   D. 国内旅行社

2. 采用完工百分比法确认提供的劳务收入必须同时满足的条件是：收入的金额能够可靠地计量、_____。

    A. 相关的经济利益很可能流入企业

    B. 交易的完工进度能够可靠地计量

    C. 交易中已发生和将发生的成本能够可靠地计量

    D. 交易中已发生的成本能够可靠地计量

实 务 题

习题一

一、目的 练习旅行社经营业务收入的核算。

二、资料

1. 上海新光国际旅行社系组团社，与美国南加州旅行社签订组团合同，由其承办赴南加州9日游，报价每人2 200美元(不含中美往返机票款)，当日汇率为7元。中美往返机票价为8 000元，外加20%毛利，确定该出境游项目的销售价格为28 080元。2018年12月份发生下列有关的经济业务：

(1) 5日，A2235旅游团本月11日赴美国南加州9日游，陆续收取28名旅游者旅游费，每人28 080元，收取现金，计786 240元，存入银行。

(2) 12日，B1198旅游团本月19日赴新疆10日游，陆续收取38名旅游者旅游费，每人7 500元，收取现金，计285 000元，存入银行。

(3) 16日，周大成先生等4人因故要求退出B1198旅游团，今按合同规定，扣除其预付旅费10%的手续费后，以现金退还其剩余的款项。

(4) 19 日,A2235 旅游团旅程结束,已安全返回,确认已实现的旅游经营业务收入。

(5) 22 日,A2236 旅游团本月 27 日赴美国南加州 9 日游,陆续收取 24 名旅游者旅游费,每人 28 080 元,收取现金,计 673 920 元,存入银行。

(6) 26 日,B1198 旅游团已安全返回,确认已实现的经营业务收入。

(7) 31 日,按销售劳务与应销售劳务总量的比例,确认本月 27 日出发的 A2236 旅游团本年度实现的经营业务收入。

2. 西安古城国际旅行社与美国旧金山旅行社签订组团合同,由古城国际旅行社承办组团来我国西安等地旅游。9 月份发生下列有关的经济业务:

(1) 8 日,旧金山旅行社组成了 A1786 旅游团共 30 人,旅游日程为 9 天,共计旅游费 45 000 美元。旅游合同规定,在旅游者入境前要预付旅游费的 40%,今收到旧金山旅行社电汇的 18 000 美元,存入银行,当日汇率为 7 元。

(2) 20 日,旧金山旅行社的 A1786 旅游团的游程结束,已离境回国。外联部根据各接团社报送的结算通知单,经审核无误后,填制"结算账单"计金额 45 000 美元,汇率为 7.01 元并填写托收申请书,办妥向对方托收账款的手续。

(3) 26 日,收到银行转来美国旧金山旅行社结欠的其余 60% 的旅游费 27 000 美元,汇率为 7.02 元。

(4) 30 日,旅游经营业务的增值税税率为 6%,调整该月的旅游经营业务收入。

3. 中海旅行社系接团社,根据各组团社 9 月下旬的"旅游团费用拨款结算通知单"编制"旅游费用汇总表"如图表 5-4 所示。

图表 5-4

旅游费用汇总表

2019 年 9 月 21~30 日　　　　　　　　　　　　　　　　　　　单位:元

项　目	金　额		
	团　体	其　他	合　计
综合服务费	47 980	5 120	53 100
住宿费	86 190	8 510	94 700
午餐、晚餐费	45 540	4 960	50 500
机、车、船票费	40 260	4 540	44 800
行李托运费	510		510
全程交通费	17 520	1 980	19 500
游江费	8 120	960	9 080
地方风味费	11 840	1 280	13 120
全程陪同费	8 320	900	9 220
合　计	266 280	28 250	294 530

三、要求　编制会计分录。

习题二

一、目的　练习旅游企业经营业务成本的核算。

二、资料

1. 上海新光国际旅行社系组团社与美国南加州旅行社签订组团合同，由其承办赴南加州9日游，报价每人2 200美元（不含中美往返机票款），合同规定，旅游团出发前3日预付旅游费的40%。2018年12月发生下列有关的经济业务：

（1）6日，向东方航空公司购买A2235旅游团赴加州旅游的中美往返机票29张，每张7 880元，计228 520元，票款签发转账支票付讫。

（2）8日，向银行购汇24 640美元，汇付美国南加州旅行社A2235旅游团28名旅游者40%的旅游费。当日美元卖出汇率为7.01元。

（3）16日，向上海航空公司购买B1198旅游团赴新疆旅游的上海至乌鲁木齐往返机票款68 000元，签发转账支票支付。

（4）19日，A2235旅游团游程结束，已安全返回，确认已发生的旅游经营业务成本，并向银行购汇36 960美元，汇付美国南加州旅行社其余60%的旅游费，当日美元卖出汇率为7.01元。

（5）23日，向东方航空公司购买A2236旅游团赴加州旅游的中美往返机票25张，每张7 900元，计197 500元，票款签发转账支票支付。

（6）24日，向银行购汇21 120美元，汇付美国南加州旅行社A2236旅游团24名旅游者40%的旅游费，当日美元卖出汇率为7元。

（7）31日，本月26日返回的B1198旅游团已到规定的结算日，仍没有接到新疆旅行社（接团社）报来的"旅游团费用拨款结算通知单"，现按计划成本173 000元入账，其中：综合服务成本154 440元，地游及加项成本13 100元，劳务成本4 800元，其他服务成本660元。

（8）31日，本月27日出发去美国旅游9日的A2236旅游团，其计划旅游成本为585 000元，按提供劳务与应提供劳务总量的比例，确认A2236旅游团本年度发生的经营业务成本。

（9）次年1月2日，接到新疆旅行社报来的"旅游团费用拨款结算通知单"，共计金额172 830元，其中：综合服务成本154 650元，劳务成本4 500元，地游及加项成本12 800元，其他服务成本880元，经审核无误，账款当即全部汇付对方。

2. 新疆旅行社系接团社，发生下列有关的经济业务：

12月30日，在接待上海新光国际旅行社B1198旅游团的过程中，共支出154 080元。其中：综合服务费38 680元，住宿费47 200元，餐饮费26 900元，车费25 600元，风味小吃费11 320元，全程陪同费4 380元，款项一并以银行存款支付。

三、要求　编制会计分录。

第六章 餐饮经营业务

第一节 餐饮经营业务概述

餐饮业是指从事加工烹制餐饮食品,当即供应给顾客食用的行业,如各种类型的酒家、餐厅、面馆、小吃店等,是一个分布面广、影响面大,涉及千家万户的行业。餐饮业销售的产品大多是自己烹制的,现制现售,对卫生的要求极高,稍有不慎,会直接影响到顾客的身体健康。因此,餐饮业制作工场的卫生条件和从业人员的身体状况要达到国家规定的标准。

餐饮业与商业、工业相比较有其独有的经营特点。

从餐饮制品要经过生产阶段看,餐饮业既类似工业企业又不同于工业企业:首先,工业企业生产的产品一般不直接与消费者见面,而餐饮制品生产则是产品与消费者直接见面;其次,工业企业的产品是成批生产的,其机械化、电气化、自动化程度高,而餐饮业的产品是单件、小批生产的,且大多是手工操作,对制作者的技艺要求高。从将餐饮制品直接卖给消费者看,餐饮业具有零售商业企业的性质,但又不同于零售商业企业:首先,餐饮业当场制作和销售的是能直接食用的商品,对餐饮制品质量标准的技艺要求复杂;其次,餐饮业既要提供商品又要提供顾客消费的场所;第三,餐饮业还需提供必要的服务,而且随着消费层次的提高,服务的规格正逐步走向高档化、规范化。显然,餐饮业具有生产、零售和服务三种职能,但又明显区别于工业、零售业和服务业。

由于餐饮业具有它独自的经营特点,相应地,在会计核算上也具有与生产、零售、服务业不同的特点。餐饮业饮食制品的价格,一般要求根据配料定额成本和规定的毛利率,自行制定价格,并且,随着季节的变化、采购成本的不同,同一品种不同时令价格变化也较大;餐饮制品质量、规格复杂,技艺要求不一,不能像工业企业那样,按产品逐次逐件进行完整的成本计算;另外,由于餐饮制品生产周期短,其生产成本与销售费用划分不清,因此不要求掌握每种产品成本,一般只要求核算经营单位或经营类别耗用的原材料成本以及营业收入和各项费用支出;餐饮业经营过程短,投入产出快,产品一般不需要入库管理,因此,资金周转也快。餐饮业的营业收入大都是一手钱、一手货的现金收入,这样就形成了对餐饮业核算上的特殊要求。

第二节 餐饮制品原材料

一、原材料的分类和计价

（一）原材料的分类

餐饮业的原材料可以按在餐饮产品中所起的作用分类,又可以按其存放地点分类,以下将分别予以阐述。

1. 按作用分类　　原材料按其在餐饮产品中所起作用可分为以下四类。

（1）粮食类　　它是指制作主食品的大米、面粉和杂粮等原材料。

（2）副食类　　它是指肉、禽、蛋、水产、豆制品及各种蔬菜等原材料。副食类的品种繁多,价格高低悬殊。由于副食类材料属鲜活商品,容易变质,应做到随时采购,随时消耗。

（3）干货类　　它是指木耳、香菇、贡菜、发菜、干鱼翅、干海参、干贝、红枣、听装食品等。它们一般不易变质可以储存,采购时可适当考虑一定的库存。

（4）其他类　　它是指除粮食类、副食类、干货类以外的各种材料如食油、盐、酱、醋、糖、味精、香料等。

2. 按存放地点分类　　原材料按其存放地点可分为以下两类。

（1）入库管理　　入库管理适用于购进量大、能较长时间储存的材料。例如,粮食类、干货类和其他类材料。在购进时应办理验收入库的手续,由专人保管,设置材料明细账,建立领料制度,保持合理的储备数量。

（2）不入库管理　　不入库管理适用于购进量少、且不能长时间储存的材料,如副食类鲜活商品。采取随购随用,购入时直接交厨房验收后使用。

（二）原材料的计价

为了正确计算原材料的成本,必须对原材料进行合理的计价,原材料的计价分外购原材料的计价和自制原材料的计价两种。

1. 外购原材料成本　　外购原材料成本在第三章存货的核算中已作了阐述,不再重复。

2. 自制原材料成本　　自制原材料成本包括:耗用的材料;工资;其他费用,一般不包括管理费用。委托外部加工材料的实际成本,由被加工材料成本、加工费和往返运费构成。

二、原材料内部调拨和委托加工的核算

（一）原材料内部调拨的核算

企业内部不独立核算的单位之间原材料的调拨是原材料的内部移库,在核算上原材料总账的金额不发生增减变动,仅在明细账上反映为此增彼减的会计分录。

1. 内部仓库之间的调拨　　内部仓库之间的调拨,调整原材料保管部门的明细账户。

【例】　由中餐厅仓库调拨给快餐厅仓库一批原材料,计价5 600元,根据内部调拨单,作分录如下:

借:原材料——快餐厅　　　　　　　　　　　　　　　　　　　　　　5 600.00
　　贷:原材料——中餐厅　　　　　　　　　　　　　　　　　　　　　　5 600.00

2. 内部厨房之间的调拨　　因厨房的原材料已从"原材料"账户转入"主营业务成本"账户,因此对"原材料"账户所属明细账户不作调整,仅调整"主营业务成本"账户所属明细账。

【例】　由第一厨房拨给第二厨房副食品一批,计3 500元。作分录如下:

借:主营业务成本——第二厨房　　　　　　　　　　　　　　　　　　3 500.00
　　贷:主营业务成本——第一厨房　　　　　　　　　　　　　　　　　　3 500.00

(二)委托加工材料的核算

委托加工材料的所有权仍属企业所有,加工时暂时由加工单位负责保管,加工完毕后再运回本企业验收入库,因而健全委托加工材料的交接手续,是保证委托加工材料安全完整的重要步骤。

委托外单位加工材料时,要由业务部门与加工单位签订合同,填制委托加工发料单。委托加工发料单一式数联,一联交仓库据以发料和登记保管账,其余各联随加工材料送交委托单位签收,签收后退回两联:一联由业务部门留存据以对委托加工材料进行管理;一联交财会部门进行核算。其格式如图表6-1所示。

图表6-1

委托加工发料单

发料编号:304

接受加工单位:南市豆制品厂　　　2019年3月11日　　发料仓库:甲库　　金额单位:元

材料编号	材料名称及规格	单位	数量	单价	金额	加工后产品		
						名称	单位	数量
	黄豆	千克	400	8.00	3 200.00	豆腐衣	千克	50
	合计				3 200.00			

【例】　新城餐馆委托南市豆制品厂加工豆腐衣50千克,发出黄豆400千克,每千克8元,开出委托加工发料单如图表6-1所示。

(1) 根据委托加工发料单,作分录如下:

借:委托加工物资——加工豆腐衣　　　　　　　　　　　　　3 200.00
　　贷:原材料——粮食类　　　　　　　　　　　　　　　　　　3 200.00

(2) 以现金支付运费100元、增值税额9元时,作分录如下:

借:委托加工物资——加工豆腐衣　　　　　　　　　　　　　　100.00
借:应交税费——应交增值税——进项税额　　　　　　　　　　　9.00
　　贷:库存现金　　　　　　　　　　　　　　　　　　　　　　　109.00

(3) 以转账支票支付豆腐衣加工费用600元,增值税额78元,作分录如下:

借:委托加工物资——加工豆腐衣　　　　　　　　　　　　　　600.00
借:应交税费——应交增值税——进项税额　　　　　　　　　　　78.00
　　贷:银行存款　　　　　　　　　　　　　　　　　　　　　　　678.00

委托加工材料收回时,由业务部门填制"委托加工材料入库单"一式两联,一联由仓库验收后留存;另一联交由财会部门入账。其格式如图表6-2所示。

图表6-2

委托加工材料入库单

收料部门:乙库　　　　　　2019年3月20日　　　　　　金额单位:元

收回原材料名称	单位	数量	耗用原材料				加工费用	往返运费	总成本
			名称	单位	数量	金额			
豆腐衣	千克	50	黄豆	千克	400	3 200.00	600.00	100.00	3 900.00
合　计									3 900.00

【例】 豆腐衣50千克已加工完成并已验收入库,收到委托加工材料入库单(见图表6-2),豆腐衣的加工总成本为3 900元,作分录如下:

借:原材料——干货类　　　　　　　　　　　　　　　　　　3 900.00
　　贷:委托加工物资——加工豆腐衣　　　　　　　　　　　　　3 900.00

三、原材料发出的核算

餐饮企业发出原材料时,借记"主营业务成本"账户,贷记"原材料"账户。

由于各种原材料一般都是多批购进,每批购进的单价常会因季节、调价等原因而各不相同,因此,在发出原材料时应先确定其单价。通常发出材料的计价方法有个别计价法、加权平均法、先进先出法等。这些方法在第三章已作了阐述,不再重复。

四、原材料的明细分类核算

对原材料进行明细分类核算,这有利于对原材料进行管理,可以使管理者清楚地了解、掌握各种原材料的收入、发出和结存情况,便于进行账实核对,保证原材料的安全。

因此,各餐饮企业无论其规模大小或采取何种管理方式,都必须设置一套既有数量又有金额的明细账。

餐饮企业原材料明细账的设置可分为以下两种。

一种是将整套明细账设置在仓库,由仓库保管员根据原材料出入库单登记原材料收发的数量和金额,并负责在月底结出各种原材料的余额。财会部门则可按仓库设立的原材料二级明细账,对仓库原材料的金额起到控制和监督的作用。

另一种是仓库仅设置原材料数量明细账,而不登记原材料的金额。采用这种方法同样由保管员登记原材料收发数量账,并结出库存数量,同时由财会部门平行地设置一套原材料数量、金额明细账。这样财会部门对仓库原材料的数量和金额可进行双重控制,但核算的工作量较大。

第三节 餐饮制品成本

一、餐饮制品成本的核算方法

餐饮制品的成本包括所耗用的原材料,即组成餐饮制品的主料、配料和调料三大类。

由于餐饮制品品种繁多、数量零星、现做现卖、生产和销售紧密相连,一般不能按食品逐次逐件进行成本计算,所以,产品成本的计算方法应与生产特点和管理要求相适应。有两种方法来计算餐饮制品原材料的消耗。

1. 永续盘存制　　永续盘存制是指根据会计凭证逐笔登记各种原材料收入和发出的数量,并随时结出账面结存数量的方法。本书第三章存货中阐述的个别计价法、加权平均法和先进先出法均是在永续盘存制下采用的原材料计价的方法,不再重述。这种方法适用于实行领料制的餐饮企业。

原材料的耗用实行领料制,则所领用的原材料月末不一定全部被耗用,还会有一些在制品和未出售的制成品;同样,月初还会有已领未用的原材料、在制品及尚未出售的制成品。若不考虑这些因素,则会影响成本计算的准确性。因此,企业应对未耗用的原材料、在制品和未售出的制成品进行盘点,并编制厨房原材料、在制品、制成品盘存表,其格式如图表 6-3 所示,并以此作为退料的依据来计算实际耗用额,据以结转耗用原材料的成本。其计算公式如下:

$$\text{耗用原材料成本} = \text{厨房月初结存额} + \text{本月领用额} - \text{厨房月末盘存额}$$

厨房月初结存额和本月领用额,可以从"原材料"或"主营业务成本"账户的有关项目中取得;厨房月末盘存额按盘存表计算。对在制品、制成品,有的要按配料定额和账面价值折合计算。

财会部门将"月末剩余半成品和待售产成品盘存表"代替"退料单",不移动厨房实物,作假退料处理。

【例】 新城快餐厅厨房 4 月 30 日编制"月末剩余原材料、半成品和待售产成品盘存表"如图表 6-3 所示。

图表 6-3

月末剩余原材料、半成品和待售产成品盘存表

编表部门:厨房　　　　　2019 年 4 月 30 日　　　　　金额单位:元

原材料名称	单位	单价	剩余数量	半成品及未出售的制成品						合计	
				甲半成品			乙产成品			材料数量	金额
				数量	消耗定额	定额消耗量	数量	消耗定额	定额消耗量		
		(1)	(2)	(3)	(4)	(3)×(4)	(5)	(6)	(5)×(6)	(7)	(7)×(1)
猪肉	千克	36.00	75							75	2 700.00
精白面粉	千克	5.00		32	6	192				192	960.00
鸡蛋	千克	10.00					96	3	288	288	2 880.00
合计											6 540.00

根据"月末剩余原材料、半成品和待售产成品盘存表",作分录如下:

借:主营业务成本　　　　　　　　　　　　　　　　6 540.00
　　贷:原材料　　　　　　　　　　　　　　　　　　6 540.00

下月初根据"月末剩余原材料、半成品和待售产成品盘存表"再填制领料单,作分录如下:

借:主营业务成本　　　　　　　　　　　　　　　　6 540.00
　　贷:原材料　　　　　　　　　　　　　　　　　　6 540.00

采用这种方法能随时反映原材料的收入、发出和结存的情况,当原材料盘点发生盈亏时,便于及时查明原因,予以转账;其核算手续严密,有利于对原材料的监督和管理,但是核算的工作量大。由于永续盘存制在原材料管理上有明显的优势,因此企业通常均采用这种方法。

2. 实地盘存制　　实地盘存制是指期末通过对原材料进行实物盘点来确定期末原材料的结存数量,据以推算本期发出原材料数量的方法。这种方法适用于未实行领料制的餐饮企业。企业采用实地盘存制,在平时领用原材料时,不填写领料单,不进行账务处理,月末将厨房剩余原材料、在制品、制成品的盘点金额加上库存原材料的盘存金额,然后倒挤耗用原材料的成本。其计算公式如下:

$$\text{本月耗用原材料成本} = \text{原材料月初仓库和厨房结存额} + \text{本月购进总额} - \text{月末仓库和厨房盘存总额}$$

【例】　新光餐馆"原材料"账户的月初余额为 20 800 元,本月购进原材料总额为 225 000 元,月末根据盘存表计算仓库和厨房结存原材料总额为 21 200 元。采用盘存计耗法计算耗用的原材料成本如下:

$$\text{耗用原材料成本} = 20\ 800 + 225\ 000 - 21\ 200 = 224\ 600(元)$$

根据计算结果,作分录如下:

借:主营业务成本　　　　　　　　　　　　　　　　　　　224 600.00
　　贷:原材料　　　　　　　　　　　　　　　　　　　　　　　224 600.00

采用这种方法,虽然手续简便,但是不能在账面上随时反映原材料发出和结存的情况,及时反映原材料管理所需要的各种信息,同时,由于"以存计耗"来倒挤原材料耗用成本,就可能将因原材料的损耗、短缺、盗窃和浪费等原因所造成的损失都隐藏在倒挤的成本中,从而不利于对原材料的监督和管理,影响了成本计算的准确性。这种方法仅适用于小规模的餐饮企业。

二、主配料的成本计算

(一)一料一档的计算方法

原材料经初加工后,只有一种半成品,即称为一料一档。一料一档的下脚料分为两种:一种是不可作价利用的;另一种则是可作价利用的。

下脚料不可作价利用的半成品单位成本等于购进原材料的总成本除以加工后半成品的总重量。其计算公式如下:

$$\text{单位半成品成本} = \frac{\text{购进原材料总成本}}{\text{加工后半成品总重量}}$$

【例】　新光餐馆购进条虾 12 千克,每千克单价为 70 元,总计 840 元,经加工后得净虾 10.5 千克,虾须等下脚料不计价。计算净虾的单位成本如下:

$$\text{净虾单位成本} = \frac{840.00}{10.5} = 80(元/千克)$$

若有可作价利用的下脚料,则其半成品的单位成本计算公式如下:

$$单位半成品成本 = \frac{购进原材料总成本 - 下脚料金额}{加工后半成品重量}$$

【例】 新光餐馆厨房购进冻牛肉 40 千克,每千克购进价为 56 元,总计 2 240 元。经加工后得净牛肉 28.5 千克,牛筋 9.75 千克,损耗 1.75 千克。牛筋作价为每千克 20 元,计 195 元。计算净牛肉的单位成本。

$$净牛肉单位成本 = \frac{2\,240.00 - 195}{28.5} = 71.75(元/千克)$$

(二)一料多档的计算方法

原材料经初加工后,产生几种半成品,即称为一料多档,需分别计算各半成品的价格。各半成品价格的总和应等于加工前原材料购进的总价。其中质量好的成本较高,质量较差的成本略低。其计算公式如下:

$$某未定价半成品单位成本 = \frac{原材料购进总值 - 其他半成品价值之和(包括下脚料价款)}{该项半成品重量}$$

【例】 火腿一只重 5 千克,每千克 90 元,经处理得:脚爪和脚圈 0.8 千克,每千克 21 元;下方 1.4 千克,每千克 38 元;中方 1.6 千克,每千克 123 元,计算上方的单位成本如下:

$$上方单位成本 = \frac{5 \times 90 - 0.8 \times 21 - 1.4 \times 38 - 1.6 \times 123}{5 - 0.8 - 1.4 - 1.6} = 152.67(元)$$

三、饮食制品售价的制定

(一)销售毛利率法

销售毛利率法又称内扣毛利率法。它是以售价为基数,先确定每种饮食制品的毛利率(毛利额占售价的百分比),再用内扣方式确定饮食制品的售价。其计算公式如下:

$$售价 = \frac{原材料成本}{1 - 销售毛利率}$$

【例】 新光餐馆规定青椒肉片每盘配料价 22 元,规定毛利率为 45%,计算每盘青椒肉片的售价。计算如下:

$$每盘青椒肉片售价 = \frac{22}{1 - 45\%} = 40.00(元)$$

(二)成本毛利率法

成本毛利率法亦称外加毛利率法。它是一种以饮食制品的成本价格为基数,按确定的成本毛利率加成计算出销售价格的方法。其计算公式如下:

$$成本毛利率 = \frac{毛利额}{成本价} \times 100\%$$

饮食制品单价＝成本价×(1＋成本毛利率)

【例】 新光餐馆出售的清炒虾仁成本为 70 元,如核定其外加毛利率是 50％,计算每盘清炒虾仁的售价。计算如下:

每盆清炒虾仁售价＝70.00×(1＋50％)＝105.00(元)

(三)销售毛利率与成本毛利率的换算

采用销售毛利率法计算饮食制品的售价,有利于核算管理,但计算较为麻烦;采用成本毛利率法计算饮食制品的售价,其核算较为简便,但不能满足管理上的需要。为了既满足管理上的需要,又简化计算手续,可采用换算的方法将销售毛利率计算为成本毛利率,其计算公式如下:

$$成本毛利率 = \frac{销售毛利率}{1-销售毛利率} \times 100\%$$

【例】 销售毛利率为 45％,将其换算为成本毛利率。计算如下:

$$成本毛利率 = \frac{45\%}{1-45\%} = 82\%(小数四舍五入)$$

为了便于分析比较,根据需要也可将成本毛利率换算为销售毛利率,其换算公式如下:

$$销售毛利率 = \frac{成本毛利率}{1+成本毛利率} \times 100\%$$

第四节 餐饮制品销售

一、餐饮企业销售货款结算方式

(一)先收款后就餐结算方式

采取先收款后就餐结算方式的餐饮企业,通常由收款台统一售票,顾客在用餐前先到账台购买专用的小票,其格式如图表 6-4 所示;或者先购买固定品名的筹码,然后凭专用定额小票或筹码领取食品;也可由服务员根据小票的编号和顾客手中的小票副联票,核对编号无误后,将餐品送至桌上。小票系一次性使用,而筹码可循环使用,因此,要加强和完善回收和领用的手续。营业结束后,收款台收款员要根据小票或销售的筹码编制"销货日报表",经服务员核对后签章确认,并根据收款情况编制"收款日报表",将其连同营业款和销货日报表一并送交财会部门入账。这种方式适用于小型餐饮企业。

图表 6-4

小 票

2019 年 4 月 20 日　　　　　　　　　　　　　　　　　　编号：88

品　　名	数　　量	金　额(元)
青椒肉片(份)	1	40.00
清炒虾仁(份)	1	105.00
三鲜汤(份)	1	36.00
饭(碗)	2	4.00
合　　计		185.00
收款人：李平		
副联号		

（二）先就餐后结算方式

采取先就餐后结算方式的餐饮企业，顾客入座点菜后，由服务员填写点菜单一式两联，列明品名和数量，其中一联转交厨房作为取菜凭证留存，一联转交收银台。顾客进餐结束后，由服务员从收款台领取结账清单，结账清单上列明品名、数量、单价、金额和合计金额，经顾客确认后，凭该单向顾客收款。营业结束后，收款台与厨房分别结算销售额和发菜额，核对相符后，收款员根据结算清单编制"销货日报表"，并根据收款情况编制"收款日报表"，将其连同营业款和"销货日报表"一并送交财会部门入账。这种方式适用于大、中型餐饮企业。

（三）一手交钱一手交货结算方式

采取一手交钱一手交货结算方式的餐饮企业，顾客直接以货币到柜台购买饮食制品。此法适用于经营品种简单且规格化的产品。这种方式手续简便，但必须进行数量登记，食品交服务员销售时，由产销双方登记数量；业务终了时，由服务员进行盘存计销，计算确定销售饮食制品的数量和金额，其计算公式如下：

$$销售数量 = 上日结存数量 + 本日生产或提货数量 - 本日结存数量$$

$$销售金额 = 销售数量 \times 单价$$

【例】 光明点心店对自产自销的糕团采取一手交钱，一手交货的结算方式。4月5日，上日结存青糍100只，定胜糕50对，今日生产青糍1 500只，定胜糕720对，营业结束时，盘点结存青糍80只，定胜糕60对。青糍每只售价4元，定胜糕每对售价7元，计算青糍和定胜糕的销售金额如下：

$$青糍销售数量 = 100 + 1\ 600 - 80 = 1\ 620(只)$$

$$青糍销售金额 = 1\ 520 \times 4 = 6\ 080(元)$$

定胜糕销售数量＝50＋720－60＝710（对）

定胜糕销售金额＝710×7＝4 970（元）

然后，根据计算的结果编制"销货日报表"，根据收款的结果编制"收款日报表"，在此不再一一重述。这种方式适用于外卖的企业或部门。

二、餐饮企业销售收入的核算

（一）餐饮企业一般销售收入的核算

餐饮企业财会部门收到收银台交来的"销货日报表""收款日报表"、现金和结算凭证。现金由财会部门解存银行，各种凭证经审核无误，据以入账。有的企业要求收款员自行填制现金解款单，将现金解存银行，将现金解款单向财会部门报账。"销货日报表"和"收款日报表"的格式和图表6-5、图表6-6所示。

【例】 4月20日，武宁饭店收银台交来"销货日报表"和"收款日报表"如图表6-5、图表6-6所示，并交来销货现金13 888元，转账支票1 450元，信用卡签购单3 800元，信用卡手续费率为9‰。现金已解存银行，短缺现金2元，原因待查。

图表6-5

销货日报表

2019年4月20日　　　　　　　　　　　　　　　　　　单位：元

项　目	金　额	（减：）金卡优惠	应收金额
菜　肴	15 240.00	418.00	14 822.00
点　心	1 750.00	42.00	1 708.00
饮　料	2 610.00		2 610.00
合　计	19 600.00	460.00	19 140.00

制表员：刘　莉

注：本表后附有结账清单。

图表6-6

收款日报表

2019年4月20日　　　　　　　　　　　　　　　　　　单位：元

收款方式	应收金额	实收金额	溢缺款
现　金	13 890.00	13 888.00	－2
转账支票	1 450.00	1 450.00	
信用卡	3 800.00	3 800.00	
合　计	19 140.00	19 138.00	－2

收款员：王　琳

(1) 财会部门审核上列凭证无误后,根据"销货日报表"和"收款日报表",作分录如下:

  借:库存现金   13 888.00
  借:银行存款   5 215.80
  借:财务费用——手续费   34.20
  借:待处理财产损溢   2.00
    贷:主营业务收入   19 140.00

(2) 根据现金解款单回单联,作分录如下:

  借:银行存款   13 888.00
    贷:库存现金   13 888.00

(3) 4月21日,查明短缺的2元,系工作中差错,经批准由企业列支,作分录如下:

  借:营业外支出   2.00
    贷:待处理财产损溢   2.00

(二) 酒席销售收入的核算

餐饮企业承办酒席,先要填制订单,注明时间、人数和桌数,并应附上菜单。订单一式二份,餐饮企业与消费者双方签字后各执一份。预订酒席一般要预先收取定金,以免消费者取消酒席时,遭受不必要的损失,以维护企业的合法权益。

酒席的销售价格以桌为计算单位,烟、酒、饮料等按实用数量另行收费。

【例】 沪光饭店接受东方公司预订酒席3桌,每桌1 800元,共计金额5 400元。

(1) 预收酒席定金540元,收到现金,作分录如下:

  借:库存现金   540.00
    贷:预收账款——酒席定金   540.00

(2) 酒席结束,3桌酒席价款5 400元,外加酒、饮料660元,共计金额6 060元,扣除定金后,收到转账支票5 520元,作分录如下:

  借:银行存款   5 520.00
  借:预收账款——酒席定金   540.00
    贷:主营业务收入——酒席收入   5 400.00
    贷:主营业务收入——小卖部收入   660.00

餐饮企业"主营业务收入"账户平时反映的是含税收入,月末需要进行调整,将含税收入中的销项税额分离出来,使"主营业务收入"账户反映企业真正的销售额,其调整的计算方法和核算方法与旅游企业相同,不再重述。

思 考 题

一、简答题

1. 餐饮制品原材料有哪些分类方法？并说明其具体内容。
2. 餐饮制品耗用原材料成本有哪两种计算方法？分述这两种方法的优缺点及适用性。
3. 餐饮企业销售货款结算有哪几种方式？分述这些方法的适用性。

二、名词解释题

餐饮业　永续盘存制　实地盘存制　销售毛利率法　成本毛利率法

三、是非题

1. 餐饮业具有生产、零售和服务三种职能，因此在会计核算上，也具有生产、零售和服务的特点。（　）
2. 委托外部加工的实际成本由被加工材料成本和加工费构成。（　）
3. 永续盘存制是指根据会计凭证逐笔登记各种原材料收入和发出的数量，并随时结出账面结存数量的方法。（　）
4. 餐饮业采用实地盘存制时，月末根据厨房剩余原材料的金额、在制品的盘点金额以及库存原材料的盘存金额，倒挤耗用原材料的成本。（　）
5. 一料多档是指原材料经初加工后，产生几种半成品，因此需分别计算各种半成品的价格。（　）
6. 为了既满足管理上的需要，又简化计算手续，可采用换算的方法，将成本毛利率计算为销售毛利率。（　）

四、单项选择题

1. 不适宜入库管理的原料是_____。
   A. 粮油　　　　　B. 干货　　　　　C. 调味品　　　　D. 肉
2. 采用销售毛利率法确定饮食制品售价的计算公式为_____。
   A. 售价＝成本价×(1＋成本毛利率)　　B. 售价＝成本价×(1＋销售毛利率)
   C. 售价＝$\dfrac{原材料成本}{1-销售毛利率}$　　D. 售价＝$\dfrac{原材料成本}{1-成本毛利率}$

五、多项选择题

1. 原材料按其在餐饮产品中所起的作用可分为粮食类、_____等。
   A. 副食类　　　B. 鲜菜类　　　C. 干货类　　　D. 其他类
2. 自制原材料成本包括_____。
   A. 耗用的材料　B. 工资　　　　C. 其他费用　　D. 管理费用

3. 餐饮业销售货款的结算方式有_____等。
A. 预收账款　　　　　　　　　B. 先收款后就餐
C. 先就餐后结算　　　　　　　D. 一手交钱一手交货

实 务 题

习题一

一、**目的**　练习委托加工材料的核算。

二、**资料**　状元楼酒家9月份发生下列有关加工材料的经济业务：

1. 1日，委托盛昌食品厂加工月饼馅料2 500千克，根据委托加工合同送去赤豆500千克，每千克10元；膘肉400千克，每千克22元；糖1 000千克，每千克7.20元。

2. 3日，送往盛昌食品厂杏仁100千克，每千克70元；通心莲100千克，每千克60元。

3. 4日，以现金支付本月1日、3日两次送货发生的运杂费200元，增值税额18元。

4. 8日，签发8 190元转账支票，支付盛昌食品厂月饼馅料的加工费7 000元，增值税额910元。

5. 10日，2 500千克月饼馅料加工完毕，退回多余赤豆50千克、糖20千克、杏仁5千克，已验收入库。

6. 11日，以现金支付运回月饼馅料的车费200元，增值税额18元，2 500千克月饼馅料也已验收入库。

三、**要求**　编制会计分录。

习题二

一、**目的**　练习原材料成本的核算。

二、**资料**

1. 绿村酒楼2月份期初原材料结存情况如下：

(1) 仓库结存粮食类原材料9 505元，其中：粳米900千克，每千克5.60元；精白面粉950千克，每千克4.70元；干货类原材料30 000元；其他类原材料8 000元。

(2) 厨房有副食类的原材料共计16 000元，其他类原材料500元。

2. 接着发生下列经济业务：

(1) 2日，向三昌南货店购进木耳100千克，每千克96元，货款9 600元，增值税额864元；签发转账支票一张，结清账款。木耳已验收入库。

(2) 5日，向黄新副食品公司购进猪肉500千克，每千克32元，货款16 000元；肉鸡

200千克,每千克17.50元,货款3 500元,增值税额计1 755元,上述猪肉及肉鸡已由厨房验收,账款当即以3个月到期的商业汇票付讫。

(3) 10日,向上海水产公司购进条虾100千克,每千克70元,货款7 000元;虾仁50千克,每千克100元,货款5 000元,增值税额计1 080元,条虾和虾仁已由厨房验收,账款签发转账支票付讫。

(4) 12日,向鲜得来调味品厂购进味精、鲜辣粉等调味品一批,共计2 000元,增值税额260元,调味品已验收入库,账款签发转账支票付讫。

(5) 16日,向大福粮食商店购进粳米1 200千克,每千克5.75元,货款6 900元;精白面粉1 500千克,每千克4.80元,货款7 200元,增值税额计1 269元,粳米和精白面粉已验收入库,账款签发转账支票付讫。

(6) 28日,仓库经过盘点,结存粮食类原材料8 680元,其中:粳米800千克,每千克5.75元;精白面粉840千克,每千克4.80元;干货类原材料20 200元;其他类原材料7 500元。厨房经过盘点,结存副食品类原材料16 500元,其他类原材料400元,结转耗用原材料成本。

三、要求　编制会计分录。

习题三

一、目的　练习主配料成本的计算。

二、资料　新光餐厅发生下列经济业务:

1. 2月1日,购入条虾10千克,每千克70元,经加工后得净虾8千克。

2. 2月2日,购入冬笋100千克,每千克18元,经加工后得净笋40千克。

3. 2月4日,购进肉鸡100千克,每千克16元。经加工后得鸡头重1千克,共50只,每只0.26元;鸡身重63千克,每千克17.20元;鸡翅膀10千克,每千克26.60元;无价值下脚料10千克;鸡腿9千克。

4. 2月6日,购进冻牛肉100千克,每千克购进价为55元,总计5 500元。经加工后得牛筋15千克,每千克21元;下脚料8千克,每千克8元;净牛肉72千克,其余为损耗。

三、要求　分别计算净虾、净笋、鸡腿和净牛肉的价格。

习题四

一、目的　练习餐饮制品售价的制定。

二、资料　丰泽饭庄2月5日有关菜肴的配料资料如下:

1. 新上市"佛跳墙"菜肴,计划每锅"佛跳墙"用鲜净牛肉0.5千克,每千克72元;上等火腿上方0.2千克,每千克150元;鱼翅0.2千克,每千克1 800元;海参0.2千克,每千克180元;其他调配料15元。

2. 推出双菇炒冬笋的菜肴,用冬笋0.1千克,每千克45元;冬菇0.1千克,每千克120元;蘑菇0.15千克,每千克20元;其他调配料1元。

3. 推出清蒸鲫鱼菜肴,每盆清蒸鲫鱼用鲫鱼重0.5千克,每千克200元;其他调配料2元。

三、要求

1. 如果销售毛利率为40%,计算每种菜肴价格。

2. 如果成本毛利率为67%,计算每种菜肴价格。

习题五

一、目的　练习餐饮业营业收入的核算。

二、资料　华声饭店9月份发生下列有关的经济业务:

1. 1日,收银台转来"销货日报表"和"收款日报表"如图表6-7、图表6-8所示。并交来销货现金13 677元,转账支票2 196元,信用卡签购单4 100元,信用卡手续费率为9‰,短缺现金5元,原因待查。

图表6-7

销货日报表

2019年9月1日　　　　　　　　　　　　　　　　　　　　单位:元

项　　目	金　　额	(减:)金卡优惠	应 收 金 额
菜　　肴	15 780.00	426.00	15 354.00
点　　心	1 810.00	46.00	1 764.00
饮　　料	2 860.00		2 860.00
合　　计	20 450.00	472.00	19 978.00

制表员:周　瑛

图表6-8

收款日报表

2019年9月1日　　　　　　　　　　　　　　　　　　　　单位:元

收款方式	应收金额	实收金额	溢缺款
现　　金	13 682.00	13 677.00	-5.00
转账支票	2 196.00	2 196.00	
信 用 卡	4 100.00	4 100.00	
合　　计	19 978.00	19 973.00	-5.00

收款员:王海波

2. 1日,将销货现金解存银行。

3. 2日,查明昨日营业短缺款系收款员工作中差错所造成,报经批准由企业列支。

4. 3日,李安先生前来预订酒席5桌,每桌2 000元,预收定金1 000元,其以信用卡支付,信用卡手续费率为9‰。

5. 4日,东风公司预订9月6日酒席2桌,每桌1 600元,预收定金320元,其以现金支付。

6. 5日,李安先生酒席开席,除酒席每桌2 000元外,另加酒、饮料计1 400元,扣除预收定金1 000元后,其余款项李安先生以信用卡支付,信用卡手续费率为9‰。

7. 6日上午,业务部门接到东风公司通知预订酒席因故取消,今将客户违约定金转为企业收入入账。

8. 30日,本月末"主营业务收入"账户余额为389 550元,增值税税率为6%,调整本月份餐饮服务收入。

三、要求　编制会计分录。

第七章　服务经营业务

第一节　服务经营业务概述

服务业同前述的旅游业、餐饮业同属于第三产业,是国民经济中不可缺少的一个行业,一般是指利用一定的场所、设备和工具提供服务劳动的行业。它的经营方式多样,服务项目繁多,包括住宿、美容、沐浴、广告、照相、洗染、娱乐、修理等。发展服务业对于满足人民群众日常的生活需要、推动家庭劳动逐步社会化、减轻家庭劳动、丰富美化人民生活、扩大就业、提高人民生活水平都有重要的意义。加强服务经营业务的管理,不断改善服务态度,提高服务质量,扩大服务范围,增加服务项目来满足人们需要,是当前服务业的一个重要任务。

服务经营业务的特点是为消费者提供服务,而且所提供的往往是以带有一定技艺的服务性劳动,并辅以相适应的服务性设备来满足消费者的需要。服务过程就是消费过程,如美容、理发、沐浴使人们得以达到修饰整洁的目的,服务结束,消费也就终止。

有些服务业,如广告、照相、洗染、修理等行业,除了具有服务的职能之外,还有加工生产的职能。但是,这些服务行业又区别于常规的一般生产加工企业,它是边生产边销售,其生产经营过程短,且生产直接同消费者见面,因此,服务经营同时具有生产、服务、销售三项职能。

第二节　旅店经营业务

一、旅店经营业务核算的特点

旅店包括宾馆、酒店、饭店和旅社等企业。旅店业务是指以提供住房、生活设施的使用和服务人员的劳动服务来满足旅客需要而收取一定费用的服务业务。

旅店的主要经营业务是客房服务。客房业务具有三个特点。第一,客房是一种特殊的商品,不出售所有权,只出售使用权,即将同一件产品的使用权在不同时期内反复销售,客人买到的仅是某一时期的使用客房的住宿权。客房可以出租但不能储存,如在规定时间内不出租,其效用就自然消失,销售就无法实现。第二,由于客房出租率的高低主要受到旅游季节变换的影响,旅游旺季,客房供不应求,而旅游淡季,客房供过于求,从而使客房的出租价格有很大的弹性。第三,旅店业务的服务过程和消费过程在时间上和空间上都是同一的。

旅店经营业务除客房业务外,还附设有餐厅、小卖部、美容部、洗衣部、健身房等,旅店业收入的核算包括以上各种经营项目所取得的收入的核算。

二、客房业务收入的确认和计量

(一)客房业务收入的确认

客房业务收入是指旅店向旅客提供房间住宿及相应的服务而取得的营业收入。企业应当按照权责发生制的要求来确认收入。凡归属于本期的收入,不论其是否收到现金,均作为本期的收入入账;反之,凡不归属于本期的收入和费用,即使已经收到现金,也不能作为本期的收入入账。旅店应以旅客办妥入住房间登记手续,即客房出租的时间,作为客房业务收入实现的时间。

(二)客房业务收入的计量

客房出租的价格有标准房价、旺季价、淡季价、团队价、合同价、优惠价等多种,而标准房价和实际出租房价是旅店业的两种主要价格。

标准房价是指旅店价目表上公开列示的客房价格。这一价格通常是旅店给予零星旅客的房价。团队价通常在标准房价的基础上给予一定的折扣优惠。

实际出租房价是指旅店实际向旅客收取的客房价格。旅店对于不同时期,不同旅客实际收取的房价,是以标准房价为基础,随着供求关系的变化,在规定的幅度内上下浮动。

客房租金收入通常按天数分时段计算,自旅客入住客房之日起,至次日中午 12 时止,收取 1 天租金;至次日中午 12 时以后,傍晚 6 时以前止,加收 $\frac{1}{2}$ 天租金;至次日傍晚 6 时以后,则加收 1 天租金。

三、客房业务收入的核算

旅店的客房业务是由总服务台(简称总台)接洽办理的,它是旅客与旅店联系的纽带和旅店业务的运营中心。总服务台通常设在旅店的大堂内,负责办理客房的预订、接待、入住登记、查询、退房、结账及营业日记簿的登记等工作。

旅店的收款方式有先收款后住店以及先住店、定期或离店时结算收款两种方式,无论采用哪种方式收款,旅客住店,应在总服务台登记"旅客住宿登记表",第一联留存总台,第二联交服务员安排床位。

(一)先收款后住店结算方式的核算

采用先收款后住店的结算方式核算客房收入,可采取相应的"营业日记簿"和"营业收入日报表"对旅客住店、离店进行记录,以提高客房利用率。营业日记簿和"营业收入日报表"的格式分别如图表 7-1、图表 7-2 所示。

图表 7-1

营 业 日 记 簿

2019 年 9 月 7 日　　　　　　　　　　　　　　　　　　　　单位：元

房号	姓名	住店日期 月	住店日期 日	已住天数	本日营业收入 房金	本日营业收入 加床	本日营业收入 饮料	本日营业收入 食品	本日营业收入 合计	预收房金 上日结存	预收房金 本日应收	预收房金 本日交付	预收房金 本日结存	备注
101	王青	9	5	2	250		6		256	500	256		244	
102	周强	9	6	1	250		10	15	275	750	275		475	
201	吴俊	9	4	3	300				300	900	300		600	
202	张康	9	7									1 000	1 000	
301	刘铭	9	5	2	350		8	10	368	350	368	500	482	
302	黄云	9	6	1	350		6		356	1 050	356		694	
合 计					14 500		420	360	15 280	28 000	15 280	16 200	28 920	

出租客房间数：55 间　　空置客房间数：3 间　　记账：张芳　　审核：陈军

"营业日记簿"中，"本日营业收入"栏"合计"中的数额，应与"预收房金"栏中，"本日应收"房金的数额相等；"上日结存"栏中的数额为旅店截止至上日的结余预交款数额；"本日结存"＝"上日结存"＋"本日交付"－"本日应收"。

总服务台应在每日业务终了时，将"营业日记簿"各栏加计，算出本日合计数。将收进现金和房金收据的存根与"本日交付"栏内数额相核对，编制"营业收入日报表"，连同现金送交会计部门入账。

【例】 春光旅店财会部门采用先收款后住店的核算方式，收到总服务台交来现金等有关结算单据，并交来"营业收入日报表"如图表 7-2 所示。

图表 7-2

营业收入日报表

2019 年 9 月 7 日　　　　　　　　　　　　　　　　　　　　　　单位：元

项目＼房型	营业收入				预收房金		备注
	单人房	标准房	套房	合计			
房　金	1 800	8 500	4 200	14 500	上日结存	28 000	
加　床					本日应收	15 280	
饮　料	50	190	180	420	本日交付	16 200	
食　品	40	170	150	360	其中：现金	10 200	
其　他					信用卡签购单	6 000	
合　计	1 890	8 860	4 530	15 280	支票		
出租客房间数：52 间					本日结存	28 920	
空置客房间数：3 间					长款：	短款：	

收款人：王亮　　　　　　　交款人：陈军　　　　　　　制表：张芳

（1）根据"营业收入日报表"中"营业收入"栏的数额，作分录如下：

借：预收账款　　　　　　　　　　　　　　　　　　　　　　　15 280.00
　　贷：主营业务收入——房金　　　　　　　　　　　　　　　14 500.00
　　贷：主营业务收入——饮料　　　　　　　　　　　　　　　　　420.00
　　贷：主营业务收入——食品　　　　　　　　　　　　　　　　　360.00

（2）信用卡结算手续费率为 9‰，根据"营业收入日报表"预收房金"栏本日交付"中各项目的数额，以及信用卡签购单、计汇单回单和进账单回单。作分录如下：

借：库存现金　　　　　　　　　　　　　　　　　　　　　　　10 200.00
借：银行存款　　　　　　　　　　　　　　　　　　　　　　　 5 946.00
借：财务费用　　　　　　　　　　　　　　　　　　　　　　　　　54.00
　　贷：预收账款——预收房金　　　　　　　　　　　　　　　16 200.00

"预收账款"是负债类账户，用以核算企业按规定向客户预收的款项。企业预收款项时，记入我该账户贷方；企业收入实现时，记入该账户借方；期末余额在贷方，表示企业已经预收,而尚未为客户提供服务的款项。

(二)先住店后结算方式的核算

采用先住店后结算的方式核算客房收入,可在相应的"营业日记簿"中登记,"营业日记簿"格式如图表7-3所示。

图表7-3

营 业 日 记 簿

2019年9月10日　　　　　　　　　　　　　　　　　单位:元

房号	姓名	住店日期		已住天数	本日营业收入					结 欠 房 金				备注
		月	日		房金	加床	饮料	食品	合计	上日结欠	本日应收	本日交付	本日结欠	
101	申健	9	7	3	250		10		260	512	260		772	
102	王平	9	8	2	250			2	262	250	262		512	
201	侯灵	9	9	1	300				300		300		300	
202	刘仁	9	5	5	300		10		310	1 225	310	1 535	-0-	
301	白云	9	8	2	350			15	365	710	365		1 075	
302	徐静	9	9	1	350		12		362		362		362	
合计					17 550	600		450	18 600	43 220	18 600	18 810	43 010	

出租客房间数:66间　　空置客房间数:6间　　记账:方芳　　审核:丁峰

从图表7-3中可看出其与图表7-2的不同之处在于:"上日结欠"代替"上日结存","上日结欠"栏中数额为截止到上日累计结欠房金的数额;"本日结欠"代替"本日结存";"本日结欠"="上日结欠"+"本日应收"-"本日交付"。当天总服务台根据"营业日记簿"填列"营业收入日报表",将其与现金一并送交会计部门入账。

【例】申江宾馆采用先住店后结算的核算方式,客房2019年9月10日营业情况如图表7-3所示,总服务台交来现金等有关结算单据,并报来"营业收入日报表","营业收入日报表"如图表7-4所示。

图表 7-4

营业收入日报表

2019 年 9 月 10 日　　　　　　　　　　　　　　　　　　　　　　　　　　单位：元

项目＼房型	营业收入				结欠房金		备注
	单人房	标准房	套房	合计			
房　金	2 700	11 250	3 600	17 550	上日结欠	43 220	
加　床					本日应收	18 600	
饮　料	70	350	180	600	本日交付	18 810	
食　品	60	270	120	450	其中：现金	11 810	
其　他					信用卡签购单	4 000	
合　计	2 830	11 870	3 900	18 600	支票	3 000	
出租客房间数：72					本月结欠	42 460	
空置客房间数：6					长款：	短款：	

收款人：曹颖　　　　　　　交款人：丁峰　　　　　　　　　　　制表：方芳

（1）根据"营业收入日报表"中"营业收入"栏的数额，作分录如下：

　　借：应收账款　　　　　　　　　　　　　　　　　　　　　　　　　18 600.00
　　　　贷：主营业务收入——房金　　　　　　　　　　　　　　　　　　17 550.00
　　　　贷：主营业务收入——饮料　　　　　　　　　　　　　　　　　　　　600.00
　　　　贷：主营业务收入——食品　　　　　　　　　　　　　　　　　　　　450.00

（2）根据"营业收入日报表"中旅客"结欠房金"栏的"本日交付"各项目中的数额和进账单回单，作分录如下：

　　借：库存现金　　　　　　　　　　　　　　　　　　　　　　　　　11 810.00
　　借：银行存款　　　　　　　　　　　　　　　　　　　　　　　　　　6 964.00
　　借：财务费用　　　　　　　　　　　　　　　　　　　　　　　　　　　 36.00
　　　　贷：应收账款　　　　　　　　　　　　　　　　　　　　　　　　18 810.00

"应收账款"是资产类账户，用以核算企业销售商品、提供劳务等业务而应向消费者收取的款项。企业经营收入发生应收款项时，记入该账户借方；企业收回应收账项及发生坏账损失时，记入该账户贷方；期末余额在借方，表示企业尚未收回款项的数额。

旅店企业以及其他服务企业"主营业务收入"账户平时反映的均是含税收入，月末需要进行调整将含税收入中的销项税额分离出来，使"主营业务收入"账户反映企业真正的销售额。其调整的计算方法和核算方法与旅游企业相同，在本章各节中不再一一重述。

四、坏账损失和坏账准备的核算

坏账损失是指旅游餐饮服务企业为消费者提供商品或劳务而产生的应收账款，由于债务人破产、解散或逃避债务等原因使企业无法收回款项而遭受的损失。

坏账损失的核算有直接转销法和抵减坏账法两种。

（一）直接转销法

直接转销法是指企业发生坏账损失时,将坏账损失直接从"应收账款"账户中转销的方法。

【例】 卢湾宾馆一顾客不辞而别,结欠房金 450 元无法收回,经批准转作坏账损失,作分录如下:

借：资产减值损失——坏账损失　　　　　　　　　　　　　　　450.00
　　贷：应收账款　　　　　　　　　　　　　　　　　　　　　　450.00

如果发生坏账损失以后又收回时,先冲转原分录,借记"应收账款"账户,贷记"资产减值损失"账户;然后,再借记"银行存款"账户,贷记"应收账款"账户。

直接转销法适用于应收账款较少,很少发生坏账损失的企业。

（二）抵减坏账法

抵减坏账法是指参照历史资料,按期估计可能发生的坏账损失,根据一定比例预提坏账准备,以备实际发生坏账时用以抵偿坏账损失。

由于企业的坏账损失与企业销售商品、提供劳务而产生的应收账款有直接的联系,但当期发生的业务收入,一般在后期才会发生坏账损失,而发生坏账时,却将其列入后期的资产减值损失,所以这显然是不合理的。为了使收入与费用相配比,且根据谨慎性会计信息质量要求,应采取预提坏账准备的方法。

坏账准备一般根据"应收账款"账户的期末余额提取,并根据历史资料确定坏账准备率,通常在年末提取。

【例】 大方宾馆 2018 年 12 月 31 日,"应收账款"账户余额为 100 000 元,按 1% 坏账准备率计算的数额作为坏账准备,计算结果如下:

$$坏账准备 = 100\,000 \times 1\% = 1\,000(元)$$

以上计算的结果是大方宾馆"坏账准备"账户的期末余额,由于"坏账准备"账户原来是有余额的,因此,在进行账务处理时,要考虑到这一因素,并予以剔除。

【例】 大方宾馆计算出来的坏账准备为 1 000 元。

(1) 若"坏账准备"账户的余额在贷方,金额为 346 元,作分录如下:

借：资产减值损失——坏账损失　　　　　　　　　　　　　　　654.00
　　贷：坏账准备——应收账款(1 000－346)　　　　　　　　　　654.00

(2) 若"坏账准备"账户的余额在借方,金额为 105 元,作分录如下:

借：资产减值损失——坏账损失　　　　　　　　　　　　　　　1 105.00
　　贷：坏账准备——应收账款(1 000＋105)　　　　　　　　　　1 105.00

通过以上账务处理后,大方宾馆"坏账准备"账户的年末余额为1 000元。

企业实际发生坏账损失时,再借记"坏账准备"账户,贷记"应收账款"账户。

【例】 大方宾馆次年3月5日一顾客不辞而别,其结欠房金250元,经批准转作坏账损失,作分录如下:

借:坏账准备——应收账款　　　　　　　　　　　　　　　250.00
　　贷:应收账款　　　　　　　　　　　　　　　　　　　　　　250.00

企业对于预计可能发生坏账损失的其他应收款,也应计提坏账准备,其计提与核算方法与应收账款相同。

"坏账准备"是资产类账户,它是"应收账款"和"其他应收款"账户的抵减账户,用以核算企业提取的坏账准备。企业提取坏账准备时,记入该账户贷方;企业发生坏账损失转销应收款项时,记入该账户借方;期末余额在贷方,表示已经计提但尚未转销的坏账准备。"应收账款"和"其他应收款"账户余额减去"坏账准备"账户所属"应收账款"和"其他应收款"明细账户的余额,表示企业可能收回的应收账款和其他应收款的数额。

第三节　美容经营业务

一、美容经营业务概述

随着人民生活水平的不断提高和科学技术水平的进步,美容消费已成为人们普遍的消费。美容经营业务是指通过服务人员使用美容设备工具,为满足消费者美容需要而收取一定费用的服务业务。其服务项目主要有脸部护理、文眼线、文眉、修指甲、剪发、修面、吹风、烫发、焗油、按摩等。

美容业务的核算与前述旅店业务核算一样,不核算成本,只核算期间费用。本节只介绍其营业收入的核算,期间费用的核算由后继章节阐述。

二、美容经营业务的核算

美容企业的经营收入主要是指脸部护理、文眼线、修指甲、剪发、修面、烫发、焗油、按摩等项目的收入。美容业应按企业的等级水平和具体服务项目的收费标准收费。由于各美容企业的等级、设备、技术水平的不同,收费标准差距较大,因此各美容企业应在营业厅(室)内明码标价,严格按照规定的牌价收费。

美容企业由于规模、等级和管理形式的不同,通常由先美容后收款和先收款后美容的两种收款方式。

(一)先收款后服务

一般大、中型的美容厅均设有统一收款台,由收款员专门负责收款。顾客来厅美容时,先到收款台按自己要求服务的项目交款,收款员收款后,发给小票(小牌),顾客凭票(牌)顺序美容,也可按顾客意愿挑选服务人员进行美容。营业终了,收款员应将收到的现金与各个服务人员收到的票(牌)核对,核对无误后,填制"营业收入日报表"。"营业收入日报表"格式如图表 7-5 所示。"营业收入日报表"一般一式两份,一份留底,一份连同现金送交财会部门记账。

(二) 先服务后收款

有的中小型美容企业不专设收款台,而由美容服务人员先为顾客服务,服务完毕后再根据服务项目按标准收费。

采用这种收款方式的企业,服务人员收费后应及时登记"营业收入台账",分别登记每一服务人员服务项目的收费数。每日营业终了,有专人负责根据台账统计每一服务人员服务的人次及收入金额,经与现金核对无误后,填制"营业收入日报表"。

不论采用哪种收款方式,财会部门根据营业部门交来的"营业收入日报表"入账。

【例】 新颜美容公司交来现金和"营业收入日报表","营业收入日报表"如图表 7-5 所示。

图表 7-5

营业收入日报表

2019 年 9 月 21 日 单位:元

项　　目	服务人次	单　价	金　　额	备　　注
一、美容部收入			5 280	
其中:脸部护理	42	100	4 200	
文眼线	3	160	480	
修指甲	15	40	600	
二、理发部收入			5 970	
其中:剪发	100	22	2 200	
吹风	28	10	280	
烫发	16	100	1 600	
焗油	9	110	990	
发质护理	10	90	900	
营业收入合计			11 250	

实收现金人民币壹万壹仟贰佰伍拾元整　　　长款:　　　短款:

收款人:田甜　　　交款人:王刚

经审核无误,作分录如下:

借:库存现金　　　　　　　　　　　　　　　　　　　　　　11 250.00
　　贷:主营业务收入——美容部收入　　　　　　　　　　　　5 280.00
　　　　主营业务收入——理发部收入　　　　　　　　　　　　5 970.00

第四节 沐浴经营业务

沐浴业是服务行业的重要组成部分,它是指以服务人员的辛勤劳动、特种技艺,应用各种服务设备,为人们提供洁身、健身、治病等综合服务的行业。沐浴业经营的服务项目有蒸汽浴、热水澡、助浴、扦脚、括捏脚、头部护理等。为满足社会的需要,有的沐浴企业还兼营住宿、美容、洗衣等业务;也有的还附设小卖部销售食品、水果、香烟、打火机、肥皂等物品。

一、沐浴业的服务收款

沐浴业的服务收款方式一般是先收款后服务的方式。在浴室入门处设立售票间(台),由专人负责售票。顾客根据自己需要服务的项目,付清浴资;收款员根据不同的服务项目、服务等级给顾客以不同的浴筹。

营业部门根据售筹和收款情况,在营业终了时,将收的款与回收的浴筹核对,核对无误后填写"营业收入日报表","营业收入日报表"格式如图表7-6所示。

二、沐浴经营业务的核算

沐浴业的服务收入主要是指沐浴的浴费收入,财会部门以业务部门交来的"营业收入日报表"为核算依据,分服务项目核算服务收入,"营业收入日报表"的格式如图表7-6所示。

图表7-6

营业收入日报表

2019年9月25日　　　　　　　　　　　　　　　　金额单位:元

项　　　目	服务(人次)	单　价	金　　额	备　　注
一、沐浴收入			11 355	
(一)男子部			3 840	
其中:大众厅	93	20	1 860	
逍遥厅	66	30	1 980	
(二)女子部			3 775	
其中:淋浴	81	25	2 025	
盆浴	50	35	1 750	
(三)其他			3 740	
其中:助浴	33	30	990	
扦脚	12	30	360	
括捏脚	26	40	1 040	
头部护理	30	45	1 350	
二、其他收入			(略)	
营业收入合计			11 355	

实收现金人民币壹万壹仟叁佰伍拾伍元整　　　　长款:　　　　短款:

　　　　　　　　　　　　　　　　　　收款人:周庆　　　　交款人:王晓云

【例】复兴浴室业务部门交来现金和"营业收入日报表"（如图表 7-6 所示）。作分录如下：

借：库存现金　　　　　　　　　　　　　　　　　　　　　　　　 11 355.00
　　贷：主营业务收入——男子部　　　　　　　　　　　　　　　　3 840.00
　　贷：主营业务收入——女子部　　　　　　　　　　　　　　　　3 775.00
　　贷：主营业务收入——其他　　　　　　　　　　　　　　　　　3 740.00

沐浴业的住宿、美容、洗衣和销售业务已在或将在本章有关各节中阐述，不再重复。

第五节　广告经营业务

一、广告经营业务概述

广告是指商品经营者或者服务提供者承担费用，通过一定媒介和形式直接或间接地介绍自己而推销的商品或者所提供服务的商业化的大众传播。

广告经营业务涉及广告主、广告经营者和广告发布者三个方面。广告主是指为推销商品或者提供服务，自行或者委托他人设计、制作、发布广告的法人、其他经济组织或者个人。广告经营者是指受委托提供广告设计、制作、代理服务的法人、其他经济组织或者个人。广告发布者是指为广告主或者广告主委托的广告经营者发布广告的法人或者其他经济组织。

广告是一项科学与艺术相结合的活动，广告经营者和广告发布者，围绕广告主的商业要求，经过科学的策划，运用艺术的视觉表现手段，实现广告主的目的。因此广告的本质是一种商业活动，其终极目的是促进商品的销售或者服务的提供。随着经济的发展，广告业在国民经济中将发挥越来越重要的作用。

广告的种类繁多，按发布广告的媒体形式来分，有电波广告、印刷广告和空间广告三种。

电波广告是指以电波形式发布的广告，如电视、广播和网络等。印刷广告是指以印刷物、平面传播形式发布的广告，如报纸、杂志等。空间广告是指利用建筑物、道路、天空等空间形式发布的广告，它又可以分为户外广告和漂浮广告。户外广告是指以路牌、灯箱、LED 看板、电视墙等形式发布的广告。漂浮广告是指以气球、飞艇、喷雾等形式发布的广告。

二、广告经营业务收入的核算

广告企业与广告主通过沟通，达成广告业务的初步意向后，广告企业向广告主交付设计初稿，报出简单预算，经双方协商达成一致后，再签订广告制作和发布合同。在广告制作方面，广告企业先根据合同的约定向广告主交付设计方案，报出广告制作预算，并预收一定比例的账款，届时借记"银行存款"账户，贷记"预收账款"账户；然后开始进行广告制作。广告制作完工,交付广告主验收合格后,确认广告经营业务收入的实现,届时填制专用发票,按已预收的款项,借记"预收账款"账户;按列明的价税合计与预收账款之间的差额,借记"应收账款"账户;按列明的销售金额,贷记"主营业务收入"账户;按列明的税额,贷记"应交税费"账户。

在广告发布方面,按合同约定的日期发布广告,收取广告发布款,月末确认收入时,填制专用发票,届时按列明的价税合计,借记"银行存款"或"应收账款"账户,按列明的销售金额,贷记"主营业务收入"账户,按列明的税额,贷记"应交税费"账户。

【例】 兴业广告公司与林洋服装公司签订合同,为其制作推销服装的灯箱广告30个,画面制作费为27 000元,广告的发布期为1年,自2018年10月1日至2019年9月30日。发布费为204 000元,在每月发布后的月末结算。

(1) 9月1日,预收为林洋服装公司制作服装灯箱广告画面款的40%,当即收到转账支票10 800元,存入银行,作分录如下:

借:银行存款 10 800.00
　　贷:预收账款——林洋服装公司 10 800.00

(2) 9月30日,服装灯箱广告的画面制作完毕,经林洋服装公司验收合格,当即填制专用发票,开列销售金额27 000元,税额1 620元,予以入账,作分录如下:

借:预收账款——林洋服装公司 10 800.00
借:应收账款——林洋服装公司 17 820.00
　　贷:主营业务收入——广告制作收入 27 000.00
　　贷:应交税费——应交增值税——销项税额 1 620.00

(3) 10月25日,收到林洋服装公司付来前欠服装广告画面制作账款17 820元的转账支票,存入银行,作分录如下:

借:银行存款 17 820.00
　　贷:应收账款——林洋服装公司 17 820.00

(4) 10月31日,填制专用发票,开列林洋服装公司本月份的广告发布费17 000元,增值税额1 020元,当即收到转账支票,存入银行,作分录如下:

借:银行存款 18 020.00
　　贷:主营业务收入——广告发布收入 17 000.00
　　贷:应交税费——应交增值税——销项税额 1 020.00

三、广告经营业务成本的核算

广告企业经营广告业务,其成本可分为制作成本和发布成本。

电波广告的制作成本是指制作播放广告用的盘片而发生的成本,电波广告的发布成本是指支付给电视台、电台和网络公司的发布费用。户外广告的制作成本是指户外广告画面的制作费用及其安装费和维护费等。广告企业发生广告制作成本时，借记"主营业务成本"账户，贷记"原材料""应付职工薪酬""银行存款"等有关账户。

【例】 9月30日，兴业广告公司为林洋服装公司制作服装广告的画面，已安装完毕，共领用原材料10 800元，分配制作和安装人员的薪酬6 600元，发生费用2 900元，以银行存款支付，作分录如下：

  借：主营业务成本——广告制作成本   20 300.00
    贷：原材料   10 800.00
    贷：应付职工薪酬   6 600.00
    贷：银行存款   2 900.00

户外广告的发布成本有阵地费、框架制作费、户外广告登记费等。阵地费是指租用设置户外广告场地所发生的费用。

【例】 兴业广告公司准备在高速公路上设置30个灯箱广告。并向高速公路管理公司租用设置灯箱广告的场地，租期为6年，每年租用费105 600元，从10月1日起算，在每个季度租用前预付。

（1）9月1日，向天宸公司定制灯箱广告框架30只，每只9 600元，计金额288 000元，签发转账支票预付其40%的账款115 200元，作分录如下：

  借：预付账款——天宸公司   115 200.00
    贷：银行存款   115 200.00

（2）9月30日，签发转账支票支付给高速公路管理公司第四季度租用设置灯箱广告的场地费26 400元，增值税额1 584元，作分录如下：

  借：待摊费用——高速公路管理公司   26 400.00
  借：应交税费——应交增值税——进项税额   1 584.00
    贷：银行存款   27 984.00

（3）9月30日，天宸公司制作的灯箱广告框架30个已竣工，验收使用，并收到天宸公司开来的专用发票，列明金额288 000元，增值税额37 440元，当即签发转账支票付清其余的账款，作分录如下：

  借：固定资产   288 000.00
  借：应交税费——应交增值税——进项税额   37 440.00
    贷：预付账款——天宸公司   115 200.00
    贷：银行存款   210 240.00

(4) 9月30日,签发转账支票支付广告管理部门户外广告登记费2 200元,作分录如下:

借:主营业务成本——广告发布成本　　　　　　　　　　　　　　2 200.00
　　贷:银行存款　　　　　　　　　　　　　　　　　　　　　　　　　2 200.00

(5) 10月31日,灯箱广告框架预计使用6年,预计净残值为零,用直线法计提其折旧,并将租用的阵地费入账,作分录如下:

借:主营业务成本——广告发布成本　　　　　　　　　　　　　　12 800.00
　　贷:累计折旧　　　　　　　　　　　　　　　　　　　　　　　　　4 000.00
　　贷:待摊费用　　　　　　　　　　　　　　　　　　　　　　　　　8 800.00

广告企业设置的户外广告设施,即使没有接到广告发布业务,其所支付的阵地费和计提的广告框架折旧费,仍应作为广告的发布成本入账。

有的广告企业虽然接到了广告发布的业务,却没有适合广告主要求的广告发布阵地,届时可以以广告主代理人的身份与拥有广告阵地的广告发布企业洽谈广告发布业务,洽谈成功后,代理广告企业支付给广告发布企业的发布费即为其广告发布成本。

第六节　照相经营业务

照相业是利用摄影艺术和造型艺术,为顾客提供人物和实物影像的经营服务型行业。照相业服务的项目有照相、扩印、代客冲洗和出售胶卷、出租礼服、首饰业务;有的照相企业还经营照相器材和相册的零售、照相机出租和修理、代客邮寄的业务。

照相经营业务的核算除包括照相收入、零售业务收入、出租业务收入的核算外,还包括原材料、成本的核算。

一、照相行业各种收入的核算

(一) 照相业业务收入核算

照相企业一般是根据拍摄要求先收款、后交件的。顾客照相、添印放大时,先到营业柜组开票交款,营业柜组收妥现款和来件时填制一式三联"工作单",一联交顾客凭单取件,一联是工作凭证,另一联留作存根。每日营业终了,将存根汇总金额与收到的现金核对,核对无误后,填制"营业收入日报表"。该表一式二联,一联留存,一联连同现金送交财会部门入账。"营业收入日报表"的格式如图表7-7所示。

图表 7-7

营业收入日报表

2019 年 9 月 10 日　　　　　　　　　　　　　　　金额单位：元

项　　目	数量(张)	单　　价	金　　额	备　　注
一、原照收入			2 640	
1 寸	35	20.00	700	
2 寸	36	25.00	900	
8 寸	8	60.00	480	
10 寸	4	80.00	320	
12 寸	2	120.00	240	
二、彩扩收入			1 890	
5 寸	880	0.60	528	
6 寸	1 200	0.80	960	
7 寸	402	1.00	402	
三、其他收入			450	
实木相框	2	100.00	200	
影集相册	10	25.00	250	
营业收入合计			4 980	

实收现金人民币肆仟玖佰捌拾元整　　　　　长款：　　　　短款：

收款人：黄逸　　　　　交款人：王飞

【例】 精艺照相馆收到业务部门交来的现金及"营业日报表"，资料如图表 7-7 所示，作分录如下：

　　借：库存现金　　　　　　　　　　　　　　　　　　4 980.00
　　　　贷：主营业务收入——原照收入　　　　　　　　　2 640.00
　　　　　　贷：主营业务收入——彩扩收入　　　　　　　1 890.00
　　　　　　贷：主营业务收入——其他收入　　　　　　　　450.00

照相业的各种产品，由于质量问题或顾客提出异议，可以补照。如果顾客因时间不允许不能补照时，在征得企业负责人同意后，视情况可以部分退款或全部退款；退款时需填写"退款单"。大多数照相企业是利用原工作单用红字填写，由顾客签字，再经领导签字后，退付现金，而且随同营业收入日报表送财会部门作冲减主营业务收入处理。进行账务处理时，财会人员可根据退款单，借记"主营业务收入——原照收入"账户，贷记"库存现金"账户。

(二)出租业务收入的核算

照相企业出租业务一般有两类:一类是出租礼服、首饰;另一类是出租照相机。

出租的礼服、首饰是顾客用来拍摄照片的,一般拍摄前由服务人员为其穿戴,然后在本企业拍摄,因此不收押金,其租费已计入拍摄费内。

出租照相工具一般需要收取押金,顾客能当天归还的不予入账,如当天不能归还的,收取的押金在"其他应付款"账户核算。收取时,借记"库存现金"账户,贷记"其他应付款"账户。顾客在归还照相工具时,应先扣除其租金后再退还其押金。届时,根据原收押金数额,借记"其他应付款"账户;根据应收租金和增值税额的数额,贷记"其他业务收入"和"应交税费"账户;两者之间的差额,则是应退给顾客的现金,应贷记"库存现金"账户。

(三)代办照片邮寄的核算

为满足外地顾客的需要,一些照相企业还专设代办邮寄照片的业务。在接受外地游客的邮寄时,除拍摄费用外,另外收取一定的代办费用。代办费用收入一般在"其他应付款"总账账户下设"暂收邮资"明细分类账户进行核算。收取代办费同时,借记"库存现金"账户,贷记"其他应付款——暂收邮资"账户;在购买邮票、办理邮寄时,借记"其他应付款——暂收邮资"账户,贷记"库存现金"账户。

二、照相业的成本核算

照相业的成本核算,只核算耗用原材料总成本,不计算每种产品的单位成本。除耗用的原材料外,发生的其他各项费用,都不计入成本,而作为销售费用处理。其核算方法将在第十二章阐述。

照相企业因加工生产的需要耗用一定数量的原材料,而原材料一般都有一定的储存期限,过期失效,其中有一些原材料或易感光,或易燃。因此,必须建立、健全原材料保管制度,为及时反映原材料收发、领用、储存的数量和有效期,因此,应设置"原材料"账户进行分别核算。

(一)照相业原材料购进的核算

照相企业购进彩扩纸、彩扩药水等原材料时,必须取得专用发票;根据专用发票上列明的买价和采购费用,借记"原材料"账户,根据列明的增值税额,借记"应交税费"账户;根据列明的价税合计金额,贷记"银行存款"账户。

【例】 风光照相馆向东方照相器材公司购入彩扩纸100盒,单价80元,金额8 000元,增值税额1 040元,并发生运输费100元,增值税款9元。账款一并签发转账支票支付,彩扩纸也已验收入库。作分录如下:

```
借:原材料                                    8 100.00
借:应交税费——应交增值税——进项税额            1 049.00
    贷:银行存款                                         9 149.00
```

（二）照相业原材料领用的核算

照相业的生产部门因生产、加工照片需要的彩扩纸、彩扩药水等原材料，可由加工人员到仓库去领用；领用时填写领料单，财会部门根据领料单上领用原材料的金额，借记"主营业务成本"账户，贷记"原材料"账户。

【例】 风光照相馆摄印组领用彩扩纸50盒，单价81元，金额4 050元，彩扩药水6瓶，单价90元，金额540元，作分录如下：

　　借：主营业务成本　　　　　　　　　　　　　　　　　　　　　4 590.00
　　　　贷：原材料　　　　　　　　　　　　　　　　　　　　　　　4 590.00

第七节　洗染经营业务

洗染业是从事服装、被褥及纺织品的洗烫、染色、织补、干洗、印字、去渍等业务的服务行业。

由于服务项目种类繁杂，数量又多，为完善管理，防止差错，应建立严格的收发、核对制度。

一、洗染业收入的核算

洗染业的营业收款办法一般是先服务、后收款。营业员在接受来件时，填写一式三联的"取衣凭单"，凭单上注明衣物的品名、颜色、质地、数量，送件人的姓名、地址，送取件日期等。该凭单一联交顾客作取件凭证，另一联由业务部门保存并据以登记"营业日记簿"，其格式如图表7-8所示。"营业日记簿"是由营业员根据"取衣凭单"存根逐笔序时登记，计算出逐日营业额和累计营业额的簿籍。该表记载取件及收款日期，据其记录，可以检查到期衣服是否完工。可作为月终盘点衣物的主要依据。每日营业终了，营业员根据"营业日记簿"和"取衣凭单"存根，编制"营业收入日报表"，该表一式二联，一联留底，一联连同现金送财会部门。"营业收入日报表"格式如图表7-9所示。

图表7-8

营业日记簿　　　　　　　　　　　　　单位：元

月	日	顾客	联系地址	品名	数量	金额	加工种类					取物时间
							干洗	水洗	织补	上光	其他	
3	3	王　军	天山路5号	皮夹克	1	35				35		3.13
3	3	王立年	新昌路541号	呢裤	2	24	24					3.9
3	3	张　平	大兴街142号	呢大衣	1	28	28					3.9

(续表)

月	日	顾客	联系地址	品名	数量	金额	加工种类					取物时间
							干洗	水洗	织补	上光	其他	
3	3	张一乐	昌化路24号	羽绒服	1	35	35					3.9
3	3	黄 华	泰兴路46号	全毛西装	2	40			40			3.9
3	3	戴雪萍	昌化路431号	呢裙	1	30			30			3.9
3	3	刘立华	武定路482号	衬衣	2	20		20				3.9
3	3	李 莉	郑州路681号	长裙	2	50	50					3.9
3	3	吴福思	黄河路42号	床罩	1	26		26				3.13
3	3	任 蓉	鞍山路64号	床单	2	24		24				3.13
		本日小计					3 000	2 000	400	350		

【例】 光明洗染商店营业部门转来营业收入日报表如图表7-9所示。

图表7-9

营业收入日报表

2019年3月3日　　　　　　　　　　　　　　　　单位：元

项　目	本日发生		本月累计		备注
	件　数	金　额	件　数	金　额	
一、营业收入合计	310	5 750	985	18 100	
其中：干洗	150	3 000	480	9 720	
水洗	140	2 000	440	6 260	
织补	10	400	40	1 250	
皮装上光	10	350	25	870	
二、收回现金		5 600			
应收业务款余额　　24 560.00					

实收现金(大写)：伍仟陆佰元整

　　　　　　　　　　　　　　　　收款人：李光　　　　　交款人：张立

(1) 根据营业收入日报表,作分录如下:

借:应收账款　　　　　　　　　　　　　　　　　　　5 750.00
　　贷:主营业务收入——干洗收入　　　　　　　　　　3 000.00
　　贷:主营业务收入——水洗收入　　　　　　　　　　2 000.00
　　贷:主营业务收入——织补收入　　　　　　　　　　　400.00
　　贷:主营业务收入——皮装上光　　　　　　　　　　　350.00

(2) 收到现金 5 600 元,作分录如下:

借:库存现金　　　　　　　　　　　　　　　　　　　5 600.00
　　贷:应收账款　　　　　　　　　　　　　　　　　　5 600.00

洗染业有时由于管理上和技术操作上的缺点,发生衣物损坏或差错,需要作减免收费的或作价赔偿的,应在"取衣凭单"上注明原因,请顾客签字证明。需要减免收费的由负责人审批签字后,在当日"营业收入日报表"中将减免费用抵减当天收入数;需要作价赔偿的,应由负责人签字后列入"营业外支出"账户。

二、洗染经营业的成本核算

洗染业的原材料主要有染料、助染药剂,各种洗涤剂和织补材料等。原材料的购进业务和生产领用以及主营业务成本的核算与前节照相业核算相同,不再重述。

第八节　娱乐经营业务

娱乐业包括音乐茶座、弹子房、舞厅、游泳池、乒乓房、游戏机房、溜冰场和高尔夫球场、保龄球场、网球场等。

娱乐业主要是利用拥有的固定资产、低值易耗品等为广大消费者提供娱乐场所,为丰富人民的精神文化生活服务。娱乐业在满足消费者娱乐需求的同时,又要有适当的盈利,这就必须加强经营管理和核算。

一、娱乐经营业务服务价格制定

娱乐业内容丰富,项目众多,其价格制定一是以费用、成本开支为依据;二是兼顾一定的毛利率和消费者能承受的消费能力。

娱乐业的成本主要是固定资产、低值易耗品等服务设施的购置和维修费用,要在一定时期内收回;其他是服务的直接费用,如歌舞厅的饮料原料成本和乐队、歌手的工资等。

娱乐业的毛利率根据不同的服务项目有高有低,高的可达 80% 以上,低的也在 40% 左右。其收费价格一般可按以下公式计算。

$$收费价格 = \left(\frac{设施投资额}{1\,000 \times 接待能力 \times 销售率} + 每次服务的直接费用 \right) \div (1 - 毛利率)$$

【例】春光歌舞厅开业,购置固定资产 480 000 元,购进茶几、椅子、沙发等 97 500

元,全部装修费用 180 000 元,舞厅接待能力为 500 人,门票销售率为 75%,每位客人饮料成本 4.75 元,每场乐队、歌手开支 735 元,规定毛利率 65%,收费价格计算如下:

$$收费价格 = \left(\frac{480\,000 + 97\,500 + 180\,000}{1\,000 \times 500 \times 75\%} + 4.75 + \frac{735}{500 \times 75\%} \right) \div (1 - 65\%) \approx 25(元)$$

一般票价取整数,所以门票价格定为 25 元。

二、业务程序及核算

娱乐业必须指定专人售票,一种方式是出售门票时一手给票,一手给钱。到营业终了,根据售出门票数及现金,填制一式二联"营业收入日报表"。另一种方式是开出一式二联的收款收据,一联交顾客凭据入场,另一联留底,营业终了据以汇总填制"营业收入日报表"。无论是一手票、一手钱的售票方式,还是开出收据的售票方式,营业员都应于当晚将现金和"营业收入日报表"送交财会部门。

消费者凭门票(收据)入场,部门服务员收票接待,各部门服务人员根据门票(收据)编制"服务日报表"。报表一式二联,一联交财会部门,一联留底。财会部门将"营业收入日报表"与交来现金核对,核对无误后,借记"库存现金"账户,贷记"主营业务收入"账户。

第九节　修理经营业务

修理业是修理人员应用设备、工具和材料,以一定的技艺、技巧从事修复、整新家用电器、钟表相机、文体用品以及自行车、助动车、五金白铁修理的行业。修理业起到了延长物品使用寿命、节约社会财富的作用。

一、修理业的特点

首先,修理业服务面广,修理对象繁杂,因此,其经营方式和收款方法也多种多样。

其次,修理业务劳动生产率、机械化程度低,多数经济效益较差。由于修理品种、损坏程度各不相同,多数的修理业以手工操作居多,无法采用机械化或自动化,因此工时消耗多,收费价格绝对不允许超过物品本身的价格,使收费只能在低水平上,经济效益不高。

最后,尽管修理业经济效益不高,但它涉及千家万户,有利于整个社会节约物资,其社会效益不可估量。

二、修理业的服务收款方式与核算

修理业的服务收款方式一般有:先服务后收款方式;先收款后服务方式;上门修理收款方式;立等可取服务收款方式等。由于收款方式不同,其核算方法也有所不同。

(一) 先服务后收款方式的核算

有些修理业务事先难以确定正确的价格,需修理完后,才能确定所配零件和修理工时。例如,手表、电视机、收录机的修理,这种修理业务一般先承接,在接件时,了解顾客修理要求,告以修理估价数。顾客同意修理后,开具一式三联修理单,第一联交顾客取件,第二联随货交修理间,第三联留底。物件修好后,根据修理单所配零件加价成本(所谓加价成本是指成本加上一定毛利)加上修理工费,即能定出修理费总价。在顾客取件时,营业员根据修理总价填制发票,随后收款发货。在每天营业终了,收款员编制"收款日报表"连同现金送交财会部门入账。

【例】 爱民电视机修理行6月1日有关电视机修理收入业务如下:

(1)电视机修理完工,经检验合格。应收电视机修理收入7 800元,作分录如下:

借:应收账款 7 800.00
　　贷:主营业务收入 7 800.00

(2)客户领取修好的电视机,收入现金6 750元,作分录如下:

借:库存现金 6 750.00
　　贷:应收账款——修理收入 6 750.00

(二)先收款后修理服务收款方式的核算

有些修理业务,如修伞、修理铝锅等,可按修理收费标准,先收款后修理。

顾客送交修理物品时,营业员根据顾客修理要求,确定修理金额,然后开具一式四联修理单,第一联交顾客取货,第二联连同修理物件交修理间,第三联作报账用,第四联留底。其营业结报手续与先修理后收款方式相同。

【例】 新民修理行从事修理铝锅、雨伞等业务,实行先收款后修理服务方式。

(1)当收取顾客预交高压锅修理款50元时,作分录如下:

借:库存现金 50.00
　　贷:应收账款 50.00

(2)客户领取修好的高压锅,需补收5元修理款时,作分录如下:

借:库存现金 5.00
借:应收账款 50.00
　　贷:主营业务收入 55.00

(三)上门修理业务收款方式的核算

对某些物件因笨重搬运不便,如冰箱、复印机、洗衣机等;或需上门修理的,如修开门锁等,在接待顾客或接到电话时要问清情况,填写上门修理证,修理证一式二份,一份留底,一份交修理工上门修理。修理工上门修理完毕后,根据修理配料、修理工时、往返路程等在一式二份修理发票上填写修理金额,一联交顾客,另一联连同所收现金交收款员。收款员在当日营业终了后,汇集外修修理发票及现金填制"营业收入日报表"。财会部门根据报来的"营业收入日报表"与交来的现金核对无误后,借记"库存现金"账户,贷记"主营业务收入"账户。

(四)立等可取业务收款方式的核算

对某些修理工费很少,修理物件立等可取当场收费的,如金银饰品、拉链、打火机、配钥匙等,营业员接件时,先要洽谈修理价格,再将修理物件交修理工修理,修理工修好后,填写修理收款单。每日营业终了,营业员汇总所有修理工当日修理金额,填制一式二份的"营业收入日报表",一份营业员保存,一份连同现金交财会部门。

三、修理业的成本核算

修理业的成本,只核算修理过程中耗用的零配件和修理材料。修理业的成本以"主营业务成本"账户核算。通常在月末根据领料单汇总当月领用的原材料或配件,编制"耗用原材料汇总表",据以借记"主营业务成本"账户,贷记"原材料"账户。

【例】 爱民电视机修理行,6月30日收到"耗用原材料汇总表",共耗用原材料27 060元,作分录如下:

借:主营业务成本　　　　　　　　　　　　　　　　　　　27 060.00
　　贷:原材料　　　　　　　　　　　　　　　　　　　　　　27 060.00

思 考 题

一、简答题

1. 什么是服务业?它有哪些特点?
2. 客房经营业务有哪些特点?
3. 试述客房销售的入账时间、出租价格和租金的计算。
4. 坏账损失有哪两种核算方法?分述这两种方法的定义。
5. 广告经营业务的成本可分为哪两类?分述这两类经营成本的构成。
6. 照相业的原材料和主营业务成本是怎样核算的?

二、名词解释题

坏账损失　美容经营业务　沐浴经营业务　广告发布者　娱乐业　修理业

三、是非题

1. 旅店的客房可以出租,但不能储存,如在规定的时间内不出租,其效用就自然消失,价值就无法收回,因此要加强客房业务的经营管理。　　　　　　　　　(　　)
2. 客户出租的主要价格有标准房价、团队房价和实际出租房价。　　　　　(　　)
3. 抵减坏账法是指参照历史资料,按期估计可能发生的坏账损失,以备实际发生坏账时用以抵偿坏账损失。　　　　　　　　　　　　　　　　　　　　　(　　)
4. 广告经营者是指受委托提供广告设计、制作、发布广告的法人,其他经济组织或者个人。　　　　　　　　　　　　　　　　　　　　　　　　　　　　　(　　)
5. 照相业除了核算耗用原材料总成本外,还要核算每种产品的单位成本。　(　　)

6. 电波广告的发布成本是指支付给电视台、电台的发布费用。（　　）

7. 修理业的成本只核算修理过程中耗用的零配件和修理材料,不核算人工费用。
（　　）

四、单项选择题

1. 预提坏账准备是以会计信息质量要求中的_____为依据的。
   A. 可比性　　　　B. 相关性　　　　C. 重要性　　　　D. 谨慎性

2. _____是指利用建筑物、道路、天空等空间形式发布的广告。
   A. 空间广告　　　B. 漂浮广告　　　C. 户外广告　　　D. 印刷广告

3. 洗染业由于管理上和技术操作上的失误,发生衣物损坏而需要作价赔偿的应_____账户。
   A. 冲减"主营业务收入"　　　　　　B. 列入"主营业务成本"
   C. 列入"管理费用"　　　　　　　　D. 列入"营业外支出"

五、多项选择题

1. 具有生产、服务、销售三项职能的服务业有_____。
   A. 照相　　　　　B. 客房　　　　　C. 洗染　　　　　D. 修理
   E. 广告　　　　　F. 美容

2. 户外广告的发布成本有_____。
   A. 广告画面制作费　　　　　　　　B. 框架制作费
   C. 阵地费　　　　　　　　　　　　D. 户外广告登记费

3. 除了发生销售费用外,还发生主营业务成本的服务业有_____。
   A. 客房经营业务　　　　　　　　　B. 美容经营业务
   C. 广告经营业务　　　　　　　　　D. 照相经营业务
   E. 洗染经营业务　　　　　　　　　F. 娱乐经营业务
   G. 修理经营业务　　　　　　　　　H. 沐浴经营业务

4. 可以先服务后收款,也可以先收款后服务的有_____。
   A. 客房经营业务　　　　　　　　　B. 美容经营业务
   C. 沐浴经营业务　　　　　　　　　D. 照相经营业务
   E. 洗染经营业务　　　　　　　　　F. 娱乐经营业务
   G. 广告经营业务　　　　　　　　　H. 修理经营业务

实 务 题

习题一

一、目的　练习旅店业先收款后住店结算方式的核算。

二、资料 春光旅社2月上旬发生下列经济业务：

1. 1日，收到105客房刘琦的预交房金1 200元。

2. 2日，103客房王岩离店，除结清上月预交款1 200元外，补差交来现金200元，当场点清收讫。

3. 6日，105客房刘琦离店，结清房金后，退还多余款项200元。

4. 6日，203客房周兰荪来店预交房金1 000元。

5. 8日，上月来店201客房王家伟前来结账，结清预交款2 000元后，补差交来现金500元。

6. 10日，203客房周兰荪又预交房金500元。

三、要求 编制会计分录。

习题二

一、目的 练习旅店业先住店后结算方式的核算。

二、资料

1. 沪光酒店实行先住店后结算方式，"营业收入日报表"资料如图表7-10所示。

图表7-10

营业收入日报表

2019年5月3日   单位：元

项目\房型	营业收入				结欠房金		备注
	单人房	标准房	套房	合计			
房金	2 500	11 750	4 000	18 250	上日结欠	95 780	
饮料	60	420	160	640	本日应收	19 350	
食品	50	330	80	460	本日交付	18 620	
其他					其中：现金	12 620	
					信用卡签购单	4 000	
合计	2 610	12 500	4 240	19 350	支票	2 000	
出租客房间数：72					本日结欠	96 510	
空置客房间数：8					长款： 短款：		

收款人：乔玉   交款人：王强   制表：周云芸

(1) 根据"营业收入日报表"中"营业收入"栏的数额入账。

(2) 信用卡结算手续费率为 9‰，根据"营业收入日报表"中结欠房金栏的"本日交付"各项目的数额入账。

(3) 本月末"主营业务收入"账户余额为 383 932 元，增值税税率为 6%，调整本月份客房经营业务收入。

2. 神州宾馆对坏账损失采用抵减坏账法，12 月 1 日"坏账准备"账户为贷方余额 500 元，接着又发生下列经济业务：

(1) 12 月 10 日，102 客房张江上月不辞而别，结欠房金 450 元无法收回，经批准转作坏账损失。

(2) 12 月 31 日，"应收账款"账户余额为 98 000 元，按 1‰坏账准备率计提坏账准备。

三、要求　编制会计分录。

习题三

一、目的　练习美容业业务的核算。

二、资料　华安美容院实行先服务后收款方式，9 月 1 日，"营业收入日报表"如图表 7-11 所示。

图表 7-11

营业收入日报表

2019 年 9 月 1 日　　　　　　　　　　　　单位：元

项　目	服务人次	单　价	金　额	备　注
一、美容部收入			5 580	
其中：脸部护理	45	100	4 500	
文眼线	4	160	640	
修指甲	11	40	440	收款情况：
二、理发部收入			5 750	现金　　　　9 330
其中：剪发	95	22	2 090	信用卡签购单　2 000
吹风	25	10	250	长款：
烫发	15	100	1 500	短款：
焗油	10	110	1 100	
发质护理	9	90	810	
营业收入合计			11 330	

1. 信用卡结算手续费率为9‰,根据"营业收入日报表"及现金、信用卡签购单,核对无误,予以入账。

2. 填制解款单,将现金送存银行。

三、要求 编制会计分录。

习题四

一、目的 练习沐浴业经营业务的核算。

二、资料 西海浴室的"营业收入日报表"及有关资料如图表7-12所示。

图表7-12

营业收入日报表

2019年2月15日　　　　　　　　　　　　　　　　　单位:元

项　目	服务人次	单　价	金　额	备　注
一、沐浴收入			9 560	
（一）男子部			3 430	
其中:大众厅	80	20	1 600	
安乐厅	61	30	1 830	
（二）女子部			3 325	
其中:淋浴	70	25	1 750	
盆浴	45	35	1 575	
（三）其他			2 805	
其中:助浴	25	30	750	
扦脚	16	30	480	
括捏脚	18	40	720	
头部护理	19	45	855	
二、其他收入			（略）	
营业收入合计			9 560	

实收现金人民币玖仟伍佰伍拾元整　　　　长款:　　　短款:10元

1. 2月15日,根据"营业收入日报表"及现金,核对无误,短款原因待查,予以入账。
2. 2月15日,将现金解存银行。
3. 2月18日,今查明15日短款10元是收款工作中的差错,经批准作为企业损失。

三、要求 编制会计分录。

习题五

一、目的　练习广告经营业务的核算。

二、资料　卢湾广告公司与飞马汽车厂签订合同,为其制作推销汽车的灯箱广告40个。画面制作费为30 000元,广告的发布期为1年,自2018年10月1日至2019年9月30日,发布费为216 000元,在每月发布后的月末结算。

1. 9月1日,预收飞马汽车厂制作汽车灯箱广告画面款的45%,当即收到转账支票13 500元,存入银行。

2. 9月1日,向申江公司定制灯箱广告框架40只,每只8 100元,计金额324 000元,签发转账支票预付其40%的账款129 600元。

3. 9月29日,汽车灯箱广告的画面制作完毕,经飞马汽车厂验收合格,当即填制专用发票,开列销售金额30 000元,税额1 800元,予以入账。

4. 9月30日,签发转账支票支付给城西高速公路管理公司第四季度租用设置灯箱广告的场地费27 600元,增值税额1 656元。

5. 9月30日,申江公司制作的灯箱广告框架40个已竣工,验收使用,并收到申江公司开来的专用发票,列明金额324 000元,增值税额42 120元,当即签发转账支票付清其余的账款。

6. 9月30日,为飞马汽车厂制作的汽车广告的画面,共领用原材料10 200元,支付制作和安装人员薪酬5 350元,发生费用3 170元,以银行存款支付。

7. 9月30日,签发转账支票支付广告管理部门户外广告登记费2 330元。

8. 10月5日,填制专用发票,开列飞马汽车厂汽车广告画面制作账款30 000元,增值税额1 800元,账款当即收到转账支票,存入银行。

9. 10月31日,填制专用支票开列飞马汽车厂本月份汽车广告的发布费18 000元,增值税额1 080元,当即收到转账支票,存入银行。

10. 10月31日,灯箱广告框架预计使用6年,预计净残值为零,用直线法计提其折旧,并将本月份租用的阵地费入账。

三、要求　编制会计分录。

习题六

一、目的　练习照相业务的核算。

二、资料　悦来照相馆3月份发生下列有关经济业务:

1. 1日,向华昌公司购入彩扩纸50盒,单价82元,金额4 100元,增值税额533元,账款签发转账支票付讫。另发生运杂费60元,增值税额5.40元,账款以现金支付,彩扩纸已验收入库。

2. 3日,摄印组领用彩扩纸25盒,单价83.20元,金额2 080元,彩扩药水3瓶,单价90元,金额270元。

3. 3日,向东兴公司购入彩扩药水8瓶,单价90元,金额720元。增值税额93.60元,账款尚未支付,彩扩药水已验收入库。

4. 5日,收到现金15 300元,其中原照收入7 200元,彩扩收入6 600元,其他收入1 500元。

5. 15日,摄印组领用彩扩纸20盒,单价83.20元,金额1 664元,彩扩药水4瓶,单价90元,金额360元。

6. 20日,收到现金16 180元,其中原照收入7 600元,彩扩收入6 800元,其他收入1 780元。

7. 25日,业务部门交来专用发票列明金额1 200元,增值税额72元,系为东亚电视机厂翻拍广告照片的业务收入,当即收到转账支票,存入银行。

8. 30日,收到现金15 282元,其中原照收入7 566元,彩扩收入6 316元,其他收入1 400元。

9. 31日,原照收入和彩扩收入增值税税率为6%,其他收入增值税税率为13%,调整本月份照相经营业务收入。

三、要求 编制会计分录。

习题七

一、目的 练习洗染业务的核算。

二、资料 大昌洗染店4月份发生下列有关经济业务:

1. 1日,业务部门接受客户委托干洗衣物120件,计2 040元;水洗衣物88件,计1 250元,款项结欠。

2. 5日,客户前来领取衣物,收取洗涤衣物款计现金3 180元。

3. 15日,接受委托干洗衣物135件,计2 200元,水洗衣物108件,计1 520元,织补衣物12件,计400元,皮衣上光20件,计700元,款项结欠。

4. 16日,客户前来领取交洗的衣物,收取洗涤衣物款计现金1 960元。

5. 20日,顾客取衣时,发现一件呢大衣因洗衣工艺问题,有质量问题,经领导批准洗衣款27元不收,并赔偿50元。

6. 24日,大光工厂送来工作服1 000套,委托水洗,谈妥每套收费12元。

7. 25日,客户送来干洗衣物126件,计2 110元;水洗衣物102件,计1 480元。

8. 28日,客户前来领取交洗的衣物,收取洗涤衣物款计现金3 390元。

9. 29日,大光工厂前来取衣,并交来转账支票一张,金额12 000元,当即存入银行。

10. 30日,将本月洗衣领用的洗衣粉1 500元、干洗药水1 800元、上光药水300元,结转其成本。

三、要求　编制会计分录。

习题八

一、目的　练习娱乐业业务的核算。

二、资料　大华舞厅2月份发生下列有关开办投资的经济业务：

1. 1日，购入沙发10套，每套1 250元，金额12 500元；茶几、椅子40套，每套300元，金额12 000元，计增值税额3 185元。当即签发转账支票支付账款。

2. 5日，购置灯光设备一套，金额18 000元，增值税额2 340元，签发转账支票支付全部账款。

3. 8日，购置音箱一套，金额100 000元；彩电4台，每台6 000元，金额24 000元，计增值税额16 120元，当即签发转账支票支付全部账款。

4. 26日，舞厅装修工程结束，收到装修公司开来的专用发票，开列装修费175 500元，增值税额15 795元，当即签发转账支票支付全部账款。

5. 28日，正式开张营业，舞厅接待能力为400人，门票销售率预计为75%；每位客人饮料成本3.45元，每场乐队、歌手开支660元；规定营业毛利率为66%。

三、要求

1. 编制会计分录。
2. 计算舞厅的收费价格。

习题九

一、目的　练习修理业业务的核算。

二、资料　红光电器修理行2月份发生下列有关的经济业务：

1. 1日，购进电视机各种零配件计货款40 000元，增值税额5 200元，零配件已验收入库，价款签发转账支票付讫。

2. 10日，修理部门修理电视机完工100台，应收修理费用22 000元。

3. 14日，客户领取修好的电视机，收入现金20 800元，存入银行。

4. 20日，修理部门修理电视机完工75台，应收修理费用共16 200元。

5. 26日，客户领取修好的电视机，收入现金17 500元，存入银行。

6. 28日，根据修理部门的领料单，编制耗用原材料汇总表，共耗用原材料20 980元，予以转账。

7. 28日，修理部门修理电视机完工80台，应收修理费用17 980元。

8. 28日，修理收入的增值税税率为6%，调整本月份修理业务收入。

三、要求　编制会计分录。

第八章　商场经营业务

第一节　商场经营业务概述

商场经营业务是指旅游餐饮服务企业内部开设的商场所进行的商品购销活动的业务。

为了适应经济的发展和人民生活水平的日益提高,旅游餐饮服务企业除了提供劳动服务外,已逐步成为具有多功能服务的综合性企业。旅行社、饭店、宾馆、旅店、度假村分别开设了一些消费者需要购买的商品的商场以拓宽服务领域、广开财源,发挥旅行社、饭店、宾馆等的多功能积极作用。

商场具体经营的商品品种必须适应市场需求和符合本企业人、财、物的实际情况,必须考虑消费层次,要因业、因地制宜。

一、商场的形式

当前旅游餐饮服务企业开设的商场有两种形式:一种是综合性商场;另一种是小卖部。

(一) 综合性商场

综合性商场所经营的商品品种较多,相应的场所有高级宾馆和饭店、度假村开设的高级商场;也有一般旅馆、饭店开设的普通商场。高级商场环境幽雅、商品陈列醒目整齐、地面清洁、场地装饰美观,主要经营手工艺品、文物与复制品、金银首饰、珠宝玉器、古玩、字画、名烟、名酒、旅游纪念品和日用品等,其所经营的商品多属中高档,以高档为主,价格较高。普通商场经营中低档商品,以中档为主。商场经营的名贵高档商品宜采用数量进价金额核算法,经营的一般商品宜采用售价金额核算法。

(二) 小卖部

小卖部一般是由旅行社、中低档旅馆、饭店所开设的小型商品经营部。小卖部的开设目的主要是为方便消费者的生活。小卖部经营的商品大都是生活用品,如饮食业供应酒、饮料、冷饮;旅馆业供应牙刷、牙膏、肥皂、卫生纸、毛巾、文具用品、糖果糕点、各种烟酒、饮料等;旅行社小卖部供应当地的土特产、旅游纪念品、导游书刊等小商品。除了旅行社小卖部供应贵重翡翠珠宝等首饰和古玩外,一般小卖部供应的都属中、低档商品,所以通常采用售价金额核算。

二、商场经营库存商品的核算方法

库存商品的核算方法主要有数量进价金额核算法和售价金额核算法两种。

(一) 数量进价金额核算法

数量进价金额核算法是指库存商品的总分类账户和明细分类账户除均按进价金额反映外，其明细分类账户还必须反映商品实物数量的一种核算方法。

数量进价金额核算法的要点如下。

1. 进价记账　库存商品总分类账和明细分类账统一按进价记账。

2. 库存商品明细账的设置与登记　库存商品明细分类账按商品编号、品名、规格、等级分户，随时记录商品的收入、发出和结存的数量及进价金额，其登记的方法与原材料明细分类账相同。

3. 商品保管账的设置　在仓库设置商品保管账，记载商品收入、发出和结存的数量。

4. 商品类目账的设置　此外经营商品品种规格较多的商场，可以根据核算与管理的需要，在库存商品总分类账和明细分类账之间设置商品类目账，以加强库存商品的明细核算。

(二) 售价金额核算法

售价金额核算法又称拨货计价实物负责制。它是以售价金额控制各实物负责人经营商品进、销、存情况的一种核算方法。

售价金额核算法的要点如下。

1. 建立实物负责制　商场应按业务经营情况和岗位责任制的要求划分为若干营业柜组，并确定实物负责人。商品拨付给各实物负责人时按零售价格计算，实物负责人对所经营的商品承担经济责任。

2. 库存商品按售价记账　库存商品总分类账和明细分类账一律按售价记账。库存商品明细账按营业柜组确定的实物负责人分户，以随时反映和掌握各营业柜组所承担经济责任的情况。

3. 设置"商品进销差价"账户　由于库存商品按售价记账，因此需要设置"商品进销差价"账户，以反映商品售价和进价之间的差额，月末再分摊和结转已销商品进销差价。

4. 加强商品盘点　由于库存商品明细分类账只反映和控制了库存商品的售价金额，因此，每月月末必须进行一次全面盘点，确定库存商品的实存数量与售价金额，并以此与账面结存金额进行核对，若两者不相符，要及时查明原因，进行处理，以达到账实相符，保护企业财产安全的目的。

第二节　数量进价金额核算法

商场经营的贵重商品，如高级手工艺品、文物、字画、珠宝、金银首饰和古玩等采用数量进价金额核算法，在库存商品明细账上既反映数量，又反映进价金额，并能随时结出结存数量,以便每日盘点核对,加强企业对商品的管理。

一、商品购进的核算

我国对销售商品要征收增值税,增值税是价外税,即不包括在商品货款之中。增值税的纳税人与负税人是分离的,纳税人是销售商品的单位或个人,负税人却是消费者。因此,企业在购进商品时,除了要支付货款外,还要为消费者垫付增值税。所以,企业在购进商品时,必须取得增值税专用发票,在专用发票上必须列明货款和增值税额及价税合计金额等。

商场一般向生产企业和个人或批发公司购进商品,货款通常以转账支票和商业汇票结算,财会部门审核购货的专用发票无误后,根据专用发票列明的货款,借记"在途物资"账户;根据列明的增值税额,借记"应交税费"账户;根据列明的价税合计金额,贷记"银行存款"或"应付票据"账户。

【例】 上海宾馆附设商场向上海玉器厂购进玉手镯100只,收到专用发票。专用发票上列明每只单价200元,计货款20 000元;增值税额2 600元;价税合计22 600元。

(1)2月5日,签发转账支票22 600元,支付上海玉器厂全部账款,作分录如下:

借:在途物资——上海玉器厂　　　　　　　　　　　　　　20 000.00
借:应交税费——应交增值税——进项税额　　　　　　　　 2 600.00
　　贷:银行存款　　　　　　　　　　　　　　　　　　　22 600.00

(2)2月6日,商场转来收货单,200只玉手镯已验收入库,作分录如下:

借:库存商品——玉手镯　　　　　　　　　　　　　　　　20 000.00
　　贷:在途物资——上海玉器厂　　　　　　　　　　　　20 000.00

企业购进商品,如果支付账款和库存商品验收入库在同一天完成,在核算也可以直接记入"库存商品"账户,不通过"在途物资"账户核算。

如果从异地采购商品发生运杂费等采购费用,通常列入"销售费用"账户;倘若购进商品发生的采购费用金额较大时,也可以计入商品采购成本。

"在途物资"是资产类账户,用以核算企业购入原材料、商品的采购成本。企业购入原材料、商品支付货款,及应计入成本的采购费用时,记入该账户借方;原材料、商品验收入库时,记入该账户贷方;期末余额在借方,表示企业货款已付尚未验收入库的在途原材料、在途商品的成本。

"库存商品"是资产类账户,用以核算企业全部自有的库存商品。当企业商品购进和盘盈时,记入该账户借方;企业商品销售和盘亏时,记入该账户贷方;期末余额在借方,表示企业库存商品的结存数额。

二、进货退出的核算

进货退出是指商品购进验收入库后,因质量、品种、规格不符,再将商品退回原供货单位。

企业发生进货退出业务时,由供货单位开出红字专用发票,然后由商场有关部门据以填制"进货退出单"发运商品,并通知财会部门进行进货退出核算。

【例】 上海宾馆附设商场日前向上海玉器厂购进玉手镯 100 只,每只单价 200 元,货款已付讫。今复验商品,发现其中 10 只质量不符要求,经联系后同意退货。

(1) 2 月 8 日,收到上海玉器厂退货的红字专用发票,开列退货款 2 000 元,退增值税额 260 元,玉手镯也已退还对方,作分录如下:

借:应收账款——上海玉器厂　　　　　　　　　　　　　　　2 260.00
　　贷:库存商品——玉手镯　　　　　　　　　　　　　　　　2 000.00
　　贷:应交税费——应交增值税——进项税额　　　　　　　　　260.00

(2) 2 月 10 日,收到对方退来货款及增值税额的转账支票 2 260 元,存入银行,作分录如下:

借:银行存款　　　　　　　　　　　　　　　　　　　　　　2 260.00
　　贷:应收账款——上海玉器厂　　　　　　　　　　　　　　2 260.00

三、购进商品退补价的核算

商场购进商品有时由于供货单位疏忽,发生单价开错或价格计算错误,需要调整商品价款,因此发生了商品退补价的核算。在发生商品退补价情况时,应由供货单位填制更正专用发票交给购货单位,经业务部门审核后,再送财会部门,复核无误后,据以进行退补价的核算。

(一)购进商品退价的核算

购进商品退价是指原结算货款所计的进价高于实际进价,应由供货单位将其高于实际进价的差额退还给购货单位。

【例】 湖光宾馆附设商场向上海珠宝厂购入珍珠项链 20 条,每条 480 元,货款已付讫。今收到上海珠宝厂开来的更正发票,列明每条项链单价应为 450 元,应退货款 600 元,应退增值税额 78 元。所退款项尚未收到,作分录如下:

借:应收账款——上海珠宝厂　　　　　　　　　　　　　　　678.00
　　贷:库存商品——珍珠项链　　　　　　　　　　　　　　　600.00
　　贷:应交税费——应交增值税——进项税额　　　　　　　　　78.00

(二)购进商品补价的核算

购进商品补价是指原结算货款的进价低于商品的实际进价,应由购货单位将低于实际进价的差价补付给供货单位。

【例】 湖光宾馆附设商场向上海皮革厂购入银餐具 50 套,每套单价 360 元,货款

已付讫。今收到该厂更正发票,列明银餐具每套价格应为380元,补收货款1 000元,增值税额130元,作分录如下:

  借:库存商品——银餐具   1 000.00
  借:应交税费——应交增值税——进项税额   130.00
    贷:应付账款——上海餐具厂   1 130.00

四、商品销售的核算

商场经营贵重商品采用数量进价金额核算时,由于购货对象主要是个人消费者,对每笔成交的销售业务,一般都要填制普通发票,增值税额不另行列出,而是包含在货款之中。采用的结算方式主要有现金、转账支票和信用卡,每天营业结束,商场根据销货发票编制"销货日报表",其格式如图表8-1所示。并根据收款情况编制"收款日报表",其格式如图表8-2所示。然后将这两张报表连同销售商品所收取的现金和结算凭证一并送交财会部门。现金由财会部门集中解存银行。

图表8-1

销 货 日 报 表

2019年3月1日   金额单位:元

货号	品　名	计量单位	数量	单价	金　　额	发票张数(张)
101	玉　兔	只	3	100.00	300.00	3
104	玉手镯	只	5	262.00	1 310.00	4
109	珍珠项链	条	1	590.00	590.00	1
201	银餐具	套	2	500.00	1 000.00	2
〰	〰	〰	〰	〰	〰	〰
	合　计		58		16 560.00	50

图表8-2

收 款 日 报 表

2019年3月1日   金额单位:元

业务项目	金　　额	结算方式	金　　额	发票张数(张)
销货收入	16 560.00	现　金	10 310.00	47
		转账支票	1 250.00	1
		信用卡	5 000.00	2
合　计	16 560.00	合　计	16 560.00	50
销货溢款		销货缺款		

财会部门根据"收款日报表"上现金、转账支票和信用卡结算的金额,分别借记"库

存现金""银行存款"和"财务费用"等账户；根据"销货日报表"上的金额，贷记"主营业务收入"账户。

【例】 湖光宾馆收到商场交来"销货日报表"和"收款日报表"，列明商品销售收入为 16 560 元，其中现金结算为 10 310 元，转账支票结算为 1 250 元，信用卡结算为 5 000 元，信用卡结算的手续费率为 9‰，该宾馆为信用卡特约结算单位。转账支票与信用卡结算凭证已解存银行。

（1）将商品销售收入入账时，作分录如下：

借：库存现金　　　　　　　　　　　　　　　　　　　　10 310.00
借：银行存款　　　　　　　　　　　　　　　　　　　　 6 205.00
借：财务费用　　　　　　　　　　　　　　　　　　　　　 45.00
　　贷：主营业务收入——商品销售业务　　　　　　　　16 560.00

（2）将销货现金解存银行时，作分录如下：

借：银行存款　　　　　　　　　　　　　　　　　　　　10 310.00
　　贷：库存现金　　　　　　　　　　　　　　　　　　10 310.00

（3）经计算该批商品的进价成本为 12 255 元，结转商品销售成本，作分录如下：

借：主营业务成本——商品销售业务　　　　　　　　　　12 255.00
　　贷：库存商品　　　　　　　　　　　　　　　　　　12 255.00

以上商品销售成本是采用个别计价法计算的，在实际工作中，由于经营商品的品种繁多，购销业务较为频繁，如采用个别计价法有困难，也可根据企业管理与核算的需要，采用加权平均法或先进先出法计算。至于具体的计算方法，在第三章第一节原材料的核算中已作了阐述，不再重复。

五、主营业务收入的调整

由于商场销售商品时的增值税额包含在货款之内，因此，"主营业务收入——商品销售业务"账户平时反映的是含税收入，至月末就需要进行调整，将含税收入中的销项税额分离出来，使"主营业务收入——商品销售业务"账户反映商场真正的销售额，调整含税收入的计算公式如下：

$$销售额 = \frac{含税收入}{1+增值税税率}$$

$$销项税额 = 含税收入 - 销售额$$

【例】 申城宾馆附设商场月末"主营业务收入——商品销售业务"账户余额为 329 960 元，增值税税率为 13%，调整本月份的主营业务收入，计算的结果如下：

$$销售额 = \frac{329\,960}{1+13\%} = 292\,000(元)$$

销项税额 = 329 960 − 292 000 = 37 960(元)

根据计算的结果,作分录如下:

借:主营业务收入——商品销售业务　　　　　　　　　　　　　37 960.00
　　贷:应交税费——应交增值税——销项税额　　　　　　　　　　　37 960.00

六、代销商品的核算

商场对于价格高、占用资金多、消费面窄的高级工艺品、字画等商品,可以采用代销的方式,以有效地利用供货方的资金开展经营业务。

商场采用代销方式时,必须与供货方订立"商品委托代销合同",合同上应注明结算方式、接受价格、销售价格、货款结算时间、商品保管的要求及双方承担的责任等。接受价格与销售价格的差额为代销手续费。

商场在收到代销商品时,不作购进处理。为了加强对代销商品的管理与核算,应按接受价格借记"委托代销商品"账户,贷记"受托代销商品款"账户。

在代销商品销售时,按照实际收到的款项,借记"库存现金"账户;按实现的销售收入,贷记"应付账款"账户;按应交的增值税额,贷记"应交税费"账户。同时注销代销商品,按接受价格,借记"受托代销商品款"账户,贷记"受托代销商品"账户。定期向供货方开具代销商品清单和代销手续费发票,届时根据应收取的代销手续费,借记"应付账款"账户,贷记"其他业务收入"账户。俟收到供货方开来专用发票结算货款和增值税额时,根据其货款减去应收的代销手续费,借记"应付账款"账户;根据应支付的增值税额,借记"应交税费"账户,贷记"银行存款"账户。

【例】　湖滨宾馆附设商场根据商品委托代销合同,接受精工工艺品厂玉雕熊猫100件,每件接受价格175元,计货款17 500元,增值税税率为13%,玉雕熊猫每件按226元销售,其中含增值税额26元,合同规定每个月月末结算一次账款。

(1) 1月2日,收到60件玉雕熊猫时,作分录如下:

借:受托代销商品——精工工艺品厂　　　　　　　　　　　　　17 500.00
　　贷:受托代销商品款——精工工艺品厂　　　　　　　　　　　　17 500.00

(2) 1月20日,销售玉雕熊猫60件,计货款12 000元,增值税额1 560元。

① 反映商品销售收入和销项税额,作分录如下:

借:库存现金　　　　　　　　　　　　　　　　　　　　　　　13 560.00
　　贷:应付账款——精工工艺品厂　　　　　　　　　　　　　　　12 000.00
　　贷:应交税费——应交增值税　　销项税额　　　　　　　　　　 1 560.00

② 同时,注销代销商品,作分录如下:

借：受托代销商品款——精工工艺品厂　　　　　　　　　　　　10 500.00
　　　　贷：受托代销商品——精工工艺品厂　　　　　　　　　　　　　10 500.00

（3）1月30日，开出代销商品清单及代销手续费发票，开列每件玉雕熊猫代销手续费25元，计1 500元，作分录如下：

　　借：应付账款——精工工艺品厂　　　　　　　　　　　　　　　1 500.00
　　　　贷：其他业务收入　　　　　　　　　　　　　　　　　　　　　1 500.00

（4）1月31日，收到精工工艺品厂的增值税专用发票，开列玉雕熊猫60件，每件200元，计货款12 000元，增值税额1 560元。今扣除代销手续费1 500元后，签发转账支票支付已售代销商品货款及增值税额，作分录如下：

　　借：应付账款——精工工艺品厂　　　　　　　　　　　　　　　10 500.00
　　借：应交税费——应交增值税——进项税额　　　　　　　　　　　1 560.00
　　　　贷：银行存款　　　　　　　　　　　　　　　　　　　　　　　12 060.00

"受托代销商品"是资产类账户，用以核算企业接受其他单位委托代销的商品。企业收到代销商品时，记入该账户借方；企业接受代销商品销售后，将其转销时，记入该账户贷方；期末余额在借方，表示企业尚未销售的代销商品数额。

"受托代销商品款"是负债类账户，用以核算接受代销商品的货款。企业收到代销商品时，记入该账户贷方；企业销售代销商品后，将其转销时，记入该账户借方；期末余额在贷方，表示企业尚未销售的代销商品的货款。

七、商品储存的核算

商品储存是商品购进和商品销售的中间环节，它是商品流通的重要环节。

为了加强对商品储存的核算和管理，财会部门必须与有关各部门密切配合，做到库存结构合理、商品保管完好、收发制度严密、定期盘点商品，以达到账实相符的目的。

（一）商品盘点溢余和短缺的核算

采用数量进价金额核算的商场对商品一般要经常清查盘点（根据需要每日、每旬或每月盘点一次），财会部门在商品清查盘点前，应将有关商品收发业务的凭证全部登记入账，并结出库存商品余额，以便与柜台盘点的实存数量进行核对。商品盘点后，由商品保管人员负责填制"商品盘存表"，先根据账面资料填写商品名称、规格、单价及账存数量，再填列实存数量。"商品盘存表"上账存数与实存数如不相符，应填制"商品盘点短缺溢余报告单"，一式数联，将其中一联转交财会部门，财会部门据以将商品短缺或溢余金额转入"待处理财产损溢"账户，以达到账实相符的目的。等查明原因后，再区别情况进行转账处理。

【例】光华宾馆附设商场根据盘点结果，填制"商品盘点短缺溢余报告单"如图表8-3所示。

图表8-3

商品盘点短缺溢余报告单

2019年9月25日　　　　　　　　　　　　　　　金额单位：元

品　名	计量单位	单价	账存数量	实存数量	短缺		溢余		原因
					数量	金额	数量	金额	
女牛皮包	只	250	42	52			10	2 500	待查
男皮公文包	只	300	31	30	1	300			待查
合　计						300	10	2 500	

（1）财会部门审核无误，据以调整库存商品结存额，作分录如下：

根据盘缺金额：

借：待处理财产损溢　　　　　　　　　　　　　　　　　　　　300.00
　　贷：库存商品——男皮公文包　　　　　　　　　　　　　　　　300.00

根据盘溢金额：

借：库存商品——女牛皮包　　　　　　　　　　　　　　　　2 500.00
　　贷：待处理财产损溢　　　　　　　　　　　　　　　　　　　2 500.00

（2）今查明溢余10只女牛皮包系供货单位多发商品，现已补来增值税专用发票，开列货款2 500元，增值税额325元。款项当即以转账支票付讫，作分录如下：

借：待处理财产损溢　　　　　　　　　　　　　　　　　　　2 500.00
借：应交税费——应交增值税——进项税额　　　　　　　　　　325.00
　　贷：银行存款　　　　　　　　　　　　　　　　　　　　　2 825.00

（3）今查明短缺一只男皮公文包，系销售过程中漏收货款，经领导批准60%作为企业损失处理，40%由责任人负责赔偿，作分录如下：

借：营业外支出——盘亏损失　　　　　　　　　　　　　　　　180.00
借：其他应收款——责任人　　　　　　　　　　　　　　　　　120.00
　　贷：待处理财产损溢　　　　　　　　　　　　　　　　　　　300.00

（二）商品削价的核算

商场在期末应对库存商品进行清查盘点，如果由于商品遭受毁损或陈旧过时等原因，使商品可变现净值低于成本时，应根据谨慎性会计信息质量要求，计提存货跌价准备。

商品可变现净值是指在日常活动中，商品估计的售价减去商品成本、估计的销售费用以及相关税费后的差额。

期末，企业计算出商品可变现净值低于成本的差额时，借记"资产减值损失——存货跌价损失"账户，贷记"存货跌价准备"账户。如已计提跌价准备的商品的价值以后又得以恢复，应按恢复增加的数额，借记"存货跌价准备"账户，贷记"资产减值损失——存货跌价损失"账户。

【例】 华夏宾馆附设商场月末对商品进行清查盘点，发现真丝围巾100条陈旧过时，每条售价经批准削价为56.50元，内含增值税税额6.50元，其成本为60元，估计销售费用为1元。

(1) 3月31日，计提存货跌价准备，作分录如下：

借：资产减值损失——存货跌价损失　　　　　　　　　　1 100.00
　　贷：存货跌价准备　　　　　　　　　　　　　　　　　　　1 100.00

(2) 4月10日，销售削价的真丝围巾50条，收到现金2 825元，作分录如下：
反映商品销售收入：

借：库存现金　　　　　　　　　　　　　　　　　　　　2 825.00
　　贷：主营业务收入——商品销售业务　　　　　　　　　　　2 500.00
　　　　应交税费——应交增值税——销项税额　　　　　　　　325.00

同时，结转商品销售成本：

借：主营业务成本——商品销售业务　　　　　　　　　　3 000.00
　　贷：库存商品　　　　　　　　　　　　　　　　　　　　　3 000.00

同时，转销其已计提的存货跌价准备：

借：存货跌价准备　　　　　　　　　　　　　　　　　　　550.00
　　贷：主营业务成本　　　　　　　　　　　　　　　　　　　　550.00

"存货跌价准备"是资产类账户，它是"原材料""库存商品"等存货账户的抵减账户，用以核算企业计提的存货跌价准备。企业在期末发生存货可变现净值低于成本时，记入贷方；企业已计提跌价准备的存货出售、领用或者价值恢复，转销已计提的跌价准备时，记入借方；期末余额在贷方，表示企业已经计提但尚未转销的存货跌价准备的数额。

第三节　售价金额核算法

商场经营的商品，除了高档贵重商品外，其他的商品品种繁多，交易次数频繁。为了提高工作效率和服务质量，方便顾客购买，一般采用"一手交钱，一手交货"的销货方式。这种方式并不一定都要填制销货凭证，因此，其核算采用售价金额核算法。

一、商品购进的核算

商场为了适应消费者对商品多样化的需要,应做好市场分析工作,有计划地向生产企业或批发公司采购商品。商场派采购员到供货单位挑选商品,取得供货单位的专用发票,据以将商品验收入库后,送交财会部门办理结算,以转账支票、商业汇票等支付账款;也可以根据管理的需要,另行填制收货单,一式数联,俟商品验收入库后,将其中一联连同供货单位的专用发票一并送交财会部门入账,收货单的格式如图表8-4所示。

财会部门根据专用发票及结算凭证入账,届时按专用发票上列明的货款,借记"在途物资"账户;按专用发票上列明的增值税额,借记"应交税费"账户;按结算凭证上列明的金额,贷记"银行存款"账户。再根据实物负责部门送来商品验收入库的收货单,按售价金额,借记"库存商品"账户;按进价金额,贷记"在途物资"账户;将售价金额与进价金额之间的差额列入"商品进销差价"账户的贷方。

【例】 新世界宾馆附设商场转来乐凯玩具厂的增值税专用发票,开列长毛绒玩具一批,计进价金额7 770元,增值税额1 320.90元。

(1) 5月5日,专用发票经审核无误,当即签发转账支票9 090.90元,支付全部款项,作分录如下:

借:在途物资——乐凯玩具厂　　　　　　　　　　　　　　　　7 770.00
借:应交税费——应交增值税——进项税额　　　　　　　　　　1 320.90
　　贷:银行存款　　　　　　　　　　　　　　　　　　　　　　9 090.90

(2) 5月6日,商品已由商场百货柜验收入库,转来收货单如图表8-4所示。

图表8-4

收 货 单

2019年5月6日　　　　　　　　　　　　　　　供货单位:乐凯玩具厂

收货部门:百货柜　　　　　　　　　　　　　　　　　　　金额单位:元

商品名称	购 进 价 格				销 售 价 格				进销差价
	单位	数量	单价	金额	单位	数量	单价	金额	
长毛绒猴子	箱	6	370.00	2 220.00	只	60	50	3 000.00	780.00
长毛绒老虎	箱	6	385.00	2 310.00	只	60	52	3 120.00	810.00
长毛绒狮子	箱	8	405.00	3 240.00	只	80	55	4 400.00	1 160.00
合　　计				7 770.00				10 520.00	2 750.00

审核收货单无误后,作分录如下:

借:库存商品——百货柜　　　　　　　　　　　　　　　　　　10 520.00
　　贷:在途物资——乐凯玩具厂　　　　　　　　　　　　　　　7 770.00
　　贷:商品进销差价——百货柜　　　　　　　　　　　　　　　2 750.00

"商品进销差价"是资产类账户，它是"库存商品"账户的抵减账户，用以核算企业商品售价金额与进价金额之间的差额。企业商品购进、溢余、调价增值发生差价时，记入该账户贷方；企业结转已销商品进销差价、商品短缺、调价减值和削价而转销差价时，记入该账户借方；期末余额在贷方，表示企业期末库存商品的进销差价。期末"库存商品"账户余额，减去"商品进销差价"账户余额，就是库存商品的进价余额。

二、进货退出的核算

商场购进商品后发现商品的品种、规格、质量与专用发票所列不符时，可与供货单位协商，征得对方同意后退出商品，由供货单位开出退货的红字专用发票，作进货退出处理。

【例】 5月8日，新世界宾馆附设商场日前向乐凯玩具厂购进长毛绒狮子80只，已由百货柜验收入库，今发现其中40只质量不符要求，与该厂联系后，对方同意退货。收到对方开来退货的红字专用发票，应退货款1 620元，退增值税额210.60元。并收到百货柜转来红字收货单，列明退出商品的售价金额2 200元，审核无误后，作分录如下：

借：应收账款——乐凯玩具厂   1 830.60
借：商品进销差价——百货柜   580.00
　　贷：库存商品——百货柜   2 200.00
　　贷：应交税费——应交增值税——进项税额   210.60

三、购进商品退补价的核算

商场购进商品后，有时会收到供货单位的更正发票，更正其开错的商品价款，这样就发生了购进商品退补价的核算。

由于商品购进退补价是更正商品的购进价格，不影响商品的销售价格，因此在核算时只能调整"商品进销差价"账户，而不能调整"库存商品"账户。

【例】 阳光旅馆附设商场从上海百货公司购进尼龙三折伞300把，每把单价16元，零售价20元，商品已验收入库。现收到供货单位的更正发票，每把尼龙伞购进单价为15元，应退货款300元，退增值税额39元，作分录如下：

借：应收账款——上海百货公司   339.00
　　贷：商品进销差价——百货柜   300.00
　　贷：应交税费——应交增值税——进项税额   39.00

以上是购进商品退价的核算，若发生购进商品补价的业务时，则借记"商品进销差价"账户和"应交税费"账户，贷记"应收账款"账户。

四、商品销售的核算

商场的商品销售业务，一般直接面向个人消费者，因此除少数个人采用信用卡和企事业单位采取转账结算外，商品销售收入主要是采用收取现金方式。收款方式有两种：

一种是分散收款,即在销售商品时不需要填制销货凭证,销货与收款均由营业员一人经手,这样容易发生差错与弊端;另一种是集中收款,即在销售商品时对每笔交易先由营业员填制销货凭证,消费者据以向收银处交款,然后由消费者凭盖有收银处"现金收讫"印章的销货凭证向营业员领取商品。这种收款方式可以减少差错和弊端,但手续繁琐,商场可以根据具体情况分别采用分散收款或集中收款的方式。

不论是采用分散收款方式还是采用集中收款方式,商场各柜组在每天营业结束后,都应按其所收取的销货款填制"销货收入交款单",其格式如图表8-5所示。

图表8-5

销货收入交款单

交款部门:百货柜　　　　　　　2019年9月8日　　　　　　　　　　金额单位:元

货款种类	张数	金额	货款种类	张数	金额
现金		5 015.00	信用卡	3	2 000.00
其中:票面100元	42	4 200.00	转账支票	1	900.00
票面50元	8	400.00			
票面20元	9	180.00			
票面10元	15	150.00			
票面5元	10	50.00			
票面2元	5	10.00			
票面1元	20	20.00			
角、分币		5.00			

交款金额:人民币(大写)柒仟玖佰壹拾伍元整　　　　￥7 915.00

"销货收入交款单"一式二联,连同销货款及结算单据一并送交财会部门,财会部门点收无误后,加盖"收讫"戳记,一联退还交款柜组,作为其交款的依据;另一联作为财会部门的入账凭证。财会部门将各营业柜组的销货款汇总后解存银行。财会部门根据柜组交来的"销货收入交款单",借记"库存现金""银行存款""财务费用"等账户,贷记"主营业务收入"账户;现金解交银行后,借记"银行存款"账户,贷记"库存现金"账户;并同时每天按售价金额转销库存商品,借记"主营业务成本"账户,贷记"库存商品"账户。

【例】 快活林酒家附设商场9月8日各柜组销售情况如下:

百货柜销货收入为7 915元,食品柜销货收入为6 185元,在货款结算中现金为9 600元,转账支票为1 500元,信用卡为3 000元,信用卡的结算手续费率为9‰,该酒家为信用卡特约结算单位。

(1) 财会部门根据各柜组交来的销货收入交款单及现金,转账支票和信用卡签购单

已解存银行,作分录如下:

借:库存现金   9 600.00
借:银行存款   4 473.00
借:财务费用   27.00
    贷:主营业务收入——商品销售业务——百货柜   7 915.00
    贷:主营业务收入——商品销售业务——食品柜   6 185.00

(2) 将现金集中解存银行,取得解款回单,作分录如下:

借:银行存款   9 600.00
    贷:库存现金   9 600.00

(3) 同时转销库存商品,作分录如下:

借:主营业务成本——商品销售业务——百货柜   7 915.00
借:主营业务成本——商品销售业务——食品柜   6 185.00
    贷:库存商品——百货柜   7 915.00
    贷:库存商品——食品柜   6 185.00

五、主营业务成本和主营业务收入的调整

商场采用售价金额核算库存商品,平时每天按商品售价结转主营业务成本,月末为了核算商品销售业务的经营成果,就需通过计算和结转已销商品的进销差价,将其调整为进价成本。正确计算已销商品进销差价是正确核算主营业务成本和期末库存商品价值的基础,其计算的方法有:综合差价率推算法、分柜组差价率推算法和实际进销差价计算法。各企业可按自己业务经营特点分别选用不同方法计算。

(一) 综合差价率推算法

综合差价率推算法是指按企业全部商品的存销比例,推算本期销售商品应分摊的进销差价的一种方法。其计算公式如下:

$$综合差价率 = \frac{结转前"商品进销差价"账户余额}{期末"库存商品"账户余额 + 本期商品销售收入} \times 100\%$$

$$本期已销商品进销差价 = 本期商品销售收入 \times 综合差价率$$

【例】东海宾馆附设商场3月31日有关账户资料如下:

月末分摊前"商品进销差价"账户余额   132 552元
"库存商品"账户余额   248 000元
本月"主营业务收入——商品销售收入"账户余额   256 000元

计算综合差价率并结转已销商品进销差价如下：

$$综合差价率=\frac{132\ 552}{248\ 000+256\ 000}\times 100\%=26.30\%$$

$$本期已销商品进销差价=256\ 000\times 26.30\%=67\ 328(元)$$

根据计算结果，作分录如下：

借：商品进销差价	67 328.00
贷：主营业务成本——商品销售业务	67 328.00

用综合差价率推算法计算，手续最为简便，但计算的结果不够准确。综合差价率推算法适用于商场规模较小，分柜组计算差价率确有困难的企业。

（二）分柜组差价率推算法

分柜组差价率推算法是指按商场各营业柜组商品的存销比例，推算本期已销售商品应分摊进销差价的一种方法。其计算方法与综合差价率推算法相同，但它要求按每一营业柜组分别计算其差价率。财会部门可编制"已销商品进销差价计算表"进行计算，其格式如图表 8-6 所示。

【例】 浦江宾馆附设商场对进销差价采用分柜组差价率推算法，在 12 月 31 日根据有关各明细账资料计算各柜组已销商品进销差价如图表 8-6 所示。

图表 8-6

已销商品进销差价计算表

2019 年 12 月 31 日　　　　　　　　　　　　　　　金额单位：元

营业柜组	月末库存商品账户余额	商品销售业务明细账户余额	结转前商品进销差价账户余额	差价率	已销商品进销差价	库存商品进销差价
(1)	(2)	(3)	(4)	$(5)=\frac{(4)}{(2)+(3)}$	$(6)=(3)\times(5)$	$(7)=(4)-(6)$
百货柜	194 000.00	186 000.00	99 560.00	26.20%	48 732.00	50 828.00
食品柜	176 000.00	172 000.00	93 090.00	26.75%	46 010.00	47 080.00
合计	370 000.00	358 000.00	192 650.00	—	94 742.00	97 908.00

根据计算的结果，作分录如下：

借：商品进销差价——百货柜	48 732.00
借：商品进销差价——食品柜	46 010.00
贷：主营业务成本——商品销售业务——百货柜	48 732.00
贷：主营业务成本——商品销售业务——食品柜	46 010.00

分柜组差价率推算法的计算较为简便,推算的结果较为准确,但与实际相比较,仍有一定的偏差。此方法适用于商场规模较大、需要分柜组核算其经营成果的企业。

(三) 实际进销差价计算法

实际进销差价计算法是指先计算出期末商品的进销差价,进而逆算已销商品进销差价的一种方法。其具体计算程序是:期末由各营业柜组通过商品盘点,编制"库存商品盘存表",根据各种商品的实存数量,分别乘以销售单价和购进单价,计算出期末库存商品的售价金额和进价金额。其计算公式如下:

$$\text{期末库存商品进销差价} = \text{期末库存商品售价金额} - \text{期末库存商品进价金额}$$

$$\text{已销商品进销差价} = \text{结转前"商品进销差价"账户余额} - \text{期末库存商品进销差价}$$

【例】 浦江宾馆附设商场对进销差价采用的是实际进销差价计算法。12月31日的有关资料见图表8-6中第(1)、第(2)、第(4)栏。经盘点,库存商品售价金额百货柜为194 000元,食品柜为176 000元;库存商品进价金额百货柜为143 126元,食品柜为128 972元。计算已销商品进销差价如下:

百货柜库存商品进销差价＝194 000－143 126＝50 874(元)

食品柜库存商品进销差价＝176 000－128 972＝47 028(元)

百货柜已销商品进销差价＝99 560－50 874＝48 686(元)

食品柜已销商品进销差价＝93 090－47 028＝46 062(元)

根据计算结果,作分录如下:

借:商品进销差价——百货柜	48 686.00
借:商品进销差价——食品柜	46 062.00
贷:主营业务成本——商品销售业务——百货柜	48 686.00
贷:主营业务成本——商品销售业务——食品柜	46 062.00

采用实际进销差价计算法,月末库存商品进销差价和已销商品进销差价计算的结果都很准确,然而,由于它要根据每种商品的盘存数量,分别计算其售价金额和进价金额,因此,计算的工作量大,适用于经营商品品种较少的企业,或者在企业需要反映其期末库存商品实际价值时采用。

在结转了已销商品进销差价以后,"主营业务成本——商品销售业务"账户得到了调整,反映的是商品的进价成本,而"主营业务收入——商品销售业务"账户反映的却是含税收入,也需要将其调整为不含税的销售收入,调整的方法与数量进价金额法相同,这里不再重述。

六、商品储存的核算

商品储存的核算,包括商品调价、盘点缺溢、削价和库存商品的明细分类核算等内容。

(一) 商品调价的核算

商品调价是指商场对商品的销售价格进行提高或降低。一般根据国家物价政策或市场情况进行商品调价。企业在调价前一天营业结束后,应由有关人员同实物负责小组对调价的商品进行实地盘点,并填制"商品调价差额调整单",此调整单一式数联,其中一联送交财会部门。财会部门复核"商品调价差额调整单"无误后,将调价差额全部体现在商品经营损益内,由于商品进价无变动,只需同时调整"库存商品"账户和"商品进销差价"账户即可。

【例】 光辉旅店附设商场根据市场状况从 9 月 4 日起,调整啤酒等酒类商品销售价格,食品柜经过盘点后,编制商品调价差额调整单如图表 8-7 所示。

图表 8-7

商品调价差额调整单

调价通知:调字×号

填报部门:食品柜　　　　　2019 年 9 月 4 日　　　　　单位:元

品名	规格	计量单位	盘存数量	零售单价 新价	零售单价 原价	调整单价差额 增加	调整单价差额 减少	调高金额	调低金额
啤酒	(略)	瓶	1 000	2.00	1.70	0.30		300.00	
黄酒		瓶	600	2.50	2.10	0.40		240.00	
合计								540.00	

财会部门根据"商品调价差额调整单",作分录如下:

借:库存商品——食品柜　　　　　　　　　　　　　　　540.00
　　贷:商品进销差价——食品柜　　　　　　　　　　　　540.00

若发生调价减值业务时,则借记"商品进销差价"账户,贷记"库存商品"账户。

(二) 商品盘点和商品盘点缺溢的核算

商场采用售价金额核算库存商品时,库存商品明细账平时只反映营业柜组商品的进、销、存的售价金额,而不反映各种商品的结存数量。因此,只有通过盘点计算出各种商品的售价金额和全部库存商品的售价金额,才能与当天"库存商品"账户余额进行核对,以确保账实相符。

商场为加强对库存商品的管理,每月至少全面盘点一次,如发生部门实物负责人调动、商品调价等情况,还要进行不定期的全面盘点或局部盘点。

商场各实物负责小组对其所经营的商品进行盘点时,一般要填列商品盘存表,表内列明商品品名、编号、规格、数量、售价等项目。商品盘点的实存金额小于账面金额时为商品短缺,实存金额大于账面金额时为商品溢余。库存商品发生短缺或溢余,应填制"商品盘点短缺溢余报告单",此单一式数联,商场应认真查明账实不符的原因,并将其中一联报送领导审批,另一联送交财会部门作为记账的依据。"商品盘点短缺溢余报告单"格式如图表8-8所示。

商品盘点短缺或溢余是以商品的售价金额来反映的,在"商品盘点短缺溢余报告单"中,还要将其调整为进价金额,财会部门在缺溢商品未查明原因前,应将短缺或溢余商品的进价金额先记入"待处理财产损溢"账户,将短缺或溢余商品的售价金额记入"库存商品"账户;两者之间的差额记入"商品进销差价"账户。俟查明原因后,根据领导批复的意见,再将其转入"营业外支出"或"其他应收款"等账户。

【例】 南浦饭店附设商场食品柜9月27日盘点商品,发现短缺商品50元,填制"商品盘点短缺溢余报告单"如图表8-8所示。

图表8-8

商品盘点短缺溢余报告单

部门:食品柜　　　　　　　　　2019年9月27日　　　　　　　　　金额单位:元

账存金额	102 560.00	溢余金额		短缺或溢余原因	销货差错
实存金额	102 510.00	短缺金额	50.00		
上月本柜组差价率			25.60%		
溢余商品差价		溢余商品进价			
短缺商品差价	12.80	短缺商品进价	37.20		
领导批复		部门意见	要求作为企业损失		

(1)财会部门根据"商品盘点短缺溢余报告单",作分录如下:

借:待处理财产损溢　　　　　　　　　　　　　　　　　37.20
借:商品进销差价——食品柜　　　　　　　　　　　　　12.80
　　贷:库存商品——食品柜　　　　　　　　　　　　　　50.00

(2)31日,经批准将盘缺商品作为企业损失处理,作分录如下:

借:营业外支出——盘亏损失　　　　　　　　　　　　37.20
　　贷:待处理财产损溢　　　　　　　　　　　　　　　37.20

(三)商品削价的核算

采用售价金额核算法时,商场发现商品遭受毁损,或陈旧过时,为了减少商品的损失,可以按照规定的审批权限,报经批准后进行削价处理。

削价后商品的可变现净值高于其成本时,根据削价减值金额,借记"商品进销差价"账户,贷记"库存商品"账户,以调整其账面价值。削价后商品的可变现净值低于其成本时,除了根据削价减值金额,借记"商品进销差价"账户,贷记"库存商品"账户,以调整其账面价值外,还应计提存货跌价准备。

【例】 大华饭店附设商场百货柜,月末盘点清查发现60双旅游鞋的式样已陈旧过时,其原销售单价为113元,经批准削价为79.10元,该旅游鞋每双进价为85元。估计销售费用为1元,增值税税率为13%,计算其可变现净值如下:

$$旅游鞋削价后不含增值税售价 = 79.10 \times 60 \div 1.13 = 4\,200(元)$$
$$旅游鞋可变现净值 = 4\,200 - (1 \times 60) = 4\,140(元)$$
$$旅游鞋可变现净值低于成本的差额 = 85 \times 60 - 4\,140 = 960(元)$$

(1) 9月30日,根据削价减少的售价金额,调整其账面价值,作分录如下:

借:商品进销差价——百货柜　　　　　　　　　　　　　　　　2 034.00
　　贷:库存商品——百货柜[(113-79.10)×60]　　　　　　　　　　2 034.00

同时,计提存货跌价准备,作分录如下:

借:资产减值损失——存货跌价损失　　　　　　　　　　　　　960.00
　　贷:存货跌价准备　　　　　　　　　　　　　　　　　　　　960.00

(2) 10月10日,销售削价的旅游鞋30双,收到现金2 373元,作分录如下:
反映销售收入:

借:库存现金　　　　　　　　　　　　　　　　　　　　　　2 373.00
　　贷:主营业务收入——商品销售业务——百货柜　　　　　　2 373.00

结转商品销售成本:

借:主营业务成本——商品销售业务——百货柜　　　　　　　2 373.00
　　贷:库存商品——百货柜　　　　　　　　　　　　　　　　2 373.00

结转其计提的存货跌价准备:

借:存货跌价准备　　　　　　　　　　　　　　　　　　　　480.00
　　贷:主营业务成本——百货柜　　　　　　　　　　　　　　480.00

(四)库存商品的明细分类核算

采用售价金额核算法库存商品明细分类账是按营业柜组设置的,在账户中反映各营业柜组库存商品的售价金额,通常采用三栏金额式账页登记。

各营业柜组为了掌握本部门商品进、销、存的动态和销售预算的完成情况,便于向财会部门报账,每天营业结束后,应根据商品经营的各种原始凭证,编制"商品进销存日报表"。此表一式数联,营业柜组自留一联,一联连同有关的原始凭证一并送交财会部门,经复核无误后,据以入账。"商品进销存日报表"的格式如图表8-9所示。

图表8-9

商品进销存日报表

部门:百货柜　　　　　　　2019年9月25日　　　　　　　　单位:元

项　　　目		金　　额	项　　　目		金　　额
昨日结存		168 590.00	今日发出	销　　售	8 920.00
今日收入	购　进	8 020.00		调价减值	
	调价增值	640.00		削　　价	456.00
	溢　余			短　　缺	38.00
			今　日　结　存		167 836.00
本月销售预算		260 000.00	本月销售累计		219 810.00

由于"商品进销存日报表"反映了各营业柜组库存商品每天进、销、存的情况,其反映的内容与库存商品明细账反映的内容是一致的。因此,可将该表分营业柜组按时间顺序装订成册,代替库存商品明细账,以简化核算手续。

思 考 题

一、简答题

1. 商场商品经营业务有哪两种形式?这两种形式有什么不同?
2. 什么是数量进价金额核算法?试述其核算的要点和适用性。
3. "主营业务收入"账户月末为何要进行调整?如何进行调整?
4. 试述各种已销商品进销差价计算方法的优缺点和适用性。
5. 采用售价金额核算的商场为什么要加强对库存商品的盘点工作?
6. 为什么要编制"商品进销存日报表"?其编制的依据是什么?

二、名词解释题

售价金额核算法　商品可变现净值　综合差价率推算法　实际进销差价计算法

三、是非题

1. 数量进价金额核算法是指库存商品的总分类账户和明细分类账户除均按进价金

额反映外,其明细分类账户还必须反映商品实物数量的核算方法。　　(　　)

2. 代销商品在销售的同时就体现了销售收入的实现。　　(　　)

3. 商品可变现净值是指在日常活动中,商品估计的售价减去商品的成本、估计的销售费用后的差额。　　(　　)

4. 集中收款容易发生差错与弊端,而分散收款手续繁琐。　　(　　)

5. 分柜组差价率推算法是指按商场各营业柜组商品的存销比例,推算本期已销商品应分摊进销差价的方法。　　(　　)

6. 计算已销商品进销差价是手段,调整商品销售成本才是目的。　　(　　)

7. 采用实际进销差价计算法计算已销商品进销差价需要根据期末"商品进销差价""库存商品"和"主营业务收入"账户余额等资料来进行。　　(　　)

四、单项选择题

1. 已销商品进销差价计算偏低,那么_____。

A. 期末库存商品价值偏低,毛利也偏低

B. 期末库存商品价值偏低,毛利则偏高

C. 期末库存商品价值偏高,毛利也偏高

D. 期末库存商品价值偏高,毛利则偏低

2. 借记"商品进销差价"账户和"应交税费"账户,贷记"应收账款"账户是_____业务的会计分录。

A. 数量进价金额核算法购进商品补价

B. 数量进价金额核算法购价商品退价

C. 数量售价金额核算法购进商品补价

D. 数量售价金额核算法购进商品退价

五、多项选择题

1. 售价金额核算法的要点是_____。

A. 建立实物负责制

B. 库存商品按售价记账

C. 设置"商品进销差价"账户

D. 加强商品盘点

2. 商品盘缺根据所查明的不同的原因,经批准后转入_____等有关账户。

A. 销售费用　　　　　　　　B. 管理费用

C. 营业外支出　　　　　　　D. 其他应收款

3. 采用售价金额核算法,月末需要调整的账户有_____。

A. 库存商品　　　　　　　　B. 商品进销差价

C. 主营业务收入　　　　　　D. 主营业务成本

实 务 题

习题一

一、目的 练习数量进价金额核算法(商品进销部分)。

二、资料 红星宾馆附设商场2月份发生下列经济业务:

1. 2日,向黄星记扇庄购进檀香扇30把,收到专用发票,列明每把单价300元,计货款9 000元,增值税额1 170元。审核无误后,款项当即签发转账支票付讫。

2. 3日,商场转来收货单,2日从黄星记扇庄购进的30把檀香扇,每把300元,已全部验收入库。

3. 5日,今复验檀香扇,发现其中5把质量不符合要求,经联系后同意退货,收到黄星记扇庄退货的红字专用发票,开列退货款1 500元,退增值税额195元,款项尚未收到。檀香皂已退还对方。

4. 6日,根据商品委托代销合同,接受大明玉器厂玉手镯40只,每只接受价为255元,计货款10 200元,增值税税率为13%,合同规定每个月月末结算一次。玉手镯已验收入库。

5. 8日,向土产进出口公司购进紫砂茶具50套,收到增值税专用发票,列明每套350元,计货款17 500元,增值税额2 275元,款项当即签发转账支票付讫,商场也转来收货单,50套茶具已验收入库。

6. 12日,向上海百货公司购入化妆品20盒,收到专用发票,列明每盒单价600元,计货款12 000元,增值税额1 560元,当即签发转账支票付讫,商场也转来收货单,20盒化妆品已验收入库。

7. 14日,收到上海百货公司红字更正发票,列明化妆品每套价格为560元,应退货款800元,退增值税额104元,已收到退款转账支票,存入银行。

8. 18日,收到商场交来的"销货日报表"和"收款日报表",列明售出檀香扇10把,每把400元;售出紫砂茶具8套,每套460元;售出化妆品6盒,每盒740元。货款中转账支票结算为1 520元,信用卡结算为1 600元,其余部分为现金结算,信用卡结算的手续费率为9‰,该宾馆为信用卡特约结算单位,各种结算凭证和现金均已解存银行。

9. 18日,根据销售商品的进价,结转其销售成本。

10. 20日,向上海珠宝厂购入珍珠项链30条,收到专用发票,列明每条200元,计货款6 000元,增值税额780元。款项以商业汇票付讫,商场也转来收货单,30条珍珠项链已验收入库。

11. 22日,收到上海珠宝厂更正发票一张,列明珍珠项链每条价格为210元,补收货款 300 元,增值税额 39 元,经审核无误,当即以转账支票付讫。

12. 24 日,向黄星记扇庄购进檀香扇 25 把,每把单价 300 元,计货款 7 500 元,增值税额 975 元。款项当即签发转账支票付讫,商场也转来收货单,25 把檀香扇已验收入库。

13. 25 日,销售代销的玉手镯 20 只,每只售价 300 元,计货款 6 000 元,增值税额 780 元。收到现金,解存银行。

14. 27 日,开出代销玉手镯清单及代销手续费发票,开列代销玉手镯 20 只,每只代销手续费为 45 元,予以转账。

15. 28 日,收到商场转来"销货日报表"和"收款日报表",列明售出珍珠项链 15 条,每条 280 元;售出檀香扇 20 把,每把 400 元;售出紫砂茶具 15 套,每套 460 元;售出化妆品 8 盒,每盒 740 元。货款中转账支票结算为 1 260 元,信用卡结算为 3 600 元,其余部分为现金结算,信用卡结算的手续费率为 9‰,各种结算凭证和现金均已解存银行。

16. 28 日,收到大明玉器厂专用发票,开列玉手镯 20 只,货款 6 000 元,增值税额 780 元,扣除代销手续费 900 元后,签发转账支票支付已售代销商品全部账款。

17. 28 日,根据销售商品的进价,结转其销售成本。

18. 28 日,该企业销售商品的增值税税率为 13%,调整本月份的主营业务收入。

三、要求 编制会计分录。

习题二

一、目的 练习数量进价金额核算法(商品储存部分)。

二、资料 金陵宾馆附设商场发生下列有关的经济业务:

1. 3 月 26 日,收到"商品盘点短缺溢余报告单"如图表 8-10 所示。

图表 8-10

商品盘点短缺溢余报告单

2019 年 3 月 26 日　　　　　　　　　　　　　　　　　　金额单位:元

品 名	计量单位	单价	账存数量	实存数量	短缺		溢余		原因
					数量	金额	数量	金额	
珍珠项链	条	220.00	22	20	2	440.00			待查
龙井绿茶	听	50.00	105	102	3	150.00			
祁门红茶	听	40.00	96	98			2	80.00	
檀香扇	把	300.00	18	28			10	3 000.00	
合　计						590.00		3 080.00	

2. 3 月 28 日,在清查盘点中发现真丝睡衣 50 件因陈旧过时,每件售价经批准削价为 67.80 元,内含增值税额 7.80 元,而其成本为 78 元,估计销售费用为 1 元,计提存货

跌价准备。

3. 3月29日,查明溢余10把檀香扇系黄星记扇庄多发商品,黄星记扇庄现补来增值税专用发票,开列货款3 000元,增值税额390元,款项尚未支付。

4. 3月30日,查明短缺珍珠项链2条是由于保管人员失职造成的。经批准,其中60%由责任人赔偿,40%作为企业损失处理。

5. 3月31日,查明龙井绿茶短缺3听、祁门红茶溢余2听是由于销售过程中的差错所造成的,经批准分别作为企业损失、收益处理。

6. 4月5日,销售削价的真丝睡衣25件,收到现金1 695元,存入银行,结转其销售成本,并结转已计提的存货跌价准备。

三、要求 编制会计分录。

习题三

一、目的 练习售价金额的核算法(商品进销部分)。

二、资料

1. 徐汇宾馆附设商场有关账户12月份期初余额如下:

库存商品——百货柜   120 120元   商品进销差价——百货柜   30 150元

库存商品——食品柜   114 780元   商品进销差价——食品柜   28 880元

2. 12月份发生下列有关的经济业务:

(1) 1日,向上海百货公司购进商品一批,计进价金额29 300元,增值税额3 809元,审核无误后,款项当即签发转账支票付讫。

(2) 2日,1日购进的商品已由商场百货柜验收,转来收货单如图表8-11所示。

图表8-11

收 货 单

收货部门:百货柜   2019年12月2日   金额单位:元

商品名称	购进价格				销售价格			
	单位	数量	单价	金额	单位	数量	单价	金额
舒肤佳香皂	10块	100	30.00	3 000.00	块	1 000	4.20	4 200.00
印花毛巾	10条	80	75.00	6 000.00	条	800	10.00	8 000.00
香水	10瓶	20	450.00	9 000.00	瓶	200	60.00	12 000.00
护肤霜	10盒	50	226.00	11 300.00	盒	500	30.20	15 100.00

(3) 4日,收到上海百货公司更正发票,舒肤佳香皂每10块应为31元,应补收货款100元,增值税额13元。

(4) 8日,向上海玩具厂购进长毛绒熊猫1 000只,每只31.20元,计货款31 200元,增值税额4 056元。款项以商业汇票付讫,长毛绒熊猫已由百货柜验收,其销售单价为42元。

(5) 12日,复验长毛绒熊猫发现其中100只质量不符要求,经联系,对方已同意退货。今收到厂方开来的红字专用发票,商品已退还对方,应退货款及增值税额尚未收到。

(6) 15日,百货柜销货收入为65 560元,食品柜销售收入为60 980元。货款结算中现金为109 540元,转账支票为5 000元,信用卡为12 000元,信用卡的结算手续费率为9‰,该宾馆为信用卡特约结算单位,现金及各种结算单据均已送存银行。

(7) 18日,向上海食品公司购进商品一批,计进价金额59 700元,增值税额7 761元,款项当即签发转账支票付讫,商品由食品柜验收后,转来收货单如图表8-12所示。

图表8-12

收 货 单

收货部门:食品柜　　　　　2019年12月18日　　　　　金额单位:元

商品名称	购进价格				销售价格			
	单位	数量	单价	金额	单位	数量	单价	金额
椰奶	30听	60	70.00	4 200.00	听	1 800	3.20	5 760.00
橙汁	24听	100	45.00	4 500.00	听	2 400	2.50	6 000.00
牛肉干	10袋	120	188.00	22 560.00	袋	1 200	25.00	30 000.00
猪肉脯	10袋	100	148.20	14 820.00	袋	1 000	20.00	20 000.00
鱼片干	10袋	150	90.80	13 620.00	袋	1 500	12.00	18 000.00

(8) 21日,收到上海食品公司红字更正发票,鱼片干每10袋应为88.80元,应退货款300元,退增值税额39元。

(9) 25日,向上海玩具厂购进长毛绒老虎1 000只,每只29.40元,计货款29 400元,增值税额3 822元。款项尚未支付,百货柜转来收货单,长毛绒老虎已验收入库,其销售单价为40元。

(10) 27日,收到上海玩具厂更正发票,长毛绒老虎每只应为30元,应补收货款600元、增值税额78元。

(11) 28日,签发转账支票支付前欠上海玩具厂账款。

(12) 29日,向益民食品厂购进夹心巧克力1 000盒,每盒28.50元,计货款28 500元,增值税额3 705元。款项签发转账支票付讫,食品柜转来收货单,夹心巧克力已验收入库,其销售单价为38元。

(13) 31日,销货收入百货柜为53 780元,食品柜为54 850元,货款结算中现金为87 430元,转账支票为6 200元,信用卡为15 000元,信用卡的结算手续费率为9‰,现金及各种结算凭证均已送存银行。

(14) 31日，根据"资料1"和本月份发生的商品进销业务，用分柜组差价率法调整主营业务成本。

(15) 31日，根据13%的增值税税率，调整本月份主营业务收入。

(16) 31日，如果通过盘点后，百货柜商品进价金额为87 760元，食品柜商品进价金额为86 730元，用实际进销差价计算法调整主营业务成本。

三、要求

1. 根据"资料1"设置"库存商品""商品进销差价"明细账。
2. 根据"资料2"编制会计分录。
3. 根据"资料3"编制的会计分录，登记"库存商品""商品进销差价"和"主营业务收入"明细账。

习题四

一、目的　练习售价金额核算法（商品储存部分）。

二、资料

1. 梦花饭店附设商场3月25日有关账户余额如下：

库存商品——百货柜　　272 550元　　　　库存商品——食品柜　　266 200元

2. 接着本月份发生下列有关的经济业务：

(1) 25日，向上海冠生园食品厂购入大白兔奶糖600听，每听27元，计货款16 200元，增值税额2 106元。款项签发转账支票付讫。食品柜也转来收货单，大白兔奶糖已验收入库，其销售单价为36元。

(2) 25日，向上海工艺品厂购入香木扇1 000把，每把11.10元，计货款11 100元，增值税额1 443元。款项以商业汇票付讫，百货柜也转来收货单，香木扇已验收入库，其销售单价为15元。

(3) 25日，百货柜复验商品，发现日前向精艺编结厂购入的编结衫中有10件质量不符要求，经联系，对方同意退货，已开来红字专用发票。该编结衫每件进价75元，售价100元，增值税税率为13%，退货退税款尚未收到。

(4) 25日，日前从光明食品厂购进的800听奶粉，每听30元，已由食品柜验收入库，今收到该厂开来的更正发票，应为每听31元。应补收货款800元，增值税额104元。

(5) 25日，日前从上海伞厂购进的1 000把折伞，每把20.50元，已由百货柜验收入库。今收到上海伞厂开来更正发票，每把折伞应为20元。应退货款500元，退增值税额65元。

(6) 25日，百货柜清查盘点商品时发现有20件编结衫因式样陈旧而滞销，经批准每件削价为56.50元,增值税税率为13%,其原售价为100元,成本为75元,估计销售费用为1元,计提其跌价准备。

(7) 25日,食品柜清查盘点商品时发现有30听巧克力糖,因保管不善碰撞而成瘪听。经批准,每听削价为22.60元,增值税税率为13%,其原售价为每听35.10元,成本为26元,估计销售费用为0.60元,计提其存货跌价准备。

(8) 25日,根据市场状况,百货柜决定将羽毛扇的售价从35元调整到30元;食品柜决定将青岛啤酒的售价从3元调整到3.20元。羽毛扇的盘存数量为100把,青岛啤酒的盘存数量为500听。

(9) 25日,百货柜送来"商品盘点短缺报告单",短缺商品100元。上月该柜组差价率为25.10%,短缺原因待查。

(10) 25日,食品柜送来"商品盘点溢余报告单",溢余商品50元。上月该柜组差价率为25.40%,溢余原因待查。

(11) 25日,百货柜销货收入为8 960元,食品柜销货收入为8 720元。货款结算中信用卡为6 000元,其余为现金。信用卡的结算手续费率为9‰,该饭店为信用卡特约结算单位,现金及信用卡结算凭证均已送存银行。

(12) 30日,今查明本月25日百货柜盘缺商品和食品柜盘溢商品,均系收发商品中的差错,经批准分别作为企业损失和收益处理。

3. 4月份又发生下列经济业务:

(1) 2日,销售削价的编结衫10件,收入现金565元。并结转已计提的存货跌价准备。

(2) 5日,销售削价的巧克力糖20听,收入现金452元。并结转已计提的存货跌价准备。

三、要求

1. 根据"资料2",编制会计分录。

2. 根据"资料1",及"资料2"编制的前11笔会计分录等有关资料,编制3月25日的"商品进销存日报表"。

3. 根据"资料3",编制会计分录。

第九章 对外投资

第一节 对外投资概述

对外投资是指企业为了通过分配来增加财富,或为了谋求其他利益而将资产让渡给其他企业所获取的另一项资产。

一、对外投资的分类

按照对外投资流动性的强弱不同,可分为短期投资和长期投资两种。

(一)短期投资

短期投资是指能够随时变现并且持有时间不准备超过1年的投资。属于短期投资的只有交易性金融资产。

交易性金融资产是指企业持有的以公允价值计量且其变动计入当期损益的金融资产。它包括为交易目的所持有的债券投资、股票投资、基金投资等和直接指定为以公允价值计量且其变动计入当期损益的金融资产。

金融资产是指企业的现金;持有的其他单位的权益工具;从其他单位收取现金或其他金融资产的合同权利;在潜在有利条件下,与其他单位交换金融资产或金融负债的合同权利;将来须用或可用企业自身权益工具进行结算的衍生工具和非衍生工具的合同权利等资产。

权益工具是指能证明拥有某个企业在扣除所有负债后的资产中的剩余权益的合同。

衍生工具是指具有下列特征的金融工具或其他合同:① 其价值随特定利率、金融工具价格、商品价格、汇率、价格指数、费率指数、信用等级、信用指数或其他类似变量的变动而变动,变量为非金融变量的,该变量与合同的任一方不存在特定关系。② 不要求初始净投资,或与对市场情况变化有类似反应的其他类型合同相比,要求很少的初始净投资。③ 在未来某一日期结算。

衍生工具包括远期合同、期货合同、互换和期权,以及具有远期合同、期货合同、互换和期权中一种或一种以上特征的工具。

金融工具是指形成一个企业的金融资产,并形成其他单位的金融负债或权益工具的合同。

(二)长期投资

长期投资是指短期投资以外的投资。长期投资按照投资的目的不同,主要可分为持有至到期投资,可供出售金融资产和长期股权投资。

1. 持有至到期投资　　它是指到期日固定、回收金额固定或可确定,且企业有明确意图和能力持有至到期的非衍生金融资产。

2. 可供出售金融资产　　它是指初始确认时即被指定为可供出售的非衍生金融资产,以及除下列各类资产以外的金融资产:① 贷款和应收款项。② 持有至到期投资。③ 以公允价值计量且变动计入当期投资损益的金融资产。

3. 长期股权投资　　它是指投资企业对被投资单位实施控制,或与其他方共同控制或具有重大影响的权益性投资。

二、对外投资的目的和特点

(一)短期投资的目的和特点

1. 短期投资的目的　　短期投资的目的是为了能灵活调度资金、发挥暂时多余资金的作用,以暂时闲置的资金购买一些随时能变现的股票、债券,以谋取高于银行存款利息的收益,以此提高经营活动以外的经济效益。此外,短期投资还可应付紧急资金的需要,预防财务风险。

2. 短期投资的特点　　主要有以下三点:① 能够随时变现、机动灵活,其投资对象主要是证券市场上可以流通转让的股票和债券。② 变现能力强,一般不超过1年,一旦生产经营需要资金,可以随时变现用于经营周转。③ 投资金额小,风险也小。

(二)长期投资的目的和特点

1. 长期投资的目的　　长期投资的目的是为了将来能更新营业场所、仓库、设备等经营设施或将来能扩展经营规模而筹集资金,并使其得到增值;或是为了有效地开展竞争,参与和控制其他企业的经营决策。长期投资是将企业的资金在较长时间内让渡给其他企业的一种投资。

2. 长期投资的特点　　主要有以下三点:① 一般不能够随时变现,即使能够随时变现的,但也不准备随时变现。② 持有期限长,通常要几年甚至长达几十年。③ 投资金额大,收益大,风险也大。

第二节　交易性金融资产

一、交易性金融资产取得的核算

企业取得交易性金融资产时,应当按照公允价值计量入账。相关的交易费用应当直接计入当期损益。

交易费用是指可直接归属于购买、发行或处置金融工具新增的外部费用。它包括支付的手续费和佣金及其他必要支出。

企业取得交易性金融资产时,按交易性金融资产的公允价值借记"交易性金融资产"账户；按发生的交易费用借记"投资收益"账户；按实际支付的金额贷记"银行存款"账户。

【例】 东方宾馆 3 月 6 日购进长江公司股票 20 000 股，每股 7.50 元，另以交易金额的 3‰ 支付佣金，1‰ 交纳印花税，款项一并签发转账支票付讫，该股票为交易目的而持有，作分录如下：

借：交易性金融资产——成本——长江公司股票　　　　　150 000.00
借：投资收益　　　　　　　　　　　　　　　　　　　　　　600.00
　　贷：银行存款　　　　　　　　　　　　　　　　　　　　150 600.00

企业取得的交易性金融资产中，若包含已宣告发放的现金股利或已到付息期但尚未领取的债券利息，应从成本中予以扣除，将其作为应收股利或应收利息处理。在这种情况下，购入的交易性金融资产的成本，应以公允价值减去应收股利或应收利息入账。

【例】 顺风旅行社 3 月 16 日购进华昌公司股票 10 000 股，每股 8 元，另以交易金额的 3‰ 支付佣金，1‰ 交纳印花税，款项一并签发转账支票付讫。该股票为交易目的而持有。华昌公司已于 3 月 10 日宣告将于 3 月 25 日分派现金股利，每股 0.15 元。

（1）3 月 16 日，购进股票时，作分录如下：

借：交易性金融资产——成本——华昌公司股票　　　　　78 500.00
借：应收股利——华昌公司　　　　　　　　　　　　　　　1 500.00
借：投资收益　　　　　　　　　　　　　　　　　　　　　　320.00
　　贷：银行存款　　　　　　　　　　　　　　　　　　　　80 320.00

（2）3 月 25 日，收到华昌公司派发的现金股利 1 500 元，存入银行时，作分录如下：

借：银行存款　　　　　　　　　　　　　　　　　　　　　1 500.00
　　贷：应收股利——华昌公司　　　　　　　　　　　　　　1 500.00

二、交易性金融资产持有期间取得现金股利和利息的核算

交易性金融资产在持有期间，被投资单位宣告发放的现金股利或在期末按分期付息、一次还本债券投资的票面利率计提利息时，借记"应收股利"或"应收利息"账户，贷记"投资收益"账户。

【例】 4 月 30 日，浦江宾馆为交易目的而持有的开达公司 3 月 31 日发行的债券 100 张，计面值 150 000 元，该债券年利率为 8%，计提该债券本月份应收利息，作分录如下：

借：应收利息——开达公司　　　　　　　　　　　　　　　1 000.00
　　贷：投资收益　　　　　　　　　　　　　　　　　　　　1 000.00

俟收到应收股利或应收利息时，再借记"银行存款"账户，贷记"应收股利"或"应收

利息"账户。

三、交易性金融资产的期末计量

交易性金融资产的期末计量是指期末交易性金融资产在资产负债表上反映的价值。

交易性金融资产在取得时按公允价值计量,然而在交易市场上的价格会不断地发生变化。在期末,当交易性金融资产的公允价值高于其账面余额时,将两者之间的差额借记"交易性金融资产——公允价值变动"账户,贷记"公允价值变动损益"账户;当公允价值低于其账面余额时,将两者之间的差额借记"公允价值变动损益"账户,贷记"交易性金融资产——公允价值变动"账户。

【例】 东方宾馆为交易目的持有长江公司股票20 000股,账面价值150 000元。

(1) 3月31日,该股票每股公允价值为7.80元,予以转账,作分录如下:

借:交易性金融资产——公允价值变动——长江公司股票　　　6 000.00
　　贷:公允价值变动损益——交易性金融资产　　　　　　　　　　　6 000.00

(2) 将公允价值变动损益结转"本年利润"账户,作分录如下:

借:公允价值变动损益——交易性金融资产　　　　　　　　　　6 000.00
　　贷:本年利润　　　　　　　　　　　　　　　　　　　　　　　　　　6 000.00

"交易性金融资产"是资产类账户,用以核算企业为交易目的所持有的债券投资、股票投资、基金投资等交易性金融资产的公允价值。企业在取得交易性金融资产和期末交易性金融资产增值时,记入该账户借方;企业在出售交易性金融资产和期末交易性金融资产减值时,记入该账户贷方;期末余额在借方,反映企业交易性金融资产的公允价值。该账户应当按交易性金融资产的类别和品种,分别"成本""公允价值变动"进行明细核算。

"公允价值变动损益"是损益类账户,用以核算企业的交易性金融资产以及采用公允价值模式计量的投资性房地产、衍生工具、套期保值业务等公允价值变动形成的应计入当期损益的利得或损失。当企业取得公允价值变动收益或将公允价值变动损失结转"本年利润"账户时,记入该账户贷方;当企业发生公允价值变动损失或将公允价值变动收益结转"本年利润"账户时,记入该账户借方。

四、交易性金融资产出售的核算

企业出售交易性金融资产时,也会发生交易费用,届时应按出售交易性金融资产实际收到的金额(即出售价格减去其交易费用后的出售净收入),借记"银行存款"账户;按其账面余额,贷记"交易性金融资产——成本"账户,借记或贷记"交易性金融资产——公允价值变动"账户;实际收到的金额与账面余额的差额,列入"投资收益"账户的贷方或借方。

【例】 4月10日,东方宾馆出售其为交易目的而持有的长江公司股票20 000股。

出售价每股 8 元,按交易金额的 3‰ 支付佣金,1‰ 交纳印花税,收到出售净收入,存入银行。查该股票明细账户余额成本为 150 000 元;公允价值变动为借方余额 6 000 元,作分录如下:

借:银行存款　　　　　　　　　　　　　　　　　　　　　　　　159 360.00
　　贷:交易性金融资产——成本——长江公司股票　　　　　　　150 000.00
　　贷:交易性金融资产——公允价值变动——长江公司股票　　　　6 000.00
　　贷:投资收益　　　　　　　　　　　　　　　　　　　　　　　3 360.00

"投资收益"是损益类账户,用以核算企业确认的对外投资的收益或损失。当企业确认投资收益或将投资损失结转"本年利润"账户时,记入该账户贷方;当企业确认投资损失或将投资收益结转"本年利润"账户时,记入该账户借方。

第三节　持有至到期投资

一、持有至到期投资的核算

持有至到期投资主要是购买到期日在 1 年以上的长期债券进行投资。企业购买新发行的长期债券进行持有至到期投资时,支付的债券价格,有时与债券的面值相等,有时却与面值不一致。当购进债券的价格与面值相等时,称为按面值购进;如果购进债券的价格高于面值,称为溢价购进;如果购进债券的价格低于面值,则称为折价购进。

持有至到期投资应按取得时的公允价值与交易费用之和作为初始确认金额,如支付的价款中包含已到付息期但尚未领取的债券利息,应当单独确认为应收利息入账。

(一)按面值购进债券的核算

企业按面值购进债券时,按债券的面值和交易费用之和借记"持有至到期投资——成本"账户,贷记"银行存款"账户。

持有至到期投资应当按期计提利息,计提的利息按债券面值乘以票面利率计算。对于分期付息、到期还本的持有至到期投资,在计提利息时,借记"应收利息"账户,贷记"投资收益"账户;对于到期一次还本付息的持有至到期投资,则借记"持有至到期投资——应计利息"账户,贷记"投资收益"账户。

【例】 泰康宾馆 4 月 30 日购进新发行的国贸公司 3 年期债券 120 张,每张面值 1 000 元,按面值购进该债券,年利率为 8%,到期一次还本付息。该债券准备持有至到期。

(1) 4 月 30 日,签发转账支票 120 120 元,支付 120 张债券的价款 120 000 元,并按交易金额的 1‰ 支付佣金,作分录如下:

借：持有至到期投资——成本——国贸公司债券　　　　　　　120 120.00
　　　　贷：银行存款　　　　　　　　　　　　　　　　　　　　　　　　120 120.00

（2）5月31日，预计本月份该债券应收利息入账，作分录如下：

　　借：持有至到期投资——应计利息——国贸公司债券　　　　　　800.00
　　　　贷：投资收益　　　　　　　　　　　　　　　　　　　　　　　　800.00

（3）4月30日，3年期满，收到债券本息计148 800元，其中已预计入账的应收利息为28 000元，作分录如下：

　　借：银行存款　　　　　　　　　　　　　　　　　　　　　　　148 800.00
　　　　贷：持有至到期投资——成本——国贸公司债券　　　　　　　120 120.00
　　　　贷：持有至到期投资——应计利息——国贸公司债券　　　　　 28 000.00
　　　　贷：投资收益　　　　　　　　　　　　　　　　　　　　　　　　680.00

（二）溢价购进债券的核算

　　企业溢价购进债券，是因为债券的票面利率高于市场利率，那么投资企业按票面利率收到的利息将要高于按市场利率所能得到的利息。因此，溢价是为以后各期多得利息而预先付出的款项，也就是说，在投资企业以后各期收到的利息中，还包括溢价购进时预先付出的款项，那么这部分多付的款项在发生时应列入"持有至到期投资——利息调整"账户的借方；在确定各期利息收入时再进行摊销，以冲抵投资收益。利息调整额摊销的方法有直线法和实际利率法两种。直线法是指将债券的利息调整额按债券的期限平均摊销的方法。

　　【例】　华侨饭店于3月31日购进新发行的振华公司3年期债券200张，每张面值1 000元，购进价格为1 025.74元，该债券票面年利率为9‰，每年3月31日支付利息，该债券准备持有至到期。

（1）3月31日，签发转账支票205 353.15元，支付200张债券的价款205 148元，并按交易金额的1‰支付佣金，作分录如下：

　　借：持有至到期投资——成本——振华公司债券　　　　　　　200 205.15
　　借：持有至到期投资——利息调整——振华公司债券　　　　　　5 148.00
　　　　贷：银行存款　　　　　　　　　　　　　　　　　　　　　205 353.15

（2）4月30日，预计本月份该债券应收利息入账，并用直线法摊销利息调整额，作分录如下：

　　借：应收利息——振华公司　　　　　　　　　　　　　　　　　1 500.00
　　　　贷：持有至到期投资——利息调整——振华公司债券　　　　　　143.00
　　　　贷：投资收益　　　　　　　　　　　　　　　　　　　　　　1 357.00

(3) 次年 3 月 31 日，收到振华公司 1 年期债券利息入账，作分录如下：

借：银行存款　　　　　　　　　　　　　　　　　　　　18 000.00
　　贷：应收利息——振华公司　　　　　　　　　　　　　16 500.00
　　贷：持有至到期投资——利息调整——振华公司债券　　　143.00
　　贷：投资收益　　　　　　　　　　　　　　　　　　　1 357.00

"应收利息"是资产类账户，用以核算企业交易性金融资产持有至到期投资、可供出售金融资产等应收取的利息。企业发生应收利息时，记入该账户借方；企业收到应收利息时，记入该账户贷方；期末余额在借方，表示企业尚未收回的应收利息。

采用直线法摊销利息调整额简便易行，然而随着各期利息调整额的摊销，企业的投资额有了减少，而各期的投资收益却始终保持不变，因此反映的投资收益不够准确。为了准确地反映各期的投资收益，可以采用实际利率法。实际利率法是指根据债券期初账面价值减去交易费用后，乘以实际利率确定各期的利息收入，然后将其与按票面利率计算的应计利息收入相比较，将差额作为各期利息调整额的方法。

采用实际利率法计算摊销借方利息调整额，溢价购进债券的实际利息收入会随着债券账面价值的逐期减少而减少，从而却使利息调整额随之逐期增加。其计算方法如图表 9-1 所示。

【例】 金融市场实际利率为 8%，根据前例购进振华公司溢价发行的债券，用实际利率法计算债券各期摊销的利息调整额如图表 9-1 所示。

图表 9-1

实际利率法利息调整表（借方余额）

单位：元

付息期数	应计利息收入	实际利息收入	本期利息调整额	利息调整借方余额	债券账面价值（不含交易费用）
(1)	(2)＝面值×票面利率	(3)＝上期(6)×实际利率	(4)＝(2)－(3)	(5)＝上期利息调整余额－(4)	(6)＝面值＋(5)
购进时				5 148.00	205 148.00
1	18 000.00	16 411.84	1 588.16	3 559.84	203 559.84
2	18 000.00	16 284.79	1 715.21	1 844.63	201 844.63
3	18 000.00	16 155.37①	1 844.63	0	200 000.00

① 由于在计算上存在尾差，因此 16 155.37 元是近似值。

以上计算的是各年的应计利息收入、实际利息收入和利息调整额。4 月 30 日预计本月份应收利息和利息调整额时，可以将第一期计算的数据除以 12 取得，并据以入账，作分录如下：

借:应收利息——振华公司 1 500.00
　　贷:持有至到期投资——利息调整——振华公司债券 132.35
　　贷:投资收益 1 367.65

(三)折价购进债券的核算

企业折价购进债券,是因为债券的票面利率低于市场利率,那么,投资企业按票面利率收到的利息将低于市场实际利率所能得到的利息,因此,折价是为了补偿投资企业以后各期少收利息而预先少付的款项,那么这部分少付的款项应在发生时列入"持有至到期投资——利息调整"账户的贷方,在确定各期利息收入时,再进行摊销,以作为投资收益的一部分。

【例】 春江旅行社于 6 月 30 日购进新发行的光华公司 3 年期的债券 120 张,每张面值 1 000 元,购进价格为 974.20 元,该债券票面利率为 7%,每年 6 月 30 日支付利息,该债券准备持有至到期。

(1) 6 月 30 日,签发转账支票 117 020.90 元,支付 120 张债券的价款 116 904 元,并按交易金额的 1‰ 支付佣金,作分录如下:

借:持有至到期投资——成本——光华公司债券 120 116.90
　　贷:持有至到期投资——利息调整——光华公司债券 3 096.00
　　贷:银行存款 117 020.90

(2) 7 月 31 日,预计该债券本月份的应收利息入账,并用直线法摊销利息调整额,作分录如下:

借:应收利息——光华公司 700.00
借:持有至到期投资——利息调整——光华公司债券 86.00
　　贷:投资收益 786.00

(3) 次年 6 月 30 日,收到光华公司 1 年期债券利息,作分录如下:

借:银行存款 8 400.00
借:持有至到期投资——利息调整——光华公司债券 86.00
　　贷:应收利息——光华公司 7 700.00
　　贷:投资收益 786.00

以上是采用直线法摊销贷方利息调整额,若采用实际利率法摊销贷方利息调整额,折价购进债券的实际利息收入会随着债券账面价值逐期增加而增加,从而使利息调整额也随之逐期增加。其计算方法如图表 9-2 所示。

【例】 金融市场实际利率为 8%,根据前例购进光华公司折价发行的债券,用实际利率法计算债券各期的利息调整额如图表 9-2 所示。

图表 9-2

实际利率法利息调整额计算表(贷方余额)

单位：元

付息期数 (1)	应计利息收入 (2)=面值×票面利率	实际利息收入 (3)=上期(6)×实际利率	本期利息调整额 (4)=(3)-(2)	利息调整贷方余额 (5)=上期利息调整余额-(4)	债券账面价值（不含交易费用） (6)=面值-(5)
购进时				3 096.00	116 904.00
1	8 400.00	9 352.32	952.32	2 143.68	117 856.32
2	8 400.00	9 428.51	1 028.51	1 115.17	118 884.83
3	8 400.00	9 515.17①	1 115.17	0	120 000.00

① 由于在计算上存在尾差，因此 9 515.17 元是近似值。

采用实际利率法摊销利息调整额的核算方法与直线法相同，不再重述。

"持有至到期投资"是资产类账户，用以核算企业持有至到期投资的价值。企业取得各种持有至到期投资、计提到期一次还本付息债券利息和摊销利息调整额贷方余额时，记入该账户借方；企业出售、收回持有至到期投资、将持有至到期投资重分类和摊销利息调整额借方余额时，记入该账户贷方；期末余额在借方，表示企业持有至到期投资的摊余成本。

（四）持有至到期投资减值的核算

企业在期末应当对持有至到期投资的账面价值进行检查，如有发行方发生严重财务困难等客观证据表明该持有至到期投资发生减值的，应当计提减值准备。届时将持有至到期投资的账面价值与预计未来现金流量现值之间的差额计算确认减值损失，借记"资产减值损失"账户，贷记"持有至到期投资减值准备"账户。

【例】 5 月 31 日，顺风旅行社持有安泰公司去年 5 月 8 日溢价发行的 3 年期债券 100 张，每张面值 1 000 元，每年 5 月 8 日支付利息。其账面价值投资成本为 100 102.57 元，利息调整为借方余额 1 716 元。因安泰公司发生严重的财务困难，现 1 000 元面值的债券市价仅 1 000 元，其交易费用为 1‰，计提其减值准备，作分录如下：

持有至到期投资可收回金额＝1 000×100×(1－1‰)＝99 900(元)

借：资产减值损失——持有至到期投资减值损失　　　　1 918.57
　　贷：持有至到期投资减值准备——安泰公司债券　　　　1 918.57

已计提减值准备的持有至到期投资价值以后又得以恢复时，应在原已计提的减值准备金额内，按恢复增加的金额，借记"持有至到期投资减值准备"账户，贷记"资产减值损失"账户。

"持有至到期投资减值准备"账户是资产类账户，也是"持有至到期投资"账户的抵减账户,用以核算企业持有至到期投资发生减值时计提的减值准备。企业计提持有至到期投资减值准备时,记入该账户贷方;当减值的持有至到期投资出售、重分类和减值的金额恢复时,记入该账户借方;期末余额在贷方,表示企业已计提但尚未转销的持有至到期投资减值准备。

(五)持有至到期投资出售和重分类的核算

持有至到期投资出售时,应按实际收到的金额,借记"银行存款"账户;按已计提的减值准备,借记"持有至到期投资减值准备"账户;按其账面余额,贷记"持有至到期投资"账户;将其差额列入"投资收益"账户。

【例】 续前例,6月15日,顺风旅行社出售安泰公司发行的3年期债券100张,每张面值1 000元,现按999.80元出售,按交易金额的1‰支付佣金,收到出售净收入,存入银行,作分录如下:

借:银行存款	99 880.02
借:持有至到期投资减值准备——安泰公司债券	1 918.57
借:投资收益	19.98
贷:持有至到期投资——成本——安泰公司债券	100 102.57
贷:持有至到期投资——利息调整——安泰公司债券	1 716.00

企业因持有意图或能力发生改变,使某项投资不再适合划分为持有至到期投资的,应当将其重分类为可供出售金融资产,并以公允价值扣除交易费用之后的金额进行后续计量。重分类日,该投资的账面价值与公允价值(扣除交易费用)之间的差额列入"其他综合收益"账户。

【例】 6月15日,浦江宾馆持有长城公司按面值发行的3年期债券150 000元,年利率8%,到期一次还本付息,已按持有至到期投资入账。现决定将其重分类为可供出售金融资产,该债券的账面价值成本为150 150元,应计利息为12 000元,现公允价值为164 000元,予以转账,作分录如下:

$$可供出售金融资产的入账价值 = 164\,000 \times (1 - 1‰) = 163\,836(元)$$

借:可供出售金融资产——成本——长城公司债券	163 836.00
贷:持有至到期投资——成本——长城公司债券	150 150.00
贷:持有至到期投资——应计利息——长城公司债券	12 000.00
贷:其他综合收益	1 686.00

"其他综合收益"是所有者权益类账户,用以核算根据企业会计准则规定未在当期损益中确认的各项利得和损失。企业发生未在当期损益中确认的各项利得,以及确认未在前期确认的各项损失时,记入贷方;企业发生未在当期损益中确认的各项损失,以及确认未在前期确认的各项利得时,记入借方;期末余额通常在贷方,表示企业尚未确

认的各项利得,若期末余额在借方,则表示企业尚未确认的各项损失。

第四节　可供出售金融资产的核算

一、可供出售金融资产取得的核算

可供出售金融资产包括划分为可供出售的股票投资、债券投资等金融资产。

企业取得可供出售金融资产时,应按可供出售金融资产的公允价值与交易费用之和,借记"可供出售金融资产"账户,贷记"银行存款"账户。

【例】　3月1日,上海饭店购进金陵公司股票20 000股,每股7.20元,另以交易金额3‰支付佣金,1‰交纳印花税,款项一并签发转账支票付讫,该股票准备日后出售,作分录如下:

　　借:可供出售金融资产——成本——金陵公司股票　　　　144 576.00
　　　　贷:银行存款　　　　　　　　　　　　　　　　　　　　144 576.00

如企业取得可供出售金融资产支付的价款中包含的已到付息期但尚未领取的债券利息或已宣告但尚未发放的现金股利时,则将其列入"应收利息"或"应收股利"账户的借方。

可供出售金融资产在持有期间取得被投资单位的债券利息或现金股利时,借记"银行存款"账户,贷记"投资收益"账户。

【例】　续上例,3月24日,上海饭店收到金陵公司发放的现金股利,每股0.15元,计3 000元,存入银行,作分录如下:

　　借:银行存款　　　　　　　　　　　　　　　　　　　　　3 000.00
　　　　贷:投资收益　　　　　　　　　　　　　　　　　　　　　3 000.00

二、可供出售金融资产期末计量的核算

企业在期末对可供出售金融资产应按公允价值(扣除交易费用)进行调整,如公允价值(扣除交易费用)高于账面余额的,按其差额,借记"可供出售金融资产——公允价值变动"账户,贷记"其他综合收益"账户;如公允价值(扣除交易费用)低于账面余额的,按其差额,借记"其他综合收益"账户,贷记"可供出售金融资产——公允价值变动"账户。

【例】　续上例,3月31日,上海饭店持有金陵公司的20 000股股票,今日公允价值每股为7.40元,调整其账面价值,作分录如下:

　　借:可供出售金融资产——公允价值变动——金陵公司股票　　3 424.00
　　　　贷:其他综合收益　　　　　　　　　　　　　　　　　　　3 424.00

企业在期末如发现可供出售金融资产的公允价值发生较大幅度的下降,或在综合考虑各种相关因素后,预期这种下降趋势属于非暂时性的,可以认定该可供出售金融资

产发生减值的,应当将其可收回金额低于账面价值的差额确认减值损失。届时按减值的金额,借记"资产减值损失"账户;按应从所有者权益中转出原计入其他综合收益的累计损失金额,贷记"其他综合收益"账户;将两者之间的差额,记入"可供出售金融资产——公允价值变动"账户的贷方。

【例】 3月31日,东风餐馆持有列入可供出售金融资产的新江公司股票10 000股,因该公司股票公允价值发生较大幅度下降,每股市价下跌为6.80元,该股票的交易费用为4‰。查该股票成本为75 450元,公允价值变动为贷方余额1 880元,因公允价值低于账面余额列入"其他综合收益"账户借方金额为1 880元,计提其减值准备,作分录如下:

可供出售金融资产可收回金额=6.80×10 000×(1-4‰)=67 728(元)

借:资产减值损失——可供出售金融资产损失　　　　　　　　7 722.00
　　贷:其他综合收益　　　　　　　　　　　　　　　　　　　1 880.00
　　贷:可供出售金融资产——公允价值变动——新江公司股票　　5 842.00

已确认减值损失的可供出售金融资产在随后的会计期间公允价值上升的,应在原已计提的减值准备金额内,按恢复增加的金额,借记"可供出售金融资产——公允价值变动"账户,贷记"资产减值损失"账户。但可供出售金融资产为股票等权益工具投资的,借记"可供出售金融资产——公允价值变动"账户,贷记"其他综合收益"账户。

三、可供出售金融资产出售的核算

可供出售金融资产出售时,应按实际收到的金额,借记"银行存款"账户;按可供出售金融资产的账面余额,贷记"可供出售金融资产"账户;将其差额列入"投资收益"账户,并将应从所有者权益中转出的公允价值累计变动额(即原记入"其他综合收益"账户的金额)予以转销。

【例】 4月10日,上海饭店出售持有的金陵公司股票20 000股,每股7.65元,按交易金额的3‰支付佣金,1‰交纳印花税,收到出售净收入,存入银行。查该股票成本为144 864元,公允价值变动为借方余额3 136元,因公允价值高于账面余额已列入"其他综合收益"账户的贷方余额为3 136元。

(1) 将出售净收入存入银行,作分录如下:

借:银行存款　　　　　　　　　　　　　　　　　　　　　152 388.00
　　贷:可供出售金融资产——成本——金陵公司股票　　　　144 864.00
　　贷:可供出售金融资产——公允价值变动——金陵公司股票　3 136.00
　　贷:投资收益　　　　　　　　　　　　　　　　　　　　4 388.00

(2) 转销列入其他综合收益的金额,作分录如下:

借:其他综合收益　　　　　　　　　　　　　　　　　　　3 136.00
　　贷:投资收益　　　　　　　　　　　　　　　　　　　3 136.00

"可供出售金融资产"是资产类账户,用以核算企业持有的可供出售金融资产的公允价值。企业取得可供出售金融资产、期末可供出售金融资产公允价值高于账面余额的差额和持有至到期投资转入时,记入该账户借方;企业在持有期间收到债券利息或现金股利,期末可供出售金融资产公允价值低于账面价值的差额,计提可供出售金融资产减值损失和可供出售金融资产出售时,记入该账户贷方;期末余额在借方,表示企业可供出售金融资产的公允价值。

第五节 长期股权投资

一、长期股权投资初始成本的确定和核算

（一）长期股权投资初始成本的确定

长期股权投资有企业合并形成和以支付现金、非现金资产等其他方式取得两种情况,企业合并又分为同一控制下的企业合并和非同一控制下的企业合并两种方式。

同一控制下的企业合并是指参与合并的企业在合并前后均受同一方或相同的多方最终控制且该控制并非暂时的。非同一控制下的企业合并是指参与合并的各方在合并前后不受同一方或相同的多方最终控制的。

同一方是指对参与合并的企业在合并前后均实施最终控制的投资者。相同的多方是指根据投资者之间的协议约定,在对被投资单位的生产经营决策行使表决权时发表一致意见的两个或两个以上的投资者。控制并非暂时性是指参与合并的各方在合并前后较长的时间内受同一方或相同的多方最终控制。较长的时间通常是指 1 年以上(含 1 年)。

1. 同一控制下企业合并形成的长期股权投资　　同一控制下的企业合并具有两个特点:一是不属于交易事项,而是资产和负债的重新组合;二是合并作价往往不公允,因此,合并方应当在合并日按取得被合并方所有者权益账面价值的份额作为初始投资成本。合并日是指合并方实际取得对被合并方控制权的日期。

2. 非同一控制下企业合并形成的长期股权投资　　非同一控制下企业合并具有两个特点:一是它们是非关联企业的合并;二是合并以市价为基础,交易作价相对公平合理。因此,合并方应当在购买日按企业合并成本作为初始投资成本。购买日是指购买方实际取得对被购买方控制权的日期。企业合并成本包括购买方付出的资产、发生或承担的负债和发行权益性证券的公允价值之和。

3. 以支付现金取得的长期股权投资　　应当按照实际支付购买价款作为初始投资成本。它包括取得长期股权投资直接相关的费用、税金及其他必要支出。

4. 以发行权益性证券取得的长期股权投资　　应当按照发行权益性证券的公允价值作为初始投资成本。

5. 投资者投入的长期股权投资 应当按照投资合同或协议约定的价值作为初始投资成本。

(二)长期股权投资初始成本的核算

1. 同一控制下企业合并形成的长期股权投资的核算 同一控制下企业合并形成的长期股权投资,合并方以支付现金、转让非现金资产或承担债务方式作为合并对价的,应在合并日按所取得被合并方所有者权益账面价值的份额,作为长期股权投资的初始成本,借记"长期股权投资"账户;按享有被投资单位已宣告但尚未发放的现金股利或利润,借记"应收股利"账户;按支付的合并对价的账面价值,贷记有关资产或借记有关负债账户;按其差额,贷记"资本公积——资本溢价"账户,为借方差额的,借记"资本公积——资本溢价"账户,若资本公积中的资本溢价不足冲减的,则应依次借记"盈余公积""利润分配——未分配利润"账户。

【例】 浦江饭店集团公司内的静安宾馆"资本公积——资本溢价"账户余额为90 000元,"盈余公积"账户余额为112 000元,现合并本集团公司内的长宁宾馆,取得该宾馆55%的股权,长宁宾馆所有者权益账面价值为4 000 000元,静安宾馆支付合并对价资产的账面价值为2 320 000元,其中固定资产1 500 000元,已提折旧150 000元,其余970 000元签发转账支票付讫,3月31日为合并日。

(1)转销固定资产账面价值,作分录如下:

借:固定资产清理   1 350 000.00
借:累计折旧   150 000.00
    贷:固定资产   1 500 000.00

(2)确认长期股权投资初始成本。作分录如下:

借:长期股权投资——投资成本   2 200 000.00
借:资本公积——资本溢价   90 000.00
借:盈余公积   30 000.00
    贷:固定资产清理   1 350 000.00
    贷:银行存款   970 000.00

2. 非同一控制下企业合并形成的长期股权投资的核算 非同一控制下企业合并形成的长期股权投资,购买方在购买日应当按照企业合并成本(不含应自被投资单位收取的现金股利或利润),借记"长期股权投资"账户;按享有被投资单位已宣告但尚未发放的现金股利或利润,借记"应收股利"账户;按支付合并对价的账面价值,贷记有关资产或借记有关负债账户;将其差额计入当期损益。购买方因企业合并发生的审计、法律服务和评估咨询等直接相关费用应列入"管理费用"账户。非同一控制下的企业合并,购买方作为合并对价付出的资产,应当按照公允价值处置,其中付出固定资产、无形资产的,其公允价值与账面价值的差额,列入"资产处置损益"账户,付出资产为库存商品等作为合并对价的,应按库存商品的公允价值作商品销售处理,并同时结转其销售成本,发生的增值税销项税额也是企业合并成本的组成部分。

【例】 东方旅行社以1 398 000元合并成本从天马旅行社的股东中购入该旅行社45%的股权,而对价付出资产的账面价值为1 388 000元,其中:固定资产900 000元,已提折旧100 000元,其公允价值为810 000元,其余588 000元签发转账支票付讫,6月30日为购买日。

(1) 转销参与合并的固定资产账面价值,作分录如下:

借:固定资产清理　　　　　　　　　　　　　　　　　　800 000.00
借:累计折旧　　　　　　　　　　　　　　　　　　　　100 000.00
　　贷:固定资产　　　　　　　　　　　　　　　　　　900 000.00

(2) 确认长期股权投资初始成本,作分录如下:

借:长期股权投资——投资成本　　　　　　　　　　　1 398 000.00
　　贷:固定资产清理　　　　　　　　　　　　　　　　800 000.00
　　贷:银行存款　　　　　　　　　　　　　　　　　　588 000.00
　　贷:资产处置损益　　　　　　　　　　　　　　　　110 000.00

"长期股权投资"是资产类账户,用以核算企业持有的采用成本法和权益法核算的长期权投资。企业取得长期股权投资,以及长期股权投资增值时,记入该账户借方;企业处置长期股权投资时,记入该账户贷方;期末余额在借方,表示企业持有的长期股权投资的价值。

3. 以支付现金取得长期股权投资的核算　　企业以支付现金取得的长期股权投资,应在购买日按实际支付的价款及相关税费扣除已宣告但尚未发放的现金股利,借记"长期股权投资"账户;按已宣告但尚未发放的现金股利,借记"应收股利"账户;按实际支付的价款及相关税费,贷记"银行存款"账户。

【例】 4月5日,天河宾馆从证券市场购买武宁公司股票350 000股,准备长期持有,该股票每股6元,占该公司股份的5%,另按交易金额的3‰支付佣金,1‰交纳印花税,款项签发转账支票支付。该公司已宣告将于4月10日发放现金股利,每股0.10元。作分录如下:

借:长期股权投资——成本　　　　　　　　　　　　　2 073 400.00
借:应收股利　　　　　　　　　　　　　　　　　　　　35 000.00
　　贷:银行存款　　　　　　　　　　　　　　　　　　2 108 400.00

4. 以发行权益性证券取得的长期股权投资的核算　　企业以发行权益性证券取得的长期股权投资,应在证券发行日,按证券的公允价值(包括相关税费),借记"长期股权投资"账户;按发行证券的面值,借记"股本"①账户;按公允价值与面值的差额,贷记"资本公积"账户;按支付的相关税费,贷记"银行存款"账户。

【例】 东方旅游股份有限公司以发行股票1 000 000股的方式取得山海旅行社10%的股权,股票每股面值1元,发行价为6.60元,另需支付相关税费30 000元。当即签发转账支票付讫。作分录如下:

借:长期股权投资——投资成本　　　　　　　　　　　　6 630 000.00
　　贷:股本　　　　　　　　　　　　　　　　　　　　1 000 000.00
　　贷:资本公积——资本溢价　　　　　　　　　　　　5 600 000.00
　　贷:银行存款　　　　　　　　　　　　　　　　　　　　30 000.00

二、长期股权投资后续计量的核算

企业取得长期股权投资后的核算,按投资企业对被投资单位的控制和影响的程度不同,有成本法和权益法两种。若投资企业能够对被投资单位实施控制的长期股权投资,应采用成本法核算;若投资企业对被投资单位具有共同控制或者重大影响的长期股权投资,应采用权益法核算。

控制是指投资企业拥有对被投资单位的权力,通过参与被投资单位的相关活动而享有的可变回报,并且有能力运用对被投资单位的权力影响其回报金额。投资企业能够对被投资单位实施控制的,被投资单位为其子公司。

共同控制是指按照相关约定对某项安排所共有的控制,并且与该安排的相关活动必须经过分享控制权的参与方一致同意时才能决策。投资企业与其他方对被投资单位实施共同控制的,被投资单位为其合营公司。

重大影响是指对一个企业的财务和经营政策有参与决策的权力,但并不能够控制或者与其他方一起共同控制这些政策的制定。通常投资方直接或者通过子公司间接持有被投资单位20%以上但低于50%的表决权股份时,就认为对被投资单位具有重大影响。届时被投资单位为其联营公司。

(一)成本法的核算

成本法是指长期股权投资按投资成本计价的方法。采用成本法进行核算时,长期股权投资以取得股权时的成本计价,其后,除了投资企业追加投资、收回投资等情形外,长期股权投资的账面价值保持不变。

长期股权投资采用成本法核算的一般程序如下:

1. 初始投资或追加投资　　应当按照初始投资或追加投资时的投资成本增加长期股权投资的账面价值。

---

① 股份有限公司采用的"股本"账户,相当于有限责任公司的"实收资本"账户。

2. 被投资单位宣告分派的现金股利或利润 投资企业应当按照其应享有被投资单位宣告发放的现金股利或利润,确认为当期投资收益。

【例】 上海宾馆于6月30日购进海宁公司发行的股票6 000 000股,每股5元,占该公司全部股份60%。年末该公司实现净利润2 100 000元。

(1) 6月30日签发转账支票30 120 000元,支付6 000 000股股票价款,并按股票交易金额的3‰支付佣金,1‰交纳印花税,作分录如下:

借:长期股权投资——投资成本　　　　　　　　　　　　30 120 000.00
　　贷:银行存款　　　　　　　　　　　　　　　　　　　30 120 000.00

(2) 次年3月15日,海宁公司宣告将于3月25日发放现金股利,每股0.12元,予以入账,作分录如下:

借:应收股利——海宁公司(6 000 000×0.12)　　　　　　720 000.00
　　贷:投资收益　　　　　　　　　　　　　　　　　　　 720 000.00

"应收股利"是资产类账户,用以核算企业应收取的现金股利和应收取其他单位分配的利润。企业发生应收现金股利或利润时,记入该账户借方;企业收到现金股利或利润时,记入该账户贷方;期末余额在借方,表示企业尚未收回的现金股利或利润。

(二)权益法的核算

权益法是指长期股权投资最初以投资成本入账,以后根据投资企业享有被投资单位所有者权益份额的变动对投资的账面价值进行调整的方法。采用权益法进行核算时,长期股权投资的账面价值要随着被投资单位所有者权益的增减变动而相应地进行调整。

长期股权投资采用权益法核算的一般程序如下:

1. 初始投资或追加投资　应当按照初始投资或追加投资时的投资成本增加长期股权投资的账面价值。

2. 比较初始投资成本投资时与应享有被投资单位可辨认净资产公允价值的份额

如果初始投资成本大于取得投资时应享有被投资单位可辨认净资产公允价值份额的,不需要调整长期股权投资的账面价值;如果初始投资成本小于投资时应享有被投资单位可辨认净资产公允价值份额的,其差额应列入"营业外收入"账户,同时调整"长期股权投资"账户。

3. 持有期间被投资单位实现的净利润或发生的净亏损　投资企业应当按照应享有或应分担的被投资单位实现的净利润或发生的净亏损的份额,确认投资损益,并调整长期股权投资的账面价值。

4. 被投资单位宣告分派现金股利或利润　投资企业应当按照其应分得的现金股利或利润,相应减少长期股权投资的账面价值。

5. 被投资单位其他综合收益变动的处理　　被投资单位其他综合收益发生变动的,投资企业应当按照归属于本企业的部分,相应调整长期股权投资的账面价值,同时增加或减少其他综合收益。

6. 被投资单位除净损益、其他综合收益以及利润分配以外的所有者权益的其他变动　　在持股比例不变的情况下,被投资单位发生除净损益、其他综合收益以及利润分配以外所有者权益的其他变动因素,投资企业应按持股比例计算应享有或应分担的份额,相应调整长期股权投资的账面价值,同时增加或减少资本公积。其他变动有被投资单位接受其他股东的资本性投入、以权益结算的股份支付等。

【例】　上海宾馆从长阳宾馆的股东中购入该宾馆40%的股权,取得了对长阳宾馆的共同控制权,而对价付出资产的账面价值为3 590 000元,全额签发转账支票付讫。

（1）1月2日,购买日,确定长期股权投资成本,作分录如下:

　　借:长期股权投资——投资成本　　　　　　　　　　　　　3 590 000.00
　　　　贷:银行存款　　　　　　　　　　　　　　　　　　　　　　　3 590 000.00

（2）1月3日,长阳宾馆接受本宾馆投资后,可辨认净资产公允价值为9 000 000元,按本宾馆享有40%的份额,调整长期股权投资,作分录如下:

　　借:长期股权投资——投资成本　　　　　　　　　　　　　　10 000.00
　　　　贷:营业外收入　　　　　　　　　　　　　　　　　　　　　　　10 000.00

（3）12月31日,长阳宾馆利润表上的净利润为800 000元,按照应享有的40%的份额调整"长期股权投资"账户,作分录如下:

　　借:长期股权投资——损益调整　　　　　　　　　　　　　　360 000.00
　　　　贷:投资收益　　　　　　　　　　　　　　　　　　　　　　　360 000.00

（4）12月31日,长阳宾馆因持有的可供出售金融资产的公允价值（扣除交易费用）大于账面价值50 000元,计入了其他综合收益,按照应享有的份额转账,作分录如下:

　　借:长期股权投资——其他综合收益　　　　　　　　　　　　20 000.00
　　　　贷:其他综合收益　　　　　　　　　　　　　　　　　　　　　20 000.00

（5）12月31日,长阳宾馆资产负债表上资本公积增加的金额中有40 000元,系接受其他股东资本性投入形成的,按照应享有的份额转账,作分录如下:

　　借:长期股权投资——其他权益变动　　　　　　　　　　　　16 000.00
　　　　贷:资本公积——其他资本公积　　　　　　　　　　　　　　　16 000.00

（6）次年3月15日,长阳宾馆宣告将于3月30日按净利润的60%分配利润,作分录如下:

借：应收股利　　　　　　　　　　　　　　　　　　　216 000.00
　　　贷：长期股权投资——损益调整　　　　　　　　　　　216 000.00

三、长期股权投资减值的核算

企业在期末应当对长期股权投资的账面价值进行检查，如发生被投资单位的市价持续2年低于账面价值或者被投资单位经营所处的经济、技术、法律等环境发生重大变化等情况，表明长期股权投资的可收回金额低于账面价值，从而发生减值的，应当计提减值准备。

企业在计提减值准备时，借记"资产减值损失"账户，贷记"长期股权投资减值准备"账户。

【例】 5月31日，锦程旅游公司长期持有的云海宾馆股票200 000股，占该公司股份的5%，因该宾馆发生严重财务困难，每股市价下跌为6元，交易费用为4‰。查该股票账面价值：成本为1 287 400元，损益调整为借方余额20 000元，计提其减值准备，作分录如下：

$$长期股权投资可收回金额 = 6 \times 200\,000 \times (1 - 4‰) = 1\,195\,200(元)$$

借：资产减值损失——长期股权投资减值损失　　　　　　112 200.00
　　　贷：长期股权投资减值准备　　　　　　　　　　　　　112 200.00

长期股权投资减值损失一经确认，在以后会计期间不得转回。

"长期股权投资减值准备"是资产类账户，它是"长期股权投资"账户的抵减账户，用以核算企业长期股权投资发生减值时计提的减值准备。企业计提减值准备时，记入该账户贷方；企业出售长期股权投资予以转销时，记入该账户借方；期末余额在贷方，表示企业已计提但尚未转销的长期股权投资减值准备。

四、长期股权投资出售的核算

企业出售长期股权投资时，应按实际收到的金额，借记"银行存款"账户，原已计提减值准备的，应借记"长期股权投资减值准备"账户；按其账面余额，贷记"长期股权投资"账户，按尚未领取的现金股利或利润，贷记"应收股利"账户，将这些账户之间的差额列入"投资收益"账户。

【例】 续上例。6月5日，出售云海宾馆股票200 000股，每股5.98元，另按交易金额的3‰支付佣金，1‰交纳印花税，收到出售净收入，存入银行。作分录如下：

借：银行存款　　　　　　　　　　　　　　　　　　1 191 216.00
　　借：长期股权投资减值准备　　　　　　　　　　　　　112 200.00
　　借：投资收益　　　　　　　　　　　　　　　　　　　3 984.00
　　　贷：长期股权投资——投资成本　　　　　　　　　1 287 400.00
　　　贷：长期股权投资——损益调整　　　　　　　　　　 20 000.00

如果按权益法核算的长期股权投资在出售时,有除净损益以外的所有者权益的其他变动,还应将原已记入"资本公积——其他资本公积"的金额转入"投资收益"账户。

【例】 九重天宾馆持有天华旅游公司股票1 000 000股,并对该公司有重大影响。4月30日,九重天宾馆出售天华旅游公司股票1 000 000股,每股6.60元,另按交易金额3‰支付佣金,1‰交纳印花税。出售净收入已收到支票,存入银行。查长期股权投资明细账户的余额,其中:成本为5 768 900元,损益调整为600 000元,其他权益变动为90 000元,因其他权益变动形成的"资本公积——其他资本公积"账户余额为90 000元。

(1) 将出售收入入账,作分录如下:

借:银行存款　　　　　　　　　　　　　　　　　　　　6 573 600.00
　　贷:长期股权投资——投资成本　　　　　　　　　　5 768 900.00
　　贷:长期股权投资——损益调整　　　　　　　　　　　600 000.00
　　贷:长期股权投资——其他权益变动　　　　　　　　　 90 000.00
　　贷:投资收益　　　　　　　　　　　　　　　　　　　114 700.00

(2) 结转因其他权益变动形成的资本公积,作分录如下:

借:资本公积——其他资本公积　　　　　　　　　　　　 90 000.00
　　贷:投资收益　　　　　　　　　　　　　　　　　　　 90 000.00

思 考 题

一、简答题

1. 试述长期投资的目的和特点。
2. 试述交易性金融资产取得时的计量和期末的计量。
3. 什么是债券的溢价购进和折价购进?为什么会出现溢价购进和折价购进?
4. 利息调整额有哪两种摊销方法?分述它们的优缺点。
5. 可供出售金融资产期末计量与持有至到期投资相比较有何不同?
6. 各种长期股权投资的初始投资成本是如何确定的?
7. 试述权益法的一般核算程序。

二、名词解释题

对外投资　短期投资　长期投资　金融资产　权益工具　金融工具　实际利率法　成本法　权益法

三、是非题

1. 交易性金融资产是指企业持有的以公允价值计量且其变动计入当期损益的金融

资产。( )

2. 持有至到期投资是指到期日固定,且企业有明确意图和能力持有至到期的非衍生金融资产。( )

3. 交易性金融资产出售收入高于其成本的差额,应贷记"投资收益"账户。( )

4. 企业溢价购进债券,是因为债券的票面利率小于市场利率。( )

5. 债券折价款是被投资单位为了补偿投资企业以后各期少收的利息而预先少付的款项。( )

6. 非同一控制下的企业合并,若合并成本小于取得被购买方可辨认净资产的公允价值,其差额应列入"资本公积"账户。( )

7. 控制是指有权决定一个企业的经营决策,并能据以从该企业的经营活动中获取利益。( )

8. 投资企业对被投资单位具有共同控制或重大影响的长期股权投资,应采用权益法核算。( )

9. 企业长期股权投资采用权益法核算,收到被投资单位发放的现金股利时,其"长期股权投资"账户的数额应保持不变。( )

四、单项选择题

1. 交易性金融资产在持有期间收到被投资单位宣告发放的现金股利时,应贷记_____账户。
   A. "交易性金融资产——成本" B. "投资收益"
   C. "应收股利" D. "公允价值变动损益"

2. 持有至到期投资重分类为可供出售金额资产时,其账面价值与公允价值之间的差额列入_____账户。
   A. "公允价值变动损益" B. 其他综合收益
   C. "投资收益" D. "资本公积"

3. _____期末的公允价值与账面余额不同时,其差额列入"其他综合收益"账户。
   A. 持有至到期投资 B. 可供出售金融资产
   C. 长期股权投资 D. 交易性金融资产

4. 已确认减值损失的_____,在随后的会计期间,其公允价值上升的,应在原已计提的减值准备金额内予以转回。
   A. 交易性金融资产 B. 持有至到期投资
   C. 可供出售金融资产 D. 长期股权投资

五、多项选择题

1. 长期投资按照投资的目的不同,可分为_____。
   A. 可供出售的金融资产 B. 持有至到期投资

C. 交易性金融资产　　　　　　　　D. 长期股权投资

2. 短期投资具有投资收回快、_____的特点。

A. 风险小　　　　　　　　　　　　B. 变现能力强

C. 机动灵活　　　　　　　　　　　D. 投资收益大

3. 企业采用权益法时,当被投资单位_____时,应增加长期股权投资。

A. 实现了净利润　　　　　　　　　B. 资本溢价

C. 宣告分派现金股利　　　　　　　D. 收到现金股利

4. _____期末发生减值时,应当计提资产减值准备。

A. 持有至到期投资　　　　　　　　B. 可供出售金融资产

C. 长期股权投资　　　　　　　　　D. 交易性金融资产

实 务 题

习题一

一、**目的**　练习交易性金融资产的核算。

二、**资料**　天宇宾馆发生下列有关的经济业务:

1. 3月1日,购进光明公司股票10 000股,每股7.50元,另以交易金额的3‰支付佣金,1‰交纳印花税,款项一并签发转账支票支付。该股票为交易目的而持有。

2. 3月5日,购进新光公司股票15 000股,每股6元,另以交易金额的3‰支付佣金,1‰交纳印花税,款项一并签发转账支票支付。新光公司已于3月1日宣告,定于3月11日分派现金股利,每股0.12元,该股票为交易目的而持有。

3. 3月11日,收到本宾馆持有3月5日购进的新光公司15 000股股票的现金股利1 800元,存入银行。

4. 3月18日,收到本宾馆持有3月1日购进的光明公司股票10 000股的现金股利1 500元,存入银行。

5. 3月30日,以1 080元购进浦江公司去年发行的债券100张,每张面值1 000元,以交易金额1‰支付佣金,款项一并签发转账支票支付。该债券年利率为8%,每年3月30日支付利息。该债券为交易目的而持有。

6. 3月31日,收到浦江公司付来债券利息8 000元,存入银行。

7. 3月31日,光明公司股票每股公允价值为7.45元,新光公司股票每股公允价值为6.10元,浦江公司1 000元面值的债券其公允价值为1 000.10元,予以转账。

8. 3月31日,将公允价值变动损益结转"本年利润"账户。

9. 4月15日,出售持有的光明公司股票10 000股,每股7.60元,另按交易金额3‰

支付佣金,1‰交纳印花税,收到出售净收入,存入银行。

10. 4月30日,出售持有的浦江公司债券100张,每张面值1 000元,现按1 005元成交,另按交易金额1‰支付佣金。收到出售净收入,存入银行。

三、要求　编制会计分录。

习题二

一、目的　练习持有至到期投资的核算。

二、资料

1. 金陵饭店发生下列有关的经济业务:

(1) 3月31日,购进沪光公司新发行的2年期债券84张,每张面值1 000元,按面值购进,并按交易金额的1‰支付佣金,当即签发转账支票支付全部款项。债券的票面年利率为8%,到期一次还本付息。该债券准备持有至到期。

(2) 3月31日,购进万春公司新发行的4年期债券120张,每张面值1 000元,购进价格为1 033.09元,并按交易金额1‰支付佣金,当即签发转账支票支付全部款项。债券的票面年利率为9%,而实际年利率为8%,每年3月31日支付利息。该债券准备持有至到期。

(3) 3月31日,购进黄河公司新发行的2年期债券90张,每张面值1 000元,购进价格为982.13元,并按交易金额的1‰支付佣金,当即签发转账支票支付全部款项。债券的票面年利率为7%,而实际年利率为8%,每年3月31日支付利息。该债券准备持有至到期。

(4) 4月30日,分别预计购进的三种债券本月份的应收利息入账。

(5) 5月30日,今决定将持有的沪光公司债券重分类为可供出售金融资产,该1 000元面值债券的公允价值为1 013元,予以转账。

2. 次年接着又发生下列有关的经济业务:

(1) 3月31日,收到万春公司付来去年发行的债券利息,存入银行。

(2) 3月31日,收到黄河公司付来去年发行的债券利息,存入银行。

(3) 4月25日,出售黄河公司发行的2年期债券90张,每张面值1 000元,现按996元出售,另按交易金额的1‰支付佣金,收到出售净收入,存入银行。

(4) 4月30日,万春公司因发生严重的财务困难,现1 000元面值债券的市价仅1 012元,计提其减值准备。

(5) 5月15日,出售万春公司发行的4年期债券120张,每张面值1 000元,出售价格为1 011.90元,另按交易金额的1‰支付佣金,收到出售净收入,存入银行。

三、要求

1. 编制会计分录(用直线法摊销利息调整额)。

2. 用实际利率法计算利息调整各年的摊销额。

习题三

一、目的 练习可供出售金融资产的核算。

二、资料 扬州宾馆发生下列有关的经济业务：

1. 4月5日,购进天河公司股票25 000股,每股6元,另以交易金额3‰支付佣金,1‰交纳印花税,款项一并签发转账支票付讫,该股票准备日后出售。

2. 4月10日,购进泰山公司股票20 000股,每股8元,另以交易金额3‰支付佣金,1‰交纳印花税,款项一并签发转账支票付讫,泰山公司已于4月5日宣告将于4月20日分派现金股利,每股0.26元。该股票准备日后出售。

3. 4月20日,收到泰山公司发放的现金股利,每股0.26元,计5 200元,存入银行。

4. 4月25日,收到天河公司发放的现金股利,每股0.12元,计3 000元,存入银行。

5. 4月30日,购进忆阳公司按面值发行的3年期债券150 000元,另以交易金额的1‰支付佣金,款项一并签发转账支票支付,该债券年利率为8%,每年4月30日付息。该债券准备日后出售。

6. 4月30日,天河公司股票每股公允价值6.20元,泰山公司股票每股公允价值7.90元,调整其账面价值。

7. 5月25日,出售天河公司股票25 000股,每股6.50元,另按交易金额3‰支付佣金,1‰交纳印花税,收到出售净收入,存入银行。

8. 5月31日,泰山公司因经营失误发生严重财务困难,其股票的公允价值大幅度下降,每股为7.25元,计提其减值损失。

9. 6月5日,出售泰山公司股票20 000股,每股7.35元,另按交易金额的3‰支付佣金,1‰交纳印花税,收到出售净收入,存入银行。

三、要求 编制会计分录。

习题四

一、目的 练习长期股权投资初始成本的核算。

二、资料 杭州饭店集团公司内的西湖宾馆"资本公积——资本溢价"账户余额为60 000元,"盈余公积"账户余额为150 000元。现发生下列有关的经济业务：

1. 1月5日,现合并本集团内的武陵宾馆,取得该宾馆60%的股权。武陵宾馆所有者权益账面价值为3 500 000元,西湖宾馆支付合并对价资产的账面价值为2 240 000元,其中:固定资产1 200 000元,已提折旧200 000元,其余1 240 000元签发转账支票付讫。

2. 3月25日,今以1 782 000元的合并成本从宁波宾馆的股东中购入该宾馆45%

的股权。而对价付出资产的账面价值为1 700 000元,其中:固定资产1 000 000元,已提折旧120 000元,其公允价值为878 000元,其余820 000元签发转账支票付讫。

3. 5月20日,从证券市场购买山外山旅游公司股票360 000股,准备长期持有。该股票每股5元,占该公司股份的5%,另按交易金额的3‰支付佣金,1‰交纳印花税,款项一并签发转账支票支付。该公司已宣告将于5月26日发放现金股利,每股0.11元。

4. 6月25日,以发行股票1 200 000股的方式取得华山旅游公司10%的股权,股票每股面值1元,发行价为5.50元,另需支付相关税费26 400元,款项一并签发转账支票支付。

三、要求 编制会计分录。

习题五

一、目的 练习长期股权投资后续计量的核算。

二、资料

(一)花城宾馆发生下列有关的经济业务:

1. 9月30日,购进珠江公司的股票5 400 000股,占该公司有表决权股份的60%,并取得了控制权。该股票每股5元,另按交易金额的3‰支付佣金,1‰交纳印花税。款项一并签发转账支票支付。

2. 次年3月12日,珠江公司宣告将于3月27日发放上年度的现金股利,每股0.16元。查珠江公司去年实现的净利润为2 150 000元。

3. 次年3月27日,收到珠江公司发放的现金股利160 000元,存入银行。

4. 次年7月31日,珠江公司发生严重财务困难,每股市价下跌为4.50元,计提其减值准备。

5. 次年8月20日,出售珠江公司股票100 000股,每股4.45元,另按交易金额的3‰支付佣金,1‰交纳印花税。收到出售净收入,存入银行。

(二)广州宾馆发生下列有关的经济业务:

1. 1月2日,从苏州宾馆股东中购入该宾馆45%的股权,取得了对苏州宾馆的共同控制权。而对价付出资产的账面价值为3 550 000元,其中:固定资产1 500 000元,已提折旧100 000元,其公允价值为1 412 000元,其余2 150 000元签发转账支票付讫。

2. 1月3日,苏州宾馆接受本宾馆投资后,可辨认净资产公允价值为8 000 000元,按本宾馆享有45%的份额,调整长期股权投资。

3. 12月31日,苏州宾馆的利润表上的净利润为720 000元。

4. 12月31日,苏州宾馆因持有的可供出售金额资产的公允价值(已扣除交易费用)大于账面价值6 000元,按照应享有的份额入账。

5. 次年3月20日,苏州宾馆宣告将于3月30日按净利润的60%分配利润。

6. 次年 3 月 30 日,收到苏州宾馆分配来的利润,存入银行。

7. 次年 7 月 31 日,苏州宾馆资产负债表上资本公积增加的金额中,有 60 000 元系接受其他股东资本性投入形成的,按照应享有的份额入账。

8. 次年 9 月 30 日,以 480 000 元出售本宾馆持有苏州宾馆 5% 的股权,扣除交易费用 2 500 元后,收到出售股权净收入 477 500 元,存入银行。

三、要求 编制会计分录。

第十章 负　　债

第一节　负债概述

一、负债的特征

负债是指过去的交易、事项形成的现时义务。履行该义务预期会导致经济利益流出企业。它通常具有以下四个基本特征。

（一）负债是基于过去的交易或事项而产生的

负债是基于过去的交易或事项而产生的。只有源于已经发生的交易或事项，会计上才有可能确认为负债，如企业赊购原材料或使用劳务就产生了应付账款这种负债。对于正在筹划的未来交易或事项，不能确认其为负债，如企业与供货方签订的采购合同，在未履行前，不会产生负债。

（二）负债是企业承担的现时义务

负债是企业承担的现时义务。由于具有约束力的合同或法定要求，义务在法律上可能是强制执行的，如企业向银行借入资金，就负有按期归还本金并支付利息的义务。义务还可能产生于正常的业务活动、习惯以及为了保持良好的业务关系或公平处事的愿望，如企业确定对售出的商品在1年内予以免费修理，那么企业已经售出的商品预期将会发生的修理费用就是该企业的负债。

（三）现时义务的履行通常关系到企业放弃含有经济利益的资产

企业履行现时义务时，通常要放弃含有经济利益的资产，以满足对方的要求。现行义务的履行，可采取若干种方式，如支付现金、转让非现金资产、提供劳务、以其他义务替换该项义务、将该项义务转换为所有者权益等。

（四）负债通常是在未来某一时日通过交付资产或提供劳务来清偿

负债必须在将来的某一时日，通过交付资产或提供劳务来清偿，届时原有的负债才会消失。有时企业可以通过承诺新的负债或转化为所有者权益来了结一项现有负债，前者只是负债的展期；后者则用增加所有者权益而了结债务。

二、负债的分类

按照负债的流动性不同，可分为流动负债和非流动负债。

流动负债是指企业预计在一个正常营业周期中清偿，或者主要为交易目的而持有的，或者自资产负债表日起1年内到期应予以清偿的，或者企业无权自主地将清偿推迟至资产负债表日后一年以上的负债。

非流动负债是指流动负债以外的负债。

第二节 流动负债

流动负债偿还的期限短,它包括短期借款、应付票据、应付账款、预收账款、受托代销商品款、应付职工薪酬、应交税费、应付利息、应付股利和其他应付款等。

流动负债的特点是偿还期限短,它必须在1年内偿还。旅游饮食服务企业的流动负债包括的内容非常广泛,有关存货购销方面的流动负债已在各有关章节作了阐述。本节主要阐述短期借款和应付职工薪酬,其他流动负债的内容将在其他有关章节中阐述。

一、短期借款

短期借款是指企业向银行或其他金融机构借入的,期限在1年以下(含1年)的借款。当企业发生生产经营周转资金不足,或者由于季节性储备的需要,可以通过向银行或其他金融机构借入短期借款,以确保生产经营活动的开展。

企业取得短期借款时,借记"银行存款"账户,贷记"短期借款"账户;归还短期借款时,借记"短期借款"账户,贷记"银行存款"账户。

"短期借款"是负债类账户,用以核算企业向银行等金融机构借入的期限在1年以下(含1年)的各种借款。企业取得短期借款时,记入该账户贷方;企业归还短期借款时,记入该账户借方;期末余额在贷方,表示企业尚未归还的短期借款数额。该账户一般按借款种类或债权人进行明细分类核算。

二、应付职工薪酬的核算

(一)职工薪酬概述

职工薪酬是指企业为获得职工提供服务而给予各种形式的报酬以及其他相关支出。

职工薪酬包括的内容有：① 职工工资、奖金、津贴和补贴。② 职工福利费。③ 医疗保险费、养老保险费、失业保险费等社会保险费。④ 住房公积金。⑤ 工会经费和职工教育费。⑥ 非货币性福利。⑦ 因解除与职工劳动关系给予的补偿。⑧ 其他与获得职工提供服务相关的支出。

(二)职工工资、奖金、津贴和补贴的核算

职工工资是指按照职工工作能力、劳动熟练程度、技术复杂程度和劳动繁简轻重程度,以及所负责任大小等所规定的工资标准支付给职工的劳动报酬。按照其计算的方法不同分为计时工资和计件工资。计时工资是指按计时工资标准和工作时间支付给个人的劳动报酬,计件工资是指根据已完成的销售量或工作量计算支付给个人的劳动报酬。

奖金是指支付给职工的超额劳动报酬和增收节支的劳动报酬。主要有生产奖、节约奖等,但不包括发明创造和技术改造奖。

津贴和补贴是指为了补偿职工特殊或额外的劳动消耗和因其他特殊原因支付给职工的津贴,以及为了职工工资水平不受物价影响支付给职工的物价补贴。主要有中、夜班津贴、岗位津贴、特殊工种津贴和副食品补贴等。

旅游饮食服务企业主要采用计时工资。企业在按月计算职工应发工资时,应根据劳动工资部门转来的考勤记录及其他有关资料,按职工出、缺勤情况,计算职工应发工资。其计算公式如下:

$$应发工资 = 工资 - 缺勤应扣工资$$

缺勤应扣工资是指病、事假应扣工资。在计算病、事假应扣工资时,先要将职工的月工资标准计算成日工资标准。日工资标准有两种计算方法。

一种是按法定工作日计算,其计算依据是:全年共365天,每周法定休息2天,全年休息日104天,法定假日11天,除去休假日115天,年法定工作日为250天,则月法定工作日为20.83天,其计算公式如下:

$$日工资标准 = \frac{月工资标准}{20.83 \text{ 天}}$$

另一种是按日历日数计算,每月按30天计算,其计算公式如下:

$$日工资标准 = \frac{月工资标准}{30 \text{ 天}}$$

$$事假应扣工资 = 日工资标准 \times 事假天数$$

$$病假应扣工资 = 日工资标准 \times 病假天数 \times 病假扣款率$$

【例】 神州宾馆日工资按日历天数计算。职工李芳的月工资标准为4 500元,上月请事假1天,请病假3天,享受病假工资80%。李芳应扣病事假工资和应发工资如下:

$$事假应扣工资 = \frac{4\,500}{30} = 150(元)$$

$$病假应扣工资 = \frac{4\,500}{30} \times 3 \times 20\% = 90(元)$$

$$应发工资 = 4\,500 - 150 - 90 = 4\,260(元)$$

应发工资计算完毕后,再根据考勤记录及有关部门转来的奖金、津贴和补贴及代扣

款项等有关资料,计算职工薪酬的实发金额。其计算公式如下:

实发金额＝应发工资＋奖金＋津贴和补贴－代扣款项

在实际工作中,企业是通过编制工资结算单来结算工资的。工资结算单一式数联,其中一联经职工领款签收后,作为工资结算和发放的原始凭证;一联转交劳动工资部门;一联由财会部门留存。工资结算单的格式如图表10-1所示。

财会部门根据工资结算单中的实发金额签发现金支票提取现金,届时借记"库存现金"账户,贷记"银行存款"账户。

企业发放工资、奖金、津贴和补贴时,借记"应付职工薪酬"账户,贷记"库存现金"和"其他应付款"账户。期末将"应付职工薪酬"账户归集的各类人员的薪酬进行分配,属于业务经营人员的工资费用,转入"销售费用"账户;属于管理人员的工资费用,转入"管理费用"账户;属于建筑安装固定资产人员的工资费用,转入"在建工程"账户;属于6个月以上长期病假的工资费用,则转入"管理费用"账户。

【例】 神州宾馆编制的工资结算单如图表10-1所示。

(1)15日,按照工资结算单实发金额159 834元,签发现金支票提取现金,根据现金支票存根,作分录如下:

借:库存现金　　　　　　　　　　　　　　　　　　　　　　159 834.00
　　贷:银行存款　　　　　　　　　　　　　　　　　　　　　159 834.00

(2)15日,发放工资后,根据工资结算单,作分录如下:

借:应付职工薪酬——经营人员工资　　　　　　　　　　　　166 200.00
借:应付职工薪酬——管理人员工资　　　　　　　　　　　　 27 600.00
　　贷:库存现金　　　　　　　　　　　　　　　　　　　　　159 834.00
　　贷:其他应付款——住房公积金　　　　　　　　　　　　　 13 566.00
　　贷:其他应付款——养老保险费　　　　　　　　　　　　　 15 504.00
　　贷:其他应付款——医疗保险费　　　　　　　　　　　　　 3 876.00
　　贷:其他应付款——失业保险费　　　　　　　　　　　　　 969.00
　　贷:应交税费——应交个人所得税　　　　　　　　　　　　 51.00

(3)31日,将本月份发放的职工薪酬进行分配,作分录如下:

借:销售费用——职工薪酬　　　　　　　　　　　　　　　　166 200.00
借:管理费用——职工薪酬　　　　　　　　　　　　　　　　 27 600.00
　　贷:应付职工薪酬——经营人员工资　　　　　　　　　　　166 200.00
　　贷:应付职工薪酬——管理人员工资　　　　　　　　　　　 27 600.00

图表 10-1

工 资 结 算 单

2019 年 9 月 15 日

第 2 页　单位：元

姓名	应发工资		缺勤应扣工资		应发工资	奖金	津贴和补贴		应发薪酬合计	代扣款项				合计	实发金额	签章
			病假工资	事假工资			中夜班津贴	副食品补贴		住房公积金	养老保险费	医疗保险费	失业保险费	个人所得税			
刘丽莉	4 020				4 020		80	50	4 500	315.00	360.00	90.00	22.50		787.50	3 712.50	
李芳	4 500		90	150	4 260	350		50	4 600	322.00	368.00	92.00	23.00		805.00	3 795.00	
王德强	4 650				4 650	290		50	5 100	357.00	408.00	102.00	25.50		892.50	4 207.50	
赵林	5 100		170		4 930	400	100	50	5 400	378.00	432.00	108.00	27.00		945.00	4 455.00	
蒋云天	5 400				5 400	320	80	50	5 960	417.20	476.80	119.20	29.80		1 043.00	4 917.00	
小计	23 670			320	23 260	430	260	250	25 560	1 789.20	2 044.80	511.20	127.80		4 473.00	21 087.00	
业务经营人员工资合计	154 000		580	1 820	151 600	1 790	960	1 600	166 200	11 634.00	13 296.00	3 324.00	831.00		29 085.00	137 115.00	
管理人员工资合计	25 680		90		25 590	12 040		200	27 600	1 932.00	2 208.00	552.00	138.00	51.00	4 881.00	22 719.00	
总计	179 680		670	1 820	177 190	13 850	960	1 800	193 800	13 566.00	15 504.00	3 876.00	969.00	51.00	33 966.00	159 834.00	

（三）职工福利费、工会经费和职工教育经费的核算

职工福利费是指用于职工医疗卫生、生活困难补助、集体福利设施等支出。根据规定职工福利费按工资总额的一定比例提取。工资总额是指各企业在一定时期内直接支付给本企业全部职工的劳动报酬总额。它包括职工工资、奖金、津贴和补贴。

工会经费是指工会组织的活动经费。根据规定工会经费按工资总额的2%提取。

职工教育经费是指企业用于职工学习先进技术和科学文化的经费。根据规定，职工教育经费按工资总额的1.5%提取。

企业在提取职工福利费、工会经费和职工教育经费时，按商品经营人员工资总额提取的，列入"销售费用"账户；按企业行政管理人员和长期病假人员工资总额提取的，列入"管理费用"账户。

【例】 神州宾馆4月份发放职工的工资总额为193 800元，其中：业务经营人员166 200元，管理人员27 600元，按本月工资总额的14%、2%和1.5%，分别计提职工福利费、工会经费和职工教育经费，作分录如下：

```
借：销售费用——职工薪酬(166 200×17.5%)                29 085.00
借：管理费用——职工薪酬(27 600×17.5%)                  4 830.00
    贷：应付职工薪酬——职工福利(193 800×14%)              27 132.00
    贷：应付职工薪酬——工会经费(193 800×2%)                3 876.00
    贷：应付职工薪酬——职工教育经费(193 800×1.5%)          2 907.00
```

职工福利费主要用途有：职工的医药费，企业内医务人员的工资、医务经费及职工因公负伤就医路费；职工生活困难补助费；企业福利机构如浴室、托儿所等工作人员工资，以及这些项目支出与收入相抵后的差额；集体福利设施和文化体育设施；独生子女补助费及其他福利支出。

企业在支用职工福利费、职工教育经费和拨交工会组织工会经费时，再借记"应付职工薪酬"账户，贷记"银行存款"或"库存现金"账户。

（四）医疗保险费、养老保险费、失业保险费等社会保险费和住房公积金的核算

医疗保险费是指由企业负担的用于职工医疗保险的费用。企业按工资总额的12%交纳，职工按工资总额的2%交纳。

养老保险费是指由企业负担的用于职工退休后支付职工退休金的费用。企业按工资总额的20%交纳，职工按工资总额的8%交纳。

失业保险费是指由企业负担的用于职工失业的保险费用。企业按工资总额的1%交纳，职工按工资总额的5‰交纳。

住房公积金是指企业为其在职职工缴存的长期住房储金。企业按工资总额的7%交纳，职工也按工资总额的7%交纳。

企业负担的医疗保险费已包含在职工福利费内，因此在计提时只需在"应付职工薪

酬"的二级明细账户内进行划转。

企业负担的养老保险费、失业保险费等社会保险费和住房公积金在按月计提时,应根据不同的人员分别借记"销售费用""管理费用""在建工程"等账户,贷记"应付职工薪酬"账户。

职工负担的医疗保险费、养老保险费、失业保险费和住房公积金在发放职工薪酬予以代扣时,已经列入"其他应付款"账户。

企业按规定将医疗保险费、养老保险费、失业保险费等社会保险费交纳给社会保险事业基金结算管理中心;将住房公积金交纳给公积金管理中心时,应借记"应付职工薪酬""其他应付款"账户,贷记"银行存款"账户。

【例】 根据前例的资料对社会保险费和住房公积金进行计提和交纳的核算。

(1) 按工资总额的12%计提医疗保险费,作分录如下:

借:应付职工薪酬——职工福利　　　　　　　　　　　　　　23 256.00
　　贷:应付职工薪酬——社会保险费(193 800×12%)　　　　23 256.00

(2) 按工资总额的20%、1%和7%分别计提养老保险费、失业保险费和住房公积金,作分录如下:

借:销售费用——职工薪酬(166 200×28%)　　　　　　　　46 536.00
借:管理费用——职工薪酬(27 600×28%)　　　　　　　　　7 728.00
　　贷:应付职工薪酬——社会保险费(193 800×21%)　　　　40 698.00
　　贷:应付职工薪酬——住房公积金(193 800×7%)　　　　　13 566.00

(3) 将本月应交的医疗保险费、养老保险费、失业保险费和住房公积金(含为职工代扣的部分)分别交纳给社会保险事业基金结算管理中心和公积金管理中心时,作分录如下:

借:应付职工薪酬——社会保险费　　　　　　　　　　　　69 792.00
借:应付职工薪酬——住房公积金　　　　　　　　　　　　13 566.00
借:其他应付款——住房公积金　　　　　　　　　　　　　13 566.00
借:其他应付款——养老保险费　　　　　　　　　　　　　15 504.00
借:其他应付款——医疗保险费　　　　　　　　　　　　　3 876.00
借:其他应付款——失业保险费　　　　　　　　　　　　　1 969.00
　　贷:银行存款　　　　　　　　　　　　　　　　　　　117 273.00

"应付职工薪酬"是负债类账户,用以核算企业根据规定应付给职工的各种薪酬。企业发生职工各种薪酬时,记入该账户贷方;企业支付职工各种薪酬时,记入该账户借方;期末余额在贷方,表示企业尚未支付的职工薪酬。

"其他应付款"账户是负债类账户,用以核算企业除应付票据、应付账款、预收账款、应付职工薪酬、应付利息、应付股利、应交税费等以外的其他各项应付、暂收的款项。企业发生其他应付、暂收款项时,记入该账户贷方;企业支付或归还其他应付、暂收款项时,记入该账户借方;期末余额在贷方,表示企业尚未支付的其他应付款项。

第三节　非流动负债

一、非流动负债的意义和特点

非流动负债的偿还期限较长,它主要包括长期借款、应付债券、长期应付款和预计负债等。

企业在开业阶段,通过非流动负债可以弥补投资者投入资金的不足,以保证经营业务的顺利进行。企业在经营过程中,当需要扩展经营规模,开拓新的市场而需要大量固定资产投资时,如果等待企业内部形成足够的留存收益后,再进行投资,将会丧失有利的时机,因此通过非流动负债来筹集资金是一种有效的方法。

非流动负债与流动负债相比较,具有负债数额大,偿还期限长的特点。

二、借款费用

(一)借款费用概述

借款费用是指企业因借款而发生的利息及其他相关成本。它包括借款利息、利息调整额的摊销、辅助费用以及因外币借款而发生的汇兑差额等。辅助费用是指向银行借款的手续费、发行债券的发行费用等。

企业发生的借款费用,可直接归属于符合资本化条件的资产的购建或者生产的,应当予以资本化,计入相关资产成本;其他借款费用,应当在发生时根据其发生额确认为费用,计入当期损益。

符合资本化条件的资产,是指需要经过相当长时间的购建或者生产活动才能达到预定可使用或者可销售状态的固定资产、投资性房地产和存货等资产。

(二)借款费用予以资本化的条件

借款费用同时满足下列条件的,才能开始予以资本化:① 资产支出已经发生。资产支出包括为购建或者生产符合资本化条件的资产而以支付现金、转移非现金资产或者承担带息债务形式发生的支出。② 借款费用已经发生。③ 为使资产达到预定可使用或者可销售状态所必要的购建或者生产活动已经开始。

(三)借款利息资本化金额的确定

在资本化期间内,每一会计期间的利息(包括利息调整额的摊销)资本化的金额,应当按照下列规定确定:

为购建或者生产符合资本化条件的资产而借入专门借款的,应当以专门借款当期实际发生的利息费用,减去将尚未动用的借款资金存入银行取得的利息收入或进行暂时性投资取得的投资收益后的金额确定。专门借款是指为购建或者生产符合资本化条件的资产而专门借入的款项。

为购建或者生产符合资本化条件的资产而占用了一般借款的,企业应当根据累计资产支出超过专门借款部分的资产支出的加权平均数乘以所占用一般借款的资本化率,计算确定一般借款应予以资本化的利息金额。资本化率应当根据一般借款加权平均利率计算确定。

资本化期间是指从借款开始资本化时点到停止资本化时点的期间,借款费用暂停资本化的期间不包括在内。

(四)辅助费用的处理

专门借款发生的辅助费用,在所购建或者生产的符合资本化条件的资产达到预定可使用或者可销售状态之前发生的,应当在发生时根据其发生额予以资本化,计入符合资本化条件的资产的成本;在所购建或者生产的符合资本化条件的资产达到预定可使用或者可销售状态之后发生的,应当在发生时根据其发生额确认为费用,计入当期损益。

一般借款发生的辅助费用,应当在发生时根据其发生额确认为费用,计入当期损益。

三、长期借款

长期借款是指旅游饮食服务企业在固定资产不能满足经营业务需要时,向银行或其他金融机构借入的期限在1年以上的各种借款。

企业向银行申请长期借款等,必须与银行签订贷款合同,并要提供不同形式的担保,然后在合同规定的期限内还本付息。

企业按照贷款合同取得购建固定资产的长期借款时,借记"银行存款"账户,贷记"长期借款——专门借款"账户。专门借款的利息不论是分期支付,还是一次性支付,均应按照权责发生制的要求分期列支。专门借款当期实际发生的利息费用,减去将尚未动用的借款资金存入银行取得的利息收入或者进行暂时投资取得的投资收益后的金额,确定为专门借款利息费用的资本化金额,并应当在资本化期间内,将其计入固定资产的购建成本;在固定资产购建完成达到预定可使用状态后发生的利息费用,则应直接计入当期损益,列入"财务费用"账户。

在借款费用资本化期间内,为购建或生产符合资本化条件的资产占用了一般借款的,一般借款应予资本化的利息金额的计算公式如下:

$$\text{一般借款利息费用资本化金额} = \text{累计资本支出超过专门借款部分的资产支出加权平均数} \times \text{所占用一般借款的资本化率}$$

$$\text{所占用一般借款的资本化率} = \frac{\text{所占用一般借款当期实际发生的利息之和}}{\text{所占用一般借款本金加权平均数}} \times 100\%$$

第十章 负 债

$$\text{所占用一般借款本金加权平均数} = \sum \left(\text{所占用每笔一般借款本金} \times \frac{\text{每笔一般借款在当期所占用的天数}}{\text{当期天数}} \right)$$

【例】 阳光浴场为建造温泉浴场向建设银行借入专门借款 600 000 元,合同规定 2 年到期,年利率为 8%,单利计息,到期一次还本付息。

(1) 2017 年 1 月 31 日,企业取得专门借款转入银行存款户时,作分录如下:

借:银行存款　　　　　　　　　　　　　　　　　　　　600 000.00
　　贷:长期借款——专门借款——本金　　　　　　　　　　600 000.00

(2) 2017 年 1 月 31 日,签发转账支票支付第一期工程款 360 000 元,增值税额 32 400 元,作分录如下:

借:在建工程——建筑工程——建造温泉浴场　　　　　　360 000.00
借:应交税费——应交增值税——进项税额　　　　　　　　32 400.00
　　贷:银行存款　　　　　　　　　　　　　　　　　　　　392 400.00

(3) 2017 年 2 月 28 日,计提本月份专门借款利息 4 000 元,作分录如下:

借:在建工程——建筑工程——建造温泉浴场　　　　　　　4 000.00
　　贷:长期借款——专门借款——利息(600 000×8%÷12)　　 4 000.00

(4) 2017 年 12 月 31 日,收到尚未动用的专门借款 207 600 元存入银行的利息收入 1 322.28 元,作分录如下:

借:银行存款　　　　　　　　　　　　　　　　　　　　　1 322.28
　　贷:在建工程——建筑工程——建造温泉浴场　　　　　　　1 322.28

(5) 2017 年 12 月 31 日,签发转账支票支付第二期工程款 260 000 元,增值税额 23 400 元,作分录如下:

借:在建工程——建筑工程——建造温泉浴场　　　　　　260 000.00
借:应交税费——应交增值税——进项税额　　　　　　　　23 400.00
　　贷:银行存款　　　　　　　　　　　　　　　　　　　　283 400.00

(6) 2018 年 1 月 31 日,温泉浴场竣工,签发转账支票支付剩余工程款 10 000 元,增值税额 900 元,作分录如下:

借:在建工程——建筑工程——建造温泉浴场　　　　　　　10 000.00
借:应交税费——应交增值税——进项税额　　　　　　　　　900.00
　　贷:银行存款　　　　　　　　　　　　　　　　　　　　　10 900.00

(7) 2018年1月31日,计提本月份专门借款利息费用和建造温泉浴场占用一般借款的利息费用,一般借款的费用化率为6.6‰,作分录如下:

借:在建工程——建筑工程——建造温泉浴场　　　　　　　　4 500.28
　　贷:长期借款——专门借款——利息　　　　　　　　　　　4 000.00
　　贷:长期借款——一般借款——利息(75 800×6.6‰)　　　　500.28

(8) 2018年1月31日,建造的温泉浴场达到预定可使用状态,交付使用,全部工程款630 000元,12个月计提专门借款利息48 000元,占用一般借款的费用资本化金额500.28元,减去尚未动用资金存入银行取得的利息收入1 322.28元,工程总决算为677 178元,予以转账,作分录如下:

借:固定资产　　　　　　　　　　　　　　　　　　　　　677 178.00
　　贷:在建工程——建筑工程——建造温泉浴场　　　　　　　677 178.00

(9) 2018年2月28日,计提本月份专门借款利息4 000元,作分录如下:

借:财务费用——利息支出　　　　　　　　　　　　　　　4 000.00
　　贷:长期借款——专门借款——利息　　　　　　　　　　　4 000.00

(10) 2019年1月31日,签发转账支票归还建造温泉浴场的专门借款本金600 000元和利息96 000元,作分录如下:

借:长期借款——专门借款——本金　　　　　　　　　　　600 000.00
借:长期借款——专门借款——利息　　　　　　　　　　　 92 000.00
借:财务费用——利息支出　　　　　　　　　　　　　　　 4 000.00
　　贷:银行存款　　　　　　　　　　　　　　　　　　　　696 000.00

"长期借款"是负债类账户,用以核算企业向银行等金融机构借入的期限在1年以上的各种借款及其应计利息。企业发生借款和应计利息时,记入该账户贷方;企业归还借款和支付利息时,记入该账户借方;期末余额在贷方,表示企业尚未偿还的借款本金和利息。

四、应付债券的核算

(一) 债券的概述

债券是指企业向社会上公开筹借资金而发行的、约定在一定期限内还本付息的有价证券。它是企业负债的另一种形式,由于企业将所需借入的资金划分为许多较小的计价单位,如100元、500元、1 000元等不同票面价值的债券,这样就为社会上不同阶层就其愿意投入的投资额进行投资提供了方便。因此,债券是企业筹集资金的重要方式。与长期借款相比较,它具有可以向企业、单位、社会团体和个人发行,并且可以在金融市场上流通转让的特点。

企业因资金不足而发行债券,必须经中国人民银行批准,企业也可以委托银行或其他金融机构代理发行债券。企业发行的债券,主要用于投资建设项目。企业发行债券必须具备的内容有:

1. 债券的面值　　债券的面值又称本金,它是指举债企业在债券到期日应偿还给持票人的金额。

2. 票面利率和付息日期　　两者分别指债券的票面上标明的利率和支付债券利率的时间。票面利率为年利率。

3. 债券的发行日期、编号和还本日期　　根据规定,企业发行债券的总面额,不得大于该企业自有资产净值;债券的票面利率不得高于银行相同期限居民定期存款利率的40%。

债券按照其偿还期限的不同,可分为短期债券和长期债券两种。偿还期限不超过1年的债券,称为短期债券,其属于流动负债,通过"交易性金融负债"账户核算。偿还期超过1年的债券,称为长期债券。以下阐述的是长期债券。

(二) 债券发行价格的确定

企业是根据市场利率确定债券发行价格的,因此从理论上讲债券应该按面值发行。但实际上,由于发行债券需要先经过设计、印制等一系列筹备工作,到实际发行要相隔一段时间,届时债券的票面利率与市场利率可能会不一致。公司为了维护自身的利益和投资者的利益,就需要确定债券的发行价格。所以,在发行债券时,当票面利率高于市场利率时,债券要溢价发行,当票面利率低于市场利率时,债券要折价发行。

债券的发行价格从资金时间价值的观念来理解,应由两部分构成:一部分是债券面值偿还时按市场利率折算的现值;另一部分是债券各期所支付利息按市场利率折算的现值,其计算公式如下:

债券发行价格＝债券面值偿还时的现值＋各期债券利息之和的现值

债券面值偿还时的现值＝债券面值×复利现值系数

各期债券利息之和的现值＝支付一期的利息额×年金现值系数

现值是指未来某一时点上的一定量的现金折合为现在的价值。年金是指一定时期内每次等额收付的系列款项。

公式中的复利现值系数可以通过查阅复利现值系数表取得,年金现值系数可以通过查阅年金现值系数表取得。复利现值系数表和年金现值系数表分别见本书附录二和附录三。

【例】　武康宾馆发行面值为1 000元的债券,票面利率为9%,期限为3年,每满1

年付息一次,市场利率为8%。计算其债券发行价格如下:

按8%利率查得3年期的复利现值系数为0.7938;年金现值系数为2.5771。

债券发行价格＝1 000×0.7938＋1 000×9％×2.5771＝1 025.74(元)

计算结果表明,债券的发行价格为1 025.74元,溢价25.74元。

（三）按面值发行债券的核算

当企业按面值发行债券,收到发行债券款时,借记"银行存款"账户,贷记"应付债券——债券面值"账户。

企业举债是为了购建固定资产的,发生的利息、利息调整摊销和辅助费用,在固定资产达到预定可使用状态前,应予以资本化;在固定资产达到预定可使用状态后,应予以费用化。企业举债的目的是用于流动资产的,上列的借款费用也应予以费用化。

债券的利息一般是1年支付一次,或到期一次支付。为了使企业利息负担均衡合理,应按月预提债券的利息费用。届时借记"在建工程"或"财务费用"账户,对于1年支付一次利息的,贷记"应付利息"账户;对于到期一次支付利息的,则贷记"应付债券"账户。

企业按期支付债券利息时,借记"应付利息"或"应付债券"账户,贷记"银行存款"账户。

【例】 江宁饭店为建造餐馆,于2018年3月31日按面值发行债券660 000元,债券票面利率为8%,期限为2年,于2020年3月31日还本付息。

（1）2018年3月28日,签发转账支票9 900元支付债券发行费用,作分录如下:

借:在建工程——建筑工程——建造餐馆　　　　　　　　　　9 900.00
　　贷:银行存款　　　　　　　　　　　　　　　　　　　　　　9 900.00

（2）2018年3月31日,收到发行债券的款项660 000元,存入银行,作分录如下:

借:银行存款　　　　　　　　　　　　　　　　　　　　　660 000.00
　　贷:应付债券——债券面值　　　　　　　　　　　　　　　660 000.00

（3）2018年3月31日,签发转账支票支付建造餐馆第一期工程款360 000元,增值税额32 400元作分录如下:

借:在建工程——建筑工程——建造餐馆　　　　　　　　　360 000.00
借:应交税费——应交增值税——进项税额　　　　　　　　 32 400.00
　　贷:银行存款　　　　　　　　　　　　　　　　　　　　　392 400.00

（4）2018年4月30日,按8%票面利率计提本月份债券利息,作分录如下:

借：在建工程——建筑工程——建造餐馆 4 400.00
　　贷：应付债券——应计利息(660 000×8%÷12) 4 400.00

(5) 2019 年 3 月 31 日，建造的餐馆已竣工，支付建造餐馆剩余工程款 300 000 元，增值税额 27 000 元，作分录如下：

借：在建工程——建筑工程——建造餐馆 300 000.00
借：应交税费——应交增值税——进项税额 27 000.00
　　贷：银行存款 327 000.00

(6) 2019 年 3 月 31 日，收到尚未动用的债券发行款 267 600 元存入银行的利息收入 1 925 元，作分录如下：

借：银行存款 1 925.00
　　贷：在建工程——建筑工程——建造餐馆 1 925.00

(7) 2019 年 3 月 31 日，建造餐馆已达到预定可使用状态，验收使用，全部工程款为 660 000 元，债券发行费用为 9 900 元，工程应付债券利息为 52 800 元，减去尚未动用发行债券资金存入银行取得的利息收入 1 925 元，工程总决算为 720 775 元，作分录如下：

借：固定资产——经营用固定资产 720 775.00
　　贷：在建工程——建筑工程——建造餐馆 720 775.00

(四) 溢价和折价发行债券的核算

1. 溢价发行债券的核算　　溢价发行债券是指企业发行债券的价格高于债券面值，其高于面值的差额称为债券溢价。当企业发行债券的票面利率高于市场实际利率时，这意味着企业将要以高于市场实际利率支付利息，届时需要溢价发行。因此债券溢价实质上是企业在发行债券时，预收投资者一笔款项，以补偿以后多付给投资者的利息。

企业溢价发行债券后，按实际取得的款项，借记"银行存款"账户；按债券面值，贷记"应付债券——债券面值"账户；实际发行额与面值的差额，贷记"应付债券——利息调整"账户。

【例】　武康宾馆为建造客房，于 2018 年 1 月 31 日发行面值为 720 000 元的债券，该债券票面利率为 9%，期限为 3 年，每年 1 月 31 日付息，于 2021 年 1 月 31 日归还本金，而市场实际利率为 8%。

(1) 2018 年 1 月 28 日，签发转账支票 10 800 元支付债券发行费用，作分录如下：

借：在建工程——建筑工程——建造客房 10 800.00
　　贷：银行存款 10 800.00

(2) 2018 年 1 月 31 日，将每 1 000 元面值的债券按 1 025.74 元发行。今收到溢价

发行款 738 532.80 元,存入银行,作分录如下:

　　借:银行存款　　　　　　　　　　　　　　　　　　738 532.80
　　　　贷:应付债券——债券面值　　　　　　　　　　　720 000.00
　　　　贷:应付债券——利息调整　　　　　　　　　　　 18 532.80

　　2. 折价发行债券的核算　　折价发行债券是指企业发行债券的价格低于债券面值。其低于面值的差额称为债券折价。当企业发行债券的票面利率低于市场实际利率时,这意味着企业将要以低于市场实际利率支付利息,就需要折价发行。因此债券折价实质上是企业在发行债券时,预先少收投资者一笔款项,以补偿投资者以后少得利息的损失。

　　企业折价发行债券后,按实际发行债券取得的款项,借记"银行存款"账户;按债券面值,贷记"应付债券——债券面值"账户;债券面值与实际发行额的差额,记入"应付债券——利息调整"账户的借方。

　　【例】　锦程旅行社为补充流动资金,发行面值 300 000 元的债券,债券票面利率为 7%,期限为 2 年,于每年 4 月 30 日付息,而市场实际利率为 8%。

　　(1) 2018 年 4 月 28 日,签发转账支票 4 500 元支付债券发行费用,作分录如下:

　　借:财务费用　　　　　　　　　　　　　　　　　　 4 500.00
　　　　贷:银行存款　　　　　　　　　　　　　　　　　 4 500.00

　　(2) 2018 年 4 月 30 日,将每 1 000 元面值的债券按 982.13 元发行。今收到折价发行款 294 639 元,存入银行,作分录如下:

　　借:银行存款　　　　　　　　　　　　　　　　　　294 639.00
　　借:应付债券——利息调整　　　　　　　　　　　　 5 361.00
　　　　贷:应付债券——债券面值　　　　　　　　　　　300 000.00

　　(五)利息调整额摊销的核算

　　企业溢价发行债券,意味着要按高于市场实际利率的票面利率支付利息;企业折价发行债券,意味着要按低于市场实际利率的票面利率支付利息,从而产生了利息调整额。因此,在按月预提债券利息时,还要摊销利息调整额,通过摊销后,使企业实际负担的利息费用与按市场实际利率计算的结果相一致。利息调整额摊销的方法有直线法和实际利率法两种。

　　1. 直线法摊销利息调整额的核算　　直线法是指将利息调整额在债券到期前分期平均摊销的方法。

　　在摊销利息调整贷方余额时,借记"应付债券——利息调整"账户,贷记"在建工程"或"财务费用"账户。

　　【例】　前例武康宾馆为建造客房溢价 18 532.80 元,发行 3 年期的债券 720 000 元。

(1) 2018年1月31日,以银行存款支付建造客房第一期工程款500 000元,增值税额45 000元,作分录如下:

借:在建工程——建筑工程——建造客房　　　　　　　　　　　500 000.00
借:应交税费——应交增值税——进项税额　　　　　　　　　　 45 000.00
　　贷:银行存款　　　　　　　　　　　　　　　　　　　　　　545 000.00

(2) 2018年2月28日,按9%票面利率计提本月份债券利息,作分录如下:

借:在建工程——建筑工程——建造客房　　　　　　　　　　　　5 400.00
　　贷:应付利息　　　　　　　　　　　　　　　　　　　　　　　5 400.00

同时摊销本月份的利息调整额,作分录如下:

借:应付债券——利息调整(18 532.80÷36)　　　　　　　　　　　 514.80
　　贷:在建工程——建筑工程——建造客房　　　　　　　　　　　　514.80

(3) 2019年1月31日,将本月份债券利息入账,并支付投资者1年期债券利息64 800元,作分录如下:

借:应付利息　　　　　　　　　　　　　　　　　　　　　　　59 400.00
借:在建工程——建筑工程——建造客房　　　　　　　　　　　　5 400.00
　　贷:银行存款　　　　　　　　　　　　　　　　　　　　　　 64 800.00

同时摊销本月份的利息调整额,作分录如下:

借:应付债券——利息调整(18 532.80÷36)　　　　　　　　　　　 514.80
　　贷:在建工程——建筑工程——建造客房　　　　　　　　　　　　514.80

(4) 2019年1月31日,收到发行债券尚未动用的193 532.80元存入银行的利息收入1 393元,作分录如下:

借:银行存款　　　　　　　　　　　　　　　　　　　　　　　　1 393.00
　　贷:在建工程——建筑工程——建造客房　　　　　　　　　　　1 393.00

(5) 2019年1月31日,建造客房竣工,签发转账支票支付建造客房剩余工程款240 000元,增值税额21 600元,作分录如下:

借:在建工程——建筑工程——建造客房　　　　　　　　　　　240 000.00
借:应交税费——应交增值税——进项税额　　　　　　　　　　 21 600.00
　　贷:银行存款　　　　　　　　　　　　　　　　　　　　　　261 600.00

(6) 2017年1月31日,建造客房竣工,达到预定可使用状态,验收使用,全部工程款740 000元,债券发行费用10 800元,应计利息64 800元,扣除利息调整额摊销6 177.60元和尚未动用发行债券资金存入银行取得的利息收入1 393元,工程总决算为

808 029.40元,作分录如下:

  借:固定资产   808 029.40
    贷:在建工程——建造客房   808 029.40

  通过3年的摊销,利息调整额全部摊销完毕。债券到期时,还本付息的核算方法与按面值发行债券的方法相同。

  在利息调整借方余额摊销时,借记"在建工程"或"财务费用"账户,贷记"应付债券——利息调整"账户。

  【例】 前例锦程旅行社为补充流动资金折价5 361元,发行2年期的债券300 000元。

  (1) 2018年5月31日,按7%票面利率计提本月份债券利息,作分录如下:

  借:财务费用——利息支出   1 750.00
    贷:应付利息   1 750.00

同时摊销本月份利息调整额,作分录如下:

  借:财务费用——利息支出(5 361÷24)   223.38
    贷:应付债券——利息调整   223.38

每月月末均作同样分录。

  (2) 2019年4月30日,签发转账支票支付投资者1年期债券利息21 000元,作分录如下:

  借:应付利息   19 250.00
  借:财务费用——利息支出   1 750.00
    贷:银行存款   21 000.00

同时摊销本月份的利息调整额,作分录如下:

  借:财务费用——利息支出(5 361÷24)   223.38
    贷:应付债券——利息调整   223.38

  2. 实际利率法摊销利息调整额的核算 实际利率法是指将按债券面值和票面利率计算的票面利息,与按每付息期期初债券现值和实际利率计算的实际利息之间的差额,作为每付息期利息调整额摊销数的方法。

  采用实际利率法摊销利息调整贷方余额时,实际利息将会随着表示负债数额的应付债券现值的逐期减少而减少,而利息调整额却随之逐期增加,其计算方法如图表10-2所示。

  【例】 根据前例武康宾馆溢价18 532.80元发行的720 000元债券等资料,债券票面利率为9%,实际利率为8%。用实际利率法计算债券各期利息调整摊销额如图表10-2所示。

图表10-2

利息调整摊销额计算表(贷方余额)

单位:元

付息期数 (1)	票面利息 (2)=面值×票面利率	实际利息 (3)=上期(6)×实际利率	利息调整摊销额 (4)=(2)-(3)	利息调整贷方余额 (5)=上期利息调整额-(4)	应付债券现值 (6)=面值+(5)
发行时				18 532.80	738 532.80
1	64 800.00	59 082.62	5 717.38	12 815.42	732 815.42
2	64 800.00	58 625.23	6 174.77	6 640.65	726 640.65
3	64 800.00	58 159.35①	6 640.65	0	720 000.00

① 由于计算上存在尾差,因此58 159.35元是近似数。

以上计算的是各年的票面利息、实际利息和利息调整摊销额,各月的票面利息、实际利息和利息调整摊销额还要分别除以12取得。

第一年各月应负担的票面利息=64 800÷12=5 400(元)

第一年各月应负担的实际利息=59 082.62÷12=4 923.55(元)

第一年各月的利息调整摊销额=5 717.38÷12=476.45(元)

2018年2月28日,根据计算的结果,计提本月份债券利息,作分录如下:

借:在建工程——建筑工程——建造客房　　　　　　　　　　4 923.55
借:应付债券——利息调整　　　　　　　　　　　　　　　　476.45
　　贷:应付利息　　　　　　　　　　　　　　　　　　　　　　5 400.00

采用实际利率法摊销利息调整借方余额,实际利息将会随着表示负债数额的应付债券现值的逐期增加而增加,而利息调整摊销额也随之逐期增加,其计算方法如图表10-3所示。

【例】 根据前例锦程旅行社折价5 361元发行的300 000元债券等资料,债券票面利率为7%,实际利率为8%,用实际利率法计算各期利息调整摊销额如图表10 3所示。

图表10-3

利息调整摊销额计算表(借方余额)

单位：元

付息期数 (1)	票面利息 (2)=面值×票面利率	实际利息 (3)=上期(6)×实际利率	利息调整摊销额 (4)=(3)-(2)	利息调整借方余额 (5)=上期利息调整额-(4)	应付债券现值 (6)=面值-(5)
发行时				5 361.00	294 639.00
1	21 000.00	23 571.12	2 571.12	2 789.88	297 210.12
2	21 000.00	23 789.88①	2 789.88	0	300 000.00

① 由于计算上存在尾差，因此 23 789.88 元是近似数。

采用实际利率法摊销利息调整借方余额的核算方法与直线法相同，不再重述。

从上列两种摊销的方法来看，按直线法摊销利息调整额简便易行。然而，随着各期利息调整额的摊销，企业的负债有了变动，而企业各期负担的债券利息却始终保持不变，因此，采用这种方法，各期负担的利息费用不够合理。而按实际利率法摊销利息调整额，企业各期负担的利息费用会随着各期负债的增减变动而相应地变动，从而使各期的利息费用负担合理，但采用这种方法，计算工作较为复杂。

"应付债券"是负债类账户，用以核算企业应支付的债券本息。企业发行债券的面值、因溢价而发生的利息调整额，债券的应计利息和摊销债券因折价而发生的利息调整额时，记入该账户贷方；企业发行债券因折价而发生的利息调整额、支付债券的应计利息、摊销债券因溢价而发生的利息调整额和偿还投资者的本金时，记入该账户借方；期末余额在贷方，表示企业尚未偿还投资者的债券本金和利息。

"应付利息"是负债类账户，用以核算企业分期付息到期还本的长期借款、长期债券等应支付的利息。企业发生应付利息时，记入该账户贷方；企业支付利息时，记入该账户借方；期末余额在贷方，表示企业尚未支付的利息。

五、长期应付款

长期应付款是指除长期借款和应付债券以外的其他各种长期应付款。旅游饮食服务企业的长期应付款主要有应付融资租入固定资产的租赁费。

融资租赁是指实质上转移了与资产所有权有关的全部风险和报酬的租赁。所有权最终可能转移，也可能不转移。

符合以下一项或数项标准的，应当认定为融资租赁：① 在租赁期届满时，租赁资产的所有权转移给承租人。② 承租人有购买租赁资产的选择权，所订立的购买价款预计将远低于行使选择权时租赁资产的公允价值，因而在租赁开始日就可以合理确定承租人将会行使这种选择权。③ 即使资产的所有权不转移，但租赁期占租赁资产使用寿命的大部分。④ 承租人在租赁开始日的最低租赁付款额现值,几乎相当于租赁开始日租赁资产公允价值。⑤ 租赁资产性质特殊,如果不作较大改造,只有承租人才能使用。

租赁期是指租赁合同规定的不可撤销的租赁期间。

最低租赁付款额是指在租赁期内,承租人应支付或可能被要求支付的款项(不包括或有租金和履约成本),加上由承租人或与其有关的第三方担保的资产余值。资产余值是指在租赁开始日估计的租赁期届满时租赁资产的公允价值。承租人有购买租赁资产的选择权,所订立的购买价款预计将远低于行使选择权时租赁资产的公允价值,因而在租赁开始日就可以合理确定承租人将会行使这种选择权的,则购买价款也应当计入最低租赁付款额。或有租金是指金额不固定、以时间长短以外的其他因素(如销售量、使用量、物价指数等)为依据计算的租金。履约成本是指在租赁期内为租赁资产支付的各种使用费用,如技术咨询和服务费、人员培训费、维修费、保险费等。

承租人在计算最低租赁付款额的现值时,可以采用租赁合同规定的利率作为折现率,当采取每期期末支付租金时,最低租赁付款额的现值计算公式如下:

$$\text{最低租赁付款额的现值} = \text{每期租金} \times \text{年金现值系数} + \text{订立的购买价款} \times \text{复利现值系数}$$

承租人应当将租赁开始日租赁资产公允价值与最低租赁付款额现值两者中较低者作为租入资产的入账价值。当确定以最低租赁付款额的现值作为入账价值时,借记"固定资产"账户;按最低租赁付款额,贷记"长期应付款"账户;两者之间的差额,记入"未确认融资费用"账户的借方。未确认融资费用在租赁期内各个期间可以采用直线法、实际利率法等方法进行摊销,届时借记"财务费用"账户,贷记"未确认融资费用"账户。

在租赁谈判和签订租赁合同过程中承租人发生的可直接归属于租赁项目的手续费、律师费、差旅费、印花税等初始直接费用,应当计入租入资产的价值。

【例】 东方旅行社年初以融资租赁方式租入大客车 1 辆,租赁期为 5 年,租金为 200 000 元。其公允价值为 165 000 元。租赁合同规定折现率为 8%,租金于每年年末支付 40 000 元,租赁期届满时再支付购买价款 2 000 元,即取得大客车的所有权。届时该大客车的公允价值为 18 000 元,计算其最低租赁付款额的现值如下:

大客车最低租赁付款额现值 = 40 000 × 3.9927 + 2 000 × 0.6806 = 161 069.20(元)

(1) 签发转账支票支付租赁大客车发生的手续费、律师费等初始直接费用 2 400 元,增值税额 144 元,作分录如下:

借:固定资产——融资租入固定资产　　　　　　　　　　　2 400.00
借:应交税费——应交增值税——进项税额　　　　　　　　144.00
　　贷:银行存款　　　　　　　　　　　　　　　　　　　2 544.00

(2) 企业取得租入大客车达到预定可使用状态,验收使用时,因大客车的最低租赁

付款额现值小于公允价值,作分录如下:

  借:固定资产——融资租入固定资产   161 069.20
  借:未确认融资费用   40 930.80
    贷:长期应付款——应付融资租赁款   202 000.00

(3) 按月用直线法摊销未确认的融资费用时,作分录如下:

  借:财务费用——利息支出(40 930.80÷60)   682.18
    贷:未确认融资费用   682.18

(4) 年末签发转账支票支付大客车本年度租金 40 000 元,增值税额 5 200 元时,作分录如下:

  借:长期应付款——应付融资租赁款   40 000.00
  借:应交税额——应交增值税——进项税额   5 200.00
    贷:银行存款   45 200.00

(5) 5 年租赁期满,按合同规定,企业签发转账支票支付大客车购买价款 2 000 元,增值税额 260 元,作分录如下:

  借:长期应付款——应付融资租赁款   2 000.00
  借:应交税额——应交增值税——进项项税   260.00
    贷:银行存款   2 260.00

同时企业取得了大客车的所有权,作分录如下:

  借:固定资产——生产经营用固定资产   163 469.20
    贷:固定资产——融资租入固定资产   163 469.20

  如果融资租入固定资产在租赁开始日需要经过安装的,应先通过"在建工程"账户核算,俟安装完毕,达到预定可使用状态时,再由"在建工程"账户转入"固定资产——融资租入固定资产"账户。
  "长期应付款"是负债类账户,用以核算企业除长期借款和应付债券以外的各种其他长期应付款。企业发生长期应付款时,记入该账户贷方;企业偿还长期应付款时,记入该账户借方;期末余额在贷方,表示企业尚未偿还的各种其他长期应付款。
  "未确认融资费用"是负债类账户,它是"长期应付款"的抵减账户,用以核算企业应当分期计入利息费用的未确认的融资费用。企业融资租入固定资产发生未确认的融资费用时,记入该账户借方;企业摊销融资费用时,记入该账户贷方;期末余额在借方;表示企业未确认融资费用的摊余数额。

六、或有事项和预计负债

(一) 或有事项的定义和特征

或有事项是指过去的交易或事项形成的,其结果须由某些未来事项的发生或不发生才能决定的不确定事项。或有事项有未决诉讼、未决仲裁、债务担保和产品质量保证等。或有事项具有以下三个特征。

1. 或有事项是由过去的交易或事项形成的　　这是指或有事项的现存状况是企业过去的交易或事项引起的客观存在。例如,未决诉讼虽然是正在进行中的诉讼,但它是企业因过去的经济行为导致起诉其他单位或被其他单位起诉。

2. 或有事项的结果具有不确定性　　这是指或有事项的结果是否发生具有不确定性,或者或有事项的结果预计将会发生,但发生的具体时间或金额具有不确定性。例如,为其他企业提供债务担保事项,担保方到期是否承担和履行连带责任,需要根据债务到期时被担保方能否按时还款加以确定。这一事项的结果在担保协议达成时具有不确定性。

3. 或有事项的结果须由未来事项决定　　这是指或有事项的结果只能由未来不确定事项的发生或不发生才能决定。例如,未决诉讼,其最终结果只能随案情的发展,由判决结果决定。

(二)或有事项相关义务确认为预计负债的条件

企业只有在与或有事项相关的义务同时满足下列三个条件时,才能将其确认为预计负债。

1. 该义务是企业承担的现时义务　　这是指与或有事项有关的义务是在企业当前条件下已承担的义务,而非潜在义务。例如,东昇宾馆的司机因违犯交通规则造成严重的交通事故,该宾馆将要承担赔偿义务。因此,违规事项发生后,该宾馆随即承担的是一项现时义务。

2. 履行该义务很可能导致经济利益流出企业　　这是指履行因或有事项产生的现时义务时,导致经济利益流出企业的可能性超过 50%,但小于或等于 95%。例如,2016 年 2 月 5 日,大方宾馆与永兴公司签订协议,承诺为永兴公司 2 年期长期借款提供全额担保。从而大方宾馆因担保事项而承担了一项现时义务。倘若 2016 年年末,永兴公司财务状况良好,通常认定其不会违约,那么大方宾馆履行承担的现时义务不是很可能会导致经济利益的流出;倘若 2016 年年末永兴公司的财务状况恶化,且并没有迹象表明其财务状况可能会发生好转,也就是说该公司可能违约,那么大方宾馆履行承担的现时义务将很可能导致经济利益流出企业。

3. 该义务的金额能够可靠地计量　　这是指与或有事项相关的现时义务的金额能够合理地预计。由于或有事项具有不确定性,因此,因或有事项产生的现时义务也具有不确定性,需要预计。要将或有事项确认为一项负债,其相关现时义务的金额应能够可靠地预计。例如,华光旅行社因涉及一项诉讼案而成为被告,根据以往的审判案例推断,华光旅行社很可能要败诉,相关的赔偿金额也可以估算出一个范围,因此可以认为华光旅行社未决诉讼承担的现时义务的金额能够可靠地预计,如果同时满足其他两个条件,就可以将所形成的义务确认为一项负债。

(三) 预计负债的计量

由于预计负债应承担的现时义务的金额往往具有不确定性,因此现时需要对预计负债进行计量。企业预计负债的金额应当按照履行相关义务所需支出的最佳估计数进行初始计量。最佳估计数的确定分以下两种情况考虑。

1. 所需支出存在一个连续范围　倘若所需支出存在一个连续范围,且该范围内各种结果发生的可能性是相同的,最佳估计数应当按照该范围内的中间值确定。

【例】2019年1月5日,华光旅行社因合同违约而涉及一项诉讼案,根据该旅行社的法律顾问判断,最终的判决很可能对该旅行社不利。至月末尚未接到法院的判决,因此诉讼须承担的赔偿金额也无法准确地确定。不过,据专业人士估计,赔偿金额可能在80 000~100 000元之间,则确认华光旅行社预计负债的金额如下:

$$华光旅行社预计负债的金额 = \frac{80\,000 + 100\,000}{2} = 90\,000(元)$$

2. 所需支出不存在一个连续范围　倘若所需支出不存在一个连续范围,如一项未决诉讼;一项未决仲裁或一项债务担保等,则最佳估计数应按最可能发生金额确定。

例如,丰登宾馆涉及一起诉讼,根据类似案件的经验以及宾馆所聘律师的意见判断,丰登宾馆胜诉的可能性为40%,败诉的可能性为60%,如果败诉,将要赔偿100 000元,届时应确认的预计负债为100 000元。

(四) 预计负债预期可获得的补偿的处理

如果企业因清偿预计负债所需支出的全部或部分,预期由第三方或其他方补偿的,则补偿金额只能在基本确定能收到时,作为资产单独确认,且确认的补偿金额不应超过所确认负债的账面价值,补偿金额"基本确定"能收到,是指预期从保险公司、索赔人、被担保企业等获得补偿的可能性大于95%但小于100%的情形。

可能获得补偿的情况一般是指:发生交通事故等情况时,企业通常可以从保险公司获得合理的赔偿;在某些索赔诉讼中,企业可以通过反诉讼的方式对索赔人或第三方另行提出赔偿要求,以及在债务担保业务中,企业在履行担保义务的同时通常可以向被担保企业提出额外追偿要求。

(五) 预计负债的核算

企业在确认预计负债的同时,应确认一项支出或费用入账。倘若企业基本确定能获得补偿,那么应将这些补偿先抵减已入账的支出或费用。

企业由对外担保、未决诉讼或未决仲裁产生的预计负债,应当按照确定的金额,借记"营业外支出"账户,贷记"预计负债"账户。

【例】2019年1月5日,华光旅行社因合同违约而涉及一项诉讼案。根据企业法律顾问判断,最终的判决很可能对该旅行社不利。至月末,尚未接到法院的判决。

据专业人士估计,赔偿金额可能在80 000~100 000元之间,作分录如下:

  借:营业外支出——赔偿支出　　　　　　　　　　　　　　　90 000.00
    贷:预计负债——未决诉讼　　　　　　　　　　　　　　　　90 000.00

俟未决诉讼或未决仲裁在判决或裁决后,再借记"预计负债"等有关账户,贷记"其他应付款"或"银行存款"等有关账户。

【例】 2019年5月18日,新光商厦因合同违约案经法院判决,应赔偿原告90 500元,款项于判决生效后10日内支付。并承担诉讼费9 050元。

(1)签发转账支票9 050元支付诉讼费,作分录如下:

  借:管理费用——诉讼费　　　　　　　　　　　　　　　　　9 050.00
    贷:银行存款　　　　　　　　　　　　　　　　　　　　　　9 050.00

(2)将应付赔偿款入账,作分录如下:

  借:营业外支出——赔偿支出　　　　　　　　　　　　　　　　500.00
  借:预计负债——未决诉讼　　　　　　　　　　　　　　　　90 000.00
    贷:其他应付款　　　　　　　　　　　　　　　　　　　　90 500.00

企业应当在期末对预计负债的账面价值进行复核。有确凿证据表明该账面价值不能真实反映当前最佳估计数的,应当按照当前最佳估计数对该账面价值进行调整。

"预计负债"是负债类账户,用以核算企业确认的预计负债。企业发生或调整增加预计负债时,记入该账户贷方;企业实际清偿或调整减少预计负债时,记入该账户借方;期末余额在贷方,表示企业已确认而尚未支付的预计负债。

思 考 题

一、简答题

1. 什么是负债?它有哪些特征?
2. 什么是工资总额?它由哪些内容构成?分述其构成内容的定义。
3. 试述借款费用包括的内容和借款利息资本化金额的确定。
4. 什么是长期借款?什么是债券?它们之间有何不同?
5. 债券的发行价格是如何确定的?
6. 利息调整额的摊销有哪两种方法?它们各有何优缺点?
7. 什么是或有事项?它有哪些特征?
8. 试述或有事项相关义务确认为预计负债的条件。

二、名词解释题

流动负债　职工福利费　借款费用　融资租赁　最低租赁付款额

三、是非题

1. 负债是企业承担的现时义务，履行该义务必须通过交付资产来清偿。（　）
2. 职工薪酬是指企业为获得职工提供服务而给予的各种形式的报酬以及相关支出。（　）
3. 非流动负债具有负债数额大、风险大、偿还期限长的特点。（　）
4. 专门借款费用在固定资产尚未达到预定可使用状态之前发生的，全部应予以资本化，计入固定资产的购建成本。（　）
5. 为购建或者生产符合资本化条件的资产占用了一般借款的，这部分借款利息也应予以资本化。（　）
6. 债券与长期借款相比较，它具有可以向企业、单位、社会团体和个人发行，并可以溢价或折价发行的特点。（　）
7. 债券溢价发行，其溢价部分实质上是企业发行债券时预收投资者的一笔款项，以弥补以后多付给投资者的利息。（　）
8. 企业折价发行债券，是由于市场实际利率小于票面利率的原因。（　）
9. 采用实际利率法摊销"利息调整"明细账户借方余额时，实际利息将会随着表示负债数额的应付债券现值的逐期增加而增加，而利息调整额却随之逐期减少。（　）

四、单项选择题

1. ＿＿＿＿不能在"应付职工薪酬——职工福利"账户中列支。
   A. 职工医药费　　　　　　　　B. 食堂炊事用具的购置及修理费
   C. 职工的生活困难补助　　　　D. 独生子女补助费
2. 企业溢价发行债券的原因是＿＿＿＿。
   A. 票面利率大于市场实际利率
   B. 票面利率小于市场实际利率
   C. 企业经营业绩和财务状况良好
   D. 企业经营业绩良好，财务状况差
3. 企业确认预计负债的金额应当按照履行相关义务所需支出的＿＿＿＿计量。
   A. 最可能发生的金额
   B. 最佳估计数
   C. 一个连续范围的中间值
   D. 各种可能结果的相关概率计算确定数

五、多项选择题

1. 职工薪酬除了包括职工工资、奖金、津贴和补贴、职工福利费各种社会保险费外，还包括＿＿＿＿。
   A. 非货币性福利

B. 因解除与职工劳动关系给予的补偿
C. 其他与获得提供服务相关的支出
D. 住房公积金

2. 借款费用同时满足下列_____条件时,应开始予以资本化。

A. 银行借款的手续费、债券的发行费用已经发生
B. 为使资产达到预定可使用或者可销售状态所必要的购建或者生产活动已经开始
C. 资产支出已经发生
D. 借款费用已经发生

3. 债券发行价格除了要考虑票面利率和市场实际利率外,还要考虑的因素有_____。

A. 到期偿还的债券面值以市场实际利率换算的现值
B. 到期偿还的债券面值以票面利率换算的现值
C. 债券按市场实际利率计算各期所支付利息的现值
D. 债券按票面利率计算各期所支付利息的现值

4. 或有事项有未决诉讼、_____等。

A. 债务担保
B. 产品质量保证
C. 因意外事故发生损失
D. 未决仲裁

实 务 题

习题一

一、目的 练习流动负债的核算。

二、资料 风华旅行社9月份发生下列有关的经济业务:

1. 2日,因流动资金不足,经银行批准借入6个月期限的借款200 000元,转入银行存款户。

2. 10日,签发转账支票150 000元,归还已到期的3个月期限的银行借款。

3. 15日,根据工资结算汇总表(见图表10-4)提取现金,备发职工薪酬。

4. 15日,根据工资结算汇总表发放本月份职工薪酬。

5. 25日,分配本月份发放的各类人员的薪酬。

6. 26日,按本月份工资总额的14%、2%和1.5%分别计提职工福利费、工会经费和职工教育经费。

7. 27日,按本月份工资总额的12%计提医疗保险费。

8. 27日,按本月份工资总额的20%、1%和7%分别计提养老保险费、失业保险费和住房公积金。

图表 10-4

工资结算汇总表（简化格式）

2019 年 9 月 15 日　　　　　　　　　　　　　　　单位：元

部门及人员	缺勤应扣工资		应发			应发薪酬合计	代扣款项					实发金额
	病假工资	事假工资	工资	奖金	津贴和补贴		住房公积金	养老保险费	医疗保险费	失业保险费	个人所得税	合计	
					中夜班津贴	副食品补贴							
业务经营人员工资	720	1 760	154 880	16 820	1 000	1 800	174 500	12 215.00	13 960.00	3 490.00	872.50		30 537.50	143 962.50
行政管理人员工资	240		25 720	1 880		200	27 800	1 946.00	2 224.00	556.00	139.00	54.00	4 919.00	22 881.00
长期病假人员工资	1 600		2 400			50	2 450	171.50	196.00	49.00	12.25		428.75	2 021.25
合计	2 320	2 000	183 000	18 700	1 000	2 050	204 750	14 332.50	16 380.00	4 095.00	1 023.75	54.00	35 885.25	168 864.75

注：上表"应发"项下列首栏为"工资"，第二栏为"奖金"，第三栏为"津贴和补贴"（分为"中夜班津贴"与"副食品补贴"）。

9. 28日,将本月份应交的医疗保险费、养老保险费、失业保险费和住房公积金(含为职工代扣的部分)交纳给社会保险事业基金结算中心和公积金管理中心,并向税务部门交纳代扣的个人所得税。

10. 30日,职工报销学习科学文化学费1 500元,以及职工生活困难补助费550元,一并以现金支付。

三、**要求** 编制会计分录。

习题二

一、**目的** 练习长期借款的核算。

二、**资料** 锦绣旅行社发生下列有关的经济业务:

1. 2017年3月31日,为建造营业厅向银行借入专门借款620 000元,转入银行存款户。借款合同规定借款期限为2年,年利率为8%,单利计息,到期一次还本付息。

2. 2017年4月1日,营业厅由上海建筑公司承建,签发转账支票支付第一期工程款350 000元,增值税额31 500元。

3. 2017年4月30日,计提本月份专门借款利息。

4. 2018年3月31日,收到尚未动用专门借款资金238 500元存入银行的利息收入1 716元。

5. 2018年3月31日,签发转账支票支付第二期工程款280 000元,增值税额25 200元。

6. 2018年4月30日,建造的营业厅工程竣工,签发转账支票支付上海建筑公司建造营业厅剩余工程款20 000元,增值税额1 800元。

7. 2018年4月30日,计提本月份专门借款利息费用和建造营业厅占用一般借款的利息费用,一般借款的资本化率为6.3%。

8. 2018年4月30日,建造的营业厅已达到预定可使用状态,验收使用,工程决算包括工程款、工程应负担的借款利息,扣除尚未动用借款资金存入银行取得的利息收入,予以转账。

9. 2018年5月31日,计提本月份专门借款利息。

10. 2019年3月31日,签发转账支票归还为建造营业厅的专门借款本金及支付专门借款的利息。

三、**要求** 编制会计分录。

习题三

一、**目的** 练习应付债券的核算。

二、资料

1. 飞马游乐场为建造游乐场,按面值630 000元发行债券,债券票面利率为8%,期限2年,到期还本付息。现发生下列有关的经济业务:

(1) 2017年4月25日,签发转账支票支付债券发行费用9 450元。

(2) 2017年4月30日,按面值发行的630 000元的债券发行完毕,收到债券发行款存入银行。

(3) 2017年4月30日,签发转账支票支付建造游乐场第一期工程款380 000元,增值税额34 200元。

(4) 2018年5月31日,按8%年利率计提本月份债券利息。

(5) 2018年4月30日,取得存入银行的发行债券尚未动用的资金215 800元的利息收入1 554元。

(6) 2018年4月30日,建造游乐场竣工,签发转账支票支付建造游乐场剩余工程款200 000元,增值税额18 000元。

(7) 2018年4月30日,建造游乐场工程已达到预定可使用状态,并验收使用,建造游乐场的全部工程款连同债券发行费用和应负担的债券利息,扣除尚未动用发行债券资金存入银行取得的利息收入构成了工程的全部决算,予以转账。

(8) 2018年5月31日,按8%年利率计提本月份债券利息。

(9) 2019年4月30日,债券到期,签发转账支票,偿还本金并支付利息。

2. 海景宾馆为建造客房,发行面值650 000元债券,债券票面利率为9%,期限3年,每年付息一次,而市场实际利率为8%,现发生下列有关经济业务:

(1) 2018年2月25日,签发转账支票支付债券发行费用9 750元。

(2) 2018年2月28日,面值650 000元债券发行完毕,收到溢价发行债券的全部款项,存入银行。

(3) 2018年3月1日,签发转账支票支付建造客房第一期工程款450 000元,增值税额40 500元。

(4) 2018年3月31日,按9%年利率计提本月份债券利息,并摊销本月份利息调整额。

(5) 2019年2月28日,收到发行债券尚未动用的资金159 500元的存入银行的利息收入1 148元。

(6) 2019年2月28日,签发转账支票支付投资者1年期债券利息。

(7) 2019年2月28日,建造客房竣工,签发转账支票支付建造客房剩余工程款150 000元,增值税额13 500元。

(8) 2019年2月28日,建造的客房已达到预定可使用状态,并验收使用,工程决算包括工程款、债券发行费用、工程应负担的债券利息、扣除利息调整额和尚未动用发行债券资金存入银行取得的利息收入构成了工程的全部决算,予以转账。

3. 天马旅行社为补充流动资金不足,发行面值 240 000 元的债券。债券票面利率为 7%,期限为 2 年,每年付息一次,而市场实际利率为 8%,现发生下列有关的经济业务:

(1) 2017 年 3 月 28 日,签发转账支票支付债券发行费用 3 600 元。

(2) 2017 年 3 月 31 日,面值 240 000 元的债券发行完毕,收到折价发行债券的全部款项,存入银行。

(3) 2017 年 4 月 30 日,按 7% 年利率计提本月份债券利息,并摊销本月份利息调整额。

(4) 2018 年 3 月 31 日,支付投资者 1 年期债券利息。

(5) 2019 年 3 月 31 日,签发转账支票偿还债券全部本金并支付最后 1 年期的债券利息。

三、要求

1. 分别根据"资料 2""资料 3",计算债券的发行价格。
2. 编制会计分录(利息调整额用直线法摊销)。
3. 用实际利率法计算利息调整各年的摊销额。

习题四

一、目的　练习长期应付款的核算。

二、资料　长城旅行社发生下列有关的经济业务:

1. 1 月 2 日,签发转账支票支付融资租赁大客车发生的手续费、律师费等初始直接费用 1 000 元,增值税额 60 元。

2. 1 月 2 日,以融资方式租入大客车一辆,租赁期为 3 年,租金为 180 000 元,其公允价值为 158 000 元。租赁合同规定折现率为 8%。租金于每年年末支付 60 000 元,租金期届满时,再支付 2 000 元购买价,即取得大客车的所有权,届时该大客车的公允价值为 18 000 元。大客车已达到预定可使用状态,验收使用。

3. 1 月 31 日,摊销本月份未确认的融资费用。

4. 12 月 31 日,签发转账支票,支付本年度大客车的租金 60 000 元,增值税额 7 800 元。

5. 3 年后,12 月 31 日,租赁期满,按合同规定签发转账支票支付大客车的购买价 2 000 元,增值税额 260 元,取得了大客车的所有权,予以转账。

习题五

一、目的　练习预计负债的核算。

二、资料　新光旅行社2019年发生下列有关的经济业务：

1. 1月3日，该旅行社因合同违约而涉及一项诉讼案，根据法律顾问的判断，最终的判决很可能对该旅行社不利。至今尚未收到法院的判决书，据专业人士估计，赔偿金额可能在80 000～90 000元之间。

2. 1月10日，该旅行社因与南方公司签订了互相担保协议而成为相关诉讼的第二被告，至今尚未判决。但由于南方公司经营困难，本社很可能要承担还款连带责任。据预计，本社胜诉的可能性为40%，败诉的可能性为60%，届时将承担还款金额120 000元。

3. 3月18日，该旅行社因合同违约诉讼案经法院判决应赔偿原告92 000元，款项于判决生效后10日内支付，并承担诉讼费9 200元，诉讼费当即签发转账支票付讫。

4. 3月28日，签发转账支票92 000元支付违约诉讼案赔偿款。

5. 3月31日，经法院判决，本社因担保协议诉讼案应承担南方公司的还款连带责任，还款金额为120 000元，款项于判决生效后10日内支付。

三、要求　编制会计分录。

第十一章 所有者权益

第一节 所有者权益概述

一、所有者权益的性质

所有者权益是指企业资产扣除负债后,由所有者享有的剩余权益。在股份有限公司中,所有者权益又称为股东权益。

旅游餐饮服务企业必须拥有一定数量的资产,才能开展生产经营活动。企业取得资产的途径只有两个:一个是由投资者投入;另一个是由债权人提供,两者都向企业投入了资产,这样,投资者和债权人对于企业的资产以及运用资产所取得的经济利益就享有一种要求权,这种要求权被称为权益。属于投资者部分的权益,称为所有者权益,属于债权人部分的权益,称为债权人权益。

虽然所有者权益和债权人权益均对企业的资产享有要求权,然而两者在性质上有着根本的区别,其主要表现在以下四个方面。

1. 投资的期限不同　　所有者权益是投资者对企业的一项无期限的投资,这种投资在企业的整个续存期间除了可以依法被转让外,不得任意抽回;而债权人权益仅是债权人对企业的一项有期限的投资,表现为企业的负债,企业必须按照约定的期限和条件向债权人归还本金并支付利息。

2. 投资者对企业享有的权利不同　　所有者权益是投资者的所有权,它赋予投资者直接经营管理企业或委托他人经营管理企业的权利;而债权人权益仅对企业所欠的债务有索偿权,债权人与企业只有债权债务关系,而没有参与企业经营管理的权利。

3. 投资者的收益与企业的经营业绩联系程度不同　　投资者拥有的所有者权益与企业的经营业绩息息相关,在企业经营良好时,可以从其盈利中获取丰厚的投资收益,而在企业经营失利发生亏损时,则要承担投资损失;而债权人拥有的权益与企业的经营业绩无关,除企业破产清算外,债权人有权按事先约定的日期和利率收取利息。

4. 投资者对企业资产的要求权在顺序上不同　　所有者权益对企业资产的要求权在顺序上滞后于债权人权益对企业资产的要求权。当企业终止或破产清算时,企业的资产在支付了清算费用后,必须先偿付企业所欠债权人的债务,在付清全部债务后,如有剩余资产才能还给投资者。

二、所有者权益的分类

所有者权益按其来源不同,可分为投入资本和留存收益两类。

(一) 投入资本

投入资本是指投资者投入企业的资本和投入企业资本本身的增值。它是所有者权益的主体。投入资本按其形成的渠道不同,又可以分为实收资本和资本公积。

(二) 留存收益

留存收益是指企业从历年实现的净利润中提取或形成的留存于企业的内部积累。它属于所有者权益,可以安排分配给所有者。但是,国家为了约束企业过量的分配,要求企业留有一定的积累。这样,一方面可以满足企业维持或扩大再生产经营活动的资金需要,保持或提高企业的盈利能力;另一方面可以保证企业有足够的资金弥补以后年度可能出现的亏损,也保证企业有足够的资金用于偿还债务,保持债权人的权益。留存收益按其用途不同,又可分为盈余公积和未分配利润。

第二节 实收资本和股本

一、实收资本与注册资本

实收资本是指投资者按照企业章程或合同、协议的约定,实际投入企业的资本。

注册资本是指在公司登记机关登记的全体股东认缴的出资额或者认购的股本总额。根据《中华人民共和国公司法》(下称《公司法》)的规定,企业申请开业,必须具备符合国家规定并具有与其生产经营和服务规模相适应的资金。有限责任公司注册资本最低限额为人民币3万元;股份有限公司注册资本最低限额为500万元。法律、行政法规对公司最低限额有较高规定的,从其规定。

注册资本可以一次或分次交纳。有限责任公司和股份有限公司全体股东的首次出资额不得低于注册资本的20%,也不得低于法定注册资本的最低限额,其余部分由股东自公司成立之日起2年内缴足。

股东缴足了资本时,其实收资本的金额将等于注册资本的金额。公司成立后,股东不得抽逃出资和擅自改变注册资本。

二、企业的组织形式

我国企业的组织形式主要有有限责任公司和股份有限公司两类。

(一) 有限责任公司

有限责任公司是指由50个以下股东出资设立的、每个股东以其认缴的出资额为限对公司承担责任的企业法人。在我国,可以设立国有独资公司,它是指国家单独出资、由国务院或者地方人民政府授权本级人民政府国有资产监督管理机构履行出资人职责的有限责任公司。

(二)股份有限公司

股份有限公司是指由 2 人以上 200 人以下发起人设立的、每个股东以其认购的股份为限对公司承担责任的企业法人。

股份是指股份有限公司投资者的投资份额,是股东权利和义务的计量单位。股份是股票的实质内容,股票是股份的证券形式。

三、有限责任公司实收资本的核算

投资者对公司的投资方式主要有现金投资和非现金资产投资两种。

(一)现金投资的核算

有限责任公司开展经营活动,需一定数额的资金。公司在新设立时收到投资者投入的现金存入银行时,借记"银行存款"账户,贷记"实收资本"账户。

企业在设立时,如收到国外投资者投入的外币,应当采用交易发生日即期汇率折算成人民币记账。

【例】 新设立的天茂宾馆收到国外投资者迪克公司投资的 280 000 美元,存入银行,当日美元汇率为 7 元,作分录如下:

借:银行存款——美元户(280 000×7)　　　　　　　1 960 000.00
　　贷:实收资本　　　　　　　　　　　　　　　　　　1 960 000.00

有限责任公司在设立以后,接受新投资者投资时,由于新投资者将与原投资者享有同等的经济利益,这就要求新投资者付出大于原投资者的出资额。届时,根据新投资者投入的现金,借记"银行存款"账户;根据新投资者投入的资金在企业注册资本中所占的份额,贷记"实收资本"账户;将两者之间的差额,列入"资本公积"账户的贷方。

"实收资本"是所有者权益账户,用以核算企业的投资者按照企业章程的规定投入企业的资本。企业收到投资者投入的资本时,记入该账户贷方;企业按法定程序报经批准退出资本时,记入该账户借方;期末余额在贷方,表示企业实有资本的数额。实收资本应按投资者进行明细分类核算。

(二)非现金资产投资的核算

有限责任公司接受投资者以房屋、交通运输工具、机器设备和管理设备等固定资产的投资时,可按投资合同约定的价值,借记"固定资产"账户;按投资的固定资产在注册资本中所占的份额部分,贷记"实收资本"账户;两者之间的差额贷记"资本公积"账户。

【例】 东昇宾馆收到新投资者新江公司投入房屋一幢,按投资合同约定的价值 860 000 元计量,投入的资金占企业注册资本 9 000 000 元的 9%,房屋已达到预定可使用状态,验收使用,作分录如下:

借：固定资产	860 000.00
贷：实收资本	810 000.00
贷：资本公积——资本溢价	50 000.00

当接受投资者以专利权、非专利技术、商标权和土地使用权等无形资产的投资时，其核算方法同实物资产相同，不再重述。

四、股份有限公司实收资本的核算

（一）股份的分类

股份按股东享有的权利不同，可分为普通股和优先股两种。

1. 普通股　　普通股是指公司资本构成中最普通、最基本的、没有特别权利的股份。普通股的股东权利具体表现在三个方面：第一，具有对公司的经营参与权。公司组织以股东会为最高权力机构，股东会由普通股股东或股东代表组成，股东有权出席股东会，可按其持股比例行使表决权，并有被选举权；股东有权查阅公司章程、股东会会议记录和财务报表；有权对公司的经营活动进行监督、提出建议或质询。第二，具有分享股利权，当在董事会宣布发放股利时，股东有权按其所持股份领取股利的权利。第三，具有剩余财产分配权。当公司终止营业，清算解散时，在以资产清偿了全部债务后，股东有权按其所持股份比例分得剩余财产的权利。

普通股的股利收入是不稳定的，会随着公司的经营业绩的优劣而变动。公司的经营业绩优，股利就丰厚；公司经营业绩差，则股利就微薄，甚至没有。因此，持普通股的股东要承担较大的投资风险。

2. 优先股　　优先股是指比普通股具有一定优先权的股份。优先股的优先权主要表现在两个方面：第一，持优先股的股东具有优先分配股利权。公司在发放给普通股股东股利之前，持优先股的股东有按约定的股利率或金额优先分得股利的权利。第二，持优先股的股东具有优先分得公司剩余财产权。公司终止营业清算解散时，在以资产清偿了全部债务后，股东具有比普通股优先求偿的权利。

优先股的股利是按约定的股利率支取的，收入稳定，因此，持优先股的股东投资风险小。但持优先股的股东不享有公司盈余公积权益，通常也不享有对公司的经营参与权。

（二）股票发行的核算

股票是指股份有限公司签发的证明股东按其所持股份享有权利和承担义务的书面凭证。根据我国《公司法》的规定，发行股票应载明的主要事项有：① 公司名称。② 公司成立的日期。③ 股票种类、票面金额及代表的股份。④ 股票的编号等。

股份有限公司的股本即有限责任公司的实收资本，是在核定的注册资本总额范围内发行股票所取得的，届时可设置"股本"账户进行核算。

股票的发行价格取决于公司的经营状况和预期盈利水平。经营状况一般，预期盈利水平低的,一般按面值发行;经营状况好,预期盈利水平高的,可以溢价发行;在我国,为了维护投资者的利益,不允许经营状况差的公司发行股票,因此不存在折价发行股票。

股份有限公司发行股票时,会发生发行费用。股票发行费用是指与股票发行直接相关的费用。它通常包括股票承销费用、注册会计师费用、评估费用、律师费用、公关及广告费用和印刷费用等。

股份有限公司通常是委托证券公司发行股票的,证券公司发行股票完毕后,将发行金额扣除发行费用后的数额交付股份有限公司。

股票按面值发行的,其发行费用可以作为当期的"管理费用"入账。倘若数额较大时,应列入"长期待摊费用"账户,俟发行工作完毕的次月起分期摊销,摊销期限不得超过2年,摊销时再转入"管理费用"账户。

股份有限公司按面值发行股票时,根据证券公司付来的扣除发行费用后的发行款,借记"银行存款"账户;根据发行费用,借记"管理费用"账户或"长期待摊费用"账户;根据股票面值,贷记"股本"账户。

【例】 2019年3月3日,天成旅游股份有限公司设立,委托证券公司按面值发行普通股8 000 000股,每股面值1元,发行费用96 000元,发行完毕,证券公司扣除发行费用后,付来发行款7 904 000元。存入银行,发行费用分2年摊销,作分录如下:

借:银行存款　　　　　　　　　　　　　　　　　　　　7 904 000.00
借:长期待摊费用　　　　　　　　　　　　　　　　　　　　96 000.00
　　贷:股本——普通股　　　　　　　　　　　　　　　　8 000 000.00

股份有限公司溢价发行股票时,其发行费用应从本次股票发行的溢价中扣除。届时,根据证券公司付来的扣除发行费用后的发行款,借记"银行存款"账户;按股票面值,贷记"股本"账户;两者之间的差额应列入"资本公积"账户。

【例】 东方宾馆股份有限公司2019年4月18日增发普通股1 200 000股,每股面值1元,委托证券公司溢价发行,每股6元,发行费用96 000元,发行完毕后证券公司扣除发行费用后,付来发行款7 104 000元,存入银行,作分录如下:

借:银行存款　　　　　　　　　　　　　　　　　　　　7 104 000.00
　　贷:股本——普通股　　　　　　　　　　　　　　　　1 200 000.00
　　贷:资本公积——股本溢价　　　　　　　　　　　　　5 904 000.00

"股本"账户应按"普通股"和"优先股"设置明细分类账。

五、库存股的核算

库存股是指股份有限公司收回本公司已发行的股份。库存股主要用于以股份支付方式奖励职工和减少注册资本等。

（一）库存股以股份支付方式奖励职工的核算

股份支付是指企业为获得职工和其他方提供服务而授予权益工具或者承担以权益工具为基础确定的负债的交易。

股份有限公司可以在证券市场上收购本公司的普通股，以股份支付方式奖励给本公司的职工，以调动他们工作的积极性。

股份支付分为以权益结算的股份支付和以现金结算的股份支付两种方式。以权益结算的股份支付是指企业为获取服务以股份或其他权益工具作为对价进行结算的交易；以现金结算的股份支付是指企业为获取服务承担以股份或其他权益工具为基础计算确定支付现金或其他资产义务的交易。

股份支付的确认和计量，应当以真实、完整、有效的股份支付协议为基础。股份支付有授予日、等待期和可行权日。授予日是指股份支付协议获得批准的日期。获得批准是指企业与职工或其他方就股份支付的协议和条件已达成一致，该协议获得股东大会或类似机构的批准。

股份支付在授予后，通常需要职工或其他方履行一定期限的服务或在企业达到一定业绩条件以后，才可以行权。

业绩条件分为市场条件和非市场条件。市场条件是指行权价格、可行权条件以及行权可能性与权益工具的市场价格相关的业绩条件，如股份支付协议中关于股价至少上升至何种水平可行权的规定。非市场条件是指除市场条件之外的其他业绩条件，如股份支付协议中关于达到最低盈利目标或销售目标才可以行权的规定。

等待期是指可行权条件得到满足的期间。公司在等待期内的每个会计期末将当期取得职工提供的服务计入相关的费用账户，计入的金额应当以对可行权的权益工具的最佳估计为基础，按照权益工具授予日的公允价值计量。届时借记"销售费用""管理费用"等账户，贷记"资本公积——其他资本公积"账户。

公司按照奖励的目标购进本公司已发行的股份时，按实际支付的金额借记"库存股"账户，贷记"银行存款"账户。

可行权日是指可行权条件得到满足的职工和其他方具有从企业取得权益工具或现金的权利的日期。

公司在可行权日根据实际行权权益工具数量，计算确定其金额，据以借记"资本公积——其他资本公积"账户，贷记"库存股"账户；将其差额转入"资本公积——股本溢价"账户，如股本溢价不足冲减的，应依次借记"盈余公积""利润分配——未分配利润"等账户。

【例】 2018年初春光旅游股份有限公司根据股份支付协议收购本公司30 000股普通股奖励职工，年末使净利润比上年增长15%以上的，经营人员奖励20 000股，行政管理人员奖励10 000股，授予日本公司普通股公允价值为每股7.20元。

(1) 1 月 31 日,根据本月经营情况,预计能够达到增收奖励的目标,将本月份职工提供服务应奖励的金额计入费用,作分录如下:

借:销售费用　　　　　　　　　　　　　　　　　　　　　12 000.00
借:管理费用　　　　　　　　　　　　　　　　　　　　　　6 000.00
　　贷:资本公积——其他资本公积　　　　　　　　　　　　　　　　18 000.00

在预计能够达到增产增收奖励目标的前提下,从 2~12 月每个月月末都作以上相同的会计分录。

(2) 2 月 18 日,购进本公司普通股 30 000 股,每股 7.10 元,另以交易金额的 3‰ 支付佣金,1‰ 交纳印花税,款项一并签发转账支票支付,作分录如下:

借:库存股　　　　　　　　　　　　　　　　　　　　　213 852.00
　　贷:银行存款　　　　　　　　　　　　　　　　　　　　　　213 852.00

(3) 2019 年 1 月 25 日,去年本公司达到增收的奖励目标,予以行权,将库存股 30 000 股,奖励给职工,按授予日该股公允价值确认的金额转账。作分录如下:

借:资本公积——其他资本公积　　　　　　　　　　　　　216 000.00
　　贷:库存股　　　　　　　　　　　　　　　　　　　　　　213 852.00
　　贷:资本公积——股本溢价　　　　　　　　　　　　　　　　2 148.00

(二) 以注销库存股减少注册资本的核算

股份有限公司可以通过收购本公司普通股,予以注销,来减少注册资本。公司收购本公司普通股时,借记"库存股"账户,贷记"银行存款"账户。在确定减少注册资本时,应注销库存股,按注销库存股的面值,借记"股本"账户;按库存股的账面价值,贷记"库存股"账户;两者之间的差额,列入"资本公积——股本溢价"账户的借方,如股本溢价不足冲减的,应借记"盈余公积""利润分配——未分配利润"等账户。

【例】　隆兴宾馆股份有限公司,已陆续收购本公司普通股 150 000 股,全部收购成本为 905 400 元。该股每股面值为 1 元,现决定全部予以注销,以减少注册资本。该公司"资本公积——资本溢价"账户余额为 686 000 元,"盈余公积"账户余额为 398 200 元,予以转账,作分录如下:

借:股本　　　　　　　　　　　　　　　　　　　　　　150 000.00
借:资本公积——资本溢价　　　　　　　　　　　　　　　686 000.00
借:盈余公积　　　　　　　　　　　　　　　　　　　　　69 400.00
　　贷:库存股　　　　　　　　　　　　　　　　　　　　　　905 400.00

"库存股"是所有者权益账户,也是"股本"和"资本公积——资本溢价"的抵减账户,用以核算企业收购、转让或注销的本公司股份的金额。企业收购本公司股份时,记入该账户借方；企业将股份奖励职工或予以注销减少注册资本时，记入该账户贷方；期末余额在借方，表示企业持有尚未转让或注销的本公司股份的金额。

第三节 资本公积和其他综合收益

一、资本公积

资本公积是指企业收到投资者出资额超过其在注册资本或股本中所占的份额以及直接计入所有者权益的利得和损失。它由资本溢价和其他资本公积两个部分组成。

（一）资本溢价的核算

资本溢价是指企业收到投资者出资额超出其在注册资本中所占份额部分的金额。

有限责任公司企业的资本溢价主要发生在合资、联营企业。因为企业在初创阶段，收益较低，经过一个阶段的生产经营后，会产生一定数额的留存收益，且随着生产经营的日趋成熟，其盈利能力也会逐渐提高。当投资者中的一方要增加投资，或者新的投资者要参与投资，由于新投入的资本要分享企业开创至今所取得的成果，因此新追加的投资或新的投资者要付出大于原有投资者的出资额，才能取得与原有投资者相同的投资比例。所以，大于原有投资者出资额的部分即为资本溢价额。股份有限公司的资本溢价是发行股票的溢价净收入，这两类企业发生的资本溢价均列入"资本公积"账户。其具体核算方法在上一节中已作了阐述，不再重复。

企业的资本溢价是一种资本储备形式，它实际上参与了企业的资金周转，支持着企业生产经营活动的正常运转。当企业积累的资本溢价较多时，可以根据需要按法定程序转增资本，届时借记"资本公积"账户；贷记"实收资本"账户。

【例】 金光宾馆经批准将 250 000 元资本公积中的资本溢价转增资本，作分录如下：

借：资本公积——资本溢价　　　　　　　　　　　　　　　250 000.00
　　贷：实收资本　　　　　　　　　　　　　　　　　　　　　250 000.00

（二）其他资本公积的核算

其他资本公积是指除资本溢价或股本溢价以外形成的资本公积。它主要在下列情况中产生的。

1. 采用权益法结算的长期股权投资　　企业的长期股权投资采用权益法核算的，在持股比例不变的情况下，被投资单位除净损益、其他综合收益以及利润分配以外所有者权益的其他变动，企业应按持股比例计算应享有的份额，借记或贷记"长期股权投资——其他权益变动"账户，贷记或借记"资本公积——其他资本公积"账户；等处置该项长期股权投资时，应将原记入"资本公积——其他资本公积"账户的余额结转"投资收益"账户。

2. 以权益结算的股份支付　　它是指企业为获取服务而以股份或其他权益工具作

对价进行结算的交易。企业在等待期内的每个会计期末,应当以对可行权权益工具数量的最佳估计为基础,按照权益工具授予日的公允价值,根据当期取得职工提供的服务确认相应的费用,据以借记"销售费用""管理费用"等相关账户;贷记"资本公积——其他资本公积"账户。

在可行权日,应当按照行权的权益工具数量计算确定的金额,据以借记"资本公积——其他资本公积"账户;按计入实收资本的金额,贷记"实收资本"或"股本"账户;将两者之间的差额列入"资本公积——资本(股本)溢价"账户。

【例】 华兴宾馆股份有限公司分别与公司经营骨干和管理骨干签订了2年期的股份支付协议,协议规定公司第1年营业额、净利润各增长5%以上,奖励经营骨干12 000股股票,奖励管理骨干15 000股股票;第2年营业额、净利润各增长6%以上,奖励经营骨干16 000股股票,奖励管理骨干20 000股股票,2014年12月31日授予日,该股票每股的公允价值为4.50元。

接着,发生下列经济业务:

(1) 2017年12月31日,该公司的营业额和净利润的增长率分别为5.1%和5.2%,按照权益工具的公允价值转账,作分录如下:

借:销售费用　　　　　　　　　　　　　　　　　　　54 000.00
借:管理费用　　　　　　　　　　　　　　　　　　　67 500.00
　贷:资本公积——其他资本公积　　　　　　　　　　　　121 500.00

(2) 2018年12月31日,该公司的营业额和净利润的增长率分别为6.05%和6.10%,按照权益工具的公允价值转账,作分录如下:

借:销售费用　　　　　　　　　　　　　　　　　　　72 000.00
借:管理费用　　　　　　　　　　　　　　　　　　　90 000.00
　贷:资本公积——其他资本公积　　　　　　　　　　　　162 000.00

(3) 2019年1月3日,可行权日予以行权,该公司每股股票的面值1元,将行权的63 000股股票入账,作分录如下:

借:资本公积——其他资本公积　　　　　　　　　　　283 500.00
　贷:股本　　　　　　　　　　　　　　　　　　　　　63 000.00
　贷:资本公积——股本溢价　　　　　　　　　　　　　220 500.00

"资本公积"是所有者权益类账户,用以核算企业收到投资者出资额超过其在注册资本或股本中所占份额的部分以及直接计入所有者权益的利得和损失。当企业发生资本溢价和直接计入所有者权益利得及转销直接计入所有者权益损失时,记入该账户贷方;当企业将资本公积转增资本和发生直接计入所有者权益损失以及转销直接计入所有者权益利得时,记入该账户借方;期末余额在贷方,表示企业资本公积的结存数额。

二、其他综合收益

(一)其他综合收益概述

其他综合收益是指企业根据企业会计准则的规定,未在当期损益中确认的各项利得和损失。作为其他综合收益的利得或损失,虽然尚未实现,不能计入当期损益,但是导致了所有者权益发生了增减变动,形成了与所有者投入资本或向所有者分配利润无关的经济利益的流入和流出。

其他综合收益按其能否重新分类,可分为两类:一类是以后会计期间不能重分类进损益的其他综合收益,它主要包括重新计量设定受益计划净负债或净资产导致的权益变动、按照权益法核算因被投资单位重新计量设定受益计划净负债或净资产变动导致的权益变动等内容;另一类是以后会计期间在满足规定条件时,将重分类进损益的其他综合收益,它主要包括权益法下可转损益的其他综合收益、持有至到期投资重分类为可供出售金融资产损益、可供出售金融资产公允价值变动损益等内容。

(二)其他综合收益的核算

企业长期股权投资采取权益法核算时,在持股比例不变的情况下,被投资单位发生其他综合收益的增减变动,投资企业应按其持股比例,计算出其应享有或分担的份额,相应地调整长期股权投资的账面价值。届时借记或贷记"长期股权投资"账户,贷记或借记"其他综合收益"账户;等处置该项股权投资时,再将原列入"其他综合收益"账户的金额转入"投资收益"账户。

【例】 2018年1月5日,华安宾馆以5 400 000元取得浦江旅行社25%股份,采取权益法核算。

(1) 2018年12月31日,浦江旅行社当年实现了净利润1 060 000元,其他综合收益增加了90 000元,按照应享有的份额转账,作分录如下:

借:长期股权投资——损益调整　　　　　　　　　　　　265 000.00
借:长期股权投资——其他综合收益　　　　　　　　　　 22 500.00
　　贷:投资收益　　　　　　　　　　　　　　　　　　　265 000.00
　　贷:其他综合收益　　　　　　　　　　　　　　　　　 22 500.00

(2) 2019年9月15日,出售浦江旅行社2%的股份,扣除交易费用后净收入458 600元,当即收到全部款项。并存入银行。作分录如下:

借:银行存款　　　　　　　　　　　　　　　　　　　　458 600.00
　　贷:长期股权投资——投资成本　　　　　　　　　　　432 000.00
　　贷:长期股权投资——损益调整　　　　　　　　　　　 21 200.00
　　贷:长期股权投资——其他综合收益　　　　　　　　　　1 800.00
　　贷:投资收益　　　　　　　　　　　　　　　　　　　　3 600.00

同时,转销其他综合收益,作分录如下:

借:其他综合收益 1 800.00
　　贷:投资收益 　　　　1 800.00

持有至到期投资重分类为可供出售金融资产损益、可供出售金融资产公允价值变动损益的内容在第九章第三、第四节中已分别作了阐述,在此不再重复。

第四节　留　存　收　益

留存收益按其用途不同,可分为盈余公积和未分配利润两种。

一、盈余公积的核算

盈余公积是指企业按照规定从净利润中提取的积累资金。它包括法定盈余公积和任意盈余公积。

法定盈余公积是指企业的净利润按照法律规定的比例提存,以备需要时动用的资金。我国规定法定盈余公积按净利润的10%提取。当提取的法定盈余公积超过注册资本的50%时,可以不再提取。

任意盈余公积是指企业的净利润按照企业章程或股东大会决议规定的比例提存,以备需要时动用的资金。任意盈余公积必须在公司发放了优先股股利后才能提取。

企业在提取法定盈余公积和任意盈余公积时,借记"利润分配"账户,贷记"盈余公积"账户。

【例】　金光宾馆实现净利润600 000元,按10%的比例提取法定盈余公积,按6%的比例提取任意盈余公积,作分录如下:

借:利润分配——提取法定盈余公积 60 000.00
借:利润分配——提取任意盈余公积 36 000.00
　　贷:盈余公积——法定盈余公积 　　　　60 000.00
　　贷:盈余公积——任意盈余公积 　　　　36 000.00

法定盈余公积和任意盈余公积的用途主要有以下三项:第一,用于弥补企业亏损。由于在市场经济的条件下,企业面临着激烈的竞争,其生产经营活动随着市场的波动而出现反复,一旦发生亏损时,可以用法定盈余公积或任意盈余公积予以弥补,这样就为企业克服困境、渡过难关创造了条件。第二,用于转增资本。当企业法定盈余公积或任意盈余公积留存较多,而企业需要拓展经营规模时,可以将其转增资本。第三,用于发放现金股利或利润。当企业累积的法定盈余公积和任意盈余公积较多,而未分配利润较少时,为了维护公司的形象给投资者以合理的回报,也可以用这两项盈余公积分派现金股利或利润。

企业在以法定盈余公积或任意盈余公积弥补亏损时,借记"盈余公积"账户,贷记"利润分配——盈余公积补亏"账户。

【例】 开达旅行社年末亏损 15 000 元,经批准以法定盈余公积弥补亏损,作分录如下:

借:盈余公积——法定盈余公积　　　　　　　　　　　　　15 000.00
　　贷:利润分配——盈余公积补亏　　　　　　　　　　　　　15 000.00

企业以法定盈余公积和任意盈余公积转增资本时,其核算方法与资本公积转增资本的方法相同,不再重述。在法定盈余公积转增资本后,留存企业的部分不得少于注册资本的 25%。

"盈余公积"是所有者权益类账户,用以核算企业按规定从净利润中提取的盈余公积。提取时,记入该账户贷方;弥补亏损、转增资本时,记入该账户借方;期末余额在贷方,表示盈余公积的结存数额。

二、未分配利润的核算

未分配利润是指企业的净利润尚未分配的数额,它是企业实现的净利润与已分配利润之间的差额。

企业为了平衡各会计年度的投资回报水平,以丰补歉,留有余地等原因,可以留有一部分净利润不予分配,从而形成了未分配利润。

企业历年积存的未分配利润,均可参与本年度实现的净利润一并分配。未分配利润是通过设置"利润分配——未分配利润"账户核算的,该账户的贷方余额表示未分配利润,若该账户出现借方余额,则表示未弥补亏损。其具体核算方法将在第十三章第二节中阐述。

思 考 题

一、简答题

1. 什么是所有者权益?它与债权人权益在性质上有何区别?
2. 什么是投入资本?什么是留存收益?它们各分为哪两种?
3. 分述普通股和优先股股东的权利具体表现在哪些方面?
4. 什么是股份支付?股份支付有哪两种方式?分述各种方式的定义。
5. 其他综合收益分为哪两类?每类各包括哪些内容?
6. 什么是盈余公积?它可分为哪几种?分述它们的用途?

二、名词解释题

实收资本　注册资本　有限责任公司　股份有限公司　普通股　优先股　库存股

资本公积　资本溢价　其他资本公积　其他综合收益　未分配利润

三、是非题

1. 所有者权益投资者的投资收益与企业经营的好坏密切相关，而债权人的投资收益与企业经营好坏无关。（　）

2. 留存收益是指企业从实现的净利润中提取或形成的留存于企业的内部积累。（　）

3. 注册资本可以一次或分次缴纳，有限责任公司和股份有限公司的全体股东的首次出资额不得低于注册资本的20%。（　）

4. 优先股比普通股有一定的优先权，因此获得的股利丰厚，投资风险也小。（　）

5. 股份支付是指企业为获得职工提供服务而授予权益工具或者承担以权益工具为基础确定的负债的交易。（　）

6. 股份支付的市场条件是指行权价格、可行权条件以及行权可能性与权益工具的市场价格相关的业绩条件。（　）

7. 资本公积和盈余公积与企业的净利润均有一定的关系。（　）

四、单项选择题

1. _____是指投资者按照企业章程或合同、协议的约定实际投入企业的资本。
　A. 投入资本　　　B. 实收资本　　　C. 资本公积　　　D. 注册资本

2. 股份有限公司溢价发行股票时，其超过面值的溢价金额应列入_____账户。
　A. "股本——股本溢价"　　　　B. "投资收益"
　C. "营业外收入"　　　　　　　D. "资本公积"

3. 股份支付在授予后，公司在等待期内每个会计期末，应将取得职工提供的服务计入成本、费用，计入成本、费用的金额应当按照_____的公允价值计量。
　A. 衍生工具　　　B. 金融工具　　　C. 权益工具　　　D. 金融资产

4. 企业以法定盈余公积转增资本时，按规定保留的余额不应少于注册资本的_____。
　A. 10%　　　　　B. 15%　　　　　C. 25%　　　　　D. 50%

五、多项选择题

1. 所有者权益包括实收资本、未分配利润、_____。
　A. 资本公积　　　B. 盈余公积　　　C. 应付股利　　　D. 其他综合收益

2. 库存股主要用于_____。
　A. 以股份支付奖励职工　　　　B. 增加注册资本
　C. 减少注册资本　　　　　　　D. 减少实收资本

3. 可行权日是指可行权条件得到满足的_____具有从企业取得权益工具或现金权利的日期。

A. 股东　　　　　B. 职工　　　　C. 其他方　　　　D. 债权人

4. 盈余公积可以用于_____。

A. 弥补亏损　　　　　　　　　　B. 转增企业资本

C. 发放现金股利或利润　　　　　D. 发放职工奖金

5. _____可以转作资本。

A. 资本公积　　　　　　　　　　B. 法定盈余公积

C. 任意盈余公积　　　　　　　　D. 未分配利润

实 务 题

习题一

一、目的　练习投资者投入资本的核算。

二、资料

1. 2018年1月，华欣宾馆设立发生下列有关的经济业务：

(1) 1日，收到京华公司投入房屋一幢，按投资合同约定的850 000元入账，房屋已达到预定可使用状态，验收使用。

(2) 2日，收到京华公司投入流动资金135 000元，存入银行。

(3) 5日，收到国外投资者安凯公司汇入180 000美元，存入银行。当日美元汇率为7元。

(4) 10日，收到京华公司对该宾馆投入大客车一辆，按投资合同约定的255 000元入账。大客车已验收使用。

2. 2019年4月，华欣宾馆决定扩大经营规模，经批准将注册资本扩大到4 000 000元。4月份发生下列有关的经济业务：

(1) 5日，收到京华公司投入房屋1幢，按投资合同约定的990 000元入账，投入资金占企业注册资本的22.5%。

(2) 8日，收到广源饭店投入的非专利技术一项，投资各方确认以165 000元入账，投入资金占企业注册资本的3.75%。

(3) 10日，收到广源饭店投入流动资金495 000元，投入资金占企业注册资本的11.25%。

三、要求　编制会计分录。

习题二

一、目的　练习库存股的核算。

二、资料

1. 湖滨旅游股份有限公司 2018 年年初决定,根据股份支付协议收购本公司 40 000 股普通股奖励本公司职工。年末若能使净利润比上一年增长 15% 以上的,行政管理人员奖励 15 000 股,经营人员奖励 25 000 股。授予日本公司普通股公允价值为每股 6 元,现发生下列有关的经济业务:

(1) 2018 年 1 月 31 日,根据本公司本月份的经营情况,预计能够达到增收奖励的目标,将本月份职工提供服务应奖励的金额计入费用。

(2) 2018 年 2 月 25 日,购进本公司普通股 40 000 股,每股 5.90 元,另按交易金额的 3‰ 支付佣金,1‰ 交纳印花税,款项一并签发转账支票支付。

(3) 2019 年 1 月 25 日,2015 年公司达到增收的奖励目标,予以行权,将 40 000 股普通股奖励给职工,按授权日普通股公允价值确认的金额转账。(2015 年 2~12 月均按该年 1 月份的标准将职工提供服务应奖励的金额入账)

2. 天利饭店股份有限公司"资本公积——股本溢价"账户余额为 869 800 元,"盈余公积"账户余额为 721 000 元。现发生下列有关的经济业务:

(1) 3 月 15 日,购进本公司普通股 150 000 股,每股 5.50 元,另按交易金额的 3‰ 支付佣金,1‰ 交纳印花税,款项一并签发转账支票付讫。

(2) 5 月 20 日,购进本公司普通股 100 000 股,每股 5.55 元,另按交易金额的 3‰ 支付佣金,1‰ 交纳印花税,款项一并签发转账支票付讫。

(3) 5 月 22 日,今决定将收购本公司 250 000 股普通股全部予以注销,以减少注册资本。该股份每股面值 1 元,予以转账。

三、要求 编制会计分录。

习题三

一、目的 练习资本公积和盈余公积的核算。

二、资料 东湖宾馆 12 月份发生下列经济业务:

1. 1 日,宾馆原有注册资本 4 000 000 元,留存收益 320 000 元。经批准将注册资本增至 5 000 000 元。今收到兴业旅行社出资的支票 444 000 元,存入银行。其投入资金占企业注册资本的 7.40%。

2. 2 日,该宾馆收到外商大西洋公司汇入 108 000 美元,当日汇率 7 元。其投入资金占企业注册资本的 12.60%。

3. 31 日,该宾馆持有静安公司 40% 的股权,采用权益法核算,年末静安公司资产负债表内资本公积增加的金额中有 40 000 元。系接受其他股东资本性投入而产生的,按照应享有的份额转账。

4. 31 日,本公司净利润为 500 000 元,按 10% 的比例提取法定盈余公积,按 5% 的比例提取任意盈余公积。

5. 31日,经批准将资本公积100 000元、法定盈余公积150 000元转增资本。

三、要求 编制会计分录。

习题四

一、目的 练习资本公积和其他综合收益的核算。

二、资料 中兴宾馆股份有限公司与公司经营骨干和管理骨干签订了2年期的股份支协议。协议规定,公司第1年营业额、净利润各增长4%以上,奖励经营骨干10 000股股票,奖励管理骨干12 500股股票;第2年营业额、净利润各增长5%以上,奖励经营骨干12 000股股票,奖励管理骨干15 000股股票,2016年12月31日授予日,该公司每股股票的公允价值为5元,接着发生下列有关的经济业务:

1. 2017年12月31日,本公司的营业额和净利润分别增长了4.12%和4.15%,按照权益工具的公允价值转账。

2. 2018年12月31日,本公司拥有隆兴旅行社40%的共同控制权,该公司本年度实现了净利润300 000元,其他综合收益增加了40 000元,按照应享有的份额转账。

3. 2018年12月31日,本公司持有长安公司按面值发行的3年期债券120 000元,年利率为8%,到期一次还本付息,已按持有至到期投资入账,现决定将其重分类为可供出售金融资产,该债券账面价值成本为120 120元,应付利息为6 000元,现公允价值127 200元,予以转账。

4. 2018年12月31日,本公司持有的以可供出售金融资产入账的长宁公司股票20 000股,其账面价值成本为88 420元,公允价值变动为借方余额3 890元,今日该股票每股公允价值为5.02元,予以转账。

5. 2018年12月31日,本公司的营业额和净利润分别增长了5.16%和5.18%,按照权益工具的公允价值转账。

6. 2019年1月2日,可行权日予以行权,该公司每股投票的面值为1元,将行权的49 500股股票入账。

三、要求 编制会计分录。

第十二章 期间费用、税金和政府补助

第一节 期间费用概述

一、期间费用的分类

期间费用是指企业为管理和组织经营活动所发生的直接计入当期损益的费用。它是保证经营业务顺利进行，提高服务质量的必不可少的开支。期间费用按发生的环节和经济性质的不同可分为销售费用、管理费用、研发费用和财务费用四类。

（一）销售费用

销售费用是指企业在销售商品和材料、提供劳务的过程中发生的各种费用。它包括下列各明细项目：

1. 运输费　　它是指企业不能直接认定的购入原材料和低值易耗品所发生的运输费用以及购入商品的运输费用，也包括内部不独立核算的车队发生的燃料费、养路费等。

2. 装卸费　　它是指不能直接认定的购入原材料、低值易耗品的装卸搬运费和购入商品发生的装卸搬运费。

3. 包装费　　它是指企业为客户提供包装服务时，所消耗的包装用品费。

4. 保管费　　它是指原材料和商品在储存过程中所支付的费用，包括倒库、晾晒、冷藏和挑选整理等发生的费用。

5. 保险费　　它是指企业向保险公司投保的经营部门的固定资产等各种财产所支付的保险费用。

6. 燃料费　　它是指饭店经营部门耗用的燃料费用。浴池的燃料费用计入主营业务成本。

7. 水电费　　它是指企业经营部门耗用的水费、电费。

8. 广告宣传费　　它是指企业为扩大经营成果对企业的产品和经营项目进行广告宣传而应支付的广告费用和宣传费用。

9. 邮电费　　它是指经营过程中支出的电话、电报、邮寄等费用。

10. 差旅费　　它是指企业经营部门人员出差的差旅费。

11. 洗涤费　　它是指企业经营部门洗涤工作服而发生的洗涤费。

12. 清洁卫生费　　它是指企业经营部门为加强清洁卫生对床上用品、台布和餐具进行清洗，对经营场所进行打扫所发生的费用。

13. 折旧费　　它是指企业为经营部门提供服务的房屋、设备、交通运输工具等固定资产计提的折旧费。

14. 低值易耗品摊销　　它是指企业经营部门领用低值易耗品的摊销费用。

15. 修理费　　它是指企业为经营部门提供服务的固定资产和低值易耗品发生的修理费。

16. 租赁费　　它是指企业租赁房屋、设备、交通运输工具等经营业务用固定资产和低值易耗品发生的费用。

17. 物料消耗　　它是指企业经营部门领用物料用品而发生的费用。物料用品主要包括日常用品、办公用品、包装物品、日常维修用材料、零配件等。

18. 职工薪酬　　它是指企业发生的直接从事经营业务人员的工资、奖金、津贴和补贴，以及按规定标准计提的职工福利费、工会经费、职工教育经费、社会保险费和住房公积金等职工薪酬。

19. 工作餐费　　它是指企业按规定为职工提供工作餐而支付的费用。

20. 服装费　　它是指企业按规定为职工制作工作服装而发生的费用。

21. 其他销售费用　　它是指不能列入上述子目的各项销售费用。

（二）管理费用

管理费用是指企业行政管理部门为组织和管理企业生产经营活动而发生的各项费用。它包括下列各明细项目：

1. 公司经费　　它是指企业行政管理部门行政人员的工作餐费、服装费、办公费、差旅费、会议费、物料消耗以及其他行政经费。

2. 职工薪酬　　它是指企业发生的行政管理人员的工资、奖金、津贴、补贴，以及按规定标准计提的职工福利费、工会经费、职工教育经费、社会保险费和住房公积金等职工薪酬。

3. 劳动保险费　　它是指企业按规定支付的离休干部的有关各项费用和 6 个月以上的长期病假人员工资和提取的职工福利费等。

4. 董事会费　　它是指企业最高权力机构及其成员为执行其职能而发生的费用。

5. 外事费　　它是指出国展览、推销、考察、实习培训和接待外宾所发生的费用。

6. 租赁费　　它是指企业行政管理部门租赁办公用房等固定资产和低值易耗品的租赁费用。

7. 咨询费　　它是指企业向有关咨询机构进行科学技术、经营管理等咨询时按有关规定所支付的费用。

8. 聘请中介机构费　　它是指企业聘请中介机构进行查账验资，以及进行资产评估等发生的各项费用。

9. 诉讼费　　它是指企业因经济纠纷起诉或应诉而发生的各项费用。

10. 排污费　　它是指企业按规定交纳的排污费用。

11. 绿化费　　它是指对企业的内外环境进行绿化而发生的绿化费用。

12. 土地使用费　　它是指企业使用土地(海域)时按规定支付的费用。

13. 土地损失补偿费　　它是指企业生产经营过程中由于破坏国家不征用的土地而支付的土地损失补偿费。

14. 技术转让费　　它是指企业使用非专利技术时而支付的费用。包括以技术转让为前提的技术咨询、技术服务、技术培训过程中发生的有关开支等。

15. 研究开发费　　它是指企业研究开发新产品、新技术、新工艺所发生的新产品设计费、技术图书资料费与新产品试制、技术研究有关的其他经费。

16. 燃料费　　它是指企业行政管理部门支付的燃料及动力费用。

17. 水电费　　它是指企业行政管理部门耗用的水费、电费。

18. 折旧费　　它是指企业行政管理部门固定资产的折旧费用。

19. 修理费　　它是指企业行政管理部门固定资产、低值易耗品发生的修理费用。

20. 无形资产摊销　　它是指企业的无形资产按规定计算的摊销额。

21. 低值易耗品摊销　　它是指企业行政管理部门领用的低值易耗品的摊销费用。

22. 开办费　　它是指因企业设立以及其设立分支机构在筹建期间所发生的有关支出。

23. 业务招待费　　它是指企业在业务交往过程中开支的有关业务交际费用。

24. 保险费　　它是指企业向保险公司投保的行政管理部门的固定资产等财产所支付的保险费用。

25. 上级管理费　　它是指企业上交集团公司和管理公司的费用。

26. 其他管理费用　　它是指不能列入上列子目的各项管理费用。

(三) 研发费用

研发费用是指企业开发无形资产时在研究阶段发生的各项费用。

(四) 财务费用

财务费用是指企业为筹集业务经营所需资金等而发生的各项费用。它包括下列明细项目：

1. 利息支出　　它是指支付的短期借款利息、长期借款利息和企业发行债券按规定应由财务费用负担的利息等。

2. 汇兑损失　　它是指企业的外币存款、外币现金和以外币结算的各种债权债务等业务因汇率变动所造成的损失。若发生汇兑收益则记入贷方。

3. 手续费　　它是指企业支付给金融机构的手续费。

4. 其他财务费用　　它是指企业发生的不能列入上列各项目的财务费用,如筹资等业务发生的费用。

二、费用的发生与支付的方式

旅游、餐饮服务企业发生费用与支付时间往往不一致,有些费用虽然已支付,却应由以后各受益期负担;有些费用应由本期负担而本期尚未支付。为了正确反映企业的每期费用,费用的核算必须按照权责发生制的要求进行。凡属本期应负担的费用,不论其款项是否已经支付,均作为本期的费用处理;凡不属本期应负担的费用,即使款项已经支付,也不能作为本期费用入账。这样,费用的支付方式就分为以下四种。

1. 直接支付　　它是指企业日常支付的属于本期负担的费用,如以货币资金支付本月的运输费、水电费、差旅费、工资和业务招待费等。

2. 转账摊销　　它是指不通过货币结算而采用转账方式摊销应由本期负担的费用,如固定资产折旧、无形资产摊销、低值易耗品摊销等。

3. 预付待摊　　它是指已经支付应由本期和以后各期负担的费用,如预付保险费、租赁费等。

4. 预提待付　　它是指应由本期负担而在以后支付的费用,如预提职工福利费、职工教育经费和短期借款利息等。

第二节　期间费用

一、期间费用的总分类核算

旅游、餐饮服务企业的期间费用核算的内容很广泛,有不少子目在核算上具有共性。期间费用的四种列支方式中,直接支付和转账摊销的核算内容在前面有关章节中已作了详细的阐述,不再重复。

（一）预付待摊费用的核算

预付待摊费用是指企业已经支付受益期不超过1年的费用。旅游、饮食服务企业拥有大量的实物资产,为了增强遭受水灾、火灾等灾害和意外事故损失的应变能力,企业一般向保险公司投保,以便在遭受意外损失时,可以从保险公司取得补偿,以减少对企业的影响。

企业投保时的财产保险费一般是按年度支付的,为了使期间费用负担合理,正确反映企业各期的利润,在支付全年保险费时,不能一次全额地列入期间费用,应根据受益期,采取分期摊销的方法,先列入"待摊费用"账户,然后按受益期根据不同的受益对象摊入"销售费用"和"管理费用"账户。

【例】2018年12月25日,签发转账支票预付东方保险公司第二年的财产保险费42 000元,作分录如下:

借:待摊费用——保险费　　　　　　　　　　　　　　42 000.00
　　贷:银行存款　　　　　　　　　　　　　　　　　　42 000.00

2019年1月31日,摊销应由本月份负担的财产保险费3 500元,其中:营业部门负担80%,行政管理部门负担20%,作分录如下:

借:销售费用——保险费 2 800.00
借:管理费用——保险费 700.00
  贷:待摊费用——保险费 3 500.00

待摊费用的摊销期限,不得超过12个月,但可以跨年。

"待摊费用"是资产类账户,用以核算企业已经支付但应由本期和以后各期负担的费用。企业发生待摊费用时,记入该账户借方;企业摊销待摊费用时,记入该账户贷方;期末余额在借方,表示企业已经支付尚待摊销的费用。

"销售费用"是损益类账户,用以核算企业销售产品和材料、提供劳务过程中所发生的各种费用。企业发生销售费用时,记入该账户借方;企业期末将其余额结转"本年利润"账户时,记入该账户贷方。

"管理费用"是损益类账户,用以核算企业行政管理部门为组织和管理企业生产经营活动而发生的各项费用。企业发生管理费用时,记入该账户借方;企业期末将其余额结转"本年利润"账户时,记入该账户贷方。

(二)预提待付费用的核算

预提待付费用是指本期已经发生但尚未支付的各项费用。企业向银行借入的短期借款,银行一般在季末结算利息。为了使企业费用负担合理,就应在每个季度的前2个月计算它们当月应发生的短期借款利息,予以预先计提列支。其计算公式如下:

本月短期借款利息＝本月短期借款平均余额×月利率

$$本月短期借款平均余额 = \frac{本月短期借款账户余额累计数}{30 天}$$

【例】 世界旅行社2019年第一季度短期借款情况如下:

(1) 1月份短期借款账户平均余额为248 000元,月利率为6‰,计算该月份应负担的利息如下:

1月份短期借款利息＝248 000×6‰＝1 488(元)

根据计算的结果,作分录如下:

借:财务费用——利息支出 1 488.00
  贷:应付利息 1 488.00

(2) 2月份预提短期借款利息1 476元,3月末接到"短期借款计息单",本季度共支付短期借款利息4 450元,作分录如下:

借：应付利息(1 488＋1 476)   2 964.00
借：财务费用——利息支出   1 486.00
    贷：银行存款   4 450.00

"财务费用"是损益类账户，用以核算企业为筹集生产经营所需资金等而发生的筹资费用。企业在经营期间发生利息支出、汇兑损失和金融机构手续费时，记入该账户借方；在冲转利息支出、发生汇兑收益或月末将其转入"本年利润"账户时，记入该账户贷方。

二、期间费用的明细分类核算

旅游餐饮服务企业通过对"销售费用""管理费用"和"财务费用"账户进行总分类核算的，反映了销售费用、管理费用和财务费用的总括情况。为了反映和监督期间费用开支的详细情况，并为分析检查销售费用、管理费用和财务费用的预算执行情况，为改善经营管理提供资料，必须对销售费用、管理费用和财务费用进行明细分类核算。

销售费用、管理费用和财务费用按子目设置明细分类账户，可以采用"三栏式"账页。为了在账页上集中反映销售费用、管理费用和财务费用各项目开支的情况，便于记账，也可以采用"多栏式"账页，现将销售费用多栏式明细分类账的格式列示如图表 12-1 所示。

图表 12-1

销售费用明细分类账   单位：元

年		凭证号码	摘要	运输费	燃料费	包装费	保险费	服装费	其他销售费用	合计
月	日									

第三节 政府补助

一、政府补助概述

政府补助是指企业从政府无偿取得货币性资产或非货币资产。政府向企业提供经济支持，以鼓励或扶持特定行业、地区或领域的发展，是政府进行宏观调控的重要手段。

（一）政府补助的特征

1. 政府补助来源于政府的经济资源　政府主要指行政事业单位及类似机构。对于企业收到的来源于其他方的补助，有确凿证据表明政府是补助的实际拨付者，其他方只起到代收代付作用的，该项补助也属于来源于政府的经济资源。例如，某集团公司母公司收到一笔政府补助款，有确凿证据表明该补助款实际的补助对象为该母公司下属子公司,母公司只是起到代收代付作用,那么该补助款属于对子公司的政府补助。

2. 政府补助是无偿的　　企业取得来源于政府的经济资源,不需要向政府支付商品或服务等对价。无偿性是政府补助的基本特征,这一特征将政府补助与政府以投资者身份向企业投入资本,政府购买服务等政府与企业之间的互惠性交易区别开来。

3. 政府补助是有条件的　　政府为了推行其宏观经济政策,通常附有一定的条件,对企业使用政府补助的时间,使用范围和方向进行了限制。

(二) 政府补助的主要形式

政府补助的形式主要有:财政拨款、财政贴息、税收返还和无偿给予非货币性资产等。

财政拨款是指政府无偿付给企业的资金,通常在拨款时明确规定了资金的用途。比如,财政部门拨付给企业用于构建固定资产或进行技术改造的专项资金,鼓励企业安置职工就业而给予的奖励款项,拨付企业的粮食定额补贴,拨付企业开展研究活动的研发经费等。

财政贴息是指政府为支持特定领域或区域的发展,根据国家宏观经济形势和政策目标,对承贷企业的银行贷款利息给予补贴。

税收返还是指政府按照国家有关规定采取先征后返(退)、即征即退等办法向企业返还的税款。

无偿给予非货币性资产是指政府无偿拨付给企业固定资产、无形资产等非货币性资产,并明确这些资产的用途。

(三) 政府补助的分类

政府补助分为与资产相关的政府补助和与收益相关的政府补助两类。

与资产相关的政府补助是指企业取得的、用于购建或以其他方式形成长期资产的政府补助。

与收益相关的政府补助是指除与资产相关的政府补助之外的政府补助。

(四) 政府补助的计量

1. 货币性资产形式的政府补助　　企业取得的各种政府补助为货币性资产的,如通过银行转账等方式拨付的补助,通常按照实际收到的金额计量;存在确凿证据表明该项补助是按照固定的定额标准拨付的,如按照实际销售量或储备量与单位补贴定额的补助等,可以按照应收的金额计量。

2. 非货币性资产形式的政府补助　　政府补助为非货币性资产的,应当按照公允价值计量;公允价值不能可靠取得的,按照名义金额计量,名义金额计量为1元。

二、**政府补助的核算**

(一) 与资产相关的政府补助的核算

企业取得政府补助的长期资产时,不能直接计入当期的损益,而应当确认为递延收益。届时借记"固定资产""无形资产"等账户,贷记"递延收益"账户。

【例】 1月20日,安达宾馆收到当地政府作为补助拨付的环保设备一台,该设备的公允价值为108 000元,已达到预定可使用状态,并验收使用,作分录如下:

借:固定资产　　　　　　　　　　　　　　　　　　　　　108 000.00
　　贷:递延收益　　　　　　　　　　　　　　　　　　　　　　108 000.00

当企业取得政府补助的长期资产投入使用后,在该资产的使用寿命内计提折旧或者进行摊销时,先借记"管理费用"相关账户;贷记"累计折旧"账户;然后,再确认当期的收益,借记"递延收益"账户,贷记"其他收益"账户。

【例】 续上例,2月28日,政府补助的环保设备预计使用寿命为8年,预计净残值率为4%。

(1)计提本月份固定资产折旧费,作分录如下:

借:管理费用——折旧费　　　　　　　　　　　　　　　　1 080.00
　　贷:累计折旧　　　　　　　　　　　　　　　　　　　　　　1 080.00

(2)确认本期收益,作分录如下:

借:递延收益　　　　　　　　　　　　　　　　　　　　　　1 080.00
　　贷:其他收益　　　　　　　　　　　　　　　　　　　　　　1 080.00

"其他收益"是损益类账户,用以核算企业取得政府补助等其他收益。企业取得政府补助等其他收益时,记入贷方;企业期末将其余额结转"本年利润"账户时,记入借方。

(二)与收益相关的政府补助的核算

企业取得与收益相关的政府补助,用于补偿其已发生的相关费用或损失的,应当直接计入当期损益。

如果政府是按照国家定额标准拨付的,期末可以按照实际销售或储备量与单位补贴定额计算的补助金额,借记"其他应收款"账户,贷记"其他收益"账户。

等收到政府拨付的补助款时,再借记"银行存款"账户。贷记"其他应收款"账户。

企业取得与收益相关的政府补助,用于补偿企业以后期间的相关费用或损失的,在取得政府补助时,借记"银行存款"账户,贷记"递延收益"账户;在确认相关费用的期间计入当期损益时,再借记"递延收益"账户,贷记"其他收益"账户。

【例】 光华宾馆吸收了2位中年残疾人员就业,将取得地方政府的补助。

(1)1月5日,收到地方政府划拨的政府补助86 400元,存入银行。作分录如下:

借:银行存款　　　　　　　　　　　　　　　　　　　　　86 400.00
　　贷:递延收益　　　　　　　　　　　　　　　　　　　　　　86 400.00

(2)1月31日,该批残疾人员预计工作6年,确认本月份的收入,作分录如下:

借:递延收益　　　　　　　　　　　　　　　　　　　　1 200.00
　　贷:其他收益　　　　　　　　　　　　　　　　　　　　　　1 200.00

(3) 9 月 30 日,有位残疾人员因不能适应工作,被予以辞退,现汇出返还政府辞退人员剩余政府补助 37 800 元,作分录如下:

借:递延收益　　　　　　　　　　　　　　　　　　　　37 800.00
　　贷:银行存款　　　　　　　　　　　　　　　　　　　　　37 800.00

"递延收益"是负债类账户,用以核算企业确认的应在以后期间计入当期损益的政府补助。企业收到应在以后期间计入当期损益的政府补助时,记入贷方;企业在确认政府补助的当期收益及返还政府补助时,记入借方;期末余额在贷方,表示企业应在以后期间计入当期损益的政府补助。

第四节　税金的核算

一、税金的意义和种类

税金是国家按照税法规定的税率向企业和个人征收的税款。它是国家财政预算收入的一个重要组成部分,是国家以权力参与国民收入分配和再分配的一种形式。税金是国家积累资金的主要来源之一,企业通过正确核算税金,及时足额地交纳税金,为国家建设提供积累资金。

旅游、餐饮、服务企业的税金主要有增值税、企业所得税①、城市维护建设税、房产税、城镇土地使用税、车船税和印花税等。

(一) 增值税

增值税是指对在我国境内销售货物或者加工、修理修配劳务(简称劳务),销售服务、无形资产、不动产,以及进口货物的企业和个人,就其各种销售业务中的增值额和货物进口金额计算征收的税款。

增值税的税率有基本税率、低税率和零税率三种。基本税率为 13%,适用于销售一般货物、劳务、有形动产租赁服务或者进口货物(适用于低税率、零税率的除外);低税率有 9% 和 6% 两档。9% 税率适用于销售交通运输、邮政、基础电信、建筑、不动产租赁服务、销售不动产、转让土地使用权,销售或者进口下列货物:食用盐、食用植物油、自来水、暖气、热水、冷气、煤气、石油液化气、天然气、二甲醚、沼气、居民用煤炭制品、图书、报纸、杂志、音像制品、电子出版物、饲料、化肥、农药、农机、农膜和农业产品等。农业产品是指种植业、养殖业、林业、牧业、水产业生产的各种植物、动物的初级产品;6% 税率

---

① 企业所得税将在第十三章第一节利润的核算中阐述。

适用于销售服务、无形资产(适用于9%税率、零税率的除外);零税率适用于出口货物、劳务或者境内单位和个人发生的跨境销售国务院规定范围内的服务、无形资产。

(二)城市维护建设税

城市维护建设税是指对从事工商经营,交纳增值税和消费税的单位和个人征收的税款。

城市维护建设税税率根据企业的所在地确定,市区的税率为7%,县城或者镇的税率为5%,不在市区、县城或者镇的税率为1%。

(三)车船税

车船税是指向在我国境内的车辆和船舶的所有人或者管理人按照我国车船税法征收的税款。车船税依据车船的不同情况分别规定,载货汽车和机动船舶以净吨位为计税依据;乘人汽车、摩托车和非机动车辆以辆为计税依据;各种非机动船以载重吨位为计税依据,按年征收。

(四)房产税

房产税是指以房屋为征税对象,按照房屋的计税余值或房屋的租金收入,向房产权所有人或经营人征收的税款。企业自有房屋以房产余值为计税依据,所谓房产的余值是按照房产原值一次减除其10%~30%后计算求得。以房产余值为依据采用比例税率,即依房产余值计算交纳的税率为1.2%,按年计算、分季交纳。以房产出租的租金收入为计税依据,比例税率为12%,一般按月交纳。

(五)城镇土地使用税

城镇土地使用税是指以国有土地为征税对象,对拥有土地使用权的单位和个人征收的税款。其标准为:大城市1.5~30元/平方米/年;中等城市1.2~24元/平方米/年;小城市0.9~18元/平方米/年,具体应按不同地区、地段的档次计算征收,按年计算分期交纳。

(六)印花税

印花税是指对经济活动和经济交往中,书立、领受的应税凭证的行为为征税对象征收的税款。它属于行为税,以在签订的合同、产权转移书、营业账簿等凭证上粘贴印花税票的办法进行征税。

二、税金的核算

(一)增值税的核算

增值税的计算方法有扣税法和扣额法两种,我国采用扣税法。

扣税法是指先按销售货物或者应税劳务、应税服务的销售额计算增值税额(简称销项税额),然后再按税法规定抵扣购进货物或者应税劳务、应税服务时已交纳的增值税额(简称进项税额),计算其应交增值税额的方法。

增值税纳税人分为一般纳税人和小规模纳税人两种。一般纳税人是指年应征增值税销售额超过我国税法规定的小规模纳税人标准的企业。小规模纳税人是指年销售额在规定标准以下,并且会计核算不健全,不能按规定报送有关税务资料的企业。

1. 一般纳税人增值税的核算　　分以下四点阐述。

1) 购进商品进项税额的确认　　企业购进商品或者劳务、服务支付的进项税额并不是都能够从销项税额中抵扣的,需要确认能抵扣的进项税额。

(1) 能抵扣的进项税额　　企业能从销项税额中抵扣的进项税额有下列三项内容。①纳税人从销售方取得的增值税专用发票上注明的增值税额。②纳税人从海关取得进口货物增值税专用缴款书上注明的增值税额。③纳税人购进农业产品按照收购发票或者销售发票上注明的农业产品买价和9%的扣除率计算的进项税额。

(2) 不能抵扣的进项税额　　企业不能从销项税额中抵扣的进项税额有下列八项内容。①购进货物或者劳务、服务未按规定取得并保存增值税扣税凭证的。②购进货物或者劳务、服务的增值税扣税凭证上未按规定注明增值税额及其他有关事项,或者虽有注明但不符合规定的。③用于非增值税应税项目的购进货物或者劳务、服务。④用于免征增值税项目的购进货物或者劳务、服务。⑤用于集体福利或者个人消费的购进货物或者劳务、服务。⑥非正常损失①的购进货物及相关的劳务。⑦非正常损失①的在产品、产成品所耗用的购进货物、加工修理修配劳务和交通运输服务。⑧财政部和国家税务总局规定的其他情形。

2) 销售商品销项税额的确认　　销项税额是销售额与增值税税率的乘积。要确认销项税额,先要确定销售额。销售额是指纳税人销售货物或者劳务、服务向购买方收取的全部价款和价外费用,但不包括收取的销项税额。

价外费用是指价外向购买方收取的手续费、补贴、基金、集资费、返还利润、奖励费、违约金(延期付款利息)、包装费、储备费、优质费、运输装卸费、代收款项,以及其他各种性质的价外费用。

凡随同销售货物或提供应税劳务向购买方收取的价外费用,无论其会计上如何核算,均应计入销售额计算应纳税额。

3) 增值税明细账户的设置　　增值税是价外税,它的核算比较复杂,先在"应交税费"账户下设置"应交增值税""未交增值税"和"待抵扣增值税额"等多个二级明细分类账户。

在"应交增值税"二级明细账户下主要设置"销项税额""进项税额转出""进项税额""销项税额抵减""已交税金""减免税款""转出未交增值税"和"转出多交增值税"等三级明细账户。现将这些三级明细账户的核算内容说明如下:

---

① 是指企业因管理不善造成被盗、丢失和霉烂变质的损失,以及被执法部门依法没收或者强令自行销毁的货物。

"销项税额"明细账户　　企业销售货物或提供应税劳务应收取销项税额时,记入该账户贷方;退回销售货物,应转销销项税额时,则用红字记入该账户贷方。

"进项税额转出"明细账户　　企业在购入货物发生非正常损失,以及改变用途等原因时,其已入账的进项税额应转入该账户的该账户贷方,而不能从销项税额中抵扣。

"进项税额"明细账户　　企业购入货物或接受应税劳务,支付符合从销项税额中抵扣的进项税额时,记入该账户借方;退出所购货物冲销进项税额时,则用红字记入该账户借方。

"销项税额抵减"明细账户　　企业因扣减销售额而减少销项税额时,记入借方。

"已交税金"明细账户　　企业交纳当月发生的增值税额时,记入该账户借方;收到退回当月多交增值税额时,则用红字记入该账户借方。

"减免税款"明细账户　　企业按规定获准减免增值税额时,记入该账户借方。

"转出未交增值税"明细账户　　企业在月末发生当月应交未交增值税额时,记入该账户借方。

"转出多交增值税"明细账户　　企业在月末发生当月多交纳的增值税额尚未退回时,记入该账户贷方。

在"未交增值税"二级明细账户下再设置"转入未交增值税"和"转入多交增值税"两个三级明细账户,现将这两个三级明细账户的核算内容说明如下:

"转入未交增值税"明细账户　　企业在月末发生当月应交未交的增值税额转入时,记入该账户贷方;在以后交纳时,记入该账户借方。

"转入多交增值税"明细账户　　企业在月末发生当月多交纳的增值税额尚未退回时,记入该账户借方;在以后退回时,记入该账户贷方。

增值税额的纳税期限由主管税务机关根据纳税人应纳税额的多少分别核定。

4)增值税的计算和核算　　企业应交增值税额的计算公式如下:

$$应交增值税额 = 销项税额 + 进项税额转出 + 转出多交增值税 - 进项税额 - 销项税额抵减 - 已交税金 - 减免税款 - 转出未交增值税$$

【例】　春光宾馆纳税期限为1个月,2月28日应交增值税二级账户的三级明细账户的余额如下:

销项税额　　　　　20 770元　　　　进项税额　　　　　　11 256元
进项税额转出　　　　91元　　　　　转出未交增值税　　　4 780元

(1)2月28日,根据上列资料计算本月应交增值税额如下:

应交增值税额 = 20 770 + 91 - 11 256 - 4 780 = 4 825(元)

根据计算的结果,作分录如下:

借:应交税费——应交增值税——转出未交增值税	4 825.00	
贷:应交税费——未交增值税——转入未交增值税		4 825.00

(2) 3月8日,填制增值税缴款书,缴纳2月份增值税额,作分录如下:

借:应交税费——未交增值税——转入未交增值税	4 825.00	
贷:银行存款		4 825.00

如当期的销项税额小于进项税额不足抵扣时,其不足部分可结转下期继续抵扣。

2. 小规模纳税人增值税的核算　　小规模纳税人销售货物或者劳务、服务所取得的销售额,按3%的征收率计算应纳税额,不得抵扣进项税额。

因此,小规模纳税人购买商品或者劳务、服务时,应将购买商品或劳务、服务时支付的价税合计金额作为商品或者劳务、服务的买价,记入"原材料"或"主营业务成本"等相关账户;在销售商品或者劳务、服务时,不得填制专用发票,只能采用普通发票,将销售商品或者劳务、服务取得的收入全部记入"主营业务收入"账户。这样"主营业务收入"账户反映的是含税收入,月末就要将它调整成为真正的销售额,将增值税额从含税收入中分离出来,调整的公式如下:

$$销售额 = \frac{含税收入}{1+征收率}$$

$$应交增值税额 = 销售额 \times 征收率$$

【例】　光明点心店1月31日"主营业务收入"账户余额为87 550元,增值税征收率为3%,将增值税额从含税收入中分离出来,其计算的结果如下:

$$销售额 = \frac{87\ 550}{1+3\%} = 85\ 000(元)$$

$$应交增值税额 = 85\ 000 \times 3\% = 2\ 550(元)$$

(1) 根据计算的结果,作分录如下:

借:主营业务收入	2 550.00	
贷:应交税费——应交增值税		2 550.00

(2) 下月初交纳增值税时,作分录如下:

借:应交税费——应交增值税	2 550.00	
贷:银行存款		2 550.00

旅游、餐饮服务业从事修理修配业务,在购买修理用零件和配件时,应根据专用发票上列明的货款,借记"原材料"账户;按专用发票上列明的增值税额,借记"应交税费——应交增值税——进项税额"账户;按支付的款项,贷记"银行存款"账户。将购买

零配件时支付的税款作为企业的进项税额。

修理、修配业务在计算销项税额时,也需要将含税收入调整为不含税的主营业务收入。调整主营业务收入的方法,销项税额的计算方法及交纳增值税的核算方法等,均与商品销售业务相同,不再重述。

(二) 城市维护建设税的核算

城市维护建设税以应缴纳的增值税和消费税为计税依据,分别乘以适用的税率来计算。其计算公式如下:

$$城市维护建设税 = 增值税、消费税 \times 适用税率$$

【例】 春光宾馆2月份应交增值税额为4 825元,按7%税率计提城市维护建设税时,作分录如下:

借:税金及附加　　　　　　　　　　　　　　　　　337.75
　　贷:应交税费——应交城市维护建设税　　　　　　337.75

"税金及附加"是损益类账户,用以核算企业经营活动发生的消费税、城市维护建设税、教育费附加及房产税、城镇土地使用税、车船税和印花税等。企业计算确定与经营活动相关的税费时,记入该账户借方;企业月末将其余额结转"本年利润"账户时,记入该账户贷方。

"应交税费"是负债类账户,用以核算企业按照税法等规定应缴纳的各种税费和代扣代交的个人所得税。企业发生应交纳的各种税费时,记入该账户贷方;企业交纳各种税费时,记入该账户借方;若期末余额在贷方,表示企业尚未交纳的税费,若期末余额在借方,则表示企业多交纳或尚未抵扣的税费。

(三) 房产税、城镇土地使用税、车船税和印花税的核算

房产税有从价计征和从租计征两种,企业自用的房产采用从价计征。根据房产的余值,按1.2%的税率缴纳,其计算公式如下:

$$应交房产税额 = 房产余值 \times 1.2\%$$
$$房产余值 = 房产原值 \times [1-(10\% \sim 30\%)]$$

企业出租的房产,根据房产的租金收入,按9%的税率交纳,其计算公式如下:

$$应交房产税额 = 房产租金收入 \times 9\%$$

城镇土地使用税根据实际使用土地的面积,按税法规定的单位税额交纳。其计算公式如下:

$$应交城镇土地使用税 = 应税土地的实际占用面积 \times 适用单位税额$$

车船税按照税法规定,乘人汽车、摩托车以辆为计税标准;载货汽车以自重每吨为

计税标准;船舶以净吨位为计税标准。

房产税和城镇土地使用税采取按年计算,分期交纳的方法,车船税采取按年申报交纳的方法。

【例】 大华旅行社拥有自用房产原值1 500 000元,允许减除20%计税,房产税年税率为1.2%;占用土地面积为840平方米,每平方米年税额为16元;有小汽车一辆,每年税额450元;大客车一辆,年税额960元;税务部门规定对房产税、城镇土地使用税和车船税在2月10日前交纳,1月31日计算本月份应交各项税额如下:

$$应交房产税额 = \frac{1\,500\,000 \times (1-20\%) \times 1.2\%}{12} = \frac{14\,400}{12} = 1\,200(元)$$

$$应交城镇土地使用税额 = \frac{840 \times 16}{12} = \frac{13\,440}{12} = 1\,120(元)$$

$$应交车船税额 = 450 + 960 = 1\,410(元)$$

根据计算的结果,提取应交房产税、城镇土地使用税和车船税。作分录如下:

借:税金及附加　　　　　　　　　　　　　　　　　　　　3 730.00
　　贷:应交税费——应交房产税　　　　　　　　　　　　　　1 200.00
　　贷:应交税费——应交城镇土地使用税　　　　　　　　　　1 120.00
　　贷:应交税费——应交车船税　　　　　　　　　　　　　　1 410.00

印花税按照税法规定营业账簿中记载资金的账簿,根据"实收资本"和"资本公积"两项合计金额的5‰税率交纳,其他账簿每件交纳5元;权利、许可证照每件交纳5元。

印花税由纳税人自行计算自行购买印花税票,自行贴花,并由纳税人在每枚税票的骑缝处盖戳注销。企业根据业务需要购买印花税票时,借记"税金及附加"账户,贷记"库存现金"或"银行存款"账户。

三、教育费附加

教育费附加是对应交纳增值税的单位和个人所征收的。国家征收教育费附加是为了加快教育事业的发展,扩大中小学教育经费的资金来源,以改善中小学基础教育设施和办学条件。

教育费附加以各单位和个人实际交纳的增值税的税额为计征依据;教育费附加率为3%,一般按月计提,次月初交纳。

【例】 春光宾馆2月份应交增值税额为4 825元,按3%征收率计提教育费附加时,作分录如下:

借:税金及附加　　　　　　　　　　　　　　　　　　　　144.75
　　贷:应交税费——教育费附加　　　　　　　　　　　　　　144.75

企业在"税金及附加"账户归集的税金和教育费附加在期末要结转"本年利润"账户,届时借记"本年利润"账户482.50元,贷记"税金及附加"账户482.50元。

思 考 题

一、简答题

1. 什么是期间费用？旅游、餐饮服务业的期间费用分哪几类？
2. 什么是政府补助？它有哪些特征？
3. 什么是税金？国家为何要征收税金？
4. 什么是增值税？它有哪几种税率？
5. 企业的银行借款利息如何计算？怎样进行账务处理？
6. 什么是税金？国家为何要征收税金？
7. 什么是增值税？它有哪几种税率？
8. 什么是扣税法？哪些进项税额能够被抵扣？哪些进项税额不能被抵扣？
9. 什么是一般纳税人？什么是小规模纳税人？
10. 什么是教育费附加？它的计提依据是什么？

二、名词解释题

财务费用　　预提待摊　　财政拨款　　增值税　　城市维护建设税　　扣税法　　一般纳税人　　小规模纳税人

三、是非题

1. 销售费用是指企业在销售商品、材料和提供劳务的过程中发生的各种费用。（　　）
2. 管理费用中的公司经费是指企业行政管理部门行政人员的工作餐费、办公费、差旅费、会议费、物料消耗以及其他行政经费。（　　）
3. 转账摊销是指不通过货币结算而采用转账方式摊销应由本月份负担的费用。如固定资产折旧、无形资产摊销和保险费摊销等。（　　）
4. 与资产相关的政府补助是指企业取得的、用于购建或其他方式形成的长期资产的政府补助。（　　）
5. 企业购进货物及相关的劳务发生非正常损失等原因时，其已入账的进项税额不能从销项税额中扣除。（　　）

四、单项选择题

1. 支付全年的财产保险费属于＿＿＿＿支付方式。
   A. 直接支付　　B. 转账摊销　　C. 预付待摊　　D. 预提待付
2. 提取本月份短期借款利息属于＿＿＿＿支付方式。
   A. 直接支付　　B. 转账摊销　　C. 预付待摊　　D. 预提待付
3. 在企业交纳的税金中，＿＿＿＿不会影响到企业的利润。
   A. 房产税　　B. 增值税　　C. 印花税　　D. 土地使用税

五、多项选择题

1. 财务费用由利息支出、_____等组成。
   A. 筹资费用　　　　B. 汇兑损失　　　　C. 手续费　　　　D. 其他财务费用
2. 费用按支付方式不同,可分为_____。
   A. 直接支付　　　　B. 转账摊销　　　　C. 预付待摊　　　　D. 预提待付
3. _____是属于转账摊销的支付方式。
   A. 固定资产折旧　　　　　　　　　　　B. 低值易耗品摊销
   C. 待摊费用摊销　　　　　　　　　　　D. 无形资产摊销
4. 政府补助的形式主要有_____。
   A. 时政拨款　　　　　　　　　　　　　B. 无偿给予非货币性资产
   C. 财政贴息　　　　　　　　　　　　　D. 税收返还

实 务 题

习题一

一、**目的**　练习划分费用范围及其分类。

二、**资料**　佳美宾馆1月份发生下列各项经济业务如图表12-2所示。

图表12-2

期间费用科目及其明细科目划分表

经济业务	属于费用范围 应列入哪个科目、子目核算	不属于费用范围 应列入哪个科目核算
1. 分配经营人员工资		
2. 支付接待外宾费用		
3. 分配行政管理人员工资		
4. 支付聘请中介机构进行查账验资的费用		
5. 支付经营部门本月份水电费		
6. 支付自有卡车过渡费		
7. 采购人员预支差旅费		
8. 宾馆餐饮部门耗用煤2吨		
9. 支付经营部门电话费		
10. 财会部门耗用文具用品		

(续表)

经 济 业 务	属于费用范围 应列入哪个科目、子目核算	不属于费用范围 应列入哪个科目核算
11. 支付交际应酬费用		
12. 餐厅领用碗、盘等餐具		
13. 支付排污费用		
14. 经理报销差旅费		
15. 支付本年度财产保险费		
16. 支付管理部门保险箱修理费		
17. 管理部门用低值易耗品摊销		
18. 企业被罚滞纳金		
19. 支付经营部门职工节日加班费		
20. 计提的存货跌价准备		
21. 支付行政管理部门租赁固定资产的费用		
22. 职工报销学习科学文化学费		
23. 计提的经营部门固定资产折旧费		
24. 计提短期借款利息		
25. 企业按规定为职工提供工作餐而支付的费用		
26. 支付银行办理结算的手续费		

三、要求 分析上述经济业务,指出哪些属于费用范围,哪些不属于费用范围,并填明应属的会计科目和明细科目。

习题二

一、目的 练习期间费用的核算。

二、资料

1. 广州饭店1月份发生下列经济业务:

(1) 2日,签发转账支票支付本年度财产保险费45 000元。

(2) 4日,签发转账支票支付会计师事务所查账验资费用2 600元,增值税额156元。

(3) 6日,以现金支付经营部门电话费900元,增值税额81元。

(4) 10日,签发转账支票支付为职工制作工作服装款8 100元,增值税额1 053元。

(5) 12日，签发转账支票支付本月份房屋租赁费8 800元，增值税额792元，其中：经营部门6 300元，管理部门2 500元。

(6) 15日，签发现金支票157 527元，提取现金备发职工薪酬。

(7) 15日，本月份应发职工薪酬合计为191 000元，其中：经营人员168 000元，管理人员23 000元，代扣款项为33 473元。代扣款项中：住房公积金13 370元，养老保险费15 280元，医疗保险费3 820元，失业保险费955元，个人所得税48元，实发金额为157 527元，发放本月份职工薪酬。

(8) 16日，报废经营部门使用的助动车一辆，其账面原值为1 500元，已摊销了50%，残料出售，收入现金150元。

(9) 18日，提取本月份固定资产折旧费7 520元，其中：经营部门6 320元，管理部门1 200元。

(10) 20日，购入新写字台1只，金额1 500元，增值税额255元，签发转账支票支付，管理部门当即领用，按五五摊销法摊销。

(11) 21日，业务员汪明去庐山联系业务，预支差旅费1 800元。

(12) 22日，业务员报销交际应酬费900元，增值税额195元，以现金支付。

(13) 23日，财会部门购文具用品300元，增值税额39元，以现金支付。

(14) 24日，业务员汪明从外地出差回来，报销差旅费1 760元，退回多余现金40元。

(15) 24日，银行转来特约委托收款的付款通知，支付本月份电费2 500元，增值税额325元，其中经营部门2 100元，管理部门400元。

(16) 24日，摊销应由本月份负担的财产保险费，其中：经营部门负担80%，管理部门负担20%。

(17) 25日，分配本月份发放的各类人员职工薪酬。

(18) 26日，按本月份工资总额的14%、2%和1.5%分别计提职工福利费、工会经费和职工教育经费。

(19) 27日，按本月份工资总额的12%计提医疗保险费。

(20) 27日，按本月份工资总额的20%、1%和7%分别计提养老保险费、失业保险费和住房公积金。

(21) 28日，将本月份应交的医疗保险费、养老保险费、失业保险费和住房公积金（含为职工代扣的部分）分别交纳给社会保障事业基金结算管理中心和公积金管理中心。

(22) 29日，本月份经营部门领用饭碗、盘子、调羹等用具一批，计金额960元，管理部门领用报告纸、复印纸、圆珠笔等办公用品一批，计金额320元，予以转账。

(23) 30日，摊销本月份负担的专利权费用1 080元。

(24) 31日,本月份短期借款平均余额为210 000元,月利率为6‰,计提本月份应负担的利息。

2. 该饭店3月份接着发生下列有关的经济业务:

31日,银行开来短期借款计息单,系支付本季度短期借款利息3 750元。前两个月已计提短期借款利息2 460元。

三、要求

1. 根据"资料1""资料2",编制会计分录。

2. 根据"资料1"编制的会计分录登记"销售费用"明细分类账。

习题三

一、目的　练习税金和教育费附加的核算。

二、资料　南方宾馆每月纳税一次,有关资料如下:

1. 1月1日,应交增值税二级账户的三级明细账户的余额如下:

| 销项税额 | 22 850元 | 进项税额 | 12 380元 |
| 进项税额转出 | 78元 | 转出未交增值税 | 5 268元 |

2. 该宾馆接着发生下列经济业务:

(1) 1月31日,将本月应交未交的增值税额转账。

(2) 1月31日,按本月份应交增值税7%计提城市维护建设税。

(3) 1月31日,按本月份应交增值税3%计提教育费附加。

(4) 1月31日,该宾馆拥有自用房产1 600 000元,允许减除20%计税,房产税年税率为1.2%;占用土地面积为1 080平方米,每平方米年税额为16元;有小汽车一辆,年税额480元;大客车一辆,年税额1 000元。房产税和城镇土地使用税采取按年计算,分月缴纳的方法,车船税则采取按年申报缴纳的方法,计提应缴纳的各项税金。

(5) 1月31日,年初总分类账簿中"实收资本"账户余额为3 850 000元,"资本公积"账户余额为150 000元,按5‰税率交纳印花税,其他各种账簿9本,每本交纳印花税5元,当即签发转账支票付讫。

(6) 1月31日,将"税金及附加"结转"本年利润"账户。

(7) 2月6日,填制缴款书分别交纳应交增值税、城市维护建设税、房产税、城镇土地使用税、车船税和教育费附加。

三、要求　编制会计分录。

习题四

一、目的　练习政府补助的核算。

二、资料　泰昌宾馆发生下列有关的经济业务:

1. 1月15日,收到当地政府作为补助的环保设备1台,该设备的公允价值为120 000元,已达到预定可使用状态,并验收使用。

2. 1月31日,吸收3位中年残疾人员就业,收到地方政府划拨补助款172 800元。

3. 2月28日,上月末吸收的3位残疾人员预计工作8年,确认本月份的收入。

4. 2月28日,政府补助拨付的环保设备预计使用寿命6年,预计净残值率为4%,计提其本月份折旧,并确认收益。

5. 6月30日,有位残疾人员因不能适应工作,予以辞退,现汇出返还政府辞退人员剩余的政府补助款。

三、要求 编制会计分录。

第十三章　利润和利润分配

第一节　利　润

旅游餐饮服务企业的利润是企业在一定时期经济活动的过程中,取得的全部收入抵补全部支出后所实现的总成果;反之,若全部收入抵补不了全部支出,则是亏损。

一、利润总额的构成

企业的利润总额由营业利润和营业外收支净额两个部分组成。

(一) 营业利润

营业利润是指企业从各种经营活动中所取得的利润。它由营业收入、营业成本、税金及附加、期间费用、资产减值损失和其他各种收益六小部分组成。

1. 营业收入　　它是指企业经营主要业务和其他业务所确认的收入总额。

2. 营业成本　　它是指企业经营主要业务和其他业务发生的实际成本总额。

3. 税金及附加　　它是指企业经营业务应负担的消费税、城市维护建设税、教育费附加及其他相关税费。

4. 期间费用　　它是指企业在经营活动中发生的应当由本期负担的销售费用、管理费用、研发费用和财务费用。

5. 资产减值损失　　它是指企业各项资产发生的减值损失。

6. 其他各种收益　　它是指企业主营业务和其他业务以外的营业收益。它包括其他收益、投资收益、公允价值变动收益和资产处理收益。

上述内容均在有关章节作了充分的阐述,不再重复。

(二) 营业外收支净额

营业外收支净额是指企业发生的与经营业务无直接关系的其他各项收入与支出的差额,由营业外收入与营业外支出两部分组成。

1. 营业外收入　　它是指企业发生的与经营业务无直接关系的各项收入。它主要包括下列内容:

(1) 固定资产报废清理利得　　它是指企业报废清理固定资产所取得的收入大于其账面价值和清理费用的差额。

(2) 债务重组利得　　它是指企业在进行债务重组时按规定应确认的利得。

(3) 盘盈利得　　它是指企业盘盈的流动资产经批准作为企业的利得。

(4) 捐赠利得　　它是指企业接受各种捐赠而产生的利得。

(5) 罚款收入　　它是指企业因供货单位不履行合同或协议而向其收取的赔款、因购货单位不履行合同、协议支付货款而向其收取的赔偿金、违约金等各种形式的罚款收入,在扣除了因对方违反合同或协议而造成的经济损失后的净收入。

2. 营业外支出　　它是指企业发生的与企业经营业务无直接关系的各项支出。它主要包括下列内容:

(1) 固定资产报废、毁损损失　　它是指企业报废、毁损固定资产所取得的收入小于其账面价值和清理费用之间的差额。

(2) 债务重组损失　　它是指企业在进行债务重组时按规定应确认的损失。

(3) 公益性捐赠支出　　它是指企业对外公益性捐赠的现金及财产物资的价值。

(4) 非常损失　　它是指自然灾害造成的各项资产净损失,并包括由此造成的停工损失和善后清理费用。

(5) 盘亏损失　　它是指企业在财产清查中盘亏的固定资产和流动资产经批准作为企业的损失。

(6) 罚款支出　　它是指企业因为未履行经济合同、协议而向其他单位支付的赔偿金、违约金、罚息等。

"营业外收入"是损益类账户,用以核算企业发生的与经营业务无直接关系的各项收入。企业发生营业外各项收入时,记入该账户贷方;企业月末将其余额结转"本年利润"账户时,记入该账户借方。

"营业外支出"是损益类账户,用以核算企业发生的与经营业务无直接关系的各项支出。企业发生营业外各项支出时,记入该账户借方;企业月末将其余额结转"本年利润"账户时,记入该账户贷方。

二、利润核算前的准备工作

企业的利润总额是企业生产经营活动的总成果,为了正确地核算企业的利润总额,企业必须做好账目核对、清查财产和账项调整等准备工作。

(一) 账目核对

账目核对是指企业将各种有关的账簿记录进行核对,通过核对做到账账相符。如果发现不符,应立即查明原因,予以更正。

账目核对的具体内容有:总分类账中各资产类及成本、费用类账户的余额之和应与各负债类、所有者权益类及收入类账户的余额之和核对相符;各总分类账户的期末余额应与其所统驭的明细分类账户的余额之和核对相符;银行存款日记账应与银行对账单核对相符;应收账款、应付账款、其他应收款和其他应付款各明细账户的余额应与其往来单位账或个人核对相符。

(二)清查财产

清查财产是指根据账簿记录对企业的现金和各项财产物资及有价证券进行清查盘点,通过清查盘点做到账实相符。

清查财产的具体内容包括库存现金、原材料、低值易耗品、库存商品、固定资产及股票、债券等。如果发现短缺或溢余,应及时查明原因,并进行账务处理,以保护企业财产的安全与完整,并保证核算资料的准确性和真实性。

(三)账项调整

账项调整是将属于本期已经发生而尚未入账的经济业务,包括本期应得的收入和应负担的支出,按照权责发生制的要求调整入账。

账项调整是在账账相符、账实相符的基础上进行的,其调整的具体内容有:本期已实现而尚未入账的主营业务收入及其相应的主营业务成本;本期已实现而尚未入账的其他业务收入及其相应的其他业务成本;将含税收入调整为销售收入;本期已领用的原材料、低值易耗品的转账和待摊费用的摊销;本期固定资产折旧的计提和无形资产、长期待摊费用的摊销;本期职工福利费、工会经费、职工教育经费、职工社会保险费和住房公积金的计提;本期已实现的公允价值变动损益、投资收益、利息收入、汇兑损益和已发生的短期负债、长期负债的利息支出的入账或计提,本期应负担而尚未支付的各种税金和教育费附加的计提;本期已批准核销的待处理财产损溢的转账。本期发生减值的资产减值准备的计提或转销。

三、利润总额的核算

旅游、餐饮服务企业的利润是通过设置"本年利润"账户核算的。经过账目核对、财产清查和账项调整后,应将企业损益类账户所归集的数额全部转入"本年利润"账户,其借贷相抵后,余额一般在贷方,为企业的利润总额;反之,若余额在借方,则为亏损总额。

【例】 鸿门宾馆经营客房、餐饮、美容、洗染、娱乐等服务业务及商场经营业务。通过账项调整后,1月31日损益类账户的余额(单位:元)如下:

贷方余额账户	金额	借方余额账户	金额
主营业务收入	220 000	主营业务成本	39 160
其他业务收入	10 000	其他业务成本	6 000
公允价值变动损益	1 200	税金及附加	1 250
投资收益	3 200	销售费用	99 600
营业外收入	2 960	管理费用	35 140
		财务费用	2 900
		资产减值损失	1 100
		营业外支出	2 210

第十三章 利润和利润分配

（1）将贷方余额账户余额结转"本年利润"账户，作分录如下：

借：主营业务收入	220 000.00
借：其他业务收入	10 000.00
借：公允价值变动损益	1 200.00
借：投资收益	3 200.00
借：营业外收入	2 960.00
贷：本年利润	237 360.00

（2）将借方余额账户余额结转"本年利润"账户，作分录如下：

借：本年利润	187 360.00
贷：主营业务成本	39 160.00
贷：其他业务成本	6 000.00
贷：税金及附加	1 250.00
贷：销售费用	99 600.00
贷：管理费用	35 140.00
贷：财务费用	2 900.00
贷：资产减值损失	1 100.00
贷：营业外支出	2 210.00

通过以上会计分录，将企业的损益类账户全部转入"本年利润"账户，因此，在"本年利润"账户内集中反映了企业全部损益的情况，现将上列业务登记"本年利润"账户，如图表13-1所示。

图表13-1

本 年 利 润

单位：元

2019年		凭证号数	摘　要	借方	贷方	借或贷	余额
月	日						
1	31	（略）	主营业务收入转入		220 000		
			其他业务收入转入		10 000		
			公允价值变动损益转入		1 200		
			投资收益转入		3 200		
			营业外收入转入		2 960		
			主营业务成本转入	39 160			
			其他业务成本转入	6 000			
			税金及附加转入	1 250			

(续表)

2019年		凭证号数	摘要	借方	贷方	借或贷	余额
月	日						
			销售费用转入	99 600			
			管理费用转入	35 140			
			财务费用转入	2 900			
			资产减值损失转入	1 100			
			营业外支出转入	2 210		贷	50 000
1	31		本期发生额及余额	187 360	237 360	贷	50 000

"本年利润"账户贷方余额50 000元即为鸿门宾馆1月份实现的利润总额。

四、企业所得税的核算

(一)利润总额与应纳税所得额之间的差异

企业所得税是指对我国境内的企业和其他取得收入的组织的生产经营所得和其他所得征收的税款。企业所得税是以企业全年的应纳税所得额作为纳税依据,然而,在经济领域中,会计和税收是两个不同的分支,分别遵循不同的原则,规范不同的对象。因此,在企业会计准则和税收法规中,均体现了会计和税收各自相对的独立性和适当分离的原则。

从会计核算的角度来看,应以会计年度的利润总额作为企业全年的应纳税所得额。这样往往会与税法规定的一个时期的应纳税所得额有所不同,它们之间由于确认的范围和时间不同而产生差异,从而导致会计和税收上对应纳所得额的计算也出现差异。

(二)利润总额与应纳税所得额之间差异的种类

利润总额与应纳税所得额之间产生的差异,究其原因和性质的不同,可分为永久性差异和暂时性差异两种。

1. 永久性差异　　它是指根据会计核算要求和税法对收入、费用等会计项目的确认范围不同产生的差异。这种差异可能会在各个会计期间发生,并且一旦发生,在以后的会计期间不会再转回。永久性差异的主要内容如下:

(1)利息支出　《企业会计准则》规定,所有借款的利息支出(固定资产在建工程用借款除外),均按实际发生数通过费用计入利润总额;但税法规定,企业从非金融机构借款的利息支出,高于金融机构同类、同期贷款利率的部分不得计入应纳税所得额。

(2)违法经营的罚款和被没收财物的损失　　《企业会计准则》规定,企业将违法经营的罚款和被没收财物的损失,通过营业外支出而计入利润总额;但税法规定,这部分支出不得计入应纳税所得额。

(3)支付各项税收的滞纳金和罚款　　《企业会计准则》规定,企业将违反税法规定支付各项税收的滞纳金和罚款,通过营业外支出而计入利润总额;但税法规定,这部分支出不得计入应纳税所得额。

(4) 公益性捐赠支出　《企业会计准则》规定,公益性捐赠支出均可通过营业外支出而计入利润总额;但税法规定,企业用于公益性的捐赠支出,在年度内超过利润总额12%的部分,以及用于非公益性的捐赠支出和不通过规定的组织,直接赠给受赠人的捐赠,均不得计入应纳税所得额。

(5) 赞助支出　《企业会计准则》规定,各种赞助支出均可通过营业外支出而计入利润总额;但税法规定,只有广告性的赞助支出可以计入应纳税所得额,而非广告性的赞助支出不得计入应纳税所得额。

(6) 业务招待费　《企业会计准则》规定,业务招待费按实际发生的数额通过管理费用计入利润总额;但税法规定,企业发生的与生产经营活动有关的业务招待费的支出按照发生额的 60% 计入应纳税所得额,其余 40% 的部分不得计入应纳税所得额。

(7) 对外投资分回利润　《企业会计准则》规定,企业从其他单位分回已经交纳所得税额的利润,要通过投资收益计入利润总额;但税法规定,企业从其他单位分回的已交纳所得税的利润,为了避免重复纳税,在计算本企业所得税额时,可从应纳税所得额中扣除。

(8) 国债利息收入　《企业会计准则》规定,国债利息收入要通过投资收益计入利润总额;但税法规定,企业国债利息收入可以免交所得税额,其数额可从应纳税所得额中扣除。

2. 暂时性差异　它是指资产或负债的账面价值与其计税基础之间的差额。

资产的计税基础是指企业收回资产账面价值过程中,计算应纳税所得额时按照税法规定可以自应税经济利益中抵扣的金额。通常情况下,资产取得时其入账价值与计税基础是相同的,后续计量过程中因会计核算的结果与税法规定不同,可能产生资产的账面价值与其计税基础的差异。例如,资产发生减值,提取减值准备。根据《企业会计准则》的规定,资产的可变现净值或可收回金额低于其账面价值时,应当计提减值准备;而税法规定,企业提取的减值准备一般不能税前抵扣,只有在资产发生实质性损失时,才允许税前扣除,由此产生了资产的账面价值与计税基础之间的暂时性差异。又如,根据企业会计准则的规定,企业自行开发的无形资产在满足资本化条件时应当资本化,将其开发阶段的支出确认为无形资产成本;而税法规定,企业无形资产开发阶段的支出可于发生当期扣除,由此产生了自行开发的无形资产在持有期间的暂时性差异。

负债的计税基础是指负债的账面价值减去未来期间计算应纳税所得额时按照税法规定可予抵扣的金额。通常负债的确认和偿还,不会对当期损益和应纳税所得额产生影响,其计税基础即为账面价值。而在某些情况下,负债的确认可能会影响损益,进而影响不同期间的应纳税所得额,使得其计税基础与账面价值之间产生差额。例如,企业因或有事项确认的预计负债,根据企业会计准则的规定,按照最佳估计数确认,计入当期损益;而税法规定,与确认预计负债相关的费用在实际发生时准予税前扣除,该负债的计税基础为零,由此形成了负债的账面价值与计税基础之间的暂时性差异。

按照暂时性差异对未来期间应税金额的影响不同,可分为应纳税暂时性差异和可抵扣暂时性差异两种。

应纳税暂时性差异是指在确定未来收回资产或清偿负债期间的应纳税所得额时,将导致产生应税金额的暂时性差异。资产的账面价值大于其计税基础或者负债的账面价值小于其计税基础时,产生应纳税暂时性差异。

可抵扣暂时性差异是指在确定未来收回资产或清偿负债期间的应纳税所得额时,将导致产生可抵扣金额的暂时性差异。资产的账面价值小于其计税基础或者负债的账面价值大于其计税基础时,产生可抵扣暂时性差异。

企业应当将当期和以前期间应交未交的所得税确认为负债,将已支付的所得税超过应支付的部分确认为资产。

对于存在应纳税暂时性差异的应纳税所得额应当按照规定确认递延所得税负债,对于存在可抵扣暂时性差异的应纳税所得额应当按照规定确认递延所得税资产。

(三)所得税额的计算和核算

企业的所得税额是以全年的应纳税所得额为依据的,其计算公式如下:

$$所得税额 = 应纳税所得额 \times 适用税率$$

由于利润总额与应纳所得额之间存在着永久性差异和暂时性差异。因此,在计算所得税额时,需要将利润总额调整为应纳税所得额,其调整的公式如下:

$$应纳税所得额 = 利润总额 \pm 永久性差异 \pm 暂时性差异$$

所得税费用由本期所得税额和递延所得税费用两个部分组成,递延所得税费用又分为递延所得税负债和递延所得税资产,其计算公式分解如下:

$$本期所得税额 = 应纳税所得额 \times 适用税率$$
$$递延所得税费用 = 递延所得税负债 - 递延所得税资产$$
$$递延所得税负债 = 应纳税暂时性差异 \times 适用税率$$
$$递延所得税资产 = 可抵扣暂时性差异 \times 适用税率$$
$$所得税费用 = 本期所得税额 + 递延所得税负债 - 递延所得税资产$$

初始会计年度可以按照上列公式确认所得税费用。

【例】浦江宾馆第一年利润总额为 625 000 元,所得税税率为 25%,该宾馆发生业务招待费 18 000 元,取得国债利息收入 11 200 元。影响计税基础的有关账户余额为:坏账准备 3 980 元,固定资产减值准备 4 220 元,预计负债 75 000 元。"无形资产"账户余额为 110 000 元,系刚确认的自行开发的专利权,尚未摊销。计算确认所得税费用如下:

本期所得税额＝(625 000＋18 000×40％－11 200＋3 980＋4 220＋75 000－110 000)×25％
　　　　　＝148 550(元)

递延所得税负债＝110 000×25％＝27 500(元)

递延所得税资产＝(3 980＋4 220＋75 000)×25％＝20 800(元)

所得税费用＝148 550＋27 500－20 800＝155 250(元)

（1）根据计算的结果，确认本年度所得税费用，作分录如下：

借：所得税费用　　　　　　　　　　　　　　　　　　　　　　155 250.00
借：递延所得税资产　　　　　　　　　　　　　　　　　　　　 20 800.00
　　贷：应交税费——应交所得税　　　　　　　　　　　　　　148 550.00
　　贷：递延所得税负债　　　　　　　　　　　　　　　　　　 27 500.00

（2）将所得税费用结转"本年利润"账户，作分录如下：

借：本年利润　　　　　　　　　　　　　　　　　　　　　　　155 250.00
　　贷：所得税费用　　　　　　　　　　　　　　　　　　　　155 250.00

后续年度确认递延所得税费时，还应考虑"递延所得税负债"和"递延所得税资产"账户原有的余额。

【例】 浦江宾馆第二年利润总额为 660 000 元，所得税税率为 25％，该宾馆发生业务招待费 20 000 元，取得国债利息收入 12 700 元。递延所得税负债账户余额为 27 500元，递延所得税资产账户余额为 20 800 元。影响计税基础的有关账户余额为：坏账准备 4 100 元，固定资产减值准备 4 500 元。"无形资产"账户中有自行开发的无形资产 110 000 元，已摊销 11 000 元。计算其所得税费用如下：

本期所得税额＝[660 000＋20 000×40％－12 700＋4 100＋4 500－(110 000－11 000)]×25％
　　　　　＝141 225(元)

递延所得税负债＝(110 000－11 000)×25％＝24 750(元)

递延所得税资产＝(4 100＋4 500)×25％＝2 150(元)

上列计算的递延所得税资产和递延所得税负债的金额是这两个账户应保留的金额，在核算时应减去这两个账户原来的余额。

根据计算结果，确认本年度所得税费用，作分录如下：

借：所得税费用(141 225－2 750＋18 650)　　　　　　　　　　157 125.00
借：递延所得税负债(24 750－27 500)　　　　　　　　　　　　　2 750.00
　　贷：应交税费——应交所得税　　　　　　　　　　　　　　141 225.00
　　贷：递延所得税资产(2 150－20 800)　　　　　　　　　　　18 650.00

"所得税费用"是损益类账户,用以核算企业确认的应当从当期利润总额中扣除的所得费用。企业确认所得税费用时,记入该账户借方;企业月末将其余额结转"本年利润"账户时,记入该账户贷方。

"递延所得税资产"是资产类账户,用以核算企业确认的可抵扣暂时性差异产生的所得税资产。企业确认递延所得税资产时,记入该账户借方;企业转销递延所得税资产时,记入该账户贷方;期末余额在借方,表示企业已确认的递延所得税资产。

"递延所得税负债"是负债类账户,用以核算企业确认的应纳税暂时性差异产生的所得税负债。企业确认递延所得税负债时,记入该账户贷方;企业转销递延所得税负债时,记入该账户借方;期末余额在贷方,表示企业已确认的递延所得税负债。

(四)所得税费用确认和交纳的核算

所得税费用虽然以企业全年的所得额为纳税依据,然而为了保证国家财政收入的及时和均衡,并使企业能够有计划合理地安排经营资金,国家对所得税额采取按月或按季预征,年终汇算清缴,多退少补的办法。企业应交纳的所得税费用,一般应根据当地税务部门的规定,在月末或季末确认,次月初或次季初交纳,其计算公式如下:

本期累计应交所得税额=本期累计应纳税所得额×适用税率

本期应交所得税额=本期累计应交所得税额-上期累计已交所得税额

为了简化核算手续,企业平时可按利润总额作为计算应交所得税额的依据,在年终清算时,再将利润总额与应纳税所得额之间的永久性差异和暂时性差异进行调整。

【例】 幸福旅游公司本年已提取并交纳了所得税额 35 200 元,4 月 30 日结算后利润总额为 192 000 元,所得税税率为 25%,计算本月份应交所得税额如下:

本期累计应交所得税额=192 000×25%=48 000(元)

本期应交所得税额=48 000-35 200=12 800(元)

(1)根据计算的结果,作分录如下:

借:所得税费用　　　　　　　　　　　　　　　　　　　　12 800.00
　　贷:应交税费——应交所得税　　　　　　　　　　　　　　12 800.00

(2)将所得税费用结转"本年利润"账户时,作分录如下:

借:本年利润　　　　　　　　　　　　　　　　　　　　　12 800.00
　　贷:所得税费用　　　　　　　　　　　　　　　　　　　　12 800.00

(3)次月初以银行存款交纳时,作分录如下:

借:应交税费——应交所得税　　　　　　　　　　　　　　12 800.00
　　贷:银行存款　　　　　　　　　　　　　　　　　　　　　12 800.00

"本年利润"是所有者权益类账户,用以核算企业在本年度内实现的净利润。在月末,企业将各收入类账户转入时,记入该账户贷方;企业将各费用类账户转入时,记入该账户借方;期末余额一般在贷方,表示企业实现的净利润,若期末余额在借方,则表示企业本年发生的净亏损。

税法规定,12月份或第四季度的所得税额应在年终前几天预交。预交的所得税额是根据当月或当季的收入情况测算的,预交时借记"应交税费"账户,贷记"银行存款"账户。预交的所得税额和年终决算的应交所得税额之间的差额通过汇算清交来解决。

【例】 凯司令饭店到11月30日止,已实现利润总额448 000元,所得税税率为25%,已确认并交纳所得税额112 000元,12月份预计实现利润总额为45 000元。

(1) 12月26日,预交本月份所得税额,作分录如下:

借:应交税费——应交所得税　　　　　　　　　　　　　　　　　　11 250.00
　　贷:银行存款　　　　　　　　　　　　　　　　　　　　　　　　　　11 250.00

(2) 12月31日,年终决算时,利润总额为510 000元,发生的业务招待费为18 800元,非广告性赞助支出9 600元,对外投资分回税后利润8 400元。"递延所得税负债"账户余额为12 000元,"递延所得税资产"账户余额为4 150元。影响计税基础的有关账户余额为:坏账准备5 000元,固定资产减值准备6 000元。"无形资产"账户中有自行开发的非专利技术120 000元,已摊销了84 000元。清算本年度应交所得税额如下:

本年所得税额=[510 000+18 800×40%+9 600−8 420+5 000+6 000−
　　　　　　　(120 000−84 000)]×25%=123 425(元)
本月所得税额=123 425−112 000=11 425(元)
递延所得税负债=(120 000−84 000)×25%=9 000(元)
递延所得税资产=(5 000+6 000)×25%=2 750(元)

根据计算的结果,作分录如下:

借:所得税费用(11 425−3 000+1 400)　　　　　　　　　　　　　　9 825.00
借:递延所得税负债(9 000−12 000)　　　　　　　　　　　　　　　3 000.00
　　贷:递延所得税资产(2 750−4 150)　　　　　　　　　　　　　　　1 400.00
　　贷:应交税费——应交所得税　　　　　　　　　　　　　　　　　11 425.00

(3) 同时,将所得税费用结转"本年利润"账户,作分录如下:

借:本年利润　　　　　　　　　　　　　　　　　　　　　　　　　　9 825.00
　　贷:所得税费用　　　　　　　　　　　　　　　　　　　　　　　　9 825.00

(4) 次年1月10日,清缴所得税额,计算结果如下:

应清缴所得税额=11 425−11 250=175(元)

根据计算的结果,清缴所得税额时,作分录如下:

借:应交税费——应交所得税　　　　　　　　　　　　175.00
　　贷:银行存款　　　　　　　　　　　　　　　　　　　　175.00

第二节　利润分配

一、利润分配的意义和顺序

(一)利润分配的意义

利润分配是指企业按照国家规定的政策和企业章程的规定,对已实现的净利润在企业和投资者之间进行分配。首先,企业通过提取法定盈余公积和任意盈余公积,作为企业发展生产经营的后备资金。其次,通过将一部分利润分配给投资者,作为企业对投资者的回报。最后,企业为了平衡各会计年度的投资回报水平,以丰补歉,留有余地,还留存一部分未分配利润。因此企业要认真做好利润分配工作,处理好企业和投资者之间的经济关系。

(二)利润分配的顺序

利润分配的顺序基本上也是按照企业和投资者的顺序进行的,企业利润分配的具体程序为:① 以税前利润弥补亏损。② 以税后利润弥补亏损。③ 计提法定盈余公积和任意盈余公积。④ 计提应付投资者利润或现金股利。

二、利润分配的核算

企业对实现的利润进行分配,就意味着利润的减少。为了全面地反映整个会计年度利润的完成情况,以便与利润预算的执行情况进行对比分析,因此在利润分配时,不直接冲减"本年利润"账户,而是设置"利润分配"账户进行核算。以下将按照利润分配的顺序阐述其核算方法。

(一)弥补亏损的核算

根据我国财务制度规定,企业发生年度利润亏损后,可以用下一年度的税前利润弥补,若下一年度利润不足弥补的,可以在5年内延续弥补。若5年以内还没有以税前利润将亏损弥补足额,从第六年开始,则只能以税后利润弥补亏损。

由于以前年度的亏损反映为"利润分配"账户的借方余额,而本年度内实现的利润反映为"本年利润"账户的贷方余额,年终清算后,"本年利润"账户的余额转入"利润分配"账户贷方时,即对以前年度的亏损作了弥补。因此,无论以税前利润弥补亏损,还是以税后利润弥补亏损,均不必另行编制会计分录。

(二)提取法定盈余公积和任意盈余公积的核算

旅游、餐饮、服务企业的利润总额在交纳所得税额后,剩余的部分称为税后利润,又称净利润,它应按规定的比例提取法定盈余公积和任意盈余公积。法定盈余公积按净利润10%的比例提取,任意盈余公积的提取比例由公司自行确定。

【例】 太平洋宾馆全年实现净利润500 000元,按10%的比例提取法定盈余公积,按6%的比例提取任意盈余公积,作分录如下:

借:利润分配——提取法定盈余公积　　　　　　　　　　　　50 000.00
借:利润分配——提取任意盈余公积　　　　　　　　　　　　30 000.00
　　贷:盈余公积——法定盈余公积　　　　　　　　　　　　　50 000.00
　　贷:盈余公积——任意盈余公积　　　　　　　　　　　　　30 000.00

(三)向投资者分配现金股利或利润的核算

旅游、餐饮、服务企业的净利润,在提取法定盈余公积、任意盈余公积后,剩余的部分可以作为投资者的收益,按投资的比例分配给投资者。在分配时应根据谨慎性会计信息质量要求而留有余地。

【例】 太平洋宾馆全年净利润为500 000元,按75%的比例分配给投资者。该企业由大华公司投资90%、中国银行投资10%,作分录如下:

借:利润分配——应付现金股利或利润　　　　　　　　　　　375 000.00
　　贷:应付股利——大华公司　　　　　　　　　　　　　　　337 500.00
　　贷:应付股利——中国银行　　　　　　　　　　　　　　　 37 500.00

当向投资者分配利润或分配现金股利时,借记"应付股利"账户;贷记"银行存款"账户。

"利润分配"是所有者权益类账户,也是"本年利润"的抵减账户,用以核算企业利润的分配(或亏损的弥补)和历年分配(或弥补)后的结存余额。企业分配利润或年终亏损转入时,记入该账户借方;企业将盈余公积弥补亏损,以及年终将"本年利润"账户余额转入时,记入该账户贷方;平时余额一般在借方,表示年内利润分配累计数。年终"本年利润"账户余额转入后,若余额在贷方,表示未分配利润;若余额在借方,则表示未弥补亏损。

"应付股利"是负债类账户,用以核算企业应向投资者分配的现金股利或利润。企业确定应向投资者分配的现金股利或利润时,记入该账户贷方;企业向投资者分配现金股利或利润时,记入该账户借方;期末余额在贷方,表示企业尚未向投资者分配的现金股利或利润。

企业年终清算,向投资者分配股利或利润时,也可以根据具体需要,将历年结余的未分配利润,并入本年度进行分配。

三、本年利润和利润分配账户的转销

旅游、餐饮、服务企业在年终决算后,"本年利润"账户反映了全年实现的净利润,而"利润分配"账户则反映了全年已分配的利润和历年积存的未分配利润。在利润分配完毕后,应将"本年利润"账户余额与"利润分配"账户下"提取盈余公积"和"应付现金股利或利

润"等明细分类账户的余额全部转入"利润分配"账户下的"未分配利润"明细分类账户。

【例】 太平洋宾馆 2019 年 12 月 31 日有关账户余额(单位:元)如下:

贷方余额账户	金 额	借方余额账户	金 额
本年利润	500 000	利润分配——提取法定盈余公积	50 000
利润分配——未分配利润	34 800	利润分配——提取任意盈余公积	30 000
		利润分配——应付现金股利或利润	375 000

(1) 将"本年利润"账户余额结转"利润分配——未分配利润"账户,作分录如下:

借:本年利润　　　　　　　　　　　　　　　　　　　　　　　500 000.00
　　贷:利润分配——未分配利润　　　　　　　　　　　　　　　　　500 000.00

(2) 将"利润分配"各有关明细分类账户余额结转"利润分配——未分配利润"账户,作分录如下:

借:利润分配——未分配利润　　　　　　　　　　　　　　　　455 000.00
　　贷:利润分配——提取法定盈余公积　　　　　　　　　　　　　　50 000.00
　　　　利润分配——提取任意盈余公积　　　　　　　　　　　　　　30 000.00
　　　　利润分配——应付现金股利或利润　　　　　　　　　　　　375 000.00

根据上列两笔分录登记"利润分配——未分配利润"账户如图表 13-2 所示。

图表 13-2

利润分配——未分配利润　　　　　　　　　　　　　　　　单位:元

2019 年		凭证号数	摘　要	借　方	贷　方	借或贷	余　额
月	日						
1	1		上年结转			贷	34 800.00
12	31	(略)	本年利润转入		500 000.00		
	31		提取法定盈余公积转入	50 000.00			
			提取任意盈余公积转入	30 000.00			
	31		应付现金股利或利润转入	375 000.00		贷	79 800.00
12	31		本期发生额及余额	455 000.00	500 000.00	贷	79 800.00

思 考 题

一、简答题

1. 什么是利润?利润总额是由哪些内容构成的?

2. 利润核算前应做好哪些准备工作？并说明这些准备工作的具体内容。
3. 什么是所得税？利润总额与应纳税所得额之间有哪两种差异？
4. 分述资产的计税基础和负债的计税基础。
5. 分述在什么情况下产生应纳税暂时性差异和可抵扣暂时性差异。
6. 什么是利润分配？它包括哪些内容？在核算上为何要设置"利润分配"账户？

二、名词解释题

营业利润　　永久性差异　　暂时性差异　　应纳税暂时性差异　　可抵扣暂时性差异

三、是非题

1. 其他各种收益是指主营业务和其他业务以外的营业收益。　　　　　　　　（　　）
2. 固定资产处置损失、债务重组损失、公益性捐赠支出、非常损失、盘亏损失和罚款支出等均属于营业外支出。　　　　　　　　（　　）
3. 账目核对是指将企业各种有关账簿记录进行核对，通过核对做到账实相符。
　　　　　　　　（　　）
4. 账项调整是指将属于本期已经发生而尚未入账的经济业务，包括本期应得的收入和应负担的支出，按照权责发生制的要求调整入账。　　　　　　　　（　　）
5. 资产的账面价值大于其计税基础，或者负债的账面价值小于其计税基础时，产生可抵扣暂时性差异。　　　　　　　　（　　）
6. 可抵扣暂时性差异是指在确定未来收回资产期间的应纳税所得额时，将导致产生可抵扣金额的暂时性差异。　　　　　　　　（　　）
7. 对于存在应纳税暂时性差异的所得额，应当按照规定确认递延所得税负债。
　　　　　　　　（　　）
8. 企业年终决算后，"利润分配——未分配利润"账户的余额，倘若在借方，表示未分配利润，倘若在贷方，则表示未弥补亏损。　　　　　　　　（　　）

四、单项选择题

1. ＿＿＿＿＿属于应纳税暂时性差异。
   A. 公益性捐赠　　　　　　　　B. 自行开发的无形资产
   C. 计提坏账准备　　　　　　　D. 税收的滞纳金
2. ＿＿＿＿＿属于可抵扣暂时性差异。
   A. 国债利息收入　　　　　　　B. 自行开发的无形资产
   C. 预计负债　　　　　　　　　D. 赞助支出

五、多项选择题

1. 其他各种收益由其他收益、＿＿＿＿＿组成。
   A. 资产处置收益　　　　　　　B. 公允价值变动收益

C. 营业外收支净额　　　　　　　　D. 投资收益

2. 永久性差异有_____等内容。

A. 对外投资分回利润　　　　　　　B. 国债利息收入

C. 职工薪酬超过计税薪酬　　　　　D. 计提的减值准备

3. _____产生应纳税暂时性差异。

A. 资产的账面价值小于其计税基础　B. 负债的账面价值小于其计税基础

C. 资产的账面价值大于其计税基础　D. 负债的账面价值大于其计税基础

实 务 题

习题一

一、目的　练习利润总额的核算。

二、资料

1. 博闻旅行社1月31日损益类账户余额(单位：元)如下：

贷方余额账户		借方余额账户	
主营业务收入	540 000	主营业务成本	425 600
其他业务收入	15 000	其他业务成本	8 100
公允价值变动损益	1 020	税金及附加	2 420
投资收益	3 000	销售费用	29 600
营业外收入	2 400	管理费用	45 210
		财务费用	454
		资产减值损失	1 820
		营业外支出	1 126

2. 该旅行社1月31日又发生下列经济业务：

(1) 计提本月份短期借款利息1 860元。

(2) 摊销应由本月份负担的广告费1 600元。

(3) 将损益类贷方余额的账户结转"本年利润"账户。

(4) 将损益类借方余额的账户结转"本年利润"账户。

三、要求

1. 编制会计分录。

2. 登记"本年利润"账户。

习题二

一、目的 练习所得税的核算。

二、资料 武宁宾馆有关资料如下：

1. 第一年利润总额为 500 000 元，所得税税率为 25%，该宾馆发生业务招待费 16 000 元，取得国债利息收入 10 800 元。影响计税基础的有关账户余额为：坏账准备 2 800 元，固定资产减值准备 3 200 元，预计负债 72 000 元。"无形资产"账户余额 100 000 元，为刚确认的自行开发的专利权，尚未摊销。

2. 第二年利润总额为 550 000 元，所得税税率为 25%，该宾馆发生业务招待费 17 500 元，取得国债利息收入 12 000 元。影响计税基础的有关账户余额为：坏账准备 3 600 元，固定资产减值准备 4 000 元。"无形资产"账户中有自行开发的无形资产 100 000 元，已摊销 10 000 元。

三、要求 确认所得税费用，并编制相应的会计分录。

习题三

一、目的 练习利润的核算。

二、资料

1. 四时春饭店 11 月 30 日各有关账户的余额（单位：元）如下：

贷方余额账户		借方余额账户	
主营业务收入	380 000	主营业务成本	225 000
其他业务收入	18 000	其他业务成本	12 000
公允价值变动损益	1 780	税金及附加	2 090
投资收益	3 600	销售费用	84 500
营业外收入	1 720	管理费用	38 400
		财务费用	1 500
		资产减值损失	1 800
		营业外支出	1 410

2. 接着又发生下列经济业务：

(1) 11 月 30 日，将损益类贷方余额的账户结转"本年利润"账户。

(2) 11 月 30 日，将损益类借方余额的账户结转"本年利润"账户。

(3) 11 月 30 日，前 10 个月利润总额为 406 000 元，已交所得税额 101 500 元，按

25%税率确认本月份所得税额。

(4) 11月30日,将所得税费用结转"本年利润"账户。

(5) 12月10日,以银行存款交纳上月确认的所得税额。

(6) 12月25日,预计本月份实现利润总额40 000元,按25%的税率预交本月份所得税额。

(7) 12月31日,年终决算利润总额为505 000元,发生非广告性赞助支出8 800元,业务招待费17 000元,对外投资分回税后利润7 500元。"递延所得税负债"账户余额为13 750元,"递延所得税资产"账户余额为6 190元。影响计税基础的有关账户余额为:坏账准备4 760元,固定资产减值准备11 200元。"无形资产"账户中有自行开发的非专利技术110 000元,已摊销了66 000元,清算本年度应交所得税额。

(8) 12月31日,将所得税费用结转"本年利润"账户。

(9) 次年1月15日,以银行存款清缴上年度所得税额。

三、要求　编制会计分录。

习题四

一、目的　练习利润分配的核算。

二、资料　大西洋宾馆全年实现净利润480 000元,"利润分配——未分配利润"明细账户为贷方余额37 800元,接着又发生下列有关的经济业务:

1. 12月31日,分别按净利润的10%和6%计提法定盈余公积和任意盈余公积。

2. 12月31日,按净利润的75%计提本年度应付给投资者的利润,其中,国家投资80%,沪光工厂投资20%。

3. 12月31日,分别将"本年利润"账户余额和"利润分配"账户有关明细分类账户余额全部转入"利润分配——未分配利润"账户。

三、要求

1. 编制会计分录。

2. 开设"本年利润"和"利润分配"的总分类账户。

3. 开设"利润分配"的明细分类账户。

4. 根据会计分录登记所开设的账户,并结束旧账。

第十四章 财务报告

第一节 财务报告概述

一、财务报告的意义和作用

财务报告是指企业对外提供的反映企业某一特定日期财务状况和某一会计期间经营成果、现金流量的文件。财务报告包括财务报表和其他应当在财务报告中披露的相关信息和资料。

财务报表是指对企业财务状况、经营成果和现金流量的结构性表述。财务报表是财务报告的主体。旅游饮食服务企业在生产经营活动中，发生了大量的经济业务，根据审核过的原始凭证编制记账凭证，然后根据记账凭证，分门别类地在各有关账簿中进行登记，按照会计科目加以归集。这些资料既有总分类账上所反映的总括资料，又有明细分类账上所反映的明细资料，企业经济活动的全面情况得到了完整反映。但是，账簿中所归集的资料毕竟是分散的，缺乏必要的归类、整理和分析。为了集中地反映企业的经济活动状况、经营成果和现金流量，就有必要定期编制财务报表。

正确编制财务报表，对考核企业的经济活动、反映企业的经营成果和现金流量具有重要的作用。

首先，企业的管理层、各职能部门及职工通过财务报表能够全面了解企业的财务状况、经营成果和现金流量，以便于他们进行分析对比、总结经验、发现问题并及时采取措施、加强管理，以提高企业的经济效益，并为企业管理层进行决策提供重要的信息和依据。

其次，企业的投资者、债权人通过阅读财务报表，可以分析企业目前的财务状况、经营情况和现金流量，了解企业资产、负债和所有者权益的结构情况，从而判断企业的盈利能力和偿债能力，以决定今后的投资方向。

再次，财政税务机关、开户银行和审计单位可以根据企业财务报表，检查企业资金运用情况、经营成果的形成情况，以及增值税、营业税、所得税等税款的交纳情况；检查企业是否严格遵守国家规定的财经纪律、信贷制度和结算纪律，以更好地发挥财政、税务、银行、审计的监督作用，促使企业合理地使用资金，并为制订信贷计划提供依据。

最后，企业财务报表提供的会计信息，经过汇总整理后，可以作为国家制定政策，进行宏观调控的依据，促进社会资源的有效配置。

二、财务报表的组成和编制要求

(一) 财务报表的组成

财务报表至少应当包括下列组成部分：① 资产负债表。② 利润表。③ 现金流量表。④ 所有者权益（或股东权益）变动表。⑤ 附注。

(二) 财务报表的编制要求

为了保证财务报表的质量，充分发挥财务报表的作用，各级企业都必须按照规定，认真编制上报财务报表，要求做到以下四点。

1. 数字真实　　财务报表是一个信息系统，其所反映的各项数字，必须真实准确，能真实地反映企业的财务状况、经营成果和现金流量。编制财务报表时，必须做到账账、账实、账表三相符，不得匡计数字，更不得弄虚作假，隐瞒谎报、篡改数字。

2. 计算准确　　财务报表中，有不少项目需要根据有关账户期末余额和本期发生额进行分析、计算整理后才能填列，而且报表有关项目之间存在着一定的数量勾稽关系。因此，要采用正确的计算方法，做到账表相符，以确保会计信息的准确性。

3. 内容完整　　各种财务报表之间，以及财务报表的各项指标之间，是相互联系、互为补充的，因此，必须按照企业会计准则应用指南规定的种类、格式和内容填报。不应漏编、漏报报表，也不应漏填报表项目。

4. 报送及时　　财务报表必须根据规定的期限及时编制与报送，以便于报表使用者及时了解和分析企业在报告期内的财务状况、经营成果和现金流量，并保证会计资料的及时逐级汇总。

第二节　资产负债表

一、资产负债表的作用

资产负债表是指反映企业在某一特定日期财务状况的报表。它反映了企业所掌握的各种资产的分布和结构，企业所承担的债务以及所有者在企业中所拥有的权益。

通过对资产负债表的分析，可以了解资产、负债和所有者权益的结构是否合理，企业的财务实力是否雄厚，短期偿债能力的强弱，所有者持有权益的多少，以及企业财务状况的发展趋势。从而为企业管理层挖掘内部潜力和制定今后发展方向等进行经营决策提供重要的经济信息，并为投资者和债权人服务。

二、资产负债表的结构和内容

资产负债表的结构由表头和正表两个部分组成。

资产负债表的表头由报表名称、编制单位、编制日期和金额单位等内容组成。

资产负债表的正表是根据资金运动的规律，即资产的总额与负债和所有者权益的总额必然相等的原理设计的。它采用"账户式"左右对称结构，左方反映企业拥有资产的分布状况,右方反映所负的债务和所有者权益的状况。金额栏设有期末余额和年初余额两栏,以便于报表使用者掌握和分析企业财务状况的变化及发展趋势。

(一) 资产

资产按照其流动性不同,可分为流动资产和非流动资产两类。

1. 流动资产　　它是指预计在一个正常营业周期中变现、出售或耗用的资产,或者主要为交易目的而持有的资产,或者预期在资产负债表日起一年内变现的资产,以及交换其他资产或清偿负债的能力不受限制的现金或现金等价物。它具有较强的流动性。

现金等价物是指企业持有的期限短、流动性强、易于转换为已知金额的现金、价值变动风险很小的投资。期限短,一般是指从购买日起3个月以内到期。现金等价物通常是指在3个月内到期的短期债券投资。

流动资产由货币资金、交易性金融资产、应收票据、应收账款、预付款项、应收利息、应收股利、其他应收款、存货、持有待售资产、1年内到期的非流动资产和其他流动资产等项目组成。流动资产表明了企业的短期偿债能力,又可为下一期经营时所运用。因此,它在企业的资产中占有重要的地位。

2. 非流动资产　　它是指流动资产以外的资产。它的流动性是很弱的。

非流动资产由可供出售的金融资产、持有至到期投资、长期应收款、长期股权投资、投资性房地产、固定资产、在建工程、工程物资、固定资产清理、无形资产、开发支出、商誉、长期待摊费用、递延所得税资产和其他非流动资产等项目组成。

(二) 负债

负债按照其流动性不同,可分为流动负债和非流动负债。

1. 流动负债　　它是指企业预计在一个正常营业周期中清偿的债务,或者主要为交易目的而持有的债务,或者自资产负债表日起1年内到期应予清偿的债务,或者企业无权自主地将清偿推迟至资产负债表日后1年以上的债务。

流动负债由短期借款、交易性金融负债、应付票据、应付账款、预收款项、应付职工薪酬、应交税费、应付利息、应付股利、其他应付款、持有待售负债、1年内到期的非流动负债和其他流动负债等项目组成。

2. 非流动负债　　它是指流动负债以外的负债。

非流动负债由长期借款、应付债券、长期应付款、专项应付款、预计负债、递延收益、递延所得税负债和其他非流动负债等项目组成。

(三) 所有者权益

所有者权益由实收资本、资本公积、库存股、其他综合收益、盈余公积和未分配利润等项目组成。

资产负债表的格式及其具体内容如图表14-2所示。

三、资产负债表的编制方法

(一) 资产负债表"期末余额"栏内各个项目的填列

资产负债表"期末余额"栏内各个项目的填列可分为以下两种情况。

1. 一般项目的填列　　资产负债表的一般项目是根据总分类账户的期末余额填列的，如短期借款项目。

2. 需要分析计算调整的项目　　资产负债表的有些项目则需要根据有关总分类账户和明细分类账户的资料，经过分析计算调整后填列。

现将有关项目的分析计算调整填制方法说明如下：

(1) "货币资金"项目　　该项目根据"库存现金""银行存款""备用金"和"其他货币资金"账户期末余额合计数填列。

(2) "应收账款"项目　　该项目根据"应收账款"账户所属各明细分类账户的期末借方余额合计数，减去"坏账准备——应收账款"明细分类账户期末余额后的差额填列。如"预收账款"账户所属有关明细分类账户有借方余额的，也应包括在本项目内。

(3) "预付款项"项目　　该项目根据"预付账款"账户所属各明细分类账户的期末借方余额合计数填列。如"应付账款"账户所属有关明细分类账户有借方余额的，也应包括在本项目内。

(4) "其他应收款"项目　　该项目根据"其他应收款"账户期末余额，减去"坏账准备——其他应收款"明细分类账户期末余额后的差额填列。

(5) "存货"项目　　该项目根据"在途物资""原材料""库存商品""商品进销差价""受托代销商品""受托代销商品款""委托加工物资""低值易耗品""存货跌价准备"等账户的期末借贷方余额相抵后的差额填列。

(6) "一年内到期的非流动资产"项目　　该项目根据"可供出售金融资产""持有至到期投资""长期应收款"和"长期待摊费用"账户所属有关明细分类账户的期末余额分析填列。

(7) "其他流动资产"项目　　该项目根据"应交税费"账户下的"应交增值税""未交增值税"等明细分类账户的借方余额，"待抵扣进项税额"明细分类账户中将在1年内抵扣的税额，以及"待摊费用"账户的期末余额的合计数填列。

(8) "可供出售金融资产"项目　　该项目根据"可供出售金融资产"账户的期末余额，减去该账户中将于1年内到期的可供出售金融资产的数额后的差额填列。

(9) "持有至到期投资"项目　　该项目根据"持有至到期投资"账户的期末余额，减去该账户中将于1年内到期的持有至到期投资的数额，再减去"持有至到期投资减值准备"账户期末余额后的差额填列。

(10) "长期应收款"项目　　该项目根据"长期应收款"账户的期末余额，减去该账户将于1年内收回的款项后的差额填列。

(11)"长期股权投资"项目　　该项目根据"长期股权投资"账户的期末余额,减去"长期股权投资减值准备"账户期末余额后的差额填列。

(12)"投资性房地产"项目　　该项目根据"投资性房地产"账户的期末余额减去"投资性房地产累计折旧"和"投资性房地产减值准备"账户期末余额后的差额填列。

(13)"固定资产"项目　　该项目根据"固定资产"账户的期末余额减去"累计折旧"和"固定资产减值准备"账户期末余额后的差额填列。

(14)"无形资产"项目　　该项目根据"无形资产"账户的期末余额减去"累计摊销"和"无形资产减值准备"账户期末余额后的差额填列。

(15)"长期待摊费用"　　该项目根据"长期待摊费用"账户的期末余额减去1年内(含1年)摊销的数额后的差额填列。

(16)"其他非流动资产"项目　　该项目根据"应交税费——待抵扣进项税额"明细分类账户期末余额减去1年内可抵扣税额的差额填列。

(17)"应付账款"项目　　该项目根据"应付账款"账户所属各有关明细分类账户的期末贷方余额合计数填列。如"预付账款"账户所属明细分类账户有贷方余额的,也应包括在本项目内。

(18)"预收款项"项目　　该项目根据"预收账款"账户所属有关明细分类账户的期末贷方余额合计数填列。如"应收账款"账户所属明细分类账户有贷方余额的,也应包括在本项目内。

(19)"应交税费"项目　　该项目根据"应交税费"账户下的"未交增值税""应交所得税""应交城市维护建设税""应交房产税""应交城镇土地使用税""应交车船税"和"应交教育费附加"等明细分类账户的贷方余额合计数填列。

(20)"一年内到期的非流动负债"项目　　该项目根据"长期借款""应付债券""长期应付款""专项应付款""预计负债"和"递延收益"等非流动负债账户的期末余额分析填列。

(21)"长期借款"项目　　该项目根据"长期借款"账户的期末余额减去1年内到期的长期借款数额后的差额填列。

(22)"应付债券"项目　　该项目根据"应付债券"账户的期末余额减去1年内到期的应付债券数额后的差额填列。

(23)"长期应付款"项目　　该项目根据"长期应付款"账户的期末余额,减去"未确认融资费用"账户期末余额,再减去1年内到期的长期应付款数额后的差额填列。

(24)"专项应付款"项目　　该项目根据"专项应付款"账户的期末余额减去1年内到期的专项应付款数额后的差额填列。

(25)"预计负债"项目　　该项目根据"预计负债"账户的期末余额,减去1年以内到期的预计负债数额后的差额填列。

(26) 递延收益项目 该项目根据"递延收益"账户的期末余额,减去1年以内到期的递延收益数额后的差额填列。

(27) "未分配利润"项目 该项目根据"本年利润"账户期末余额与"利润分配"账户期末余额计算填列。

(二) 资产负债表"年初余额"栏内各个项目的填列

资产负债表"年初余额"栏内各个项目的金额是根据上年年末资产负债表"期末余额"栏内所列的数据填列。

【例】 百乐门宾馆编制资产负债表的资料如下所列。

1. 2019年12月31日,总分类账户期末余额表如图表14-1所示。

图表14-1

总分类账户期末余额表

2019年12月31日   单位：元

借方余额账户	金额	贷方余额账户	金额
库存现金	1 420	坏账准备	5 500
银行存款	171 080	固定资产减值准备	7 300
备用金	1 500	累计折旧	627 800
其他货币资金	11 000	累计摊销	60 000
交易性金融资产	90 000	短期借款	120 000
应收票据	18 000	应付票据	15 500
应收账款	251 500	应付账款	72 500
预付账款	18 500	预收账款	3 000
应收利息	6 000	应付职工薪酬	30 750
其他应收款	12 000	应交税费	9 850
在途物资	18 000	应付股利	282 000
原材料	156 140	其他应付款	8 000
库存商品	123 750	长期借款	150 000
低值易耗品	81 110	应付债券	605 000
待摊费用	30 000	递延所得税负债	12 500
持有至到期投资	154 000	实收资本	2 400 000
固定资产	3 217 100	资本公积	29 600
在建工程	145 600	盈余公积	155 280

(续表)

借方余额账户	金额	贷方余额账户	金额
无形资产	120 000	本年利润	376 000
长期待摊费用	54 000		
递延所得税资产	5 600		
利润分配	284 280		
合　计	4 970 580	合　计	4 970 580

2. 有关明细账户余额如下所述。

"应收账款"明细分类账借方余额254 500元,贷方余额3 000元。

"应付账款"明细账贷方余额84 000元,借方余额11 500元。

"坏账准备——应收账款"明细账5 500元。

3. 有关账户的具体资料如下所述。

"持有至到期投资"账户中1年内到期的债券54 000元;"长期待摊费用"账户中1年内到期的长期待摊费用6 000元;"应付债券"账户中有1年内到期的债券45 000元。

根据上列资料编制资产负债表如图表14-2所示。

图表14-2

资产负债表

会企01表

编制单位:百乐门宾馆　　　　2019年12月31日　　　　　单位:元

资　产	行次	期末余额	年初余额	负债和所有者权益（或股东权益）	行次	期末余额	年初余额
流动资产:				流动负债:			
货币资金	1	185 000	172 500	短期借款	56	120 000	110 000
交易性金融资产	2	90 000	80 000	交易性金融负债	57		
应收票据	3	18 000	16 000	应付票据	58	18 500	18 700
应收账款	4	249 000	238 000	应付账款	59	84 000	82 600
预付款项	5	30 000	27 000	预收款项	60	3 000	
应收利息	6	6 000	4 000	应付职工薪酬	61	30 750	29 900
应收股利	7			应交税费	62	9 850	8 900
其他应收款	8	12 000	11 000	应付利息	63		
存货	9	379 000	366 000	应付股利	64	282 000	256 500

(续表)

资产	行次	期末余额	年初余额	负债和所有者权益（或股东权益）	行次	期末余额	年初余额
持有待售资产	10			其他应付款	65	8 000	9 000
一年内到期的非流动资产①	21	60 000	55 000	持有待售负债	66		
其他流动资产②	24	30 000	27 900	一年内到期的非流动负债	70	45 000	40 000
流动资产合计	31	1 059 000	997 400	其他流动负债	71		
非流动资产：				流动负债合计	75	601 100	555 600
可供出售金融资产	32			非流动负债：			
持有至到期投资	33	100 000	95 000	长期借款	81	150 000	150 000
长期应收款	34			应付债券	82	560 000	500 000
长期股权投资	35			长期应付款	83		
投资性房地产	36			专项应付款	84		
固定资产	37	2 582 000	2 507 000	预计负债	85		
在建工程	38	145 600	72 200	递延收益	86		
工程物资	39			递延所得税负债	95	12 500	15 000
固定资产清理	40			其他非流动负债	96		
无形资产	43	60 000	70 000	非流动负债合计	98	722 500	665 000
开发支出	44			负债合计	100	1 323 600	1 220 600
商誉	45			所有者权益（或股东权益）：			
长期待摊费用	46	48 000	54 000	实收资本（或股本）	101	2 400 000	2 200 000
递延所得税资产	47	5 600	7 600	资本公积	102	29 600	229 600
其他非流动资产	48			减：库存股	103		
非流动资产合计	50	2 941 200	2 805 800	其他综合收益	104		
				盈余公积	105	155 280	95 120
				未分配利润	106	91 720	57 880
				所有者权益（或股东权益）合计	108	2 676 600	2 582 600
资产总计	55	4 000 200	3 803 200	负债和所有者权益（或股东权益）总计	110	4 000 200	3 803 200

① 该项目中期末余额和期初余额中均有1年内到期的长期待摊费用6 000元，其余均为一年内到期的持有至到期投资。

② 该项目的期末余额和期初余额均为"待摊费用"账户余额。

第三节 利 润 表

一、利润表的意义和作用

利润表是指反映企业在一定会计期间内利润(亏损)实现情况的报表。它反映了企业的各项收入和各项成本、费用等支出以及净利润或净亏损的构成。

通过对利润表的分析,可以检查利润预算的完成情况和营业收入、营业成本、销售费用、管理费用、财务费用预算的执行情况,了解企业的盈利能力,有利于经营者掌握企业在生产经营过程中存在的问题,以促使其提高经营管理水平和经济效益,也有利于投资者作出正确的决策。

二、利润表的结构和内容

利润表的结构由表头和正表两个部分组成。

利润表的表头由报表名称、编制单位、报表时期和金额单位等内容组成。

利润表的正表部分采用多步式结构,分为七个部分。第一部分是营业收入。第二部分是营业利润,它是以营业收入减去营业成本、税金及附加、销售费用、管理费用、研发费用、财务费用和资产减值损失,加上其他收益、投资收益、公允价值变动收益和资产处置收益后的数额,用以反映企业的经营成果。第三部分是利润总额,它是以营业利润加上营业外收入,减去营业外支出后的数额,用以反映企业的税前利润。第四部分是净利润,是以利润总额减去所得税费用后的数额,用以反映企业的税后利润,即反映企业的净收益。第五部分是其他综合收益的税后净额,它是以其他综合收益减去其交的所得税额后的差额,用以反映企业综合收益净额。第六部分是综合收益总额,它是以净利润加上其他综合收益的税后净额后的数额,用以反映企业的净收益。第七部分是每股收益。

"利润表"正表部分各项目均分设"本月金额"和"本年累计金额"两栏金额,"本月金额"栏内的金额主要反映当月利润实现的情况;"本年累计金额"栏内的金额主要反映自年度开始起,至报告期止的累计数额。

利润表的格式及其具体内容如图表14-3所示。

图表 14-3

利 润 表

编制单位:百乐门宾馆　　　　2019年12月　　　　会企02表
　　　　　　　　　　　　　　　　　　　　　　　　单位:元

项　　　目	行次	本月金额	本年累计金额
一、营业收入	1	260 000	3 000 000
减:营业成本	2	62 500	735 000

（续表）

项　　　　目	行次	本月金额	本年累计金额
税金及附加	3	910	10 720
销售费用	4	85 530	999 200
管理费用	5	61 160	722 280
研发费用	6		
财务费用	7	2 800	32 800
其中:利息费用	8	3 070	35 910
利息收入	9	270	3 110
资产减值损失	10	1 120	12 800
加：其他收益	11		
投资收益(损失以"－"号填列)	12	1 865	13 600
其中：对联营企业和合营企业的投资收益	13		
公允价值变动收益(损失以"－"号填列)	14	135	1 600
资产处置收益(损失以"－"号填列)	15		5 400
二、营业利润(亏损以"－"号填列)	16	47 980	507 800
加：营业外收入	17	900	3 200
减：营业外支出	18	1 080	11 000
三、利润总额(亏损总额以"－"号填列)	20	47 800	500 000
减：所得税费用	21	10 950	124 000
四、净利润(净亏损以"－"号填列)	22	36 850	376 000
五、其他综合收益的税后净额	23		
(一)不能重分类进损益的其他综合收益	24		
1. 重新计量设定受益计划变动额	25		
2. 权益法下不能转损益的其他综合收益	26		
……			
(二)将重分类进损益的其他综合收益	30		
1. 权益法下可转损益的其他综合收益	31		
2. 可供出售金融资产公允价值变动损益	32		

(续表)

项　　　　目	行次	本月金额	本年累计金额
3. 持有至到期投资重分类为可供出售金融资产损益	33		
……			
六、综合收益总额	36	36 850	376 000
七、每股收益	38		
（一）基本每股收益	39		
（二）稀释每股收益	40		

三、利润表的编制方法

利润表各项目的"本月金额"主要根据损益类总分类账户的净发生额填列；"本年累计金额"则根据各损益类总分类账户的累计净发生额填列，或者根据上月末本表的"本年累计金额"加上本表的"本月金额"后的数额填列。

现将利润表具体项目的填列方法说明如下：

1."营业收入"项目　　该项目根据"主营业务收入"和"其他业务收入"账户净发生额之和填列。

2."营业成本"项目　　该项目根据"主营业务成本"和"其他业务成本"账户净发生额之和填列。

3."税金及附加"项目　　该项目根据"税金及附加"账户净发生额填列。

4."销售费用""管理费用""研发费用"和"财务费用"项目　　这些项目分别根据"销售费用""管理费用""研发费用"和"财务费用"账户的净发生额填列。

5."利息费用"和"利息收入"项目　　这两个项目根据"财务费用"账户中"利息支出"明细账户的净发生额分析填列。

6."资产减值损失""其他收益""投资收益""公允价值变动收益"和"资产处置收益"项目　　这些项目分别根据"资产减值损失""其他收益""投资收益""公允价值变动损益"和"资产处置损益"账户净发生额填列。

7."营业利润"项目　　该项目根据该表"营业收入"项目的金额减去"营业成本""税金及附加""销售费用""管理费用""研发费用""财务费用""资产减值损失"项目的金额，加上"其他收益""投资收益""公允价值变动收益"和"资产处置收益"项目的金额后的数额填列。

8."营业外收入"和"营业外支出"项目　　这些项目分别根据"营业外收入"和"营业外支出"账户的净发生额填列。

9."利润总额"项目　　该项目根据该表"营业利润"项目加上"营业外收入"项目的金额,减去"营业外支出"项目的金额后的数额填列。

10."所得税费用"项目　　该项目根据"所得税费用"账户的净发生额填列。

11."净利润"项目　　该项目根据"利润总额"项目的金额减去"所得税费用"项目的金额后的差额填列。

12."其他综合收益的税后净额"项目　　该项目根据"其他综合收益"账户期末余额减去其应交所得税后的差额填列。

13."综合收益总额"项目　　该项目根据"净利润"项目的金额,加上"其他综合收益的税后净额"项目的金额后的数额填列。

14."基本每股收益"项目　　该项目根据该表"净利润"项目的金额除以该公司普通股股票的股数的商填列。

15."稀释每股收益"项目　　该项目根据该表"净利润"项目的金额除以该公司普通股与潜在普通股之和而取得的商填列。潜在普通股主要包括可转换公司债券、认购权证等。

第四节　现金流量表

一、现金流量表的作用

现金流量表是指反映企业一定会计期间现金和现金等价物流入和流出的报表。该表是半年度的财务报表。现金有狭义和广义之分,狭义的现金通常是指库存现金。这里所讨论的是广义的现金,是指企业的库存现金以及可以随时用于支付的存款。现金流量是指企业在一定期间的现金和现金等价物的流入和流出。

现金流量表为财务报表使用者提供企业一定会计期间内现金和现金等价物流入和流出的信息,财务报表使用者通过对现金流量表的分析,可以评价企业在未来会计期间的现金流量,评估企业偿还债务及支付企业投资者投资报酬的能力,了解企业本期净利润与经营活动中现金流量发生差异的原因,掌握本期内影响或不影响现金流量的投资活动与筹资活动,并可据以预测企业未来的现金流量。

二、现金流量表的结构和内容

现金流量表的结构由表头、正表和补充资料三个部分组成。

现金流量表的表头部分由报表名称、编制单位、报表时期和金额单位等内容组成。

现金流量表的正表部分采用多步式。它由以下六个部分组成。

(一)经营活动产生的现金流量

经营活动是指企业投资活动和筹资活动以外的所有交易和事项。企业随着经营活动的开展将会产生经营活动的现金流入量和流出量。

1. 经营活动的现金流入量　　这部分内容由销售商品、提供劳务收到的现金、收到的税费返还、收到其他与经营活动有关的现金等三个项目组成。

(1)"销售商品、提供劳务收到的现金"项目　　该项目反映企业本期销售商品和提供劳务收到的现金、前期销售商品和提供劳务本期收到的现金、销售商品实际收到的增值税额，以及本期预收的账款，减去本期退回本期销售的商品和前期销售本期退回的商品支付的现金。

(2)"收到的税费返还"项目　　该项目反映企业收到返还的各种税费，如收到的增值税、所得税和教育费附加返还等。

(3)"收到其他与经营活动有关的现金"项目　　该项目反映企业除了上述各项目外，收到其他与经营活动有关的现金流入，如罚款现金收入、流动资产损失中获得赔偿的现金收入等。

2. 经营活动的现金流出量　　这部分内容由购买商品、接受劳务支付的现金、支付给职工以及为职工支付的现金、支付的各项税费和支付的其他与经营活动有关的现金等四个项目组成。

(1)"购买商品、接受劳务支付的现金"项目　　该项目反映企业本期购进商品、原材料、接受劳务支付的现金、本期支付前期购进商品、原材料、接受劳务的未付款项和本期预付款项，以及企业购进商品、原材料等实际支付的能够抵扣销项税额的进项税额。进货退出商品、原材料收到的现金应从本项目内减去。

(2)"支付给职工以及为职工支付的现金"项目　　该项目反映企业实际支付给职工的薪酬，以及为职工支付的现金。它包括本期实际支付给职工的工资、奖金、各种津贴和补贴等，以及实际支付的医疗保险费等社会保险费、住房公积金、职工福利费、工会经费和职工教育经费等，但不包括支付的离退休人员的各项费用和支付的在建工程人员的职工薪酬等。

(3)"支付的各项税费"　　该项目反映企业按规定支付的各种税费，包括本期发生并支付的税费，以及本期支付以前各期发生的税费和预交的税金，如支付的增值税、消费税、所得税、城市维护建设税、教育费附加、印花税、房产税、城镇土地使用税、车船税等。不包括计入固定资产价值实际支付的耕地占用税等。

(4)"支付其他与经营活动有关的现金"项目　　该项目反映企业除上述各项目外，支付其他与经营活动有关的现金流出，如捐赠现金支出、罚款支出、支付的差旅费、业务招待费、保险费以及企业支付的离退休人员的各项费用等。

(二)投资活动产生的现金流量

投资活动是指企业长期资产的购建和不包括在现金等价物范围内的投资及其处置活动。企业随着投资活动的开展将会产生投资活动的现金流入量和流出量。

1. 投资活动的现金流入量　　这部分内容由收回投资收到的现金、取得投资收益收到的现金、处置固定资产、无形资产和其他长期资产收回的现金净额、处置子公司及其他营业单位收到的现金净额和收到其他与投资活动有关的现金等五个项目组成。

（1）"收回投资收到的现金"项目　　该项目反映企业出售、转让或到期收回除现金等价物以外的交易性金融资产、可供出售金融资产、长期股权投资中除处置子公司、营业单位以外而收到的现金，以及收回持有至到期投资本金而收到的现金。

（2）"取得投资收益收到的现金"项目　　该项目反映企业因持有交易性金融资产、可供出售金融资产、持有至到期投资和长期股权投资而取得的现金股利和利息，以及从子公司、联营企业和合资企业分回利润收到的现金，但不包括股票股利。

（3）"处置固定资产、无形资产和其他长期资产收回的现金净额"项目　　该项目反映企业处置固定资产、无形资产和其他长期资产收回的现金，减去为处置这些资产而支付的有关费用后的净额。

（4）"处置子公司及其他营业单位收到的现金净额"项目　　该项目反映企业处置子公司及其他营业单位收到的现金减去为处置这些资产而支付的有关费用后的净额。

（5）"收到其他与投资活动有关的现金"项目　　该项目反映企业除了上述各项外，收到其他与投资活动有关的现金流入。

2. 投资活动的现金流出量　　这部分内容由购建固定资产、无形资产和其他长期资产支付的现金、投资支付的现金、取得子公司及其他营业单位支付的现金净额和支付其他与投资活动有关的现金等四个项目组成。

（1）"购建固定资产、无形资产和其他长期资产支付的现金"项目　　该项目反映企业购买建造固定资产，取得无形资产和其他长期资产支付的现金。它不包括为购建固定资产而发生的借款利息资本化的部分，以及融资租入固定资产支付的租赁费。

（2）"投资支付的现金"项目　　该项目反映企业取得的除现金等价物以外的交易性金融资产、可供出售金融资产、持有至到期投资、长期股权投资中除购买子公司及其他营业单位外支付的现金，以及支付的相关交易费用。

（3）"取得子公司及其他营业单位支付的现金净额"项目　　该项目反映企业购买子公司及其他营业单位成本中以现金支付的部分。

（4）"支付其他与投资活动有关的现金"项目　　该项目反映企业除了上述各项以外，支付其他与投资活动有关的现金流出。

（三）筹资活动产生的现金流量

筹资活动是指导致企业资本及债务规模和构成发生变化的活动。企业随着筹资活动的开展，将会产生筹资活动的现金流入量和流出量。

1. 筹资活动的现金流入量　　这部分内容由吸收投资收到的现金、取得借款收到的现金和收到其他与筹资活动有关的现金等三个项目组成。

(1)"吸收投资收到的现金"项目　该项目反映企业收到的投资者投入的现金,包括以发行股票、债券等方式筹集的资金实际收到的款项净额(发行收入减去支付的佣金等发行费用后的净额)。

(2)"取得借款收到的现金"项目　该项目反映企业举借各种短期、长期借款所收到的现金。

(3)"收到其他与筹资活动有关的现金"项目　该项目反映企业除上述各项目外,收到其他与筹资活动有关的现金流入。

2.筹资活动的现金流出量　这部分内容由偿还债务支付的现金、分配股利、利润或偿付利息支付的现金和支付其他与筹资活动有关的现金等三个项目组成。

(1)"偿还债务支付的现金"项目　该项目反映企业以现金偿还债务的本金,包括偿还金融企业的借款本金、偿还债券本金等。

(2)"分配股利、利润或偿付利息支付的现金"项目　该项目反映企业实际支付的现金股利,支付给其他投资单位的利润以及支付的借款利息,债券利息等。

(3)"支付其他与筹资活动有关的现金"项目　该项目反映企业除了上述各项目外,支付其他与筹资活动有关的现金流出。

(四)汇率变动对现金及现金等价物的影响

"汇率变动对现金及现金等价物的影响"项目　该项目反映企业外币现金流量及境外子公司的现金流量折算为人民币时,所采用的现金流量发生日的即期汇率折算的人民币金额与"现金及现金等价物净增加额"中外币现金净增加额按期末汇率折算的人民币金额之间的差额。

(五)现金及现金等价物净增加额

"现金及现金等价物净增加额"项目　该项目反映企业现金及现金等价物的流入量与流出量之间的差额。

(六)期末现金及现金等价物余额

"期末现金及现金等价物余额"项目　该项目反映企业期末现金余额和期末现金等价物余额的合计数。

补充资料是指未能列入现金流量表正表的、而需要予以披露的内容。补充资料由将净利润调节为经营活动的现金流量、不涉及现金收支的投资和筹资活动和现金及现金等价物净增加额三个部分组成。

三、现金流量表的编制方法

现金流量表正表虽然分为六个部分,但最复杂的部分是经营活动产生的现金流量净额。因为经营活动产生的现金流量净额是根据收付实现制确认的净利润反映的,而企业会计准则要求会计核算按权责发生制确认净利润。因此,在编制现金流量表时,就需要将权责发生制确认的净利润转换为收付实现制下的净利润,转换的方法有直接法和间接法两种。

直接法是指以利润表中各主要经营收支项目为基础,并以实际的现金收入和现金支出进行调整,结算出现金流入量、现金流出量和现金流量净额的方法。间接法是指以净利润为基础,以非现金费用和债权债务以及存货的变动额加以调整,结算出现金流量净额的方法。经营活动产生的现金流量净额在正表部分采用的是直接法,在补充资料部分采用的是间接法。现将现金流量表各项目的填列方法说明如下。

(一)经营活动产生的现金流量各项目的填列方法

1. "销售商品、提供劳务收到的现金"项目 该项目根据利润表"营业收入"项目的金额,加上"应交税费——应交增值税"账户所属的"销项税额"等明细账贷方净发生额之和,再加上资产负债表"应收票据""应收账款"项目的年初余额和"预收款项"项目的期末余额,减去"应收票据""应收账款"项目的期末余额和"预收款项"项目的年初余额,减去"坏账准备——应收账款"账户所属相关明细账户贷方发生额填列。

2. "收到的税费返还"项目 该项目根据"其他应收款"和"营业外收入"账户的贷方发生额中收到返还的增值税、所得税和教育费附加填列。

3. "收到其他与经营活动有关的现金"项目 该项目根据"营业外收入""其他应付款"结合"库存现金""银行存款"等有关账户发生额分析填列。

4. "购买商品、接受劳务支付的现金"项目 该项目根据利润表"营业成本"项目的金额,加上"应交税费——应交增值税"账户所属的"进项税额"明细账户的净发生额,加上存货中未列入成本减少的金额,再加上资产负债表中"存货"项目的期末余额,减去"存货"项目的年初余额,加上"应付票据""应付账款"项目的年初余额和"预付款项"项目的期末余额,减去"应付票据""应付账款"项目的期末余额和"预付款项"项目的年初余额,加上"存货跌价准备"账户的贷方发生额,减去已记入"其他业务成本"账户的职工薪酬、折旧费后的数额填列。

5. "支付给职工以及为职工支付的现金"项目 该项目根据"应付职工薪酬"账户借方净发生额,扣除列入"在建工程"账户中的职工薪酬数额后的差额填列。

6. "支付的各项税费"项目 该项目根据利润表"税金及附加"项目的金额,加上"应交税费"账户的年初余额和"应交税费"账户所属"未交增值税""应交所得税"明细账户的期末余额,减去"应交税费"账户的期末余额和"应交税费"账户所属"未交增值税""应交所得税"明细账户的年初余额,加上"应交税费——应交增值税——已交税金""应交税费——未交增值税——转入未交增值税"和"应交税费——应交所得税"三个明细账户的借方发生额之和填列。

7. "支付其他与经营活动有关的现金"项目 该项目根据利润表"销售费用""管

理费用""研发费用""财务费用""营业外支出"五个项目金额之和,减去这五个项目中不需要以现金支付的金额,再减去这五个项目中已经包含的、并且已列入本表的"支付给职工以及为职工支付的现金"项目中的职工薪酬等,还要减去已列入"财务费用"项目、但将列入本表的"分配股利、利润或偿付利息支付的现金""支付其他与筹资活动有关的现金"和"汇率变动对现金及现金等价物的影响"这三个项目的金额,加上"待摊费用""长期待摊费用"账户借方发生额,再加上"其他应收款"账户借方发生额,减去"其他应收款"账户贷方发生额后的差额填列。

不需要以现金支付的数额是指提取的固定资产折旧费、待摊费用、无形资产和长期待摊费用的摊销数,固定资产盘亏(扣除盘盈)、固定资产清理净损失等。

(二)投资活动产生的现金流量各项目的填列方法

1. "收回投资收到的现金"项目　该项目根据"交易性金融资产"账户贷方发生额,减去该账户所属"现金等价物"明细账户的贷方发生额,加上"可供出售金融资产""持有至到期投资"和"长期股权投资"账户的贷方发生额,减去"持有至到期投资——应计利息"明细账户的贷方发生额,再减去这些账户中收回的非现金数额和处置子公司及其他营业单位收到的现金数额后填列。

2. "取得投资收益收到的现金"项目　该项目根据利润表"投资收益"和"公允价值变动收益"项目的金额之和,加上"应收股利""应收利息"和"持有至到期投资——应计利息"三个账户的年初余额,减去这三个账户的期末余额填列。

3. "处置固定资产、无形资产和其他长期资产收回的现金净额"项目　该项目根据"固定资产清理"账户的借、贷方发生额、"投资性房地产"和"无形资产"账户的贷方发生额,并结合"银行存款"账户的发生额分析填列。

4. "处置子公司及其他营业单位收到的现金净额"项目　该项目根据"长期股权投资"账户的贷方发生额中处置子公司及其他营业单位收到的现金及现金等价物的数额填列。

5. "购建固定资产、无形资产和其他长期资产支付的现金"项目　该项目根据"固定资产""在建工程""工程物资""无形资产""研发支出"账户的借方发生额,加上"固定资产减值准备""无形资产减值准备"账户的贷方发生额,减去本期在建工程动用工程物资的金额、本期融资租入固定资产的价值和为购建固定资产而发生的借款利息资本化的金额,再减去因赊购、接受投资、接受捐赠或收回投资等各种原因未支付现金而取得的固定资产、在建工程、工程物资和无形资产金额后的数额填列。

6. "投资支付的现金"项目　该项目根据"交易性金融资产""可供出售金融资产""持有至到期投资"和"长期股权投资"账户的借方发生额合计数,减去这四个账户中未支付现金而增加的投资的金额,再减去"交易性金融资产——现金等价物"和"持有至到期投资——应计利息"账户的借方发生额,再减去"长期股权投资"账户中因购买子公司及其他营业单位支付的现金数额后的差额填列。

7. "取得子公司及其他营业单位支付的现金净额"项目　该项目根据"长期股权投资"账户的借方发生额中因购买子公司及其他营业单位支付的现金及现金等价物的数额填列。

（三）筹资活动产生的现金流量各项目的填列方法

1. "吸收投资收到的现金"项目　该项目有限责任公司根据"实收资本"账户贷方发生额中收到现金的金额；股份有限公司根据"股本"账户贷方发生额中收到现金的金额，然后这两种企业都要加上"资本公积"账户贷方发生额中收到现金的金额，再加上"应付债券——本金"账户贷方发生额，减去未收到现金而增加的应付债券本金的数额填列。

2. "取得借款收到的现金"项目　该项目根据"短期借款""长期借款——本金"账户贷方发生额的合计数填列。

3. "偿还债务支付的现金"项目　该项目根据"短期借款""长期借款——本金""应付债券——本金"账户的借方发生额合计数填列。

4. "分配股利、利润或偿付利息支付的现金"项目　该项目根据"应付利息""应付股利"账户借方发生额，加上"财务费用""在建工程"账户中所列支的银行借款利息和债券利息，加上"应付利息""长期借款——利息""应付债券——应计利息"账户的借方发生额，减去上述三个账户的贷方发生额填列。

5. "支付其他与筹资活动有关的现金"项目　该项目根据"长期应付款"账户的借方发生额，加上"财务费用"账户中发行债券费用，再加上"实收资本"或"股本""资本公积""盈余公积"等账户借方发生额中以现金支付的金额后的数额填列。

（四）汇率变动对现金及现金等价物的影响额项目的填列方法

"汇率变动对现金及现金等价物的影响"项目　该项目根据"财务费用——汇兑损失"账户净发生额填列。发生汇兑损失用负数表示；发生汇兑收益则用正数表示。

（五）现金及现金等价物净增加额项目的填列方法

"现金及现金等价物净增加额"项目　该项目根据资产负债表中"货币资金"项目的期末余额减去年初余额，再加上"交易性金融资产——现金等价物"账户的期末余额减去该账户的年初余额填列。其计算的结果应与前面四大部分之和相等。

（六）期末现金及现金等价物余额项目的填列方法

1. "期初现金及现金等价物余额"项目　该项目根据资产负债表中"货币资金"项目的年初余额，加上"交易性金融资产——现金等价物"账户的年初余额填列。

2. "期末现金及现金等价物余额"项目　该项目根据本表"现金及现金等价物增加额"项目与"期初现金及现金等价物余额"项目的金额之和填列。

（七）补充资料

1. 将净利润调节为经营活动的现金流量各项目的填列方法　具体表述如下。

（1）"净利润"项目　该项目根据利润表中"净利润"项目的数额填列。

（2）"资产减值准备"项目　该项目根据利润表中"资产减值损失"项目的数额填列。

（3）"固定资产折旧"项目　该项目根据"累计折旧"账户贷方发生额中提取固定资产折旧的数额填列。

（4）"无形资产摊销"项目　该项目根据"累计摊销"账户贷方发生额分析填列。

（5）"长期待摊费用摊销"项目　该项目根据"长期待摊费用"账户贷方发生额分析填列。

（6）"处置固定资产、无形资产和其他长期资产的损失（减收益）"项目　该项目根据"资产处置损益"账户的净发生额，减去"其他业务收入"账户出租无形资产收入的金额，加上"其他业务成本"账户出租无形资产的成本（不含其中的职工薪酬）后的数额填列，收益用负数反映。

（7）"固定资产报废损失"项目　该项目根据"营业外支出——固定资产报废清理损失"明细账户的净发生额减去"营业外收入——固定资产报废清理收益"明细账户的净发生额，加上"营业外支出——盘亏损失——固定资产盘亏"明细账户的净发生额后的数额填列。

（8）"公允价值变动损失（减：收益）"项目　该项目根据利润表中"公允价值变动收益"项目的金额填列，收益用负数反映。

（9）"财务费用"项目　该项目根据"财务费用"账户发生的利息、筹资费用和汇兑损失的合计数填列。

（10）"投资损失（减：收益）"项目　该项目根据利润表"投资收益"项目的金额填列，收益用负数反映。

（11）"递延所得税资产减少"项目　该项目根据资产负债表"递延所得税资产"项目的年初余额减去期末余额后的差额填列。

（12）"递延所得税负债增加"项目　该项目根据资产负债表"递延所得税负债"项目的期末余额减去年初余额后的差额填列。

（13）"存货的减少（减：增加）"项目　该项目根据资产负债表"存货"项目的年初余额减去期末余额后的差额填列。

（14）"经营性应收项目的减少（减：增加）"项目　该项目根据资产负债表"应收票据""应收账款""预付款项"项目的年初余额之和，减去上列各项目的期末余额，加上"其他应收款"账户的年初余额，减去该账户的期末余额，再减去列入本表的"资产减值准备"项目中的计提的坏账准备金额后的数额填列。

(15)"经营性应付项目的增加(减:减少)"项目　该项目根据资产负债表"应付票据""应付账款""预收款项""应付职工薪酬""应交税费"项目的期末余额之和,减去上述各项目的年初余额之和,加上"其他应付款"账户的期末余额,减去该账户的年初余额,再减去列入本表的"资产减值准备"项目中的计提的存货跌价准备金额后的数额填列。

(16)"其他"项目　该项目根据资产负债表"其他流动资产"项目的年初余额减去期末余额,再加上"其他流动负债"项目的期末余额减去年初余额后的数额填列。

(17)"经营活动产生的现金流量净额"项目　该项目根据前列16个项目之和填列。

2. 不涉及现金收支的重大投资活动和筹资活动各项目的填列方法　具体表述如下:

(1)"债务转为资本"项目　该项目反映企业本期转为资本的债务金额。根据"应付票据""应付账款""短期借款""长期借款""长期应付款"等负债账户的借方发生额中转为资本的数额填列。

(2)"一年内到期的可转换公司债券"项目　该项目反映企业1年内到期的可转换公司债券的本息。根据"应付债券——可转换公司债券"明细账户的贷方发生额分析填列。

(3)"融资租入固定资产"项目　该项目反映企业本期融资租入固定资产记入"长期应付款"账户的金额。根据"长期应付款——融资租入固定资产价款"账户的贷方发生额填列。

3. 现金及现金等价物净增加情况的各项目的填列方法　具体表述如下:

(1)"现金的期末余额""现金的期初余额"项目　这些项目分别根据资产负债表"货币资金"项目的期末余额和年初余额填列。

(2)"现金等价物的期末余额""现金等价物的期初余额"项目　该项目分别根据"交易性金融资产——现金等价物"账户的期末余额和年初余额填列。

根据图表14-2资产负债表、图表14-3利润表及下列有关资料编制的现金流量表如图表14-4所示。

(1)有关明细账户的期末余额与年初余额(单位:元)如下:

账 户 名 称	期末余额	年初余额
交易性金融资产——现金等价物	50 000	45 000
应交税费——未交增值税	4 780	4 320
应交税费——应交所得税	4 600	4 150
持有至到期投资——应计利息	4 000	1 000

(2) 有关账户的借方发生额(单位：元)如下：

账 户 名 称	借 方	贷 方
交易性金融资产	90 000	80 000
其中：现金等价物	60 000	55 000
应收利息	6 000	4 000
其他应收款	7 200	6 200
坏账准备——应收账款		5 500
待摊费用	30 000	27 900
持有至到期投资	80 000	70 000
其中：应计利息	4 000	1 000
固定资产	490 500	200 000
累计折旧	132 000	347 500
在建工程	150 000	76 600
固定资产减值准备		7 300
累计摊销		10 000
长期待摊费用		6 000
短期借款	110 000	120 000
其他应付款	7 600	6 600
应付职工薪酬	465 150	466 000
应付股利	256 500	282 000
应交税费——应交增值税——销项税额		182 000
应交税费——应交增值税——进项税额	127 200	
应交税费——未交增值税——转入未交增值税	54 800	
应交税费——应交所得税	124 050	124 500
应付债券	40 000	105 000
其中：应计利息	8 000	10 000

(3)"销售费用"有关明细账户净发生额(单位:元)如下:

职工薪酬	360 000
保险费(待摊费用转入)	22 320
折旧费	296 000
修理费(长期待摊费用转入)	6 000
低值易耗品摊销	4 700
物料消耗	10 100

(4)"管理费用"有关明细账户净发生额(单位:元)如下:

职工薪酬	96 000
保险费	5 580
折旧费	51 500
无形资产摊销	10 000
低值易耗品摊销	1 780
其他费用——物料消耗	820

(5)"财务费用"有关明细账户净发生额(单位:元)如下:

利息支出	29 780
发行债券费用	100
汇兑损失	1 500

(6)"其他业务成本"有关明细账户净发生额(单位:元)如下:

职工薪酬	10 000

(7)"资产处置损益"有关明细账户净发生额(单位:元)如下:

固定资产处置损益	5 400(贷方)

(8)"营业外收入"有关明细账户净发生额(单位:元)如下:

固定资产报废清理收益	270
罚款收入现金	2 930

(9)"营业外支出"有关明细账户净发生额(单位:元)如下:

固定资产报废清理损失	3 300
罚款支出现金	1 700
捐赠支出现金	6 000

(10) 其他有关资料如下：

① 出售与报废的固定资产以现金支付处置和清理费用 1 630 元，出售固定资产与固定资产残料收入现金 72 000 元。

② 增加固定资产和在建工程的数额中除固定资产有 76 600 元系在建工程转入；在建工程有 10 000 元系应付债券利息转入外，其余部分均以现金支付。

图表 14-4

现 金 流 量 表

编制单位：百乐门宾馆　　　2019 年度　　　　　　　　　　会企 03 表
　　　　　　　　　　　　　　　　　　　　　　　　　　　　　单位：元

项　　　目	行次	本年金额	上年金额
一、经营活动产生的现金流量：			
销售商品、提供劳务收到的现金	1	3 169 500	（略）
收到的税费返还	3		
收到其他与经营活动有关的现金	8	1 930	
经营活动现金流入小计	9	3 171 430	
购买商品、接受劳务支付的现金	10	887 400	
支付给职工以及为职工支付的现金	12	465 150	
支付的各项税费	13	189 070	（略）
支付其他与经营活动有关的现金	18	896 800	
经营活动现金流出小计	20	2 438 420	
经营活动产生的现金流量净额	21	733 010	
二、投资活动产生的现金流量：			
收回投资收到的现金	22	94 000	
取得投资收益收到的现金	23	10 200	
处置固定资产、无形资产和其他长期资产收回的现金净额	25	70 370	
处置子公司及其他营业单位收到的现金净额	26		
收到其他与投资活动有关的现金	28		
投资活动现金流入小计	29	174 570	

（续表）

项　　　　目	行次	本年金额	上年金额
购建固定资产、无形资产和其他长期资产支付的现金	30	561 200	
投资支付的现金	31	106 000	
取得子公司及其他营业单位支付的现金净额	32		
支付其他与投资活动有关的现金	35		
投资活动现金流出小计	36	667 200	
投资活动产生的现金流量净额	37	−492 630	
三、筹资活动产生的现金流量：			
吸收投资收到的现金	38	95 000	
取得借款收到的现金	40	120 000	
收到其他与筹资活动有关的现金	43		
筹资活动现金流入小计	44	215 000	
偿还债务支付的现金	45	142 000	
分配股利、利润或偿付利息支付的现金	46	294 280	
支付其他与筹资活动有关的现金	52	100	
筹资活动现金流出小计	53	436 380	
筹资活动产生的现金流量净额	54	−221 380	
四、汇率变动对现金及现金等价物的影响	55	−1 500	
五、现金及现金等价物净增加额	56	17 500	
加：期初现金及现金等价物余额	57	217 500	
六、期末现金及现金等价物余额	58	235 000	
补　充　资　料	行次	本年金额	上年金额
1. 将净利润调节为经营活动现金流量：			
净利润	59	376 000	
加：资产减值准备	60	12 800	

(续表)

补 充 资 料	行次	本年金额	上年金额
固定资产折旧	61	347 500	
无形资产摊销	62	10 000	
长期待摊费用摊销	63	6 000	
处置固定资产、无形资产和其他长期资产的损失（收益以"－"号填列）	64	－5 400	
固定资产报废损失	65	3 030	
公允价值变动损失(收益以"－"号填列)	66	－1 600	
财务费用	67	31 380	
投资损失(收益以"－"号填列)	68	－13 600	
递延所得税资产减少(增加以"－"号填列)	69	2 000	
递延所得税负债增加(减少以"－"号填列)	70	－2 500	
存货的减少(增加以"－"号填列)	71	－13 000	
经营性应收项目的减少(增加以"－"号填列)	72	－19 500	
经营性应付项目的增加(减少以"－"号填列)	73	2 000	
其他	74	－2 100	
经营活动产生的现金流量净额	75	733 010	
2. 不涉及现金收支的投资和筹资活动：			
债务转为资本	76		
一年内到期的可转换公司债券	77		
融资租入固定资产	78		
3. 现金及现金等价物净增加情况：			
现金的期末余额	79	185 000	
减：现金的期初余额	80	172 500	
加：现金等价物的期末余额	81	50 000	
减：现金等价物的期初余额	82	45 000	
现金及现金等价物净增加额	83	17 500	

编制现金流量表有关行次数据具体计算如下：

行次 1＝3 000 000＋182 000＋254 000＋3 000－264 000－5 500＝3 169 500(元)

行次 8＝2 930＋6 600－7 600＝1 930(元)

行次 10＝735 000＋127 200＋4 700＋10 100＋1 780＋820＋379 000－366 000＋101 300＋30 000－99 500－27 000－10 000＝887 400(元)

行次 13＝10 720＋8 900＋4 780＋4 600－9 850－4 320－4 150＋54 340＋124 050＝189 070(元)

行次 18＝999 200＋722 280＋32 800＋11 000－360 000－22 320－296 000－6 000－4 700－10 100－96 000－5 580－51 500－10 000－1 780－820－29 780－100－1 500－3 300＋30 000＋7 200－6 200＝896 800(元)

行次 22＝80 000－55 000＋70 000－1 000＝94 000(元)

行次 23＝1 600＋13 600＋4 000＋1 000－6 000－4 000＝10 200(元)

行次 25＝72 000－1 630＝70 370(元)

行次 30＝490 500＋150 000＋7 300－76 600－10 000＝561 200(元)

行次 31＝90 000－60 000＋80 000－4 000＝106 000(元)

行次 45＝110 000＋40 000－8 000＝142 000(元)

行次 46＝256 500＋29 780＋10 000＋8 000－10 000＝294 280(元)

行次 72＝254 000＋27 000－264 000－30 000＋11 000－12 000－5 500＝－19 500(元)

行次 73＝99 500＋3 000＋30 750＋9 850－101 300－29 900＋8 000－8 900－9 000＝2 000(元)

第五节 所有者权益变动表

一、所有者权益变动表的意义和作用

所有者权益变动表是指反映企业在一定会计期间构成所有者权益的各组成部分增减变动情况的报表。它反映了企业所有者权益的结构及其增减变动情况。

通过对所有者权益变动表的分析，可以了解企业实收资本[①]、资本公积、库存股、其他综合收益、盈余公积和未分配利润增减变动的详细情况，了解企业增资扩股的能力及其资金的来源。

二、所有者权益变动内容和结构

所有者权益变动表的结构由表头和正表两个部分组成。

---

① 股份有限公司为股本。

所有者权益变动表的正表分为四个部分，第一部分是上年年末余额。第二部分是本年年初余额，它是上年年末余额加上会计政策变更和前期差错更正后的数额。第三部分是本年增减变动金额，它由综合收益总额、所有者投入和减少资本、利润分配和所有者权益内部结转四小部分组成。第四部分是本年年末余额，它是本年年初余额，加上或减去本年变动金额后的数额。

所有者权益变动表金额栏分为本年金额和上年金额两个部分，"本年金额"栏和"上年金额"栏均采用多栏式，分别划分为实收资本①、资本公积、库存股、其他综合收益、盈余公积、未分配利润和所有者权益合计七栏。

所有者权益变动表的格式及其具体内容如图表 14-5 所示。

三、所有者权益变动表的编制方法

（一）"本年金额"栏的填列方法

1. "上年年末余额"项目　该项目分别根据"实收资本""资本公积""库存股""其他综合收益""盈余公积""利润分配——未分配利润"账户上年的年末余额填列。

2. "会计政策变更""前期差错更正"项目　这两个项目分别根据"盈余公积""利润分配——未分配利润"账户分析填列。

3. "本年年初余额"项目　该项目根据本表"上年年末余额"项目的金额，加上"会计政策变更""前期差错更正"两个项目金额后的数额填列。

4. "综合收益总额"项目　该项目根据"利润表"中的"综合收益总额"项目的金额填列。

5. "所有者投入和减少资本"中的三个明细项目　这三个明细项目分别为"所有者投入资本""股份支付计入所有者权益的金额"和"其他"，分别根据"实收资本""资本公积"和"其他综合收益"账户的发生额分析填列。

6. "利润分配"中的三个明细项目　这三个明细项目分别为"提取盈余公积""对所有者（或股东）的分配"和"其他"，分别根据"利润分配"相关明细账户的净发生额填列。

7. "所有者权益内部结转"中的四个明细项目　这四个明细项目分别为"资本公积转增资本（或股本）""盈余公积转增资本（或股本）""盈余公积弥补亏损"和"其他"，分别根据"实收资本""资本公积""盈余公积"和"利润分配——盈余公积补亏"账户的净发生额分析填列。

8. "本年年末余额"项目　该项目根据本表的"本年年初余额"项目的金额，加上"综合收益总额"项目的金额，加上或减去"所有者投入和减少资本"中各明细项目的金额，再加上或减去"利润分配"中各明细项目和"所有者权益内部结转"中各明细项目的金额后的数额填列。

---

① 股份有限公司为股本。

图表 14-5

所有者权

编制单位：百乐门宾馆　　　　　　　　　　　　　　　　　　　　　　　2019

项　　　目	行次	本　　年			
		实收资本（或股本）	资　本公　积	库存股（减项）	其他综合收益
一、上年年末余额		2 200 000	229 600		
加：会计政策变更					
前期差错更正					
二、本年年初余额		2 200 000	229 600		
三、本年增减变动金额（减少以"－"号填列）					
（一）综合收益总额					
（二）所有者投入和减少资本					
1. 所有者投入资本					
2. 股份支付计入所有者权益的金额					
3. 其他					
（三）利润分配					
1. 提取盈余公积					
2. 对所有者（或股东）的分配					
3. 其他					
（四）所有者权益内部结转					
1. 资本公积转增资本（或股本）		200 000	200 000		
2. 盈余公积转增资本（或股本）					
3. 盈余公积弥补亏损					
4. 其他					
四、本年年末余额		2 400 000	29 600		

益变动表

会企：04 表
年度　　　　　　　　　　　　　　　　　　　　　　　　　　　　　　单位：元

金　　额			上　年　金　额						
盈余公积	未分配利润	所有者权益合计	实收资本（或股本）	资本公积	库存股（减项）	其他综合收益	盈余公积	未分配利润	所有者权益合计
95 120	57 880	2 582 600	2 000 000	229 600			40 400	27 100	2 297 100
95 120	57 880	2 582 600	2 000 000	229 600			40 400	27 100	2 297 100
		376 000							342 000
				200 000					200 000
60 160							54 720		
		282 000							256 500
		33 840							30 780
155 280	91 720	2 676 600	2 200 000	229 600			95 120	57 880	2 582 600

(二)"上年金额"栏的填列方法

"上年金额"栏各个项目的数额可以根据该表上一年度的"本年金额"栏各个项目的数额填列。

现根据图表 14-1 资产负债表、图表 14-3 利润表及下列有关资料编制所有者权益变动表如图表 14-5 所示。

该企业本年和上年均未发生会计政策变更和前期差错更正业务,本年将 200 000 元资本公积转增资本、上年所有者追加投资 200 000 元,上年金额中的上年年末余额实收资本为 2 000 000 元、资本公积为 229 600 元,盈余公积为 40 400 元,未分配利润为 27 100 元。

第六节 附 注

一、附注概述

附注是指对资产负债表、利润表、现金流量表和所有者权益变动表等报表中列示项目的文字描述或明细资料,以及对未能在这些报表中列示项目的说明等。

附注应当披露财务报表的编制基础,相关信息应当与资产负债表、利润表、现金流量表和所有者权益变动表等报表中列示的项目相互参照。企业还应当在附注中披露企业注册地、组织形式和总部地址;企业的业务性质和主要经营活动;母公司以及集团最终母公司的名称;财务报表的批准报出者和财务报表批准报出日等。

二、附注披露的顺序

附注一般应当按照下列顺序披露:① 财务报表的编制基础。② 遵循企业会计准则的声明。③ 重要会计政策的说明,包括财务报表项目的计量基础和会计政策的确定依据等。④ 重要会计估计的说明,包括下一会计期间内很可能导致资产、负债账面价值重大调整的会计估计的确定依据等。⑤ 会计政策和会计估计变更以及差错更正的说明。⑥ 对已在资产负债表、利润表、现金流量表和所有者权益变动表中列示的重要项目的进一步说明。⑦ 或有和承诺事项、资产负债表日后非调整事项、关联方关系及其交易等需要说明的事项。

会计政策是指企业在会计确认、计量和报告中所采用的原则、基础和会计处理方法。

会计估计变更是指由于资产和负债的当前状况及预期经济利益和义务发生了变化,从而对资产或负债的账面或者资产的定期消耗金额进行调整。

第七节 前期差错及其更正

一、前期差错概述

(一)前期差错的含义及包括的内容

前期差错是指由于没有运用或错误运用信息,而对前期财务报表造成省略或错报。

上述的信息有两种：一是编报前期财务报表时预期能够取得并加以考虑的可靠信息；二是前期财务报告批准报出时能够取得的可靠信息。

前期差错通常包括计算错误、应用会计政策错误、疏忽或曲解事实、舞弊产生的影响，以及存货、固定资产盘盈等。

（二）前期差错的类型

前期差错按其对财务报表使用者的影响程度不同，可分为以下两类。

1. 不重要的前期差错　　它是指不足以影响财务报表使用者对企业财务状况、经营成果和现金流量作出正确判断的会计差错。

2. 重要的前期差错　　它是指足以影响财务报表使用者对企业财务状况、经营成果和现金流量作出正确判断的前期差错。前期差错影响的财务报表的金额越大、性质越严重，其重要性就越大。

二、前期差错的更正方法

企业对于不同类型的前期差错，采用不同的更正方法，现分别予以阐述。

（一）不重要的前期差错的更正方法

企业对于不重要的前期差错，不需要调整财务报表相关项目的期初数，但应调整发现当期的相关项目，属于影响损益的，应直接计入当期相关的损益项目。

【例】 2019年1月31日，卢湾宾馆经检查发现2018年少提管理部门用设备折旧费1 500元，予以更正。作分录如下：

借：管理费用——折旧额　　　　　　　　　　　　　　　　　　　1 500.00
　　贷：累计折旧　　　　　　　　　　　　　　　　　　　　　　　　　　1 500.00

（二）重要的前期差错的更正方法

企业对于重要的前期差错，应当采用追溯重述法进行更正，但确定前期差错累积影响数不切实可行的除外。追溯重述法是指在发现前期差错时，视同该项前期差错从未发生过，从而对财务报表相关项目进行更正的方法。

企业应当在其发现重要的前期差错的当期财务报表中，调整前期比较数据。具体地说，通过下述处理对其进行追溯更正：① 追溯重述差错发生期间列报的前期比较金额。② 如果前期差错发生在列报的最早前期之前，则追溯重述列报的最早前期的资产、负债和所有者权益相关项目的期初余额。

对于发生的重要的前期差错，如果影响损益，应将其对损益的影响数调整发现差错当期的期初留存收益，财务报表其他相关项目的期初数也应一并调整；如果不影响损益，应调整财务报表相关项目的期初数。

【例】 长宁宾馆2019年发现2018年多计营业部门固定资产折旧费100 000元，该宾馆的所得税税率为25%。宾馆分别按净利润的10%和6%计提法定盈余公积和任意盈余公积。

(1) 分析前期差错的影响数。该宾馆多计固定资产折旧费,将会少计利润总额,从而造成少计提应交所得税额和少计净利润,并造成少计提盈余公积。

(2) 编制相关项目的调整分录。

① 转回多计固定资产折旧费:

  借:累计折旧   100 000.00
    贷:以前年度损益调整   100 000.00

② 补计提应交所得税额:

  借:以前年度损益调整   25 000.00
    贷:应交税费——应交所得税   25 000.00

③ 结转"以前年度损益调整"账户:

  借:以前年度损益调整   75 000.00
    贷:利润分配——未分配利润   75 000.00

④ 补提法定盈余公积和任意盈余公积:

  借:利润分配——未分配利润   12 000.00
    贷:盈余公积——法定盈余公积   7 500.00
    贷:盈余公积——任意盈余公积   4 500.00

(3) 财务报表的调整和重述。长宁宾馆在列报 2019 年财务报表时,应调整 2019 年资产负债表有关项目的年初余额,利润表及所有者权益变动表的上年金额也应进行调整。

① 资产负债表相关项目金额的调整。调增"固定资产"项目年初余额 100 000 元,调增"应交税费"项目年初余额 25 000 元;分别调增"盈余公积"项目年初余额和"未分配利润"项目年初余额 12 000 元和 63 000 元。

② 利润表项目的调整。调减"营业成本"项目上年金额 100 000 元;分别调增"营业利润"项目和"利润总额"项目上年金额各 100 000 元;分别调增"所得税费用"项目和"净利润"项目上年金额 25 000 元和 75 000 元。

③ 所有者权益变动表项目的调整。分别调增"前期差错更正"项目中"盈余公积"栏和"未分配利润"栏上年金额 12 000 元和 63 000 元,以及"所有者权益合计"栏上年金额 75 000 元。

"以前年度损益调整"是损益类账户,用以核算企业本年度发生的调整以前年度损益的事项以及本年发现的重要前期差错更正涉及调整以前年度损益的事项。企业调整增加的以前年度利润或调整减少的以前年度亏损,由于调整减少或增加以前年度利润或亏损而相应减少所得税费用,以及将以前年度多计的净利润结转"利润分配"账户时,记入该账户贷方;企业调整减少的以前年度利润或调整增加的以前年度的亏损,由于调整增加或减少以前年度利润或亏损而相应增加的所得税费用,以及将以前年度少计的净利润结转"利润分配"账户时,记入该账户借方。

三、前期差错更正的披露

企业应当在附注中披露与前期差错更正有关的信息:① 前期差错的性质。② 各个列报前财务报表中受影响的项目名称和更正金额。③ 无法进行追溯重述的,说明该事实和原因以及对前期差错开始进行更正的时点、具体更正情况等。

思 考 题

一、简答题

1. 什么是财务报表?它有哪些作用?
2. 什么是资产负债表?它有哪些作用?试述其结构。
3. 什么是利润表?它有哪些作用?试述其结构。
4. 试述现金流量表的作用和结构。
5. 什么是所有者权益变动表?它有哪些作用?其结构怎样?

二、名词解释题

流动资产　　现金等价物　　现金流量表　　直接法　　附注

三、是非题

1. 资产负债表中"货币资金"项目根据"库存现金""银行存款"和"其他货币资金"账户的期末余额合计数填列。（　　）

2. 资产负债表中"持有至到期投资"项目应根据"持有至到期投资"账户的期末余额,减去一年内到期的持有至到期投资数额后的差额填列。（　　）

3. 资产负债表中"一年内到期的非流动负债"项目应根据"长期借款""应付债券"长期应付款和"专项应付款"账户的期末余额分析填列。（　　）

4. 利润表的正表由营业收入、营业利润、利润总额、净利润、其他综合收益的税后净额、综合收益总额和每股收益七个部分组成。（　　）

5. 现金流量是指企业的现金和现金等价物的流入的流出。（　　）

6. 现金流量表正表部分由经营活动产生的现金流量、投资活动产生的现金流量、筹资活动产生的现金流量、汇率变动对现金及现金等价物的影响和现金及现金等价物净增加额组成。（　　）

7. 经营活动产生的现金流出量、应由购买商品、接受劳务支付的现金、支付给职工以及为职工支付的现金、支付的各项税费和支付其他与经营活动有关的现金等项目组

成。 （ ）

8. 处置固定资产收回的现金净额应该属于经营活动产生的现金流量。（ ）

9. 间接法是指以净利润为基础，以非现金费用和债权、债务以及存货的变动额加以调整，结算出现金流量净额的方法。

四、单项选择题

1. 资产负债表中各项目的数据应根据本期总分类账或明细分类账户中的_____直接填列或经过分析计算调整后填列。

   A. 期初余额和发生额　　　　　　B. 期初余额和期末余额
   C. 期末余额　　　　　　　　　　D. 期末余额和发生额

2. 资产负债表中"应收账款"项目内除了包括"应收账款"账户所属各明细分类账户借方余额合计数外，还应包括_____。

   A. "应付账款"账户所属各明细分类账户借方余额合计数
   B. "预收账款"账户所属各明细分类账户借方余额合计数
   C. "预付账款"账户所属各明细分类账户借方余额合计数
   D. "其他应收款"账户所属各明细分类账户借方余额合计数

3. 利润表各项目的数据应根据本期总分类账户的_____直接填列或经过计算后填列。

   A. 期初余额和发生额　　　　　　B. 期末余额和发生额
   C. 期末余额　　　　　　　　　　D. 发生额

4. 现金流量表中"取得借款收到的现金"项目根据_____账户贷方发生额的合计数填列。

   A. 短期借款、长期借款　　　　　B. 短期借款、长期借款——本金
   C. 短期借款、长期借款、应付债券　D. 应付账款、短期借款、长期借款

五、多项选择题

1. 编制财务报表要求做到_____。

   A. 数字真实　　B. 计算准确　　C. 内容完整　　D. 报送及时

2. 通过对资产负债表的分析，可以了解资产的分布是否得当；资产、负债和所有者权益之间的结构是否合理；企业的财务实力是否雄厚；_____等。

   A. 短期偿债能力的强弱　　　　　B. 盈利能力的强弱
   C. 所有者持有权益的多少　　　　D. 财务状况的发展趋势

3. 资产负债表中，"预付账款"项目内填列的内容应包括_____。

   A. "应收账款"所属各明细分类账户的借方发生额合计数
   B. "应付账款"所属各明细分类账户的借方发生额合计数
   C. "预收账款"所属各明细分类账户的借方发生额合计数

D. "预付账款"所属各明细分类账户的借方发生额合计数

4. 现金流量表中,"经营活动产生的现金流入量"应由_____等项目组成。

A. 收到的税费返还　　　　　　　　B. 销售商品、提供劳务收到的现金

C. 处置固定资产收到的现金　　　　D. 收到其他与经营活动有关的现金

5. 现金流量表中,"经营活动产生的现金流出量"应由购买商品、接受劳务支付的现金、_____和支付其他与经营活动有关的现金等项目组成。

A. 支付给职工以及为职工支付的现金

B. 购建固定资产支付的现金

C. 支付的各项税费

D. 偿付利息支付的现金

实 务 题

习题一

一、目的　练习财务报表的编制。

二、资料　长春宾馆12月31日的有关资料如下：

1. 年终结账后总分类账户余额(单位：元)如下：

借方余额账户	年末余额	年初余额	贷方余额账户	年末余额	年初余额
库存现金	1 500	1 200	坏账准备	2 490	2 388
银行存款	174 500	162 800	商品进销差价	32 200	30 900
备用金	1 000	1 000	存货跌价准备	4 200	3 500
其他货币资金	18 000	15 000	累计折旧	456 200	250 000
交易性金融资产	98 000	90 000	累计摊销	27 000	18 000
应收票据	19 000	18 000	固定资产减值准备	8 200	6 700
应收账款	251 490	241 188	短期借款	132 000	122 000
应收利息	5 000	3 600	应付票据	19 100	18 600
其他应收款	12 500	11 800	应付账款	68 560	43 730
在途物资	20 000	18 600	应付职工薪酬	31 500	30 980
原材料	188 730	181 180	应交税费	10 840	9 820
库存商品	135 850	129 900	应付股利	296 850	273 000
低值易耗品	89 820	87 720	其他应付款	7 560	6 980

待摊费用	31 200	28 800	长期借款	160 000	160 000
持有至到期投资	165 000	150 000	应付债券	622 000	575 000
固定资产	3 155 400	2 803 200	递延所得税负债	13 560	17 310
在建工程	152 900	142 800	实收资本	2 520 000	2 300 000
无形资产	99 000	99 000	资本公积	15 670	235 670
长期待摊费用	64 000	72 000	盈余公积	158 148	94 820
递延所得税资产	4 750	7 550	利润分配	101 562	65 940

2. 有关明细分类账户的余额（单位：元）如下：

	期末余额	年初余额
(1)"应收账款"账户借方余额	258 000	246 800
"应收账款"账户贷方余额	9 000	8 000
(2)"应付账款"账户借方余额	30 800	28 600
"应付账款"账户贷方余额	99 360	72 330
(3)"持有至到期投资"账户中一年内到期的债券	55 000	48 000
(4)"长期待摊费用"账户中一年内到期的待摊费用	8 000	8 000
(5)"应付债券"账户中一年内到期的债券	48 000	42 000

(6)"应交税费"各明细分类账户均为贷方余额。

3. 本年损益类账户净发生额（单位：元）如下：

账户名称	12月数	1～11月数
主营业务收入	263 000	2 827 000
其他业务收入	5 000	55 000
主营业务成本	63 900	691 600
其他业务成本	2 000	10 000
税金及附加	1 060	10 830
销售费用	90 400	964 800
管理费用	63 550	690 710
财务费用	2 900	31 600
资产减值损失	2 320	11 130
资产处置损益		3 500（贷方）
公允价值变动损益	250（贷方）	1 550（贷方）

投资收益	2 040	11 660
营业外收入	2 730	3 570
营业外支出	3 900	6 600
所得税费用	10 125	120 075

4. 有关明细账户的年末余额和年初余额(单位:元)如下:

账 户 名 称	年末余额	年初余额
交易性金融资产——现金等价物	58 000	50 000
持有至到期投资——应计利息	5 000	3 000
应交税费——未交增值税	5 070	4 560
应交税费——应交所得税	5 260	4 800

5. 有关总分类账户和明细分类账户的借贷方发生额(单位:元)如下:

账 户 名 称	借方金额	贷方金额
交易性金融资产	100 000	92 000
其中:现金等价物	65 000	57 000
应收利息	5 000	3 600
其他应收款	15 000	14 300
坏账准备——应收账款	5 898	6 000
存货跌价准备	2 400	3 100
待摊费用	31 200	28 800
持有至到期投资	63 000	48 000
其中:应计利息	5 000	3 000
固定资产	492 700	142 000
累计折旧	118 600	324 800
在建工程	97 100	87 000
固定资产减值准备		4 350
累计摊销		9 000
长期待摊费用		8 000
短期借款	122 000	132 000
应付职工薪酬	497 080	497 600
应交税费——应交增值税——销项税额		191 500
应交税费 应交增值税——进项税额	133 800	

应交税费——未交增值税——转入未交增值税	57 700	
应交税费——应交所得税	130 690	131 150
应付股利	273 000	296 850
其他应付款	7 200	7 780
应付债券	42 000	89 000
其中：应计利息	9 000	11 000

6. 有关明细账户净发生额（单位：元）如下：

（1）"销售费用"有关明细账户净发生额（单位：元）如下：

职工薪酬	384 000
保险费（待摊费用转入）	23 040
折旧费	275 000
修理费（长期待摊费用转入）	8 000
低值易耗品摊销	9 800
物料消耗	12 300

（2）"管理费用"有关明细账户净发生额（单位：元）如下：

职工薪酬	101 600
保险费（待摊费用转入）	5 760
折旧费	49 800
无形资产摊销	9 000
税金	6 120
低值易耗品摊销	3 800
其他费用——物料消耗	3 410

（3）"财务费用"有关明细账净发生额（单位：元）如下：

利息支出	30 060
发行债券费用	120
汇兑损失	1 600

（4）"其他业务成本"有关明细账户净发生额（单位：元）如下：

职工薪酬	12 000

（5）"资产处置损益"有关明细账户净发生额（单位：元）如下：

固定资产处置损益	3 500（贷方）

（6）"营业外收入"有关明细账户净发生额（单位：元）如下：

固定资产清理报废收益	2 010

罚款收入现金	4 290

(7)"营业外支出"有关明细账户净发生额(单位:元)如下:

固定资产清理报废损失	3 800
罚款支出现金	1 200
捐赠支出现金	5 500

7. 其他有关资料如下:

(1) 出售与报废固定资产以现金支付处置和清理费用1 720元,出售固定资产与固定资产残料收入现金26 830元。

(2) 增加固定资产和在建工程的数额中除固定资产有87 000元系在建工程转入,在建工程有11 000元系应付债券的利息外,其余的均以现金支付。

8. 该宾馆本年和上年均未发生会计政策变更和前期差错更正业务,本年将220 000元资本公积转增资本,上年所有者追加投资250 000元,上年金额中的上年年末余额实收资本为2 050 000元,资本公积为235 670元,盈余公积为36 580元,未分配利润为33 180元。上年综合收益总额为364 000元,上年年初未分配利润为33 180元。上年"利润分配"明细账户的净发生额分别为提取盈余公积58 240元,应付股利273 000元,未分配利润32 760元;本年"利润分配"明细账户的净发生额分别为提取盈余公积63 328元,应付股利296 850元,未分配利润35 622元。

三、要求

1. 根据"资料1""资料2",编制资产负债表。
2. 根据"资料3",编制利润表。
3. 根据"资料4""资料5""资料6""资料7"和资产负债表等财务报表,编制现金流量表。
4. 根据"资料8"和资产负债表,编制所有者权益变动表。

习题二

一、目的 练习前期差错的更正。

二、资料 天山宾馆年发生下列有关的经济业务。

1. 2019年2月10日,经检查,发现2018年少提行政管理部门固定资产折旧费1 250元。

2. 2019年3月21日,经检查,发现2018年多计营业部门固定资产折旧费120 000元,该宾馆的所得税税率为25%,宾馆分别按净利润的10%和6%计提法定盈余公积和任意盈余公积。

三、要求 编制更正或调整分录,并对财务报表进行调整和重述。

第十五章 债务重组

第一节 债务重组概述

一、债务重组的意义

债务重组是指在债务人发生财务困难的情况下，债权人按照其与债务人达成的协议或者法院的裁定，做出让步的事项。

债务是指企业由于过去的事项而发生的现存义务，这种义务的结算将会引起含有经济利益的资源流出企业，如短期借款、应付账款、应付票据、应付职工薪酬、长期借款、应付债券等。

债务人发生财务困难是指因债务人出现资金周转困难、经营陷入困境或者其他原因，导致其无法或者没有能力按原定条件偿还债务。

债权人作出让步是指债权人同意发生财务困难的债务人现在或者将来以低于重组债务账面价值的金额或者价值偿还债务。债权人作出让步的情形主要包括：债权人减免债务人部分债务本金或者利息，降低债务人应付债务的利率等。

在市场经济的条件下，企业之间存在着激烈的竞争，当企业由于生产经营决策失误、资本结构失衡、负债比例过高等原因，导致企业资金周转失灵，从而发生财务困难，无力偿付到期的债务时，债权人出于下列两个原因同意债务人修改债务条件：第一，为最大限度地收回债权；第二，为缓解债务人暂时的财务困难，避免由于采取立即求偿的措施，致使债权上的损失更大。

二、债务重组的方式

债务重组方式可以分为以下四种。

(一) 以资产清偿债务

1. 以低于重组债务账面价值的现金清偿债务　它是指债务人以低于重组债务账面价值的现金清偿债务。为此，债权人作出了减免债务人部分债务的让步，从而以低于债权账面价值的现金收到债权。

2. 以非现金资产清偿债务　它是指债务人转让其非现金资产给债权人以清偿债务。债务人常用于偿债的非现金资产主要有：存货、固定资产、无形资产、股票、债券、基金等资产。

（二）将债务转为资本

将债务转为资本是指债务人将其所负的债务转换为资本。然而从债权人的角度看，则为债权转为股权。

将债务转为资本实质上是增加债务人的资本。在以债务人债务转为资本方式进行债务重组时，必须严格遵循国家有关法律的规定。债务转为资本的结果是债务人因此而增加实收资本（或股本），债权人因此而增加长期股权投资。

（三）修改其他债务条件

修改其他债务条件是指修改不包括以现金、非现金资产清偿债务和以债务转为资本三种方式在内的债务条件，如延长债务偿还期限、延长债务偿还期限并降低利息、延长债务偿还期限并减少债务本金或减少债务利息等。

（四）多种方式的组合

多种方式的组合是指以现金、非现金资产清偿债务、将债务转为资本和修改其他债务条件等多种方式的组合。

第二节　债务人债务重组

债务人在进行债务重组时，由于债务重组的方式不同，其核算的方法也各异，现分别予以阐述。

一、以资产清偿债务的核算

债务人以低于重组债务账面价值的现金清偿债务时，应将重组债务的账面价值与实际支付的现金之间的差额计入当期损益。

重组债务的账面价值是指债面值，或本金、原值。例如，带息的应付票据、短期借款、长期借款、应付债券等含有的利息，还应加上应计未付的利息；又如，溢价或折价发行的债券，还应加上尚未摊销的利息调整额。

【例】3月15日，飞鸿宾馆向东风公司购进商品一批，计货款90 000元，增值税15 300元，合同约定3个月付款。6月15日，飞鸿宾馆因资金周转困难，无力支付欠款，经双方协议，东风公司同意减免飞鸿宾馆15 000元债务，并要求其立即付款。今签发转账支票90 300元，清偿东风公司债务，作分录如下：

借：应付账款　　　　　　　　　　　　　　　　　　　　105 300.00
　　贷：银行存款　　　　　　　　　　　　　　　　　　　90 300.00
　　贷：营业外收入——债务重组利得　　　　　　　　　　15 000.00

以非现金资产清偿债务的，债务人应当将重组债务的账面价值与转让的非现金资

产公允价值之间的差额,计入当期损益;转让的非现金资产公允价值与其账面价值之间的差额,应当分别不同情况进行处理:

非现金资产为存货的,应当作为销售处理,以其公允价值确认收入,同时结转相应的成本。

非现金资产为固定资产、无形资产的,其公允价值与账面价值的差额,计入资产处置损益。

非现金资产为长期股权投资的,其公允价值与账面价值的差额,计入投资损益。

非现金资产的账面价值是指非现金资产的账面余额扣除有关损失准备后的金额。例如,存货的账面价值就是其账面余额扣除有关存货跌价准备后的金额;固定资产的账面价值就是其账面余额扣除累计折旧和有关固定资产减值准备后的金额;长期股权投资的账面价值就是其账面余额扣除长期股权投资减值准备后的金额。

【例】 4月20日,凯乐饭店向光华公司购进厨房设备1套,价值90 000元,签发并承兑不带息的商业汇票付讫,汇票的付款期为2个月。6月20日,凯乐饭店因发生财务困难,无法兑付票款。经双方协议,光华公司同意凯乐饭店用商品一批抵偿债务,该批商品的销售价值为72 000元,增值税税率为13%。

(1) 作销售收入入账,作分录如下:

借:应付票据 90 000.00
　　贷:主营业务收入 72 000.00
　　贷:应交税费——应交增值税——销项税额 9 360.00
　　贷:营业外收入——债务重组利得 8 640.00

(2) 该批商品的账面价值为63 000元,未提存货跌价准备,结转其销售成本,作分录如下:

借:主营业务成本 63 000.00
　　贷:库存商品 63 000.00

债务人以固定资产清偿债务时,应先将固定资产账面价值转入"固定资产清理"账户,然后再作清偿债务的核算。

【例】 3月10日,顺风旅行社向华欣房产公司购进作为营业用的房屋一间,价值800 000元,已支付了480 000元。合同规定其余320 000元应在6月10日支付。6月10日,顺风旅行社因发生财务困难,无法按合同规定偿还债务。经双方协商,房产公司同意该社以旧房屋一间抵偿债务。该旧房屋原始价值400 000元,已提折旧105 000元,已计提减值准备10 000元。

(1) 将清偿债务的旧房屋转账,作分录如下:

借：固定资产清理——处置旧房屋 285 000.00
借：累计折旧 105 000.00
借：固定资产减值准备 10 000.00
　　贷：固定资产 400 000.00

（2）该旧房屋经评估公允价值为 286 000 元，新欣资产评估公司开来专用发票，列明房屋评估费用 3 000 元，增值税额 180 元，当即签发转账支票支付，作分录如下：

借：固定资产清理——处置旧房屋 3 000.00
借：应交税费——应交增值税——进项税额 180.00
　　贷：银行存款 3 180.00

（3）开具专用发票，列明房屋出售金额 286 000 元，增值税额 25 200 元，将旧房屋交付房产公司以清偿前欠购房款，作分录如下：

借：应付账款 320 000.00
借：资产处置损益(286 000－288 000) 2 000.00
　　贷：固定资产清理——处置旧房屋 288 000.00
　　贷：应交税费——应交增值税——销项税额 25 200.00
　　贷：营业外收入——债务重组利得(320 000－286 000－25 200) 8 800.00

二、将债务转为资本清偿债务的核算

债务人将债务转为资本的，应当将重组债务的账面价值与债权人因放弃债权而享有的股权的份额之间的差额作为资本溢价，列入"资本公积"账户。

【例】 6 月 30 日，南方餐饮公司向双杰房产公司购进房屋一幢作为营业用房使用。该房屋价值 1 000 000 元，其中 550 000 元当即签发转账支票付讫，其余 450 000 元暂欠，合同规定 6 个月内付清账款。12 月 30 日，南方餐饮公司发生财务困难，无力偿还欠款，经双方协议，双杰房产公司同意南方餐饮公司以其 8％的股权抵偿债务，予以转账，该公司所有者权益为 5 000 000 元，8％股权的公允价值为 428 000 元，作分录如下：

借：应付账款 450 000.00
　　贷：实收资本(5 000 000×8％) 400 000.00
　　贷：资本公积 28 000.00
　　贷：营业外收入——债务重组利得 22 000.00

三、修改其他债务条件清偿债务的核算

（一）修改其他债务条件清偿债务不涉及或有应付金额的核算

债务人以修改其他债务条件清偿债务，并且修改后的债务条款中不涉及或有应付金额的，应当将修改其他债务条件后债务的公允价值作为重组后的债务的入账价值。

重组债务的账面价值与重组后债务的入账价值之间的差额,计入当期损益。

或有应付金额是指需要根据未来某种事项出现而发生的应付金额。而且该未来事项的出现具有不确定性。

【例】1月8日,大鹏娱乐城向浦江公司购置一套高级音响设备,价值100 000元,签发并承兑了带息的商业汇票付讫,汇票的付款期为5个月,月利率为6‰。6月8日,大鹏娱乐城因发生财务困难,无法兑付票款,经双方协议,浦江公司要求大鹏娱乐城先偿付汇票利息,然后同意其推迟3个月付款,并减少其本金5 000元。

(1) 签发转账支票3 000元,支付商业汇票利息,作分录如下:

借:应付票据——利息　　　　　　　　　　　　　　　3 000.00
　　贷:银行存款　　　　　　　　　　　　　　　　　　　　3 000.00

(2) 将应付票据进行债务重组转账,作分录如下:

借:应付票据——浦江公司　　　　　　　　　　　　100 000.00
　　贷:应付账款——浦江公司　　　　　　　　　　　　　95 000.00
　　贷:营业外收入——债务重组利得　　　　　　　　　　5 000.00

(二) 修改其他债务条件清偿债务涉及或有应付金额的核算

债务人修改其他债务条件清偿债务的,修改后的债务条款如涉及或有应付金额的,且该或有应付金额符合预计负债确认条件的,债务人应当将或有应付金额确认为预计负债。重组债务的账面价值与重组后债务的入账价值和预计负债金额之和的差额,计入当期损益。

【例】2014年4月30日,城东宾馆向银行借入450 000元,期限为3年,年利率为7.2%,到期一次还本付息。现因城东宾馆发生财务困难,2016年4月30日进行债务重组,银行同意延长借款期限到期日至2019年4月30日,年利率降至6%,每年付息一次,免除积欠利息64 800元,本金减至420 000元。但附有一条件,即债务重组后,如城东宾馆自第二年起有盈利,则年利率回复至7.2%;若无盈利,年利率仍维持6%。计算长期借款的账面价值与重组后债务的入账价值的差额(单位:元)如下:

长期借款的账面价值　　　　　　　　　　　　　　　　　514 800
　其中:面值　　　　　　　　　　　　　　　　　　　　　450 000
　　　　应计利息(450 000×7.2%×2)　　　　　　　　　　64 800
减:重组后债务的入账价值　　　　　　　　　　　　　　495 600
　其中:面值　　　　　　　　　　　　　　　　　　　　　420 000
　　　　应计利息(420 000×6%×3)　　　　　　　　　　　75 600
减:或有应付金额[420 000×(7.2%−6%)×2]　　　　　　 10 080
差额　　　　　　　　　　　　　　　　　　　　　　　　　9 120

(1) 2016 年 4 月 30 日,根据计算的结果,进行债务重组,作分录如下:

借:长期借款——本金　　　　　　　　　　　　　　　　　　　450 000.00
　　长期借款——利息　　　　　　　　　　　　　　　　　　　 64 800.00
　　　贷:长期借款——债务重组　　　　　　　　　　　　　　　　　　 495 600.00
　　　　 预计负债　　　　　　　　　　　　　　　　　　　　　　　　　10 080.00
　　　　 营业外收入——债务重组利得　　　　　　　　　　　　　　　　 9 120.00

(2) 2017 年 4 月 30 日,签发转账支票支付长期借款利息,作分录如下:

借:长期借款——债务重组(420 000×6%)　　　　　　　　　　 25 200.00
　　　贷:银行存款　　　　　　　　　　　　　　　　　　　　　　　　　25 200.00

(3) 2018 年 4 月 30 日,因本年已实现盈利,签发转账支票支付长期借款利息,作分录如下:

借:长期借款——债务重组(420 000×6%)　　　　　　　　　　 25 200.00
　　预计负债　　　　　　　　　　　　　　　　　　　　　　　 5 040.00
　　　贷:银行存款　　　　　　　　　　　　　　　　　　　　　　　　　30 240.00

(4) 2019 年 4 月 30 日,签发转账支票 450 240 元,偿还银行借款本金及最后一年期利息,作分录如下:

借:长期借款——债务重组(420 000+420 000×6%)　　　　　　445 200.00
　　预计负债　　　　　　　　　　　　　　　　　　　　　　　 5 040.00
　　　贷:银行存款　　　　　　　　　　　　　　　　　　　　　　　　 450 240.00

债务重组后产生的预计负债,如果在未来偿还债务期间内未满足债务重组协议所规定的或有应付金额的条件,那么应当将或有应付金额计入当期损益,届时应借记"预计负债"账户,贷记"营业外收入——债务重组利得"账户。

【例】　前例中,城东宾馆若到 2018 年 4 月 30 日时仍无盈利,那么其第一年支付利息的账务处理与前例相同,接着的账务处理如下:

(1) 2018 年 4 月 30 日,签发转账支票偿还长期借款利息,并将确认本期未发生的或有应付金额转账,作分录如下:

借:长期借款——债务重组　　　　　　　　　　　　　　　　 25 200.00
　　　贷:银行存款　　　　　　　　　　　　　　　　　　　　　　　　 25 200.00

同时,转销已确认而未发生的或有应付金额,作分录如下:

借:预计负债　　　　　　　　　　　　　　　　　　　　　　　 5 040.00
　　　贷:营业外收入——债务重组利得　　　　　　　　　　　　　　　　 5 040.00

(2) 2019 年 4 月 30 日,签发转账支票偿还长期借款本金,并支付最后一年期利息,作分录如下:

  借:长期借款——债务重组   445 200.00
    贷:银行存款   445 200.00

同时,转销已确认而尚未发生的或有应付金额,作分录如下:

  借:预计负债   5 040.00
    贷:营业外收入——债务重组利得   5 040.00

四、以多种方式的组合清偿债务的核算

债务重组是以现金清偿债务、非现金资产清偿债务、将债务转为资本、修改其他债务条件等方式的组合进行的,债务人应当依次以支付的现金、转让的非现金资产公允价值、债权人享有股权的公允价值、修改其他债务条件后债务的公允价值作为重组后的债务入账价值。重组债务的账面价值与公允价值之间的差额,计入当期损益。

【例】 2 月 5 日,安泰旅行社向武定房产公司购置营业用房,结欠房款 300 000 元,合同规定 4 个月后支付。6 月 5 日,安泰旅行社因发生财务困难无力清偿债务,经法院裁定,安泰旅行社以 1 辆大客车抵偿部分债务;还规定 1 年后再支付现金 20 000 元,以清偿剩余债务。该大客车原值为 150 000 元,累计折旧为 40 000 元,已提减值准备 10 000 元,并将其余的债务转为 6% 的股权。6% 股权的公允价值为 171 000 元,安泰旅行社的重新注册的资本为 2 800 000 元。

(1) 转销抵偿债务的大客车的账面价值,作分录如下:

  借:固定资产清理   100 000.00
  借:累计折旧   40 000.00
  借:固定资产减值准备   10 000.00
    贷:固定资产   150 000.00

(2) 开具专用发票,列明大客车出售金额 95 000 元,增值税额 12 350 元,以大客车抵偿部分债务,部分债务转作资本,剩余债务 1 年后清偿,作分录如下:

  借:应付账款   300 000.00
  借:资产处置损益   5 000.00
    贷:固定资产清理   100 000.00
    贷:应交税费——应交增值税——销项税额 12 350.00
    贷:实收资本   168 000.00
    贷:资本公积——资本溢价   3 000.00
    贷:应付账款——债务重组   20 000.00
    贷:营业外收入——债务重组利得   1 650.00

第三节　债权人债务重组

债权人在进行债务重组时,由于债务重组的方式不同,其核算的方法也各异,现分别进行阐述。

一、接受低于账面价值的现金清偿债务的核算

企业接受低于账面价值的现金清偿债务的,债权人应当将重组债权的账面价值与收到的现金的差额计入当期损益。

重组债权的账面价值是指债权面值,或本金、原值。如应收账款应减去其已计提的坏账准备;带息的应收票据、债券投资等有利息的,应加上应计未收的利息;如溢价或折价购进的债券,还应加上尚未摊销的利息调整额。

【例】6月1日,新欣宾馆的客户开隆公司结欠客房租金100 000元,已按1‰计提坏账准备。现因开隆公司发生财务困难,无法偿还债务。经双方协议,同意减免开隆公司债务10 000元,当即收到开隆公司清偿债务的转账支票90 000元,解存银行,作分录如下:

借:银行存款　　　　　　　　　　　　　　　　　　　　　　　90 000.00
借:坏账准备　　　　　　　　　　　　　　　　　　　　　　　 1 000.00
借:营业外支出——债务重组损失　　　　　　　　　　　　　　 9 000.00
　贷:应收账款　　　　　　　　　　　　　　　　　　　　　　100 000.00

二、接受非现金资产清偿债务的核算

企业接受非现金资产清偿债务的,债权人应当对受让的非现金资产按其公允价值入账。重组债权的账面余额与受让的非现金资产的公允价值之间的差额计入当期损益。

【例】3月18日,临江宾馆的客户华明公司结欠租金108 000元,已按1‰计提了坏账准备。华明公司因发生财务困难无法偿还债务,经双方协议,同意华明公司以一辆小汽车的公允价值抵偿债务,收到该公司的专用发票,列明小汽车的买价94 000元,增值税额12 220元,作分录如下:

借:固定资产　　　　　　　　　　　　　　　　　　　　　　　94 000.00
借:应交税费——应交增值税——进项税额　　　　　　　　　　12 220.00
借:坏账准备　　　　　　　　　　　　　　　　　　　　　　　 1 080.00
借:营业外支出——债务重组损失　　　　　　　　　　　　　　 700.00
　贷:应收账款　　　　　　　　　　　　　　　　　　　　　　108 000.00

企业接受债务人以存货清偿债务的,应当将增值税进项税额作为受让的非现金资产公允价值的组成部分入账。

【例】4月8日,金瑞饭店的客户明光公司结欠租金90 000元,已按1‰计提了坏账准备。明光公司因发生财务困难,无法偿还债务,经双方协议,同意明光公司用商品抵偿债务,该批商品的公允价值为74 600元,增值税税率为13%,商品已验收入库,作分录如下:

借:库存商品　　　　　　　　　　　　　　　　　　　74 600.00
借:应交税费——应交增值税——进项税额　　　　　　9 698.00
借:坏账准备——应收账款　　　　　　　　　　　　　900.00
借:营业外支出——债务重组损失　　　　　　　　　　4 802.00
　贷:应收账款　　　　　　　　　　　　　　　　　　90 000.00

企业接受债务人以股票、债券和基金清偿债务的,根据其持有的目的不同,按其公允价值加上应支付的相关税费,作为交易性金融资产、可供出售金融资产、持有至到期投资入账。

【例】5月7日,徐汇宾馆的客户光新公司结欠租金86 000元,已按1‰计提了坏账准备。现因光新公司发生财务困难,无法偿还债务,经双方协议,同意光新公司以持有的10 000股复兴公司的股票抵偿债务。该股票每股市价8元,另按交易金额的3‰支付佣金,1‰交纳印花税,交易费用当即签发转账支票支付,徐汇宾馆将其按交易目的而持有,作分录如下:

借:交易性金融资产　　　　　　　　　　　　　　　　80 000.00
借:投资收益　　　　　　　　　　　　　　　　　　　320.00
借:坏账准备　　　　　　　　　　　　　　　　　　　860.00
借:营业外支出——债务重组损失　　　　　　　　　　5 140.00
　贷:应收账款　　　　　　　　　　　　　　　　　　86 000.00
　贷:银行存款　　　　　　　　　　　　　　　　　　320.00

三、接受将债务转为资本清偿债务的核算

企业接受债务人将债务转为资本的,债权人应当将享有股权公允价值确认为对债务人的投资,根据投资的目的不同,可以将其作为交易性金融资产、可供出售金融资产、持有至到期投资和长期股权投资入账,重组债权的账面余额与股权的公允价值之间的差额计入当期损益。

【例】6月9日,长兴宾馆的客户安达股份有限公司结欠租金125 000元,已按1‰计提了坏账准备,现因安达股份有限公司发生财务困难,无法支付欠款,经双方协议,同意安达股份有限公司以其20 000股普通股抵偿欠款。该普通股每股市价为6元,另按交易金额3‰支付佣金,1‰交纳印花税,交易费用当即签发转账支票支付,长兴宾馆将该股票作为可供出售金融资产入账。作分录如下:

借：可供出售金融资产(20 000×6+480)	120 480.00
借：坏账准备	1 250.00
借：营业外支出——债务重组损失	3 750.00
贷：应收账款	125 000.00
贷：银行存款(120 000×4‰)	480.00

四、接受修改其他债务条件清偿债务的核算

(一) 接受修改其他债务条件清偿债务不涉及或有应收金额的核算

企业接受债务人修改其他债务条件清偿债务的，如修改后的债务条款中不涉及或有应收金额的，债权人应当将修改其他债务条件后的债权的公允价值作为重组后债权的账面价值，重组债权的账面余额与重组后债权的账面价值之间的差额，计入当期损益。

或有应收金额是指需要根据未来某种事项出现而发生的应收金额。而且该未来事项的出现具有不确定性。

【例】 6月5日，东昌饭店的客户向阳公司结欠租金110 000元，已按1%计提了坏账准备，现向阳公司因发生财务困难，无法支付欠款，经双方协议，向阳公司先偿付20 000元现金，并减免其债务8 000元，其余债务同意其推迟3个月付款，收到其偿还债务的转账支票20 000元，存入银行，作分录如下：

借：银行存款	20 000.00
借：坏账准备	1 100.00
借：营业外支出——债务重组损失	8 000.00
借：应收账款——债务重组	80 900.00
贷：应收账款	110 000.00

(二) 接受修改其他债务条件清偿债务涉及或有应收金额的核算

企业接受债务人以修改其他债务条件清偿债务的，如修改后的债务条款中涉及或有应收金额的，债权人应根据谨慎性的要求，不应当确认或有应收金额，不得将其计入重组后债权的账面价值。

【例】 2014年3月31日，顺风旅行社购进中南公司3年期的债券150 000元，年利率为7.2%，到期一次还本付息。已计提减值准备3 000元，2017年3月31日，中南公司因发生财务困难，无法偿付本息，经双方协议，免除积欠利息32 400元，顺风旅行社同意延长债券到期日至2019年3月31日，年利率降至6%。但附有一条件，即债务重组后，如债务人自第二年起有盈利，则年利率回复至7.2%；若无盈利，仍维持6%，计算中南公司债券的账面余额与重组后债权的账面价值，以及它们之间的差额（单位：元）如下：

中南公司债券的账面价值	179 400
其中：面值	150 000
应计利息(150 000×7.2%×3)	32 400
减：持有至到期投资减值准备	3 000
减：重组后债权的账面价值	168 000
其中：面值	150 000
应计利息(150 000×6%×2)	18 000
差额	11 400

(1) 2017年3月31日，根据计算的结果，作债务重组的会计分录如下：

借：持有至到期投资——债务重组	168 000.00
借：持有至到期投资减值准备	3 000.00
借：营业外支出——债务重组损失	11 400.00
贷：持有至到期投资——本金	150 000.00
贷：持有至到期投资——利息	32 400.00

(2) 2019年3月31日，中南公司因债务重组后第二年起就有盈利，收到其偿还的本金150 000元，利息21 600元的转账支票，存入银行，作分录如下：

借：银行存款	171 600.00
贷：持有至到期投资——债务重组	168 000.00
贷：营业外收入——债务重组利得[150 000×(7.2%-6%)×2]	3 600.00

五、接受多种方式的组合清偿债务的核算

债务重组是采用以现金清偿债务、非现金资产清偿债务、债务转为资本、修改其他债务条件等方式的组合进行的，债权人应当依次以收到现金、接受的非现金资产公允价值、债权人享有股权的公允价值和修改其他债务条件后的债权的公允价值作为重组后的债权的账面价值入账。重组债权的账面余额与重组后债权的账面价值之间的差额，计入当期损益。

【例】 5月28日，广陵宾馆的客户五华公司结欠租金180 000元，已按1%计提了坏账准备。现因五华公司发生财务困难，无力支付欠款，经法院裁定，五华公司先偿付现金15 000元；再将部分债务转为2%的股权，2%股权的公允价值为150 000元；还规定1年后再支付现金20 000元，以清偿剩余债务。债务重组完毕后，作分录如下：

借：坏账准备	1 800.00
借：银行存款	15 000.00
借：长期股权投资	150 000.00
借：应收账款——债务重组	20 000.00
贷：应收账款——五华公司	180 000.00
贷：营业外收入——债务重组利得	6 800.00

第十五章 债务重组

思 考 题

一、简答题
1. 债务重组方式可分为哪几种？并说明各种重组方式的定义。
2. 债务人以非现金资产清偿债务时应怎样核算？
3. 债务人以修改其他债务条件清偿债务涉及或有应付金额应怎样核算？
4. 企业接受债务人以非现金资产清偿债务时应怎样核算？
5. 债权人接受修改其他债务条件清偿债务涉及或有应收金额应怎样核算？

二、名词解释题
债务　债务重组　债权人作出让步　或有应付金额　重组债权账面价值　或有应收金额

三、是非题
1. 债务人发生财务困难是指因债务人经营陷入困境或者其他原因，导致其无法或者没有能力按原定条件偿还债务。（　）
2. 重组债务的账面价值是指债务的面值或本金、原值，它不包括应计未付的利息。（　）
3. 非现金资产的账面价值是指非现金资产的账面余额扣除有关损失准备后的金额。（　）
4. 以固定资产清偿债务时，固定资产的公允价值小于重组债务的账面价值的差额，应列入"营业外支出"账户。（　）
5. 债权人对重组债权的账面价值与受让的非现金资产的差额应确认为债务重组损失。（　）
6. 企业接受债务人以股票、债券、基金清偿债务的，根据企业持有的目的不同，按其公允价值作为交易性金融资产、可供出售金融资产、持有至到期投资入账。（　）
7. 企业接受债务人以修改其他债务条件清偿债务而涉及或有应收金额的，应当将其确认为或有应收金额入账。（　）

四、单项选择题
1. 将债务转为资本时，债务人应当将享有股权份额的公允价值与实收资本或股本之间的差额列入"_____"账户。
   A. 资本公积　　　B. 营业外支出　　　C. 管理费用　　　D. 长期股权投资
2. 企业或有应付金额实际发生时应将其_____账户。
   A. 冲减"长期借款——债务重组"
   B. 冲减"预计负债"

C. 列入"营业外支出——债务重组损失"
D. 列入"管理费用"

3. 企业因债务重组发生的或有应收金额应列入"_____"账户。

A. 营业外收入　　B. 长期股权投资　　C. 投资收益　　D. 资本公积

五、多项选择题

1. 债权人出于_____原因同意债务人修改债务条件。

A. 全额收回债权

B. 最大限度地收回债权

C. 避免因采取立即求偿的措施，致使债权上的损失更大

D. 帮助债务人走出困境

2. 债务人常用于偿债的非现金资产主要有存货、_____等。

A. 固定资产　　B. 长期股权投资　　C. 无形资产　　D. 长期待摊费用

3. 企业购进长期债券后，如发生财务困难，以修改其他债务条件方式进行债务重组，如修改后的债务条款中涉及或有应收金额，确定重组债权账面价值时，应包括_____。

A. 或有应收金额　　　　　　　　　B. 债券面值

C. 债券的应计利息　　　　　　　　D. 计提的资产减值准备

实 务 题

习题一

一、目的　练习债务人债务重组的核算。

二、资料

1. 城西酒店有限公司发生下列有关的经济业务：

(1) 2016年1月5日，3个月前向荣欣公司购置音响设备签发并承兑的不带息商业汇票100 000元已到期，因资金周转困难而无力偿付。经双方协议，荣欣公司同意减免本公司债务10 000元，今签发转账支票付清债务。

(2) 2016年2月10日，2个月前向华声工厂购进商品一批，计货款82 000元，增值税额10 660元，合同约定2个月付款，因发生财务困难而无力偿还。经双方协议，对方同意本公司以一辆大客车抵偿债务，该车原值为120 000元，已提折旧30 000元，已提减值准备2 000元，现按评估的公允价值开具专用发票列明大客车出售金额80 000元，增值税额10 400元，以清偿前欠账款。同时收到公平资产评估公司开来的专用发票，列明评估费用1 000元，增值税额60元，当即签发转账支票支付。

(3) 2016年3月30日,3个月前向达利公司购进空调设备75 000元,合同约定3个月付款,因发生财务困难而无力偿还。经双方协议,达利公司同意本公司以一批商品抵偿债务,该批商品的销售价格为68 000元,增值税税率为13%,商品已交付达利公司,商品的账面价值为57 800元,未提减值准备。

(4) 2016年4月18日,6个月前向永寿公司购进房屋一幢,作为营业用房,价值1 200 000元,其中600 000元当即签发转账支票付讫,其余600 000元合同约定6个月后支付。现因发生财务困难无力偿还。经双方协议,永寿公司同意本公司以10%的股权抵偿债务。本公司的所有者权益为5 400 000元,10%股权的公允价值为575 000元。

(5) 2016年4月30日,3年前向工商银行借入300 000元借款已到期,借款年利率为7.2%,到期一次还本付息。现因发生财务困难进行债务重组,银行同意延长借款到期日至2019年4月30日,利率降至6%,每年付息1次,免除积欠利息64 800元,本金减至280 000元。但附有一条件,债务重组后,自第二年起有盈利的,则年利率回复至7.2%;若无盈利,利率仍维持6%。今办妥债务重组手续。

(6) 2017年4月30日,按照协议签发转账支票支付工商银行1年期借款利息。

(7) 2018年4月30日,本公司已实现盈利,按照协议签发转账支票支付工商银行1年期借款利息。

(8) 2019年4月30日,按照协议签发转账支票清偿工商银行借款的本金及支付1年期借款利息。

2. 飞达宾馆发生下列有关的经济业务:

(1) 2019年3月29日,3个月前向湖滨房产公司购置房屋1间,结欠房款200 000元。现因发生财务困难,无法支付房款。经双方协议,湖滨房产公司同意该宾馆先偿付现金58 000元,还规定1年后再支付现金30 000元,其余的债务转为3%的股权,3%股权的公允价值为105 000元,本公司重新注册的资本为3 200 000元。

(2) 2019年5月30日,3个月前向长宁工厂购进设备,签发并承兑的不带息商业汇票160 000元已到期。因发生财务困难,无力清偿。经法院裁定,该宾馆以1辆小汽车抵偿部分债务,该小汽车原值为150 000元,累计折旧为64 000元,已提减值准备4 000元,按其评估的公允价值开具专用发票,列明小汽车的买价85 000元,增值税额11 050元;并以该宾馆商品一批抵偿部分债务,该批商品的销售价格为50 000元,增值税税率为13%,账面余额45 000元,还规定1年后再支付现金15 000元,以清偿剩余债务。

三、要求 编制会计分录。

习题二

一、目的 练习债权人债务重组的核算。

二、资料

1. 丽都酒店发生下列有关的经济业务：

(1) 2017年1月7日，客户东湖公司结欠租金105 000元，已按1‰计提了坏账准备。因东湖公司资金周转困难，无力支付租金，经双方协议，同意减免对方债务20 000元。当即收到东湖公司清偿债务的转账支票85 000元，存入银行。

(2) 2017年2月6日，华欣公司结欠租金96 000元，已按1‰计提了坏账准备。因该公司发生财务困难，无法偿还债务，经双方协议，同意对方用商品抵偿债务，该商品销售价格为80 000元，增值税税率为13%。收到其开来的专用发票，该批商品已全部验收入库。

(3) 2017年3月15日，客户九华公司结欠租金110 000元，已按1‰计提了坏账准备，因该公司发生财务困难，无法偿还债务，经双方协议，同意该公司以持有的12 000股东亚股份有限公司的股票抵偿债务，该股票每股市价8元，另按交易金额的3‰支付佣金，1‰交纳印花税。交易费用当即签发转账支票支付，股票作为交易目的而持有。

(4) 2017年4月20日，客户端安公司结欠租金112 500元，已按1‰计提了坏账准备，因该公司发生财务困难，无力偿还债务，经双方协议，同意该公司以1间旧房屋的公允价值抵偿债务。收到该公司的专用发票，列明房屋的买价100 000，增值税额9 000元。

(5) 2017年4月10日，川沙股份有限公司结欠租金128 000元，已按1‰计提了坏账准备，因该公司发生财务困难，无法偿还债务，经双方协议，同意该公司以其20 000股普通股抵偿欠款。该普通股每股面值为1元，市价为6.20元，并签发转账支票744元支付受让普通股的佣金及交纳受让普通股的印花税。该股票作为可供出售金融资产入账。

(6) 2017年4月30日，该酒店持有3年期长阳工厂的债券180 000元已到期，该债券年利率为7.2%，到期一次还本付息，已计提了减值准备4 500元，因该厂发生财务困难，无力兑付本息，经双方协议，免除其积欠利息38 880元，并延长债券到期日至2019年4月30日，年利率降至6%。但附有一条件，债务重组后，如该厂自第二年起有盈利，则年利率回复至7.2%；若无盈利，年利率仍维持6%。

(7) 2019年4月30日，长阳工厂第二年有盈利，按照协议付来转账支票1张，以清偿债券本息。

(8) 2019年4月30日，对上项业务，若长阳工厂仍无盈利，按照协议付来转账支票1张，以清偿债券本息。

2. 泰兴宾馆发生下列有关的经济业务：

(1) 2019年3月1日，客户宏昌股份有限公司结欠租金160 000元，已按1‰计提了坏账准备。因该公司发生财务困难，无力偿还债务，经双方协议，同意该公司以现金50 000元偿付部分债务，其余部分以其15 000股普通股股票抵偿。该普通股股票每股市价为6.60元,并签发转账支票按交易金额的3‰支付佣金,1‰交纳印花税。该股票作为交易目的而持有。

(2) 2019年4月30日,客户华昌公司结欠租金180 000元,已按1‰计提了坏账准备。因该公司发生财务困难无法偿还债务,经法院裁定,华昌公司先偿付现金19 600元,再以一批商品抵偿部分债务,该批商品的销售价格为40 000元,增值税税率为13%;另将部分债务转为3%的股权,作为长期股权投资入账,3%股权的公允价值为93 000元;还规定1年后再支付现金20 000元,以清偿剩余债务。今收到华昌公司偿还债务的款项19 600元,将该款项存入银行。

三、要求 编制会计分录。

附录一

是非题、单项选择题、多项选择题答案

第一章 总论
是非题 1.× 2.√ 3.× 4.× 5.×
单项选择题 1.C 2.A 3.B 4.C
多项选择题 1.ABC 2.ABD 3.ACD 4.AD

第二章 货币资金和结算业务
是非题 1.√ 2.× 3.× 4.√ 5.× 6.×
单项选择题 1.A 2.B 3.A 4.C 5.D
多项选择题 1.ACD 2.ABCD 3.BC 4.ABCD 5.ABDEH

第三章 存货
是非题 1.× 2.√ 3.× 4.√ 5.√ 6.× 7.√
单项选择题 1.C 2.A 3.C
多项选择题 1.ACD 2.ABD 3.ACD 4.CD

第四章 固定资产、无形资产和长期待摊费用
是非题 1.× 2.√ 3.× 4.× 5.× 6.√ 7.× 8.√ 9.×
单项选择题 1.C 2.D 3.B 4.D
多项选择题 1.BD 2.BD 3.BCD 4.ABC 5.ACD

第五章 旅游经营业务
是非题 1.× 2.√ 3.× 4.√ 5.× 6.√ 7.×
单项选择题 1.A 2.C
多项选择题 1.CD 2.ABC

第六章 餐饮经营业务
是非题 1.× 2.× 3.√ 4.× 5.√ 6.×
单项选择题 1.D 2.C
多项选择题 1.ACD 2.ABC 3.BCD

第七章 服务经营业务
是非题 1.√ 2.× 3.× 4.√ 5.× 6.× 7.√
单项选择题 1.C 2.C 3.D
多项选择题 1.ACDE 2.BCD 3.CDEG 4.ABG

第八章 商场经营业务
是非题 1.√ 2.× 3.× 4.× 5.√ 6.√ 7.×
单项选择题 1.A 2.C

附录一 是非题、单项选择题、多项选择题答案

多项选择题 1．ABCD 2．CD 3．BCD

第九章 对外投资
是非题 1．√ 2．× 3．× 4．× 5．√ 6．× 7．× 8．√ 9．×
单项选择题 1．C 2．B 3．B 4．B
多项选择题 1．ABD 2．ABC 3．AB 4．ABC

第十章 负债
是非题 1．× 2．√ 3．× 4．× 5．√ 6．× 7．√ 8．× 9．×
单项选择题 1．C 2．A 3．B
多项选择题 1．ABCD 2．BCD 3．AD 4．ABD

第十一章 所有者权益
是非题 1．√ 2．× 3．× 4．× 5．× 6．√ 7．×
单项选择题 1．B 2．D 3．C 4．C
多项选择题 1．ABD 2．AC 3．BC 4．ABC 5．ABC

第十二章 期间费用、政府补助和税金
是非题 1．√ 2．× 3．× 4．× 5．√
单项选择题 1．C 2．D 3．B
多项选择题 1．BCD 2．ABCD 3．ABD 4．ABCD

第十三章 利润和利润分配
是非题 1．√ 2．× 3．× 4．√ 5．× 6．× 7．√ 8．×
单项选择题 1．B 2．C
多项选择题 1．ABD 2．ABC 3．BC

第十四章 财务报告
是非题 1．× 2．× 3．× 4．√ 5．× 6．× 7．√ 8．× 9．√
单项选择题 1．C 2．B 3．D 4．B
多项选择题 1．ABCD 2．ACD 3．BD 4．ABD 5．AC

第十五章 债务重组
是非题 1．× 2．× 3．√ 4．× 5．√ 6．√ 7．×
单项选择题 1．A 2．B 3．A
多项选择题 1．BC 2．ABC 3．BCD

附录二

现值系数表

利率 计息期数	1%	2%	3%	4%	5%	6%	7%	8%	9%	10%
1	0.9901	0.9804	0.9709	0.9615	0.9524	0.9434	0.9346	0.9259	0.9174	0.9091
2	0.9803	0.9612	0.9426	0.9246	0.9070	0.8900	0.8734	0.8573	0.8417	0.8264
3	0.9706	0.9423	0.9151	0.8890	0.8638	0.8396	0.8163	0.7938	0.7722	0.7513
4	0.9610	0.9238	0.8885	0.8548	0.8227	0.7921	0.7629	0.7350	0.7084	0.6830
5	0.9515	0.9057	0.8626	0.8219	0.7835	0.7473	0.7130	0.6806	0.6499	0.6209
6	0.9420	0.8880	0.8375	0.7903	0.7462	0.7050	0.6663	0.6302	0.5963	0.5645
7	0.9327	0.8706	0.8131	0.7599	0.7107	0.6651	0.6227	0.5835	0.5470	0.5132
8	0.9235	0.8535	0.7894	0.7307	0.6768	0.6274	0.5820	0.5403	0.5019	0.4665
9	0.9143	0.8368	0.7664	0.7026	0.6446	0.5919	0.5439	0.5002	0.4604	0.4241
10	0.9052	0.8203	0.7441	0.6756	0.6139	0.5584	0.5083	0.4632	0.4224	0.3855
11	0.8963	0.8043	0.7224	0.6496	0.5847	0.5268	0.4751	0.4289	0.3875	0.3505
12	0.8874	0.7885	0.7014	0.6246	0.5568	0.4970	0.4440	0.3971	0.3555	0.3186
13	0.8787	0.7730	0.6810	0.6006	0.5303	0.4688	0.4150	0.3677	0.3262	0.2897
14	0.8700	0.7579	0.6611	0.5775	0.5051	0.4423	0.3878	0.3405	0.2992	0.2633
15	0.8613	0.7430	0.6419	0.5553	0.4810	0.4173	0.3624	0.3152	0.2745	0.2394
16	0.8528	0.7284	0.6232	0.5339	0.4581	0.3936	0.3387	0.2919	0.2519	0.2176
17	0.8444	0.7142	0.6050	0.5134	0.4363	0.3714	0.3166	0.2703	0.2311	0.1978
18	0.8360	0.7002	0.5874	0.4936	0.4155	0.3503	0.2959	0.2502	0.2120	0.1799
19	0.8277	0.6864	0.5703	0.4746	0.3957	0.3305	0.2765	0.2317	0.1945	0.1635
20	0.8195	0.6730	0.5537	0.4564	0.3769	0.3118	0.2584	0.2145	0.1784	0.1486

附录三

年金现值系数表

利率 计息期数	1%	2%	3%	4%	5%	6%	7%	8%	9%	10%
1	0.9901	0.9804	0.9709	0.9615	0.9524	0.9434	0.9346	0.9259	0.9174	0.9091
2	1.9704	1.9416	1.9135	1.8861	1.8594	1.8334	1.8080	1.7833	1.7591	1.7355
3	2.9410	2.8839	2.8286	2.7751	2.7232	2.6730	2.6243	2.5771	2.5313	2.4869
4	3.9020	3.8077	3.7171	3.6299	3.5460	3.4651	3.3872	3.3121	3.2397	3.1699
5	4.8534	4.7135	4.5797	4.4518	4.3295	4.2124	4.1002	3.9927	3.8897	3.7908
6	5.7955	5.6014	5.4172	5.2421	5.0757	4.9173	4.7665	4.6229	4.4859	4.3553
7	6.7282	6.4720	6.2303	6.0021	5.7864	5.5824	5.3893	5.2064	5.0330	4.8684
8	7.6517	7.3255	7.0197	6.7327	6.4632	6.2098	5.9713	5.7466	5.5348	5.3349
9	8.5660	8.1622	7.7861	7.4353	7.1078	6.8017	6.5152	6.2469	5.9952	5.7590
10	9.4713	8.9826	8.5302	8.1109	7.7217	7.3601	7.0236	6.7101	6.4177	6.1446
11	10.3676	9.7868	9.2526	8.7605	8.3064	7.8869	7.4987	7.1390	6.8052	6.4951
12	11.2551	10.5753	9.8540	9.3851	8.8633	8.3838	7.9427	7.5361	7.1607	6.8137
13	12.1337	11.3484	10.6350	9.9856	9.3936	8.8527	8.3577	7.9038	7.4869	7.1034
14	13.0037	12.1062	11.2961	10.5631	9.8986	9.2950	8.7455	8.2442	7.7862	7.3667
15	13.8651	12.8493	11.9379	11.1184	10.3797	9.7122	9.1079	8.5596	8.0607	7.6061
16	14.7179	13.5777	12.5611	11.6523	10.8378	10.1059	9.4466	8.8514	8.3126	7.8237
17	15.5623	14.2919	13.1661	12.1657	11.2741	10.4773	9.7632	9.1216	8.5436	8.0216
18	16.3983	14.9920	13.7535	12.6593	11.6896	10.8276	10.0591	9.3719	8.7556	8.2014
19	17.2260	15.6785	14.3238	13.1339	12.0853	11.1581	10.3356	9.6036	8.9501	8.3649
20	18.0456	16.3514	14.8775	13.5903	12.4622	11.4699	10.5940	9.8181	9.1285	8.5136

丁元霖最新财会系列丛书

商品流通企业会计   定价：48.50 元

商品流通企业会计习题与解答   定价：36.00 元

商品流通企业会计模拟实习   定价：32.00 元

商品流通企业会计模拟实习解答   定价：14.00 元

旅游餐饮服务业会计   定价：48.00 元

旅游饮食服务业会计习题与解答   定价：24.00 元

银行会计   定价：48.00 元

银行会计习题与解答   定价：28.00 元

外贸会计   定价：48.00 元

外贸会计习题与解答   定价：28.80 元

物流企业会计   定价：45.00 元

物流企业习题与解答   定价：22.00 元

全国各地新华书店、经济书店均有销售

本社发行科可以办理邮购

电话：021-64411389、64411367   传真：021-64411325

地址：上海市中山西路 2230 号   邮编：200235

邮购汇款额＝书款＋邮资(书款总额10％)＋邮挂费(3元)

丁元霖最新财会系列教材

会计学基础	定价：35.00 元
会计学基础习题与解答	定价：31.00 元
财务会计	定价：42.00 元
财务会计习题与解答	定价：28.00 元
成本会计	定价：43.00 元
成本会计习题与解答	定价：25.00 元
财务管理	定价：47.00 元
财务管理习题与解答	定价：20.50 元
管理会计	定价：27.00 元
管理会计习题与解答	定价：13.50 元
税务会计	定价：25.00 元
税务会计习题与解答	定价：18.00 元

全国各地新华书店、经济书店均有销售

本社发行科可以办理邮购

电话：021-64411389、64411367　　　传真：021-64411325

地址：上海市中山西路 2230 号　　　邮编：200235

邮购汇款额＝书款＋邮资(书款总额10％)＋邮挂费(3元)